KB112956

하루 24시간 어떻게 살 것인가

아놀드 베넷(Arnold Bennett, 1867~1931)

잉글랜드 스태퍼드셔 주의 가난한 시골집에서 9형제의 장남으로 태어나, 성실함으로 유럽 최고 문호의 자리까지 오른 입지전적 인물. 제1차 세계대전 전후의 당대 영국 문학을 대표하는 작가로, 특히 물질적인 부분을 세밀히 묘사하는 사실주의적 문체가 특징이다. 소설 《Clayhanger》 3부작과 《The Old Wives' Tale》이 대표작이다.

21세에 런던 법률사무소 말단 직원(속기사)으로 취직해서 대도시 직장인의 고단한 삶을 시작했고, 이후 10년간 꾸준히 독서하고 글을 쓰며 투고해서 작가가 되었다. 《하루 24시간 어떻게 살 것인가》는 이때의 경험을 토대로 쓴 것으로, 자신처럼 더 나은 내일을 향해 노력하는 사람들에게 귀중한 조언이 되었고, 작가 자신도 평생 곁에 두고 펼쳐보며 용기와 자극을 받았다고 한다. 그 결과 대부호로 성공한 후에도 나태해지지 않고 죽을 때까지 왕성한 창작 활동을 펼쳤다. 미국의 성공학 대가 데일 카네기가 이 책에 특별한 감명을 받아서 적극적으로 소개하며 세계적인 베스트셀러가 되었다.

하루 24시간 어떻게 살 것인가

아놀드 베넷 지음 | 이미숙 옮김

더스토리

일과 삶, 모두 의미 있게 만들고픈 당신에게

—— 이 서문은, 여느 글처럼 서두에 두긴 했지만, 책을 다 읽고 나서
읽기를 권한다.

이 소박한 작품을 읽은 독자들이 내게 상당히 많은 편
지와 리뷰를 보내 주었다. 신문과 잡지도 꽤 많은 리뷰를
실었는데, 거의 이 책만큼이나 긴 글들도 있었다. 다행히
악의적인 비난은 별로 없었다. '어조가 가볍다'고 불만을
표현한 독자들이 좀 있었는데, 내 생각은 달랐기 때문에
크게 개의치 않았다. 그래서 만약 더 묵직한 비난을 접하
지 않았더라면, 하마터면 나는 '이 책은 결점이 없구나'
하고 착각할 뻔했다.

그러나 언론이 아니라, 진심을 담은 몇몇 독자들이 보

낸 심각한 혹평에는 도저히 눈을 감을 수가 없었다. 혹평이 가해진 대목은 바로 여기인데, 참조에 썼듯 나도 이미 이런 혹평을 예상하고 두려워했다.

"그러니까 그(내가 평균적인 인물로 제시한 사람)는, 자기 일에 대단한 열정이 있지는 않다. 기껏해야 싫어하지 않을 뿐이다. 맡은 일을 최대한 늦게 마지못해 시작하고 최대한 일찍 쾌재를 부르며 끝낸다. 자신의 엔진을 최대 출력 상태로 맞춰 일하는 법이 거의 없다. (성난 독자들이 도시 직장인들을 폄하한다고 나를 비난할 것임을 알고 있다. 하지만 나는 런던이라는 도시를 매우 철저하게 파악하고 있으니 이 설명을 밀고 나가겠다.)(51~52쪽)"

업무에 온 힘을 쏟아붓는 게 좋은 건가

단언하건대 물론 그렇지 않은 직장인도 많다. 맡은 일을 회피하지 않고 즐기는 사람이, 어떻게든 늦게 출근했다가 최대한 일찍 퇴근하려고만 하지 않는 사람이, 고위직이나 전도가 유망한 직원에만 있는 것도 아니고 별로 전망이 밝지 않은 말단 직원 중에도 적지 않을 것이다. 한마디로, 그날의 업무에 온 힘을 쏟아부어서 완전히 녹초가 되어 퇴근하는 사람들 말이다.

나는 기꺼이 그 의견에 동의한다. 아니, 실제로 그렇고, 그런 줄 진즉부터 알고 있었다. 왜냐하면 나 역시 런던과 지방에서 상관의 명령을 받는 말단 직원으로 오랫동안 근무해 봤기 때문이다. 그때마다 순수하게 열정을 다해 맡은 임무를 수행하고 본인의 역량을 최대한 발휘하려고 애쓰는 동료들이 꼭 얼마간 있었다.

하지만 이런 행운아들(본인 생각보다 훨씬 더 행복한 이들!)은 과거에도 현재에도 절대로 다수가 아니다. 꽤 성실한 보통 직장인이라도 (이상과 아이디어로 가득 차 있더라도) 완전히 녹초가 되어서 퇴근하는 일은 드물다. 대개는 돈벌이에 온몸을 내던지기보다는 양심에 거리끼지 않을 정도로만 몸을 사리며 일하고, 직업을 즐기기보다는 지겨워 한다.

번아웃 되는 소수, 무기력한 다수

그렇더라도, 내가 소수 집단이 마땅히 받았어야 할 관심을 경시하고 그들의 중요성을 완전히 무시해 버렸던 것은 확실히 큰 실수였다. 한 독자는 근면한 소수 집단의 고충을 다음의 한 문장으로 토로했다.

"저도 누구보다도 열심히 '정해진 일과를 뛰어넘기' 위해 노력합니다. 하지만 당신에게 이렇게 말할 수밖에 없어요. 저녁 6시 반에 집에 돌아왔을 때, 내게 생기라고는 남아 있지 않아요. 당신이 생각하는 것과는 다르다고요."

나는 여기서 이 점을 지적해야겠다. 그래도 열정적으로 활기차게 업무를 수행하는 소수들보다, 직장에서 열정이라고는 없이 무기력하게 일하는 다수들이 훨씬 더

애처롭다고 말이다.

열정적인 소수들에게는 '사는 법'에 대한 조언이 그리 필요하지 않다. 어쨌든 그들은 공식적인 업무 시간(이를테면 8시간) 동안은 진정으로 살아 있다. 그들의 엔진은 최대 출력 상태로 돌아간다. 일과의 나머지 8시간을 체계 없이, 손가락 사이로 모래가 새나가듯 허비한다고 해도, 하루에 16시간을 낭비하기보다 8시간을 낭비하는 편이 손해가 작다. '살아 있는' 시간이 약간이라도 있는 편이, 전혀 없는 것보다는 낫지 않은가.

진짜 비극은 직장에서도 밖에서도 노력하며 살 생각이 전혀 없는 사람들이다. 이 책은 애초에 그들을 위한 것이었다.

일에 지쳐도, 삶의 열정을 잃고 싶지 않다

그런데 비극의 주인공보다는 운 좋은 사람들도 이렇게

말하곤 한다.

"내 일과가 그들보다 낫기는 해요. 하지만 나 역시 현재의 내 일과를 뛰어넘고 싶습니다! 지금도 조금은 열의를 가지고 살고 있지만, 더 열정적으로 살고 싶어요. 그러나 정말이지 공식적인 일과를 마치고 다른 일을 더 하는 건 벅차요."

작가로서 나는 이들을 주목했어야 했다! 그들의 관심사에 미리 더 강력한 답을 제시해 주었어야 했다. 언제나, 반드시, 삶을 이미 맛본 사람이 더 많은 것을 소망하는 법이니까! 침대 밖으로 나오지 않는 사람은 가장 끌어내기가 어렵고.

(운 좋은) 소수인 당신, 매일 생계에 매우 치열하게 매달리기 때문에 나의 제안들을 모두 실천하기는 사실상 불가능할 것이다. 하지만 그래도 몇 가지는 가능할 것이다. 이를테면 당신이 퇴근길 제안은 활용하기 어렵더라도, 출근길 제안은 누구에게나 유용하리라. 또 주말(토요

일부터 월요일까지)의 44시간을 온전히 자신의 것으로 가지는 것도 누구에게나 가능하다. 비록 피로가 좀 쌓여서 최대 출력을 가동하지는 못하겠지만 말이다. 그러니까, 매주 최소한 사흘은 의미 있는 시간이 확보되는 셈이다.

"밤에는 너무 피곤해요. 업무 시간 외에는 아무것도 할 수 없습니다."

당신이 이렇게 단호하게 선언한다면, 나 역시 단호하게 대답하겠다.

"업무로 그렇게 진이 빠진다면 당신 삶의 균형이 어긋난 것입니다. 조정하십시오!"

업무에 온 힘(능력)을 다 뺏겨서는 안 된다. 그렇다면, 어떻게 해야 할까?

업무 시작 '전'에 한눈을 팔아라

당신이 일에 쏟는 열정을 다른 곳으로 슬쩍 돌려야 한

다! 업무 시작 전에(반드시 '전'이어야 한다. '후'가 아니라) 업무가 아닌 일에 에너지를 먼저 쏟은 후에 업무를 시작하라. 한마디로, 아침에 더 일찍 일어나라.

"못 합니다. 불가능해요. 밤에 더 일찍 잠자리에 들 수가 없어요. 그렇게 했다가는 가정생활이 모조리 엉망진창이 되어 버릴 거예요."

아, 이번에도 당신은 이렇게 말할 것이다.

하지만 나는 취침 시간을 당기는 게 그렇게 불가능하다고 보지 않는다. 일단 아침에 계속 일찍 일어나서 수면부족 상태가 되면, 당신은 더 일찍 잠자리에 들 방법을 찾아내고야 말 테니까.

게다가 수면부족은 일찍 일어나서 오는 게 아니다. 해가 갈수록 내가 더 확신하는 건, 잠은 어느 정도 습관과 게으름의 문제라는 것이다. 대부분의 사람들은 별다른 소일거리가 없어서 잠을 많이 잔다. 매일 화물차를 몰고 당신 집 앞을 질주하는 저 건장한 사내는 하루에 몇 시간을 잘 것 같은가? 한번은 내가 의사에게 수면 문제를 상담한 적이 있었다. 정확히 당신이나 나 같은 부류의 사람들이 거주하는 런던 근교의 한 신흥지구에서 24년 동안 큰 병원을 운영한 의사였다. 퉁명스러운 사람이어서, 답변도 퉁명스러웠다.

"사람들은 대부분 너무 많이 자서 멍청해지고 있습니다."

그는 수면 시간을 줄이면 열에 아홉 명은 더 건강해지고 생활이 더 즐거워질 것이라는 의견을 덧붙였다.

다른 의사들도 이 의견에 동의했다. 물론 성장기 아동은 예외다.

새벽에 차 한 잔 마시는 삶

1시간이나 1시간 반, 가능하다면 2시간을 더 일찍 일어나라. 꼭 그래야겠다면, 가능한 만큼 더 일찍 잠자리에 들어서라도. 아침의 1시간은 저녁의 2시간보다 더 효과가 있기 때문이다.

"아침에 뭘 좀 먹어야 하루를 시작할 수 있는데, 그 시간에 차려 줄 사람이 없습니다."

그게, 친애하는 선생님, 티 포트와 찻잔을 얼마든지 손쉽게 구입할 수 있는 시대에, 당신 삶의 가장 고귀한 행복을 불확실한 타인의 즉흥적인 협조에 내맡기겠다는 건 설마 아니시겠죠?

혹시 누구든 도와줄 수 있는 사람이 있다면 전날 밤에 이렇게만 부탁하라. 쟁반에 차 세트만 준비해 달라고. 비스킷 2개, 받침잔, 찻잎, 그리고 물을 끓일 포트만 있으면 된다. 간단하다.* 3분 후에 물이 끓으면 (이미 따뜻하게 데

---

* 차를 끓일 수 있는 도구들과 차 끓이는 방법을 언급한 부분이다. 이 책에서는 현대적으로 바꿔서 표기했는데, 원문은 다음과 같다. "알코올 램프 위에 스튜 냄비를 놓고, 스튜 냄비 위에 뚜껑을 뒤집어서 덮고, 뒤집힌 뚜껑 위에 소량의 찻잎이 담긴 작은 찻주전자를 놓는다. 그런 다음 성냥을 그어라. 간단하다."

하루 24시간 어떻게 살 것인가

워진) 찻주전자에 붓는다. 다시 3분이 지나면 차가 우러
난다. 그 차를 마시며 아침을 시작하자.

어리석은 사람이나 이 자세한 설명을 사소하게 넘기
지, 사려 깊은 사람은 새겨들으리라. 삶 전체의 균형을 적
절하고 현명하게 맞추는 일이 오롯이 평소와 다른 시간
에 차 한 잔을 마실 수 있는지 여부에 달려 있을지도 모
르기 때문이다.

A.B

차례

매일 새로 24시간씩
주어지는 기적

"맞아요. 그 사람은 돈 관리법을 몰라요. 원래 형편이 괜찮은 편인데 고정 수입도 있어서, 생활비를 걱정하는 게 아니라 사치품도 얼마든지 살 수 있을 만큼 여유가 있어요. 그렇다고 딱히 사치를 부리지는 않는데, 그런데도 이상하게 항상 쪼들린답니다. 돈이 있으면 뭐하나 싶다니까요. 근사한 아파트에 살지만 공간이 절반은 휑해요. 곧 이사 나갈 집처럼 보일 수밖에요. 새 정장을 빼입고는 더러운 모자를 쓰질 않나, 고상한 넥타이에 펑퍼짐한 바지를 입지를 않나…… 저녁 식사에 초대받아 가 보면, 고급 유리접시에다 형편없는 양고기요리를 내놓고 고급 커피를 이 빠진 컵에다 담아 마시죠! 왜 그런지 본인도 도무지 모르겠대요. 한마디로 말해서 돈을 벌어 놓고 그냥 낭비하고 있는 겁니다. 내가 그 사람이 버는 돈의 반만 벌 수 있다면 얼마나 좋을까요? 그에게 충고하고 싶네요……."

지금껏 우리는 이렇게 남을 비판해 왔다. 내가 굉장히 우월하다는 듯이.

들다 보면 모두들 거의 재무장관급이다. 자신만만하다. 매체에 고만고만한 수입으로 살아가는 법에 대한 기사가 넘쳐나는데, 이 기사들에 쏟아지는 독자 투고도 엄청나다. 투고 내용이 과격한 걸 보면 확실히 이런 기사들에 관심이 많다. 최근 한 일간지에서 '1년에 300만 원*으로 여

---

* 원문은 86파운드. 물가상승률을 약 20배 정도로 보고 수정하였다.

성 한 명이 지방 도시에서 불편 없이 생활할 수 있는가'
를 놓고 논쟁이 벌어졌다.

아침마다 당신의 지갑에 꽂히는 '24시간'

나는 「하루 1만원*으로 사는 법」이라는 글을 읽은 적
이 있다. 하지만 「하루 24시간으로 사는 법」에 관한 글은
한 번도 본 적이 없다. "시간이 돈"이라고들 말하면서 말
이다. 하지만 사실 이 속담은 정확하지 않다. 시간은 돈보
다 훨씬 더 소중하다! 대개 시간만 있으면 돈을 벌 수 있
다. 하지만 최고급 호텔 펜트하우스에 거주할 정도로 돈
이 많아도, 나나 난롯가에서 졸고 있는 저 고양이보다 단
1분도 더 많은 시간을 살 수는 없다.

많은 철학자들이 공간에 대해 설명해 왔다. 하지만 시

---

* 원문은 8실링

간에 대해서 설명한 이는 많지 않다. 시간은 모든 것의 원료이지만 명확하게 설명하기 어렵기 때문이다. 그러니까, 무엇이든 시간이 있어야 비로소 가능하고 시간이 없으면 불가능한데, 그토록 '귀중한' 시간이 매일 새로 주어지는 것이야말로 기적이다.

곱씹어 볼수록 참으로 경이롭다. 아침에 잠에서 깰 때마다 '짠!' 하고 마법처럼 당신의 지갑이 24시간으로 두둑해져 있다니! 그것은 당신의 삶이 선사한 비매품이다. 오롯이 당신 것이다. 당신이 소유한 최고 귀중품이다. 이 지극히 개인적인 일용품은, 지극히 개인적인 방식으로 당신에게만 주어진다!

주목하라! '시간'이란, 아무도 당신에게서 빼앗을 수 없다. 훔쳐갈 수 없다. 그리고 무엇보다도, 아무도 당신보다 더 많거나 적지 않다.

이 얼마나 이상적인 민주주의인가! 시간의 왕국에는 부유한 귀족층도 지식인 특권층도 존재하지 않는다. 천재라고 해서 1시간 더 주지 않는다. 처벌도 없다. 이 무한히 소중한 일용품을 당신이 내키는 대로 마구 써 버렸다고 해서, 공급을 줄이지 않는다. "이자는 악당은 아니지만 멍청이다. 시간을 줄 가치가 없는 사람이니 공급을 중단하겠다." 어떤 독재자도 이렇게 말하지 않는다. 연금*보다 더 확실하고, 휴일수당처럼 빠지지도 않는다. 물론 가불도 안 된다. 대출이 불가능한 것이다!

오직 지금 흘러가는 순간순간만 쓸 수 있다. 내일을 미리 쓸 수 없다. 내일도 당신 것이긴 하지만 보관 중이다. 그럼 1시간은 미리 쓸 수 있냐고? 그것도 안 된다. 1시간도 역시나 당신을 위해 보관 중이다.

내가 말했지 않은가, '기적'이라고!

---

* 원문은 consol. 영국 정부가 1752년에 발행했던 공채인데, 나중에 상환도 안 되어서 영구 공채가 되어 버렸다.

돈 관리법보다 시간 관리법이 시급하다

당신은 매일 이 '24시간'으로 생활해야 한다. 그걸로 건강도 챙기고, 즐거움도 찾고, 돈도 벌고, 만족과 존중도 얻고, 불멸의 영혼도 진화시켜 나간다. 그러니 24시간의 올바른 사용법, 가장 효과적인 사용법을 찾아내는 것이 가장 시급하고도 짜릿한 당면 과제다. 전부 거기에 달렸다. 친구여, 당신의 행복(간절히 움켜잡으려 하는데 요리조리 빠져나가는 행복!)이 거기에 달렸다.

그런데도 그토록 진취적이고 앞서간다는 매체의 기사들이 '주어진 시간으로 사는 법'이 아니라 '주어진 돈으로 사는 법'으로 꽉 찼다니! 시간에 비하면 돈이야 훨씬 더 흔한데 말이다. 조금만 생각해 보면 돈이 가장 흔하다는 걸 깨달을 것이다. 온 지구에 무더기로 발에 거치적거리는 것이 돈이다.

특정한 액수의 수입으로 생활비가 충당되지 않을 때, 사람들은 돈을 좀 더 벌거나 훔치거나 구직광고를 낸다.

연봉이 낮다고 즉각 삶이 엉망진창이 되는 것은 아니라는 말이다. 힘을 길러 돈을 벌고 예산의 균형을 맞추면 그만이다.

하지만 '하루 24시간'이라는 수입으로 모든 적절한 지출 항목을 정확히 충당하지 못하면, 삶은 확실히 엉망진창이 될 것이다. 시간이라는 수입은, 공급이 대단히 규칙적이기는 하지만 잔인할 정도로 철저하게 제한한다.

살고 있는가, 그냥 있는가

당신은 하루 24시간을 살고 있는가? 그냥 '있'거나 그럭저럭 '지내'는 의미가 아니다. 일상생활의 '큰 지출 항목'이 제대로 관리되지 않고 있다는 불편한 느낌에서 자유로우냐는 말이다. 정장을 멋있게 빼입어 놓고 어울리지 않는 모자를 쓰고 있지는 않은가? 그릇에 신경 쓰다가 정작 음식의 질을 잊지는 않았는가? '시간이 조금 더 생기면 저걸 바꿀 거야' 하고 혼잣말을 하고 있지는 않은가? (그런 혼잣말만 평생 하는 건 아닌가?)

시간은 단 1초도 더 생기지 않는다. 우리는 모든 시간을 가지고 있고, 지금껏 그랬다. 그동안 무시했던(최근에야 알게 된) 이 심오한 진리를 깨닫자, 나는 매일의 시간 지출 내역을 면밀하고 실질적으로 검토하게 되었다.

1장·매일 새로 24시간씩 주어지는 기적

업무적 성취 이상을
해내고픈 열망

다른 요소는 다 무시하고 요점으로 돌진하는 영국인이라면 이렇게 말할지 모른다.

　"대체 하루 24시간으로 뭘 해야 한다는 겁니까? 나는 하루 24시간으로 생활하는 게 전혀 어렵지 않습니다. 하고 싶은 일 다 하고도 신문에 나오는 퀴즈를 풀 시간까지 낼 수 있어요. 자신에게 주어진 시간이 하루 24시간뿐인 걸 알면, 하루 24시간에 만족하는 건 확실히 간단한 문제죠!"

아, 친애하는 선생님, 당신께 제 변명과 사죄를 전합니다. 당신은 내가 지난 40여 년 동안 찾아 헤맨 바로 그분이십니다. 부디 이름과 주소, 그리고 당신의 비법을 내게 알려주는 대가의 청구서를 보내 주시기를. 내가 당신께 말할 게 아니라, 당신이 내게 알려줘야 합니다. 제발 앞으로 나서 주세요. 당신 같은 분이 틀림없이 존재하는데 여태껏 만나지 못했다니 손해가 막심합니다!

시간은 흐르는데 내 삶은 제자리라는 불안감

하지만 한편 나는, 당신을 마침내 만날 때까지는, 고통에 빠진 내 동료들에게 계속 이야기할 것이다. 손가락 틈새로 세월이 술술 새는데 아직 자신의 삶은 여전히 제대로 된 궤도에 오르지 못했다는 느낌에 고통받는, 셀 수 없이 많은 영혼들에게.

깊숙이 들여다보면 그 느낌들은 대개 기대, 고대, 열망에서 오는 초조함이다. 그게 당신을 계속 불안하고 불편하게 만든다. 마치 즐거운 만찬장에서 흥이 오를 때마다 찬물을 끼얹는 유령처럼. 영화를 보며 폭소를 터트리다가도 앙상한 손가락이 나를 가리키는 모습이 보여서 등골이 서늘해진다. 막차를 놓칠까 봐 전속력으로 달려가 승강장에서 열차를 기다리며 한참 숨을 가라앉히고 있는데, 뼈다귀들이 들썩거리며 여봐란 듯이 옆으로 다가와서 묻는다.

"이봐, 대체 당신의 청춘을 어떻게 한 거야? 그 나이에 뭘 하고 있느냐 말이야?"

당신은 이렇게 주장할지도 모르지.

"계속 고대하고 열망하는 건 삶의 일부야. 삶과 분리할 수 없는 거라고."

맞다, 진짜 그렇다!

열망만 하지 말고, 지금 당장 시작하라

그렇다 해도 정도의 차이가 존재한다. 여기 메카Mecca*에 가려는 사람이 있다고 해 보자. 그는 양심이 '메카에 가라'고 명령해서 길을 떠난다. 여행사의 도움을 받으면 다행이지만, 아무런 도움이 없을 수도 있다. 메카에 꼭 도착한다는 보장이 없다. 포트사이드Port Said에 닿기도 전에 익사할 수도 있고, 홍해 해안에서 이름도 없이 죽어갈 수 있다. 그러면 그의 소망은 영원히 좌절된다.

이루지 못한 열망이 그를 한없이 괴롭힐까? 아마도. 하지만 그는 적어도 메카에 가고 싶다는 소망 때문에 괴로워하면서도 자기 동네도 못 떠나는 사람처럼 괴롭지는 않다.

떠났다는 사실이 중요한 것이다. 대부분 자기 동네 바깥으로 한 걸음도 나가지 못하니까. 시내까지 택시를 타

---

* 이슬람의 3대 성지 중 하나. 이슬람교도들은 살면서 반드시 1번은 성지 순례를 다녀와야 한다.

고 나가 여행사에 인솔여행 가격을 물어보는 일조차 하지 않는다. 그러면서 "하루가 24시간뿐이라 시간이 없다"는 변명만 늘어놓지.

벅차지만, 그래도 뭔가 더 해야 한다는 초조함

이 '모호하고 불편한 열망'을 더 깊이 파헤쳐 보면, 그게 어떤 고정관념에서 비롯된다는 생각이 들 것이다. '맡은 임무를 충실하게 다할 뿐만 아니라 추가로 뭔가를 더 해야 한다'는 고정관념 말이다.

우리는 성문율이든 불문율이든 다양한 규칙에 따라 자신과 가족의 안녕을 돌보고, 부채를 상환하고, 저축하고, 수익성을 높여 부를 증식할 의무를 지고 있다. 여간 어려운 임무가 아니다! 대부분이 실패한다! 대개 우리의 능력을 넘어서니까! 그런데도 우리는 가끔, 이 대단한 임무를 해내고도 불만을 느낀다. 찬물을 끼얹는 유령이 여전히 곁에 머물러 있기 때문이다.

'내 능력을 넘어서는 일이야. 내 힘만으로는 처리할 수 없어.'

이렇게 사실을 분명히 인지하고 있을 때조차, 한편으로는 이렇게 생각하는 것이다.

'물론 지금 일만으로도 벅차지만, 그래도 뭔가 더 하면 덜 불안할 것 같은데……'

이 불편한 열망의 이름은 '지적 호기심'

놀랍게도 전적으로 사실이다. 공식 업무에서 특정한 수준을 넘어선 사람이라면 뭔가 더 성취하고픈 소망을 어김없이 품는다.

그들은 이 소망을 충족시키려는 노력에 착수하기 전까지 계속 불안감에 시달린다. 고대하는 일을 아직 시작조차 하지 못했다는 불편한 감정이 영혼의 평화를 어지럽

2장 · 업무적 성취 이상을 해내고픈 열망

힌다.

이 소망은 지금껏 다양한 이름으로 불렸다. 일종의 보편적 지식욕에 속한다고 보면 된다. 어찌나 강렬한지 지식의 체계적 습득에 일생을 바친 학자들이 이 욕구 때문에 통상적인 수준을 뛰어넘는 성취를 이뤄냈던 것이다. 허버트 스펜서Herbert Spencer*조차 이 욕구에 떠밀리다가 자주 슬럼프에 빠졌다고 고백했다.

삶을 강하게 인식하는(말하자면 지적 호기심을 가진) 사람들의 대다수에게, 업무를 능가하려는 열망은 문학적 형태로 드러난다. 그래서 독서 강좌에 등록하고 싶어 한다. 실제로 영국인은 확실히 문학적으로 변하고 있다.

하지만 문학은 결코 전체 지식의 영역을 포괄하지 못하며, 문학이 아니어도 자신을 향상시키려는(자신의 지식

---

* 영국의 진화 사회학자. 철학, 과학, 종교를 모두 아우르는 체계를 세우려고 했던 석학이다. 다윈의 진화론에 입각하여 사회의 발전을 진화론적으로 설명했던 '사회 진화론'은 오늘날 더이상 지지받지 못하지만, 당대에는 탁월한 이론으로 여겨졌다.

을 넓히려는) 불편한 갈증을 해소할 방법은 얼마든지 있다. 이 다양한 해소 방법은 차차 다루기로 하고, 지금은 문학에 타고난 감응이 없는 사람들에게는 문학이 유일한 지식이 아니라는 점만 지적하겠다.

3장

시작은 도저히 실패할 수
없는 작은 계획부터

내 설득이 그럭저럭 성공한 듯하다. 당신이 일과에서 불만을 괴롭게 억누르고 있음을 인정하니 말이다. 하고 싶은 일, 더 정확히는 '시간이 더 많아지면 해야지' 싶은 일을 매일 그대로 방치하고 있다는 느낌 때문에 불편하다는 것도 인정한다. 또한 당신은 이미 존재하는 모든 시간을 다 가졌기에 결코 '시간이 더 많아질 수 없다'는 자명한 진리에도 주목한다.

　그래서 이제 당신은 내가 '완벽한 하루'를 만드는 기가 막힌 비법을 알려줄 거라고 기대한다. 하고 싶은 일을 그대로 방치하는 바람에 날마다 가시지 않는 불쾌한 실망감을 없앨 수 있는 비법 말이다.

엄청난 변화를 기대했다면 지금 당장 책을 덮어라

허나 내게는 그런 기가 막힌 비법이 없다. 앞으로 찾을 것 같지도 않고, 누군가가 발견할 것이라는 기대도 없다. 그 비법은 지금껏 발견되지 않았다. 당신은 처음 내 글의 취지를 알아차렸을 때 버렸던 희망이 다시 싹텄을 텐데. 아마 이렇게 혼잣말을 했을지도 모르겠다.

'내가 오랫동안 하고 싶다고 바라기만 했던 일을 실천할 손쉬운 방법을 이 사람이 알려줄 거야.'

이런, 그렇지 않다! 손쉬운 방법이나 왕도는 없다. 메카로 향하는 길은 지극히 험난하며, 무엇보다 안타깝게도 여러분은 결코 메카에 도달하지 못할 수도 있다.

자신의 삶을 정비해 24시간이라는 하루치 예산의 범위 내에서 충만하고 안락하게 생활하는 임무에 대비할 때 가장 중요한 요소는, 여간 어려운 임무가 아니여서 끝없는 희생과 노력이 요구된다는 '냉철한 깨달음'이다. 나는 이 점을 힘주어 강조하고 싶다.

　만일 종이와 펜으로 기발한 시간표만 작성하면 될 거라고 꿈꾼다면 당장 희망을 버리기 바란다. 낙담하고 꿈에서 깰 각오가 되지 않았다면, 열심히 노력하고 하찮은 결과만 얻으면 실망스러울 것 같다면, 애초에 시작하지 마라. 다시 잠자리에 누워 당신이 '삶'라고 이름붙인 불편한 잠을 청하라.

　너무 슬프고, 울적하고, 우울한가? 하지만 나는 가치 있는 일을 실천하려면 먼저 의지를 단단히 다져야 한다는 사실이 그리 나쁘지 않다고 생각한다. 오히려 마음에 든다. 그것이 나와 난롯가에서 조는 고양이를 구별하는 중대한 요소라고 생각한다.

지금 시작하지 않으면 영원히 못 한다

"음, 내가 전투에 나갈 준비를 마쳤다고 가정합시다. 당신의 묵직한 발언을 심사숙고하고 이해했다고 쳐요. 그렇다면 어떻게 시작하면 돼죠?"

친애하는 선생님, 그냥 시작하십시오!

마법 같은 시작법이란 존재하지 않는다. 만일 누군가 수영장 가에 서서 차가운 물로 뛰어들고 싶어 하며 "어떻게 뛰어들죠?"라고 묻는다면 뭐라고 말할 텐가.

"그냥 뛰세요. 용기내서, 뛰어들어요."

앞서 말했듯이 끊이지 않는 시간 공급의 중대한 묘미는 '미리 앞당겨서 쓸 수 없다'는 점이다. 내년, 내일, 다음 1시간이 당신을 위해 보관되어 있다. 마치 당신은 평생 단 한 순간도 낭비하거나 허투루 쓴 적이 없다는 듯이 완벽하게 훼손되지 않은 상태로 말이다. 얼마나 감사하고 마음이 놓이는지. 맘만 먹으면 매시간 새롭게 시작할 수도 있다. 다음 주나 심지어 내일까지 기다릴 이유가 전혀 없다. 다음 주면 수영장 물이 더 따뜻해질 것이라고 생각하고 싶겠지만, 아니다. 더 차가울 것이다.

지나친 열정은 안 된다! 한순간 확 사그라지니까

하지만 시작하기에 앞서 살짝 귀띔해 줄 주의 사항들이 몇 개 있다.

제일 중요한 건, 당신의 열정을 경계하는 것이다. 지나친 열정은 오히려 일을 그르칠 수 있어서 위험하다. 열정은 자기를 이용하라고 워낙 큰소리로 요구하기 때문에, 도저히 단번에 만족시킬 수가 없을 뿐더러 갈수록 더 요구가 많아진다. 산을 움직이고 강의 흐름을 바꾸고 싶어 한다. 땀이 흐를 때까지 만족을 모른다. 그러다 이마에 흐르는 땀이 느껴지면 갑자기 싫증을 내고는 사그라진다. "이쯤 했으면 됐다"고 느낄 겨를조차 주지 않고.

처음에 너무 많이 착수하지 말고, 아주 작게 시작하라.

돌발 상황을 염두에 두어야 하기 때문이다. 또 인간의 본성, 특히 당신의 본성도 고려해야 하기 때문이다.

자존감과 자신감만 다치지 않는다면 한두 번의 실패쯤이 대수랴. 하지만 성공이 성공을 낳고, 실패가 실패를 낳는다. 대개 너무 거창하게 시도했다가 실패한다. 그러니 '24시간'이라는 좁은 한계 내에서 충만하고 안락하게 살겠다는 원대한 계획에 착수할 때, 반드시 초기에 실패할 위험을 피하라. '명예로운 실패가 하찮은 성공보다 낫다'는 말은 시간 관리에서는 틀리다. 전적으로 '하찮은 성공'이 중요하다. 명예롭게 실패하면 아무것도 얻지 못하고, 하찮게라도 성공해야 더 큰 성공으로 이어질 수 있다.

그러니 예산(24시간)부터 살펴보자. "내 하루는 이미 꽉 차서 용량 초과"라고? 말도 안 된다! 당신이 생계를 위해 쓰는 시간이, 평균 7시간쯤? 수면에도 7시간? 넉넉잡아서 2시간을 더하자. 그럼 자, 당신이 나머지 8시간은 어떻게 쓰고 있는지 지금 당장 내게 설명해 보라.

문제는 24시간 중에서
8시간만 바라보는 것

'시간 지출'이라는 문제를 단번에 현실적으로 이해되도록 예를 들어 보겠다. 딱 한 사례만 소개한다고 해서, 그게 평균치라고 생각하지는 않았으면 한다. 평균적인 사람이 없듯이 평균적인 사례도 없다. 모든 사람, 모든 사례들은 다 제각각 특별하다. 그냥 현실적인 평균에 가까운 인물을 제시해 보겠다.

　'오전 10시부터 오후 6시까지 근무하는 직장인으로, 출퇴근에 50분쯤 쓰는 런던 사람.'

(생계비에 맞춰서 누구는 더 오래, 누구는 더 짧게 일할 것이다. 하지만 여기서는 개인의 재정 상황 말고 '시간 지출'만 따져볼 것이기에, 주급 1파운드의 직장인과 최고급 주택가*에 사는 백만장자도 똑같다고 보자.)

출근 후가 일과인가, 퇴근 후가 일과인가

그가 저지르는 가장 중대하고 심각한 실수는 기본 마음가짐에 있다. 이 실수가 그의 에너지와 흥미를 2/3나 손상시키고 약화시킨다.

그러니까 그는, 자기 일에 대단한 열정이 있지는 않다. 기껏해야 싫어하지 않을 뿐이다. 맡은 일을 최대한 늦게 마지못해 시작하고 최대한 일찍 쾌재를 부르며 끝낸다. 자신의 엔진을 최대 출력 상태로 맞춰 일하는 법이 거의

---

* 원문에서는 Carlton House-terrace(칼튼하우스 테라스 가)라고 표현했다.

없다. (성난 독자들이 도시 직장인들을 폄하한다고 나를 비난할 것임을 알고 있다. 하지만 나는 런던이라는 도시를 매우 철저하게 파악하고 있으니 이 설명을 밀고 나가겠다.)

그런데도 그는 오전 10시~오후 6시까지를 '일과'로 여긴다. 그 이전의 10시간과 이후의 6시간은 프롤로그와 에필로그일 뿐이다. 그러다 보니 무의식적으로 나머지 16시간을 없애 버렸다. 그 16시간을 낭비하는 건 아닌데, 소중히 하지도 않는다. 그저 자투리라고 여긴다.

대단히 비논리적이고 불건전한 태도다. 스스로 '견디'다가 '끝내'버린다고 생각하는 특정한 시간대와 활동에만 중요성을 부여하다니! 절대적으로 열렬한 흥미가 없다는 사실을 인정함으로써 존재의 2/3를 나머지 1/3에 종속시켜 버린다면, 어떻게 충만하고 온전하게 살 수 있겠는가? 불가능하다.

16시간짜리 '작은 하루'를 되찾아라

그가 충만하고 온전하게 살고 싶다면, 마음속으로 하루라는 틀 안에 또 다른 하루를 계획해야 한다. 마치 큰 상자 속에 든 작은 상자와도 같은 '작은 하루'는 오후 6시에 시작해서 오전 10시에 끝난다. 16시간짜리 하루다. 해야만 하는 일이라곤 전혀 없이 그저 몸과 영혼과 주변 사람을 돌보면 되는 시간이다. 한껏 자유로운 시간! 돈받았으니 일해야 하는 노동자가 아니다. 돈 걱정도 잠시 내려놓는다. 불로소득이 있는 사람 같은 마음가짐이어야 한다. 마음가짐이 가장 중요하다. 거기에 삶의 성패가 달렸으니까. (상속세를 어마어마하게 내야 할 부동산을 남기는 것보다 훨씬 더 중요하다.)

"네에? 그 16시간에 온 에너지를 쏟으면 근무하는 8시간의 질은 떨어질 텐데요?"

그렇지 않다. 오히려 근무하는 8시간의 질이 월등히 올라간다. '정신은 어려운 활동을 끊임없이 수행할 수 있다'는 중대한 사실을 깨달아야 한다. 정신의 피로는 팔다리의 피로와는 다르다. 정신이 원하는 건 휴식이 아니라, 변화다. 잠잘 때만 빼고.

정신에 휴식이 아니라 변화를 주어라

지금부터는 기상 시간을 기점으로 온전히 그의 소유인 16시간을 활용할 방식을 살펴보자. 나는 여기서는 '하라, 마라' 정도만 언급하겠다. 마치 정착민이 숲에 공터를 만들듯 텅 비운 시간에 '뭘 심을지'에 대한 제안은 일단 접어두고.

객관적으로 평가해서 기상해서 집을 나설 때까지 그가 낭비하는 시간은 거의 없다. 9시에 일어나서 7분~9분 30초까지 아침을 해결하고 급히 집을 나서기(10분) 다반사니까. 그런데 현관문을 쾅 닫자마자 그의 정신은, 지치는 게 아니라, 게을러진다. 비몽사몽 상태로 역까지 걸어

가서 열차가 오기를 기다리며 서성인다. 매일 아침 수백 군데의 지하철역에서 그렇게 수십만 시간이 증발한다. 시간에 대한 생각 자체를 거의 않다 보니, 시간을 상실할 위험에 대비할 아주 간단한 예방책을 취해야 한다는 생각이 안 든 것이다.

쉽게 말해서, 그는 매일 쓸 수 있는 금화(24시간)를 가졌는데, 잔돈으로 바꾸면서 기꺼이 큰 손해를 감수하는 것이다. 철도 회사가 "우리가 금화를 바꿔 드리고 수수료로 1페니 반(5분)을 받겠다"고 말하고 하루에 두 번씩 받아가는 꼴이다.

내가 시답지 않은 문제를 들먹이는 것 같은가? 맞다. 하지만 다 이유가 있다. 나중에 설명하겠다.

그러니 지금은 부디 신문을 사서 기차에 올라주겠는가?

4장 · 문제는 24시간 중에서 8시간만 바라보는 것

5장

주 3회 90분 확보가
시작이다

당신은 신문을 들고 출근 열차에 올라 조용히 신문을 읽는다. 서두르지 않는다. 앞으로 최소한 30분은 확보되어 있음을 알기에. 지면 광고 등을 훑어 보는 당신의 모습은, 하루가 24시간이 아니라 124시간인 행성에서 온 사람의 분위기를 풍긴다.

나는 신문의 열성 독자다. 영어판 5개에 불어판 2개를 매일 읽고, 주간지도 몇 가지 꾸준히 본다(정확히 몇 개나 보는지는 판매원만 알 것이다). 이렇게 시시콜콜한 것까지 밝히는 이유는, 내가 출근 열차에서 신문을 읽는 것에 반대한다고 말할 때 "신문에 편견을 가졌다"는 비난을 피하기 위함이다.

출근길에 신문을 읽지 마라

신문은 빨리 만들어져 빨리 읽힌다. 그런데 내 일과에 신문을 위한 자리는 없다. 읽긴 읽는데, 반드시 자투리 시간에 읽으니까. 혼자만의 고독을 즐길 수 있는 30~40분을 신문에 쏟기를 거부하는 것이다(말 없고 과묵한 남자들로 가득한 곳 말고 온전히 자신에게 침잠할 수 있는 곳이 몇이나 되는가!).

나는 당신이 고대 오리엔트 황제라도 되는 듯, 값을 매길 수 없이 귀한 보석 같은 시간을 온 사방에 마구 뿌려대도록 방치할 수 없다. 당신은 시간의 왕이 아니다. 당신에게 주어진 시간이 나보다 더 많지 않음을 예의를 갖춰 일깨우고 싶다.

열차에서 신문만 읽지 않아도 이미 45분이 '비축'된다.

잠들까 말까 고민하느라 증발하는 6시간

이제 직장에 도착한다. 당신은 6시까지 그곳에 머문다. 중간에 점심시간이 1시간 주어진다(실제로는 1시간 반. 먹는 데는 30분도 채 걸리지 않는다). 그 시간은 각자 마음대로 쓰도록 맡기겠다. 이 시간에 신문을 읽어도 좋겠다.

직장을 나서는 당신을 보자. 당신은 핼쑥하고 피곤하다. 당신도 배우자가 "당신 핼쑥해 보여"라고 말할 정도로 피곤하다는 인상을 전한다. 퇴근길에 조금씩 피곤하다는 느낌을 끌어올린다. 특히 겨울이면 피곤이 집 위로 먹구름처럼 무겁게 드리운다. 곧바로 저녁을 먹지 않는다. 한 시간쯤 몸을 추스르고 나서야 영양을 섭취할 기분이 약간 든다. 먹고 나면 천천히 담배를 피운다. 친구들을 만난다. 빈둥거린다. 카드놀이를 한다. 책을 만지작거린다. 노년이 스멀스멀 다가온다는 사실을 깨닫는다. 산책을 나간다. 피아노를 어루만진다…… 어이쿠! 11시 15분이다. '잠자리에 들까'로 40분을 생각한다. 최고급 위스키를 음미할 수도 있겠다. 그러다 마침내 일과에 지쳐 잠자리에 든다. 직장을 나서면서부터 6시간(이나 그 이상)이 사라졌다. 꿈처럼, 마법처럼, 흔적도 없이 사라졌다!

쾌나 흔한 사례다. 당신은 이렇게 말하겠지.

"당연합니다. 아무리 피곤해도 사람이 친구는 만나야죠. 항상 긴장 상태로 있을 수는 없어요."

지당한 말이다. 그런데 (특히 근사한 이성과의) 데이트가 있을 때는 어땠더라? 서둘러 교외(집)로 온다. 멋지게 치장하기 위해 수고를 아끼지 않는다. 서둘러 다시 열차에 올라서, 족히 4~5시간 동안 긴장해 있다가, 상대를 집에 데려다주고 귀가한다. 잠자리에 들지를 '생각하지' 않는다. 그냥 잠자리에 든다. 친구든 피로든 싹 다 잊혔고, 그날 저녁이 아주 길다고(어쩌면 너무 짧다고) 느낀다! 아마추어 오페라 합창단의 가입 권유를 받고 3달 동안 격일 밤마다 2시간씩 맹연습을 했던 때는 어땠던가? 저녁 무렵 기대가 되는 일, 에너지를 모두 쏟아야 하는 일이 있을 때, 그 일을 생각만 해도 그날 하루 행복감과 더욱 진한 생동감을 느낀다는 사실을 부정하겠는가?

누가 뭐래도 꼭 필요한 '영혼의 90분'

내 제안은 오후 6시에 '당신은 피곤하지 않다'는 진실을 직시하고(정말이다. 당신도 알고 있지 않은가!) 저녁 식사 때문에 중단되지 않는 저녁 시간을 확보하라는 것이다. 최소 3시간은 확실히 생길 거다.

처음부터 그 3시간을 전부 정신 훈련에 투자하라는 게 아니다. 일단 격일로 1시간 반씩만 꾸준히 써라. 그러면 아직 친구와 카드놀이, 테니스, 가정생활, 짧은 독서, 흡

연, 정원 가꾸기, 도자기 만들기, 공모전 참가를 위한 사흘의 저녁 시간이 남아 있으니까. 또 토요일 오후 2시부터 월요일 아침 10시까지 무려 '44시간'도 있다.

꾸준히 하다 보면 머지않아 나흘, 어쩌면 닷새 저녁을 모두 써서 진정으로 하고 싶은 어떤 활동이 생길 것이다. 밤 11시 15분에 '잠들까 말까' 하며 투덜대는 습관에서 벗어날 것이다. 침실 문을 열기 40분 전부터 잠자리를 생각한다면 당신은 따분한 거다. 살고 있지 못한 거다.

명심하라. 주3회 저녁 시간 90분을 10,080분(일주일 전체)에서 가장 중요하게 생각하는 것부터 시작하라! 연극 리허설이나 테니스 시합처럼 반드시 확보되어야 할, 신성한 시간이다. 아니, 오히려 "테니스 치러 가야 해서 못 만나겠어. 미안하네, 친구" 하고 말하기보다 "(내 영혼을 위해) 할 일이 있으니 다음에 봐" 하고 당당하게 말하라.

물론 그러기 무척 어렵다는 건 나도 안다. 다들 '영혼' 이야 테니스 시합에 비해 다급할 게 없다고 여기니까.

작게 시작해야
크게 성공한다

앞에서 언급한 '44시간(직장을 나서는 토요일 오후 2시부터 직장으로 돌아가는 월요일 오전 10시까지)'을 기억할 것이다. 자, 이제는 일주일이 6일인지 7일인지 결정하자.

수년 동안(그러니까, 마흔이 되기 전까지) 나의 일주일은 7일이었다. 더 현명한 연장자들이 "일주일이 6일일 때 더 많은 일을 하고, 더 진정한 삶을 산다"고 계속 일러주었는데도 말이다.

지금은 달라졌다. 7일 중 하루는 즉흥적인 일들 빼고는 전혀 일과를 따르지 않고 아무 활동도 하지 않으며 휴식하면서, 한 주의 가치를 강렬하게 음미하고 있다.

일주일은 6일인가, 7일인가

그러나 만일 그 시절로 다시 돌아가면 예전처럼 똑같이 살 것이다. 오랫동안 주 7일을 전력질주로 살아온 사람들만이 정기적으로 돌아오는 나태함의 진가를 완벽하게 음미할 수 있는 것이다. 더군다나 나는 나이를 먹고 있다. 나이의 영향도 크다.

넘치는 에너지와 갈망을 가진 젊은이들에게는 주저 없이 이렇게 말해 주겠다.

"쉼없이 해 나가게. 눈뜰 때부터 잠들 때까지."

하지만 평균적인 경우에는 이렇게 말할 것이다.

"공식적인 일과(내 말은, 초인적인 일과)는 일주일에 6일로 제한하라. 원한다면 더 늘려도 괜찮다. 단, 스스로 원

하는 만큼만 늘리고 남는 시간을 뜻밖에 굴러 들어온 횡
재처럼 소중히 써라. 늘 생기는 고정 수입처럼 여기지 말
고. 그러면 더 쪼들린다거나 다시 퇴보한다는 느낌 없이
6일짜리 일상으로 돌아갈 수 있다."

고작 7시간 반으로 뭐가 되겠냐고? 습관이 바뀐다

현재 우리 상황을 점검해 보자. 매일 낭비되는 시간을
아껴서 최소한 주 6일간의 아침 30분을, 또 주 3일간의
저녁 1시간 반을 확보했다. 일주일에 총 7시간 반이다.

일단은 이 7시간 반에 만족하기 바란다.

"뭐라고요? 삶의 비법을 알려줄 것마냥 굴더니, 168시
간 가운데 고작 7시간 반에 만족하라니요! 7시간 반으로
기적이라도 일으키겠다는 겁니까?"

당신이 이렇게 소리치는 소리가 들리는 듯하다.

음, 단도직입적으로 말해서, 그렇다! 당신이 차분히 따

라와 준다면 말이다.

　내가 당신에게 완전히 당연하고 설명이 가능하지만 왠지 기적 같이 느껴지는 어떤 경험을 시도하라고 부탁할 것이다. 7시간 반을 완벽하게 활용하면 한 주의 생활 속도가 빨라지고 열정이 커지며 가장 진부한 업무라도 관심도가 높아질 것이라고 장담한다.

　아침저녁으로 딱 10분씩만 운동을 해도, 매 순간 신체 건강과 체력이 좋아지고 외모가 변한다. 그러니 하루 평균 1시간 이상을 정신에 투자했을 때, 정신 활동이 영원히 전반적으로 활발해진다는 사실이 어찌 놀랍겠는가.

　물론 자아 계발에 더 많은 시간을 할애할 수 있다. 할애하는 시간이 길수록 더 큰 결과를 얻을 것이다. 하지만 나는 사소해 보이는 노력들부터 시작하는 편을 더 선호한다.

　해 보면 금방 느끼겠지만 쉽지 않기 때문이다. 그 어지러운 '정글'에서 7시간 반의 '공백'을 내는 일은 여간 어렵지 않다. 뭔가를 희생해야 한다. 아무리 한심하게 보냈더라도 어쨌든 시간을 보냈다. 아무리 무분별하게 행동했어도 어쨌든 행동했다. 말하자면, 습관을 바꿨다는 말이다.

실패가 없도록 시도는 아주 작게, 시간은 2배씩

습관을 바꾸기란 얼마나 어려운가! 변화에는, 설령 그것이 더 나아지는 변화라 할지라도 늘 장애물과 불편이 따른다. '일주일에 7시간 반쯤 진지하고 지속적인 노력에 들여도 삶은 예전과 똑같을 것이다'라고 생각한다면 오산이다. 거듭 말하건대 어느 정도의 희생(포기)과 엄청난 의지가 반드시 필요하다.

나는 그게 얼마나 어려운지, 또 거창하게 시작했다가 실패했을 때 얼마나 낙담이 되는지 잘 안다. 그러니 진심으로 권하건대 아주 약소한 것부터 시작하라. 그렇게 해서 자존감을 지켜라. 자존감은 모든 목적 의식의 원천이다. 신중하게 준비한 계획이 실패하면 자존감이 치명상을 입는다. 따라서 거듭 되풀이하노니, 조용히 겸손하게 시작하라.

3달 정도 꾸준히 매주 7시간 반을 잠재력 계발에 투자해 보면, '내가 얼마나 놀라운 일들을 해낼 수 있는지' 더 자신있게 외칠 수 있을 것이다.

이제 '7시간 반'의 구체적인 활용법으로 넘어가기에 앞서, 마지막으로 한 가지 더 당부하겠다. 시간을 훨씬 넉넉하게 할애하라는 것이다. 언제나 돌발 상황이 생기고, 사람이 하는 일이기 때문이다.

그러니 예컨대 90분이 걸리는 일이라면, 넉넉하게 9시부터 11시 30분까지의 시간을 할애하라.

6장 · 작게 시작해야 크게 성공한다

출근길에는 집중력 훈련

사람들은 "생각은 조절할 수 없다"고 말한다. 아니다. 조절할 수 있다. 생각하는 기계, 즉 두뇌는 완벽하게 통제 가능하다. 뭐든 다 뇌 안에서 일어나는 일이니까, 슬픔도 기쁨도 실제가 아니라 뇌의 작용이니까, 당연히 그 신비로운 뇌의 작용을 통제할 수 있느냐가 가장 중요해진다.

　진부하기 짝이 없는 개념이라고 하겠지만, 이 진부한 개념의 심오한 진리와 절실함을 평생 깨닫지 못하고 살다가 죽는 사람이 대다수다. 사람들은 집중력이 부족하다고 투덜댈 뿐, 선택만 하면 집중력을 얻을 수 있다는 사실을 깨닫지 못하는 것이다.

몸은 열심히 살피면서 왜 두뇌는 살피지 않는가

집중력이 없으면, 다시 말해 뇌가 임무를 지시하고 반드시 복종하게 만들지 못하면, 진정한 삶은 불가능하다. 마인드 컨트롤이야말로 충만한 삶의 첫 번째 요소다.

따라서 내 생각에는 정신의 속도를 가다듬는 것을 하루의 첫 번째 과제로 삼아야 한다. 당신은 몸은 안팎으로 살핀다. 위험을 무릅쓰고 살갗에서 털을 깎아내고, 위장을 채워 품위 있게 행동하기 위해 우유배달부에서 도축업자에 이르기까지 수많은 사람의 도움도 기꺼이 받는다. 그런데 어째서 두뇌라는 훨씬 더 섬세한 기계에는 전혀 주의를 기울이지 않는가? 특히나 외부의 도움도 일체 필요 없는데 말이다.

집중력이 없는 게 아니라, 선택하지 않는 것이다

바로 이 부분을 위해, 나는 당신이 현관을 나서는 순간부터 직장에 도착하는 순간까지의 시간을 남겨 두었다.

"무슨 말입니까? 거리, 승강장, 열차, 그리고 다시 붐비는 거리에서 내 두뇌를 계발해야 한다고요?"

정확하다. 더없이 간단하지 않은가. 아무것도 필요 없다. 얇은 지침서조차 불필요하다. 그러나 녹록한 문제는 아니다.

집을 나설 때 정신을 한 주제에 집중하라. 뭐가 됐든 좋다. 10미터도 채 못 가서 당신 정신은 감시망을 벗어나서 다른 주제와 시시덕대고 있을 것이다.

목덜미를 잡아채 다시 데려오라. 역에 도착할 무렵까지 한 마흔 번쯤 붙잡아와야 할 것이다. 절망하지 마라. 계속하라. 멈추지 마라. 그러면 성공할 것이다. 계속하면 결코 실패하지 않는다.

집중력이 없는 척해도 소용없다. 마음에 걸리는 편지

를 받았던 그날 아침을 기억하지 않는가? 어휘 선택에 매우 신중을 기해서 답장해야 할 편지 말이다. 그때는 직장에 도착하기 전까지 단 1초도 한눈팔지 않고 '답장'만 생각하지 않았는가? 직장에 도착하자마자 즉시 자리에 앉아 답변을 작성하지 않았는가? 상황으로부터 자극을 받으면 당신이 얼마든지 독재자처럼 정신을 지배할 수 있다는 증거다. 잡념 따위는 없었다. 해야만 하는 일이라고 생각해서, 해냈다.

출근길은 집중력 훈련의 최적기

집중력 훈련을 꾸준히 하면(끈기 이외에 다른 비법은 없다!) 언제 어디서나 정신을 지배할 수 있다(당신 내면에서 가장 높은 존재는 정신이 아닌 것이다!). 훈련은 아주 쉽다. 근육 운동을 하겠다고 아령을 한 쌍 들고 간다거나 공부를 하겠다며 10권짜리 백과사전 한 질을 통째로 들고 열차에 탄다면 십중팔구 사람들의 이목이 당신에게 집중될 것이다. 하지만 거리를 걷거나 열차 칸 모퉁이의 기둥 뒤에 앉아서, 혹은 지하철에서 손잡이를 잡고 있을 때면, 당신이 두뇌 활동에 몰두하고 있는 줄 누가 알아차리겠는가? 어떤 멍청이가 당신을 비웃겠는가?

어제 저녁에 읽었던 《명상록》을 곱씹어라

집중할 대상은 상관 없다. 집중하기만 하면 된다. 두뇌를 훈련하고 있다는 자체가 중요하다. 그래도 기왕이면 일석이조가 되도록, 유용한 것에 집중하는 게 좋겠다. 내 제안은 마르쿠스 아우렐리우스Marcus Aurelius*나 에픽테토스Epictetus**를 읽으라는 것이다(그저 제안일 뿐이다).

---

* 로마 제16대 황제(121년~180년). 5현제 중 한 명으로 꼽힐 정도로 철학적 소양이 높았다. 전쟁 막사에서 쓴 일기여서 내밀한 자기 반성과 자기 고백을 담고 있는 《명상록》이 유명하다. 에픽테토스의 철학을 공부했다고 한다.

이들의 이름만 듣고 지레 겁먹지 않기를 바란다. 내가 알기로 마르쿠스 아우렐리우스나 에픽테토스보다 더 '현실적인' 것, 다시 말해 당신이나 나처럼 평범한 사람(거만함, 겉치레, 허튼소리를 싫어하는 사람!)들의 일상생활에 적용할 만한 평범한 상식이 가득한 책은 없다.*** 저녁에 한 챕터(길이는 짧아도 어엿한 한 챕터다!)를 읽고 다음날 아침에 그것을 깊이 묵상하라. 내 말이 무슨 뜻인지 이해하게 될 것이다.

친구여. 사실을 숨기려고 애써봐야 소용없다. 여러분의 뇌가 중얼대는 말이 귓전에 들리는 듯하니까.

'이 사람이 7장까지는 제법 잘 썼네. 살짝 흥미가 생기

** 고대 그리스 로마 철학자(55년~135년)로, 스토아 철학자로 유명하다. 프리기아(현재 터키의 한 지역)에서 잡혀가 노예로 자라다가 자유민이 된 독특한 이력을 지녔다. 우주 만물에는 보편적 이성(logos. 로고스)이 존재하니, 그 이성을 깨닫고 순응해서 살면 사사로운 감정에서 벗어나 아파르테이아(apartheia. 평정심, 부동심)에 도달할 수 있다고 말했다.

*** 제시한 학자들의 책은 모두, 세계 전체에 적용되는 진리를 찾으라고 말하고 있기 때문에 이렇게 말한 듯하다.

7장 · 출근길에는 집중력 훈련

려고 하는데. 하지만 출근길에 집중력 훈련을 하라는 얘기는 나랑 좀 안 맞아. 뭐, 다른 사람들이야 괜찮을지 몰라도 내 취향은 아니야.'

당신이 들어야 할 조언이다!

힘차게 반복하노니 당신을 위한 것이다.

사실 바로 당신이 딱 내가 목표로 삼은 사람이다.

그러니 내 제안을 내팽개친다면, 당신에게 제시된 가장 소중한 제안을 내팽개치는 것이다. 사실 이것은 내 제안이 아니다. 지구상에 태어난, 가장 현명하고 실용적이며 냉철한 사람들의 제안이다. 나는 중개자일 뿐이다. 시도해 보라. 정신을 다잡아라. 그리고 이 과정이 인생의 해악 가운데 절반, 특히 괴롭고 창피하지만 피할 수 있는 질병인 '걱정'을 어떻게 치유하는지 지켜보라!

퇴근길에는 내면을 성찰

정신을 집중하는 연습(하루에 적어도 30분은 투자하자!)
은 기초 단계다. 피아노의 음계를 배우는 단계와 같다고
할까. 복잡한 유기체에서 가장 제멋대로인 일원을 통제
할 힘을 얻었다면, 당연히 고삐를 죄는 단계로 나가야 한
다. 두뇌를 최대한 활용하지 못할 거라면, 두뇌가 순종적
인들 무슨 쓸모가 없겠는가. 중대하고 긴 연구 과정이 필
요하다.

인간이여, 너 자신을 알라!

연구 대상이 무엇이어야 하는지에 대해서는 이견이 없다. 지금껏 쭉 의문이 제기된 적이 없었다. 연령을 불문하고 모든 현명한 사람들이 동의한다. 문학이나 예술, 역사, 과학이 아니라 바로 '자아'라고.

"인간이여, 너 자신을 알라."

너무 진부한 말이라 글로 적기가 참 민망하다. 하지만 꼭 글로 적어야 한다. 그래야만 하니 말이다(내 민망함을 거두는 바이다. 이렇게 중요한 일을 부끄러워하다니!). 소리 내어 외쳐 본다.

"인간이여, 너 자신을 알라."

모두가 알고 있고, 모두가 그 가치를 인정하지만, 오직 최고의 현자들만 실천하는 문구.

이유는 모르겠다. 어쨌든 나는 선한 마음씨를 가진 평범한 현대인들의 삶에서 가장 부족한 것이 성찰이라고 믿는다.

찾아다니기만 하고 정작 아무것도 성찰하지 않는 우둔함

우리는 성찰하지 않는다. 진짜 중요한 일들에 대해 심사숙고하지 않는다는 말이다. 무엇이 행복인지, 지금 제대로 살고 있는지, 삶에서 무엇을 얻어야 할지, 행동할 때 얼마나 이성적으로 판단했는지, 원칙과 행동 사이의 관계 등등.

그러니까, 당신은 여태 행복을 찾아 헤매지 않았나? 그렇다면 행복을 발견했는가?

발견하지 못했을 것이다. 어쩌면 '행복은 손에 넣을 수 없는 것'이라고 체념했을 확률이 높다. 그러나 행복을 찾은 사람들이 분명히 존재한다. 그들은 신체나 정신의 쾌락을 추구하기보다는, 이성을 발달시키고 행동을 원칙에 맞춰 조정할 때 행복이 샘솟는다는 사실을 깨닫고 행복해졌다.

당신이 아무리 대범해도 이 사실을 무작정 부정해 버릴 수는 없을 것이다. 하지만 이 사실을 인정하면서도 본인의 동기와 원칙, 행동을 숙고하는 데 전혀 시간을 쓰지 않는다면, 당신은 자신이 뭔가를 이루려고 노력하면서도 목표 달성에 꼭 필요한 행동은 전혀 하지 않는다는 사실 까지 덩달아 인정하는 셈이다.

자, 이제 화끈거리는 건 내 얼굴이겠는가, 당신 얼굴이 겠는가?

행동과 원칙이 일치하는 삶

특정한 원칙을 강요당할까 봐 걱정하지 마라. 나는 (지금) 당신의 원칙에는 관심이 없다. 이를테면 당신이 '강도질은 정당하다'고 믿는다 해도 나는 개의치 않는다. 단, 행동이 원칙과 일치하지 않는 삶은 어리석다고 단언할 뿐이다. 그런데 매일 반성하고 성찰해서 결단을 내리지 않으면 원칙과 일치하는 행동을 할 수 없다고 경고할 뿐이다.

강도들이 영원히 비굴한 이유는, 사실 강도질이 그들의 원칙에 위배되는 행동이기 때문이다. 만일 스스로 강도질의 도덕적 우수성을 믿는다면 징역살이도 더없이 행복할 것이다. 순교자들이 행복한 것은 그들의 행동과 원칙이 일치하기 때문이다.

조금만 방심하면 삶은 본능에 휩쓸린다

(행동을 유발하고 원칙 형성과도 무관하지 않은) 이성이 삶에 미치는 영향은 의외로 무척 적다. 인간은 이성적인 존재로 생각되지만 사실 훨씬 더 본능적으로 행동하기 때문이다. 그래서 성찰하지 않으면 이성적인 삶에서 멀어진다.

다음번에 너무 바짝 구운 스테이크가 나와서 웨이터에게 짜증이 날 때면, 당신 마음속 회의실로 이성을 불러서 물어보라. 그러면 십중팔구 웨이터는 스테이크를 요리하지 않았을 뿐더러 스테이크 요리에 통제권이 없음을 일 깨워 줄 것이다. 설령 탓할 사람이 웨이터밖에 없다 해도 그에게 짜증을 내서 당신이 얻을 수 있는 것이 없음도 말 이다. 스테이크 상태는 그대로 엉망이면서, 당신만 품위 를 잃고 남들 눈에 멍청한 사람으로 비치며 웨이터의 기 분을 상하게 만들 뿐이다.

이성적으로 차분히 돌이켜 보면(성찰에는 돈이 들지 않 는다!), 다음에 또다시 스테이크가 너무 바짝 구워져 나 와도 웨이터를 동등한 인간으로 대해서 침착하고 친절한 태도로 '새로 요리해 달라'고 공손하게 요청할 수 있다. 그러면 확실하고 실속 있는 이익이 따를 것이다.

독서만 하고 성찰하지 않으면 소용없다

원칙을 만들거나 바로잡아서 행동으로 실천하려 할 때 (권당 6펜스가 넘는 비싼 가격이긴 해도) 책이 큰 도움이 될

것이다. 앞 장에서 이미 마르쿠스 아우렐리우스와 에픽
테토스를 소개했다. 훨씬 더 유명한 작품들도 몇 개 방금
당신 머릿속에 떠올랐을 것이다. 파스칼Pascal*, 라 브뤼에
르La Bruyere**, 에머슨Ralph Waldo Emerson***도 권한다. 개인
적으로 나는 여행에 항상 마르쿠스 아우렐리우스를 동반
한다.

그렇다. 책은 소중하다. 하지만 독서가 당신이 최근에
했던 일과 곧 하려는 일을 매일 솔직하고 정직하게 돌아
보는 일, 즉 자신의 맨얼굴(혼란스러운 모습일지라도)을 끊
임없이 들여다보는 일을 대신하지는 못한다.

이 중요한 과제를 언제 완수할 것인가? 혼자만의 저녁
퇴근길이 제격이지 않을까? 하루 생계를 위해 진이 빠지
게 일한 후라서 성찰의 분위기가 자연스럽게 따른다. 물

---

* 프랑스의 수학자이자 철학자(1623년~1662년)
** 프랑스의 철학자(1645년~1696년).《성격론》을 썼다.
*** 미국의 시인이자 사상가(1803년~1882년).《자연론》을 썼다

론 이 가장 기본적이지만 심대하게 중요한 의무에 집중하는 대신 신문을 읽겠다면야 (저녁 식사를 기다리는 동안 읽는 게 더 좋겠지만) 나로서는 할 말이 없다.

하지만 매일 한 번은 반드시 그 의무에 집중하라. 그래야만 한다.

이제 밤 시간으로 넘어가자.

8장 · 퇴근길에는 내면을 성찰

9장

예술적 안목을 키워라

많은 이들이 밤이면 으레 내내 빈둥거린다. 문학 작품을 읽을 게 아니면 빈둥거리는 수밖에 없지 않냐고, 그런데 마침 자신은 문학에 취미가 없다고 말이다. 대단히 큰 착각이다.

물론 책의 도움 없이 뭔가를 제대로 탐구하기란 정말 어렵다. 거의 불가능하다. 하지만 카드놀이나 요트타기를 더욱 깊이 이해하고 싶을 때는, 문학에 관심이 있건 없건 개의치 않고 해당 주제에 대한 최고의 책을 찾을 것이

하루 24시간 어떻게 살 것인가

다. 따라서 문학과 문학적이지 않은 주제를 다루는 책을 구분해야 한다.

문학적인 책

나는 누구든 메러디스Meredith*의 작품을 읽지 않거나, 스티븐 필립스Stephen Phillips**가 진정한 시인인지 여부에 관한 토론에 관심이 없을 권리가 있다고 생각한다. 문학을 사랑하지 않는 것이 범죄는 아니다. 우둔하다는 증거도 아니다. 문학의 거장들이 '워즈워스William Wordsworth***가 테니슨Alfred Tennyson****에게 미친 영향'을 이해하지 못하는 안타까운 사람을 즉각 처형하라고 명령하지 않을

* 영국의 시인이자 소설가(1828년~1909년). 《에고이스트》를 썼다.
** 영국의 시인이자 극작가(1864년~1915년)
*** 영국의 낭만파 시인(1770년~1850년). 〈무지개〉 등을 썼다.
**** 영국 빅토리아 시대의 시인(1809년~1892년)

것이다. 그것은 오만방자한 행위다. 그들에게 '차이코프스키Tschaikowsky의 비창 교향곡Pathetic Symphony의 탄생에 영향을 미친 요인들을 설명하라'고 요구한다면 어떤 반응이 나올지 궁금하다.

야외 음악회

문학 이외에도 인간의 정신을 고양하는 지식 분야는 어마어마하게 많다. 이를테면 (영국에서 가장 인기 있는 고상한 클래식을 방금 언급한 김에) 8월에 시작하는 야외 음악회Promenade Concert* 에 가 보자. 시가나 담배를 피우며(안타깝게도《로엔그린Lohengrin》** 서곡이 흐르는 동안 담배를 피

---

* 야외 음악당이나 산책 장소 따위에서 청중이 부담 없이 거닐거나 서서 가벼운 마음으로 들을 수 있는 연주회

** 리하르트 바그너의 3막 오페라. 여주인공 엘자가 남동생을 죽였다는 누명을 썼다가 의문의 기사(로엔그린)의 도움으로 위기를 넘기고 사랑에 빠지는데, 다시 악인의 꾀임에 넘어가 금기된 질문("당신의 정체가 무엇인가요?")를 던짐으로써 로엔그린을 잃게 되는 이야기다.

워 둘 것이다) 음악을 즐긴다. 하지만 "나는 피아노, 바이올린, 심지어 밴조도 연주하지 못한다"고, 음악에는 문외한이라고 자신없어 한다.

그게 뭐 대수인가? 지휘자가 당신과 같은 일반인들로 음악당을 가득 채우려고 형편없는 음악을 걸러낸 프로그램을 제공하려고 애쓴다는 사실이, 당신이 진정한 음악 애호가임을 입증한다.(귀족들만 음악을 즐기던 시대와는 다르다!)

피아노로 《소녀의 기도The Maiden's Prayer》를 칠 수 없다고, 두어 달 동안 일주일에 이틀 밤씩 감상하는 오케스트라의 구성을 모르란 법은 없다! 사실 십중팔구 여러분은 오케스트라를 기분 좋게 혼란스러운 소리의 모음을 창조하는 악기들의 이종적인 집합이라고 생각할 것이다. 여러분이 세부 요소를 경청하도록 귀를 훈련시키지 않았다고 해서 세부 요소를 귀담아 듣지 않는 것은 아니다.

누군가 교향곡 C단조의 도입부에서 대주제를 연주하

는 악기들을 묻는다면 아무리 용을 써도 대답하지 못할 것이다. 그래도 교향곡 C단조에 찬사를 보낸다. 그 음악에 전율을 느낀다. 다음에도 전율을 느낄 것이다. 심지어 한껏 들떠서 상대방에게 음악에 대해 이야기한 적도 있지 않았던가. 교향악 C단조에 대해 자신 있게 말할 수 있는 것은 그것이 베토벤 작곡이고 "굉장히 훌륭한 작품"이라는 것뿐이지만 말이다.

오케스트라를 감상하는 습관

예컨대 당신이 크레비엘Krehbiel*의 《음악 감상법How to Listen to Music》(서점에서 알함브라 극장** 1등석보다 싼 가격으로 구할 수 있는데, 모든 오케스트라 악기의 사진과 오케스트라 배치도가 실려 있다)을 읽었다면, 다음번에 야외 음악회

---

* 미국의 음악 평론가(1854년~1923년)
** 영국 런던의 뮤직 홀. 당대 최고 규모였다고 한다.

에 참석할 때는 음악에 대한 관심이 놀랄 만큼 커져 있을 것이다. 오케스트라가 혼란스러운 집합이 아니라 본연의 모습(다양한 구성원이 제각기 다르고 없어서는 안 될 역할을 담당하는, 균형이 잘 잡힌 유기체)로 보일 것이다. 여러 악기에 대한 정보를 아니까 각각의 소리가 귀에 들릴 것이다. 프렌치 호른과 잉글리시 호른의 큰 차이를 알고, 바이올린 연주가 더 어려운데도 오보에 연주자의 보수가 바이올린 연주자보다 더 많은 이유를 이해할 것이다. 야외 음악회에 갈 때 예전에는 반짝이는 물체를 응시하는 아기처럼 행복한 몽환의 상태로 존재했지만 이제는 살아 있을 것이다.

음악에 대해 체계적이고 진정한 지식의 토대가 생길지 모른다. 어쩌면 특정한 형태의 음악(예를 들면 교향악)이나 특정한 작곡가의 작품을 전문적으로 듣게 될지도 모르겠다. 1년에 48주 동안 매주 사흘 저녁에 잠깐의 시간을 투자해 풍부해진 지식을 발휘하고 음악회에 참석하며 프로그램을 연구한다면 음악을 어느 정도 알게 될 것이다. 비록 피아노로 《소녀의 기도》를 뚱땅거리지는 못하더라도 말이다.

그런데도 당신이 여전히 "그래도 난 음악이 싫어요!" 라고 말한다면, 친애하는 선생님, 존경스럽습니다.

다양한 예술 분야 감상법

음악 감상법은 다른 예술에도 똑같이 적용된다. 나는 다른 예술 분야의 지식을 체계적으로 개발하는 초보단계로서 클레몬트 위트Clermont Witt*의 《그림 감상법How to Look at Pictures》이나 러셀 스터지스Russell Sturgis**의 《건축물 감상법How to Judge Architecture》처럼 런던에서 쉽게 찾을 수 있는 자료를 소개하겠다.

---

* 영국의 미술사학자이자 미술품 수집가(1872년~1952년)
** 미국의 건축가 겸 미술 비평가(1836년~1900년)

또 "난 예술이라면 모조리 싫어요!"라고 말하려는가?
친애하는 선생님, 더더욱 존경스럽습니다.

그렇다면 문학으로 넘어가기 전에, 당신의 사례를 다
뤄 보자.

인과 관계를 읽는
안목을 키워라

예술은 위대하다. 하지만 가장 위대한 것은 아니다. 우리가 인식해야 할 가장 중요한 것은 인과 관계다. 이는 곧 우주가 부단히 발전한다는 지각이며, 더 나아가 진화에 대한 이해다. '원인이 없이 일어나는 일은 없다'는 중대한 진리를 머릿속에 철저하게 새길 때 인간은 더 넓은 마음과 더 현명한 머리를 가질 수 있다.

손목시계를 도둑맞으면 괴롭다. 하지만 시계 도둑이

누구인지, 왜 그랬는지, 유전과 환경과 상황까지 논리적으로 고찰해 보면 흥미로운 발견을 할 수도 있다. 그래서 그는 기꺼이는 아니지만, 철학의 힘을 빌어 괴로움을 없애고 손목시계를 다시 산다.

원인과 결과를 알면 삶이 당혹스럽지 않다

인과 관계를 알면 삶이 부조리하다는 느낌이 줄어든다. 하지만 모를 때는, 알 수 없는 일로 가득찬 삶에 충격을 받고 고통을 느낀다. 인간의 본성이 끔찍하고 이상한 관습으로 가득한 낯선 나라 같기 때문이다. 하지만 성숙한 사람이라면 이처럼 타국에서 이방인처럼 행동하는 것을 부끄러워 해야 한다.

인과 관계를 알면 삶의 고통은 줄고 삶의 그림 같은 아름다움은 커진다. 진화를 한낱 한 단어로 여기는 사람에게, 바다는 그저 거창하고 단조로운 풍경이다. 차비만 있으면 보고 올 수 있는 광경 말이다. 반면 발전, 즉 끊임없는 인과 관계라는 개념에 고취된 사람은 바다를 지질학의 관점에서 한때 수증기였던 곳이라고 인식한다. 어제는 부글부글 끓었고 내일이면 얼음으로 변할 수증기 말이다.

그는 액체를 고체로 변하는 과정에 있는 물질로 인식하며, 비범하고 변화무쌍한 전개에 감명을 받는다. 또 이 변화를 깊이 음미할 때 그 무엇에도 비할 수 없는 지속적인 만족감을 느낀다. 이것이 바로 모든 과학의 목적이다.

사회적 인과 관계, 단순하지만 단순하지 않다

인과 관계는 어디에나 존재한다. 예컨대 셰퍼드 부시 Shepherd's Bush의 임대료가 인상되었다. 셰퍼드 부시의 임대료 인상은 고통스럽고 충격적이었다. 하지만 우리는 모두 인과 관계의 과학을 배우는 학생이다. 라이언스 레스토랑Lyons Restaurant에서 점심을 먹는 직장인 가운데 덧셈을 못하거나 (예전) 지하철에서 셰퍼드 부시의 반영구 주택 수요가 과열된 원인을 모르는 사람은 없었다.

당신은 "단순하군!" 하고 비꼬겠지. (간단한 덧셈을 할 수준만 된다면) 모든 것(우주 전체의 복잡한 운동)이 이만큼 단순하다. 친애하는 선생님, 당신이 마침 예술은 싫지만 영혼은 보살피고 싶어 하는데, 업무에 큰 흥미는 없는 부동산 중개인이라면 말이다.

아니다. 단순한 건 없다.

비범하고 변화무쌍한 삶의 그림 같은 사건은 부동산 중개소에서도 마치 기적처럼 전개된다. 옥스퍼드 스트리트Oxford Street에 교통정체가 일어났다. 사람들이 이 정체를 피하려고 지하실과 하수시설 아래로 이동하기 시작했다. 그 결과 셰퍼드 부시의 임대료가 인상되었다!

당신이 이런 기분에 고양되어 격일 저녁에 1시간 반씩 런던의 부동산 문제를 연구한다고 하자. 그렇다면 그것이 당신의 업무에 열정을 불어넣고 생활을 완전히 바꿔 놓지 않을까?

더 어려운 문제를 만날 수도 있겠다. 런던에서 가장 긴 직선 도로의 길이가 약 1.4미터인 반면에 파리에서 가장 긴 완벽한 직선 도로의 길이는 수 킬로미터인 이유를 깨 닫는다든지 하는 것 말이다.

예술이 별로면, 취미에 도전하라

당신이 은행 직원인데 아직 (과학연구로 위장한) 숨 막히는 로맨스 소설인 월터 배젓Walter Bagehot의 《롬바드 스트리트Lombard Street》를 읽지 않았다. 아, 친애하는 선생님, 이틀마다 저녁에 90분씩 읽었더라면 지금 당신의 일을 얼마나 매혹적으로 생각하며 인간 본성을 얼마나 확실하게 이해하게 되었을까?

여러분은 '도시에 감금'되어 있지만 시골 여행과 야생

생물 관찰을 무척 좋아한다(확실히 마음이 넓어지는 취미다). 슬리퍼 바람으로 곤충망을 들고 집을 나서서 가장 가까운 가스등까지 걸어간다. 그 주변을 날아다니는 희귀한(혹은 흔한) 나방 같은 야생 생물을 관찰하고 얻은 지식을 종합한다. 그리고 이를 바탕으로 어떤 이론을 세우고 증명해 본다면 어떨까?

충만하게 살고 싶다고 해서 꼭 예술이나 문학에 빠질 필요는 없다.

모든 일상적인 습관과 생활의 장이 호기심을 채워주고자 여러분을 기다리고 있다. 이 호기심이 바로 삶이며 그것을 충족시키면 마음이 넓어진다.

자, 약속대로 예술과 문학을 싫어하는 당신의 사례를 다뤘다. 이제 '독서를 좋아하는' 매우 평범한 사례로 가보자.

10장 · 인과 관계를 읽는 안목을 키워라

11장

책, 특히 시를 읽어라

소설은 '진지한 책읽기'에서 제외된다. 그러니 주 3회 90분씩 찰스 디킨스Charles Dickens*의 작품 세계를 철저히 연구함으로써 자기 향상에 열중하려고 했다면, 계획을 바꾸라고 조언하고 싶다.

---

* 영국 빅토리아 시대의 소설가(1812년~1870년). 《올리버 트위스트》, 《위대한 유산》, 《두 도시 이야기》, 《크리스마스 캐롤》 등을 썼다.

소설은 스트레스가 없어서 효과가 없다

소설이라는 장르 자체가 진지하지 않아서가 아니라(일부 명작들은 산문픽션의 형태를 띤다), 나쁜 소설은 당연히 읽지 말아야겠지만 좋은 소설도 독자가 정신적으로 크게 투자할 필요가 없기 때문이다. 난해한 소설이라면 메러디스 소설의 일부 대목들 정도뿐이다.

좋은 소설은 쾌속정처럼 독자를 태우고 돌진하기 때문에, 당신은 숨을 헐떡이지만 녹초는 아닌 상태로 대단원에 도달하게 된다. 최고의 걸작일수록 읽을 때 스트레스가 가장 작다.

그런데 정신을 계발할 때 필수 요인이 스트레스와 난이도이다. 마음 한구석으로는 성취하고 싶지만 한구석으로는 회피하고 싶은 임무라는 느낌 말이다. 우리가 톨스토이의 《안나 카레니나Anna Karenina》를 읽기 위해 이를 악물지는 않는다. 그러니 물론 소설은 읽어야 하지만, 우리가 비축한 90분에는 읽지 마라.

시는 가장 고상한 형태의 문학

시 독해는 소설 읽기보다 정신적 스트레스가 훨씬 더 크다. 모든 형태의 문학을 통틀어 단연 최고 수준일 것이다. 시는 가장 고상한 형태의 문학이다. 가장 고상한 형태의 즐거움을 창조하며 가장 고상한 형태의 지혜를 가르친다. 요컨대 시와 견줄 것이 없다. 하지만 이렇게 말하는 중에도 나는 대부분의 사람이 시를 읽지 않는다는 슬픈 현실을 인식한다.

우수한 인재들 중에도 밀턴의 《실낙원Paradise Lost》 읽기와 대낮에 포대 자루를 매고 트라팔가 광장을 무릎으로 기어 다니기 가운데 한 가지를 선택해야 한다면, 사람들의 조롱을 받는 후자의 시련을 택할 사람이 많을 것이다. 그럼에도 나는 친구든 적이든 가리지 않고 누구에게나 시를 읽으라고 줄기차게 권한다.

시를 '신비한 대상'이라고 여기는 사람이라면 〈시의 일반적 본질〉이라는 해즐럿Hazlitt*의 유명한 에세이부터 읽어 보라고 권하겠다. 동종 서적으로는 영국 최고 작품이다. 읽고 나서도 시가 중세 시대의 고문이나 실성한 코끼리 혹은 자동으로 발사되어 닥치는 대로 사람을 죽이는 총이라고 오해하는 사람은 없을 것이다. 사실 해즐릿의 에세이를 읽고서도 다음번 식사 시간 전까지 시 몇 편을 읽고 싶은 마음이 들지 않는 사람의 정신 상태를 이해하기가 오히려 어렵다.

당신이 이 에세이에 무척 감명을 받았다면 나는 완전히 이야기체인 시부터 시작하라고 권하고 싶다.

엘리엇George Eliot** 이나 브론테 자매Brontes***, 제인 오스틴Jane Austen****의 어떤 작품보다도 한층 뛰어난 작품이 있다. 바로 E.B. 브라우닝Elizabeth Barrette Browning의 《오로

---

* 영국의 수필가 겸 비평가
** 영국의 소설가(1819년~1880년)
*** 영국 요크셔 출신의 세 자매인 샬럿, 에밀리, 앤 브론테를 말한다. 샬럿 브론테가 《제인 에어》를, 에밀리 브론테가 《폭풍의 언덕》을 썼다.
**** 영국의 소설가(1775년~1817년). 《오만과 편견》을 썼다.

라 리Aurora Leigh》! 마침 운문으로 쓰였고, 참으로 훌륭한 시가 꽤 많이 담겨 있다. 이 책을 끝까지 독파해 보라. 읽다가 너무 힘들어 죽겠더라도 포기하지 말고. 명시를 읽고 있다는 부담감을 버리고, 그냥 스토리와 사회적 개념 정도만 읽어도 된다. 그렇게 다 읽고 나서, 아직도 시가 싫은지 솔직하게 자문해 보라. 내 지인 중에도 시를 싫어한다고 생각했다가 《오로라 리》 덕분에 그것이 완전히 오해였음을 깨달은 사람이 한두 명이 아니다.

역사책과 철학책

해즐릿과 《오로라 리》 후에도 시를 적대시하는 마음이 한구석에 남아 있다면, 역사나 철학에 만족해야 할 것이다. 나로서야 못내 아쉽지만, 가늘 수 없을 만큼 아쉽지는 않다. 《실낙원》만큼 유명하지는 않아도 《로마제국 흥망사The Decline and Fall》라는 대단히 멋진 작품이 있다. 허버트 스펜서의 《제1 원리First Principles》는 시의 주장들을 모두 비웃으며 '모든 인간 정신의 가장 위대한 산물'이라는 평가가 아니면 모두 거부하는 작품이다.

이 두 작품이 정신적 스트레스 면에서 초보자에게 적합하다는 의미는 아니다. 다만 평범한 사람도 1년 동안 꾸준히 독서한 후라면 도전하지 못할 이유는 없다. 걸작의 큰 장점은 의외로 이해하기 쉽다는 점이다.

기간, 주제, 작가를 정해서 읽기

초보자에게 특정한 작품을 제안하지는 않겠다. 그런 시도는 부질없다. 다만 어느 정도 중요한 두 가지 사항만 권유하고자 한다.

일단 당신이 노력할 방향과 범위를 정해야 한다. 특정한 기간, 주제, 작가를 선택하라. 이렇게 말이다.

'프랑스 혁명을 알아보겠다.'

'철도의 태동기가 궁금하다.'

'존 키츠John Keats의 작품을 읽겠다.'

그리고 기간을 미리 정해 두고 그 선택에 집중하라. 전문가가 됨으로써 얻는 즐거움이 많다.

둘째, 읽는 데서 그치지 말고 생각하기 바란다. 책을 많이 읽고도 그저 아침 식사 하는 정도의 도움밖에 얻지 못하는 사람이 많다. 애주가가 술을 마시듯이 독서하니까 그렇다. 문학의 나라를 자동차로 질주하는데, 그저 질주만이 목적이다. 그들은 자신이 1년에 몇 권 읽었는지만 떠벌린다.

읽은 것을 적어도 45분간 진지하고 혹독하게 성찰(처음에는 무척 따분할 것이다)하지 않는다면 그저 90분을 낭비하는 것과 다름없다.

당연히 속도가 느려진다.

괜찮다. 개의치 마라.

목적지는 잊어라. 주변 풍광에 집중하라. 조금 시간이

지나면 어쩌면 전혀 기대하지 않았던 시점에 언덕 위에 있는 아름다운 동네에 도달한 자신을 불현듯 발견할 것이다.

12장

4가지 함정을 피하라

나는 (식물인간 같은 삶과 구분되는) 삶의 원대한 목적을 위해 시간을 완벽하게 활용하는 법에 대한 이 조언들이 지나치게 설교적이고 사무적으로 들리지는 않을지 걱정스럽다.

　하지만 삶을 진지하게 대하는 사람들이 마주치는 특정한 위험들을 간단히 살펴보아야만 이 글을 마무리할 수 있을 것 같다.

오만한 사람이 되지 마라

우선 가장 불쾌하고 비협조적인 사람, 즉 깐깐한 사람으로 변할 수 있는 끔찍한 위험이 있다. 자기가 누구보다 지혜롭다는 태도를 풍기는 오만한 인간 말이다. 작정한 시간에 산책은 나서지만 중요한 준비물인 '유머 감각'을 챙기지 않은 줄도 모르는 건방진 멍청이다. 뭔가 발견하면 자신의 발견에 감동한 나머지 온 세상이 그것에 함께 감동하지 않는다는 사실을 심히 불쾌해 하는 따분한 사람이다. 자신도 모르는 사이에 오만한 인간이 되기 쉬운데, 이렇게 되면 치명적인 결과가 따른다.

따라서 이 시간 관리법 활용에 들어가려는 사람은 명심하자. 활용할 수 있는 건 자신의 시간뿐이라는 사실, 자신이 시간 예산의 균형을 맞추기 전부터 지구는 순조롭게 돌아가고 있었다는 사실, 자신이 시간의 재무장관이라는 새로운 역할에 성공하든 실패하든 앞으로도 지구는 매우 순조롭게 돌아갈 것이라는 사실을!

자신이 하는 일을 지나치게 떠벌리거나 온 세상이 매일 계획적으로 너무 많은 시간을 낭비하고 있어서 진정한 삶을 살지 못한다며 지나치게 가슴 아파하며 슬픔을 드러내지 말아야 한다. 안 그러면 제 앞가림도 못하면서 남을 걱정하는 사람으로 전락할 것이다.

일정의 노예가 되지 마라

전차에 묶인 노예처럼 계획에 묶일 위험도 있다. 계획표가 사람을 질질 끌고 다니는 일은 없어야 한다. 자신의 계획은 존중하되 신처럼 숭배하는 것은 금물이다.

뻔한 소리처럼 들릴 것이다. 하지만 이런 위험을 인식하지 못해 스스로 부담을 떠안고 주변 사람들에게 고통스러운 부담을 떠안기는 사람들이 있다. 이렇게 하소연하는 아내를 본 적이 있다. "오, 이런. 아서는 항상 8시에 강아지를 데리고 산책을 나가고 8시 45분에 독서를 시작해요. 그래서 우리는 아무것도 못 해요." 그 애처로운 목소리에 담긴 절대적인 포기의 어조에서 생각지도 못한 우스꽝스러운 비극이 드러난다.

반면 계획을 너무 가볍게 여겨도 성과를 얻을 수 없다. 계획을 적당히 존중하는 것, 과하거나 부족함이 없이 융통성을 발휘하며 생활하는 일은 결코 간단한 문제가 아니다. 미숙한 사람들은 쉽게 생각할지 모르지만.

조급함을 버려라

다음 일정에 집착하며 조급한 마음을 가질 위험도 크다. 조심하지 않으면 자신을 옭아매고 삶의 주인 자리를 잃는다. 8시에 개를 산책시키는 중에도 8시 45분 독서 시간에 늦으면 안 된다는 생각에만 사로잡힐 수 있다.

이따금 일부러 일정을 중단시키는 건 문제를 바로잡는 데 도움이 되지 않는다. 폐단은 융통성 없이 밀고나갈 때가 아니라, 처음부터 너무 많이 시도하거나 프로그램을 넘칠 정도로 채워서 발생한다. 이런 경우 유일한 해결책은 일정을 재구성하고 시도를 줄이는 것이다.

그러나 지식욕은 채울수록 커지기 때문에, 쉴 새 없이 숨차게 정신없이 움직이는 편을 좋아하는 사람들이 있다. 그들은 영원히 잠자는 것보다 차라리 그 편이 낫다고 생각한다.

어떤 경우든 간에 일정에 얽매이는데 굳이 바로잡고 싶은 마음도 안 든다면, 일정 사이에 쉼을 두는 것도 좋겠다. 개의 목줄을 빼고 책을 펼치기까지 5분 정도 시간을 두어서 정신을 완벽하게 쉬게 한다. 5분을 낭비한다고 인식하면서 그 시간을 보내는 것이다.

첫 시도는 한심해 보일 만큼 사소하고 느리게

마지막이자 가장 중대한 위험은 이미 언급했다시피

계획을 시작하는 시점에 실패할 위험이다.

가장 경계해야 할 위험이다.

시작하는 시점에 실패하면 완벽한 삶을 살겠다는 새로운 의욕이 곧바로 사그라지기 쉽다. 그렇기 때문에 모든 예방책을 실천해 이런 위험을 피해야 한다. 과욕은 금물이다. 한심해 보일 만큼 느린 속도로 첫 단계를 시작하되 최대한 규칙적으로 진행하라.

일단 특정한 임무를 달성하기로 결심했다면 지루하고 싫증이 나도 무조건 달성하라. 따분한 일을 달성하고 얻는 자신감은 이루 헤아릴 수 없이 크다.

마지막으로, 저녁 시간의 첫 임무를 선택할 때 오로지 자신의 취향과 타고난 성향을 지침으로 삼아라. 걸어 다니는 철학 백과사전이 되는 것은 물론 좋은 일이다. 하지만 철학에는 취미가 없고 거리 광고의 역사가 궁금하다면 철학은 내버려 두고 거리 광고를 택하는 편이 훨씬 바람직하다.

옮긴이 **이미숙**

계명대학교 영어영문학과 석사 학위를 취득하였으며, 한국외국어대학교 통번역대학원에서 수학했다. 번역 에이전시 엔터스코리아에서 출판기획 및 전문 번역가로 활동하고 있다. 《금융혁명 2030》, 《미래의 역습, 낯선 세상이 온다》, 《데일 카네기의 인간관계론》, 《빌 브라이슨의 대단한 호주 여행기》 등을 번역했다.

하루 24시간 어떻게 살 것인가

초판 1쇄 펴낸 날 2020년 3월 25일

지 은 이   아놀드 베넷
옮 긴 이   이미숙
펴 낸 이   장영재
펴 낸 곳   (주)미르북컴퍼니
자 회 사   더스토리
전   화   02)3141-4421
팩   스   02)3141-4428
등   록   2012년 3월 16일 (제313-2012-81호)
주   소   서울시 마포구 성미산로32길 12, 2층 (우 03983)
E-mail   sanhonjinju@naver.com
카   페   cafe.naver.com/mirbookcompany

(주)미르북컴퍼니는 독자 여러분의 의견에
항상 귀 기울이고 있습니다.

THE PHANTOM
OF THE OPERA

BY

GASTON LEROUX

ILLUSTRATED BY
ANDRÉ CASTAIGNE
AND
WITH SCENES FROM THE
UNIVERSAL PRODUCTION
STARRING LON CHANEY

GROSSET & DUNLAP
PUBLISHERS NEW YORK

Made in the United States of America

오페라의 유령

가스통 르루 지음 | 베스트트랜스 옮김

더스토리

유령 같은 면은 없지만
에릭처럼 음악의 천사인 나의 형 조에게
애정을 담뿍 담아 이 책을 바칩니다.
　　　　-가스통 르루

이 기이한 작품의 저자는 오페라의 유령이 실제로 존재했다는 것을 믿게 된 과정을 독자 여러분에게 다음처럼 밝힌다.

오페라의 유령은 실제로 존재했다. 그것은 사람들이 오랫동안 믿어 온 것처럼 예술가들이 지어낸 얘기도 아니고, 오페라 감독이 믿는 미신도 아니고 경망스러운 발레 무용수들이나 그들의 어머니, 또는 극장 좌석을 안내하는 사람이나 물품 보관소 직원, 수위들이 꾸며 낸 우스운 이야기도 아니다.

그렇다. 비록 겉모습은 진짜 유령과 다를 것 없는 그림자 같은 모습을 지녔더라도 오페라의 유령은 살과 뼈가 있는 살아 있는 존재였다.

나는 국립음악원의 문서 보관소를 뒤지면서 어떤 신비한 수수께끼 같은 사건이 유령과 관련된 현상과 놀라울 정도로 비슷하다는 사실을 우연찮게 알게 되어 깜짝 놀랐다. 그 후부터는 유령을 통해 그 사건의 자세한 내막을 논리적으로 설명할 수 있을지도 모른다는 생각을 하게 된 것이다. 사건은 겨우 30년 전에 일어난 일이고, 무용수 대기실에 가면 크리스틴 다에의 납치와 관련된 신비하고 비극적인 일들을 마치 어제 일처럼 생생하게 기억하고 있는 노인들도 쉽게 만날 수 있었다. 그들은 샤니 자작이 실종되었다는 것과 그의 형 필립 백작이 죽었다는 것, 스크리브가(街)에 위치한 오페라극장 아래쪽 호숫가 제방에서 백작의 시체가 발견되었다는 것도 선명하게 기억하고 있었다. 그러나 노인들 가운데 누구도 그 끔찍한 사건이 전설적인 오페라의 유령과 관련되었다고는 생각하지 못했다.

복잡하게 얽혀 있는 수수께끼 같던 사건이 머릿속에서 서서히 정리되기 시작했다. 그러나 처음에는 초자연적인 사건인 것 같아 포기하려고 한 적도 많았고, 손에 잡히지 않는 허황된 것을 좇는다는 기분이 들어 지치기도 했다. 하지만 결국 내 예감은 틀리지 않았으며, 오페라의 유령이 그림자 그 이상이라는 확신이 들었을 때는 그때까지 내가 했던 모든 노력들이 전부 보상을 받는 느낌도 들었다.

바로 그날, 나는 몽샤르맹이라는 냉소적인 작가가 쓴 《어느 오페라극장장의 회고록》이라는 가벼운 책을 읽으며 긴 시간을 때우고 있었다. 오페라극장에서 일하는 동안 극장장은 유령의 존재를 전혀 알아차리지 못했으며 유령에 대해 떠도는 소문도 대수롭지 않게 여겼다. '마법의 편지'에 담긴 흥미로운 수상한 금전 거래 때문에 첫 번째 희생자가 되었을 때도 그의 태도는 달라지지 않았다.

절망만을 갖고 도서관을 나오던 나는 오페라극장의 행정관과 맞닥뜨렸다. 멋진 옷차림의 노인과 계단에서 대화를 나누던 그는 유쾌하다는 듯 나를 그 노인에게 소개시켜 주었다. 행정관은 당시 내가 어떤 것을 조사하는지 다 알고 있었다. 심지어 샤니가(家) 사건을 담당해서 유명해진 포르 판사의 소재 파악에 실패한 사실까지도 말이다. 포르 판사에게 무슨 일이 일어났으며, 살아 있기나 한 것인지 아무도 몰랐다. 그런데 그 사람이 캐나다에서 15년 동안 있다가 이곳으로 돌아와 처음으로 한 일이 극장 사무실을 찾아가 무료 좌석을 얻는 일이었다. 오페라 행정관과 이야기를 나누고 있던 노인이 바로 포르 판사였다.

우리는 그날 저녁에 꽤 오래도록 함께 시간을 보냈다. 그는 샤니 사건에 대해 기억나는 모든 것을 이야기해 주었는데, 그는 자작이 미쳤으며 백작인 형이 사고사를 당한 것이라고 생각하고 있었다. 그리고 크리스틴 다에를 놓고 형제가 복잡한 관계였다는 확신을 갖고 있었다. 그러면서도 크리스틴 다에나 자작이 어찌 되었는지에 대해서는 침묵하고 있다가 내가 오페라의 유령에 대해 언급하자 그저 웃기만 했다. 그도 오페라극장의 가장 비밀스러운 장소에 무척 특이한 존재가 살았다는 사실은 알고 있었다. '편지'에 대한 이야기도 알고는 있었지만 담당판사로서 주의를 끌 만한 내용은 없다고 판단했다고 밝혔다. 그는 유령을 보았다고 주장하는 한 증인의 이야기를 들어 준것이 전부였다. '페르시아인'이라 불리던 그는 오페라극장 회원들에게 잘 알려진 인물이었는데, 포르 판사는 그가 환영을 본것일 뿐이라는 결론을 내렸다.

독자 여러분도 짐작했겠지만, 나는 페르시아인의 이야기에 호기심이 많이 생겼다. 소중한 증인인 그 사람이 아직 살아 있다면 꼭 만나 보고 싶었다. 그리고 얼마 후, 뜻하지 않은 행운으로 나는 리볼리가에 사는 그를 만날 수 있었다. 그는 그 사건이 일어난 후로 계속 그 아파트에서 살아 왔는데 나와 만나고 5개월 뒤에 세상을 떠나고 말았다.

나도 처음에는 페르시아인의 이야기를 의심했지만 마치 어린아이처럼 신이 나서 유령에 대해 자신이 알고 있는 모든 사실을 이야기하는 그를 보니 더 이상 의심할 수가 없었다. 게다가 그는 그가 가지고 있던 증거물을 보여 주었는데, 거기에는 크리스틴 다에가 소름 끼치는 운명의 상대인 바로 그 유령과 주고받은 이상한 편지도 있었다. 그렇다! 오페라의 유령은 결코 전설이 아니었다.

물론 사람들은 그 모든 편지들이 매혹적인 이야기를 좋아하는 누군가가 거짓으로 꾸며 낸 것이라고 할지도 모른다. 그러나 나는 크리스틴 다에가 쓴 다른 편지들을 발견할 수 있었고, 필체를 대조해 본 결과 다행스럽게도 의심을 씻을 수 있었다. 페르시아인의 행적에 대해서도 조사해 보았는데 그가 매우 정직하고, 거짓 이야기를 꾸며 낼 사람이 아니라는 사실을 알게 되었다.

나는 샤니가문의 친구이며 사건에 직간접적으로 관련된 사람들에게 자료를 보여 주고 내 추론을 들려주었다. 그와 관련해 여러 의견들을 밝힌 편지를 받았는데, 그중에서 D 장군이 보낸 편지 일부분을 소개한다.

선생님

나는 당신이 조사한 결과를 책으로 만들기를 강력하게 권고합니다. 훌륭한 오페라 가수였던 크리스틴 다에가 실종되기 몇 주 전에 일어났던 일, 포부르 생제르맹 일대를 슬프게 만들었던 비극적인 사건에 대해 뚜렷하게 기억하고 있습니다. 오페라 무용단 휴게실에서는 그 유령에 대한 이야기가 끊이질 않았는데 모든 이들이 경악을 금치 못했던 그 사건 이후로는 아무도 그에 대한 이야기를 하지 않게 되었습니다. 유령을 통해 그 비극적인 사건을 설명하는 것이 가능하다면, 제발 그 유령에 대해서 분명하게 알려 주시기 바랍니다. 나는 선생님 이야기를 듣고 유령에 대해 확신하게 되었습니다. 유령의 존재가 아무리 이해하기 어렵다 해도 평생 아끼고 사랑하던 두 형제가 서로 죽였다고 추측하는 이들의 끔찍한 이야기보다는 훨씬 설명하기 쉬울 것입니다.

내 말을 꼭 믿어 주시기 바랍니다……

드디어 모든 자료를 손에 쥔 나는 유령이 자신만의 거대한 영역으로 만들어 놓은 곳으로 들어서게 되었다. 눈으로 본 것과 머릿속에 떠오른 생각들은 모두 페르시아인이 남긴 기록과 정확하게 맞아떨어졌고, 나중에 찾아낸 자료들은 내 업적을 더욱 멋지게 뒷받침해 주는 역할을 했다.

알려진 대로, 가수들의 육성 녹음 음반을 땅에 묻기 위해 오페라극장 지하를 파던 중에 신원을 알 수 없는 시체 한 구가 발견되었다. 나는 그 시체가 바로 오페라의 유령이라는 증거를 지금 당장이라도 보여 줄 수 있다! 나는 그 증거를 행정관에게 직접 보여 주었다. 신문에서는 파리 코뮌의 한 여성 희생자 시신도 찾아냈다고 보도했지만 내 관심을 끌지는 못했다.

코뮌 시절 오페라극장에서 학살당한 희생자들은 그곳에 매장되지 않고 왕정 시대 각종 음식물을 보관하는 저장고로 사용된 거대한 지하실에 묻혔다. 오페라의 유령이 남긴 흔적을 조사하다가 그 사실을 알게 되었지만 그것은 전적으로 우연이었다.

그러나 그 시신을 어떻게 처리하는 게 좋을지에 관한 이야기는 나중에 하기로 하자. 이 서문을 마무리하기 전에 해야 할 일은 우선 크리스틴 다에가 실종된 후 처음으로 수사에 착수했던 경찰관 미프르와 이미 작고한 많은 사람들, 오페라극장장의 비서 레미, 행정관 메르시에, 합창단장 가브리엘에게 감사의 인사를 드리는 일이다. 그리고 카스텔로 바르브작 남작 부인에게도 특별한 감사를 드린다. 그녀는 과거에 '어린 메그'였는데 지금도 그 사실을 부끄럽게 생각하지 않는다. 그녀는 우리의 훌륭한 무용단 최고 스타이자 존경받는 지리 부인의 장녀로 유령의 특별 좌석을 담당한 오페라극장 안내원이었다. 이들 모두 내게 큰 도움을 주었다. 만약 그들이 없었다면, 나는 사랑과 공포에 가득 찬 그 순간들을 독자 여러분에게 자세하게 재현해 드리지 못했을 것이다.*

---

* 이렇게 대단한 이야기를 하자니, 오페라극장 실제 경영진들에게 감사 인사를 드리지 않을 수가 없다. 그들은 내가 조사하는 데 우호적으로 협조해 주었으며, 특히 메사제와 무척 친절하게 해 준 가비옹 행정관, 돌려주지 않을 것을 알면서도 오페라극장을 설계했던 샤를 가르니에의 작품을 기꺼이 빌려 준 건물 보전 담당 건축가에게 감사의 인사를 드리는 바이다. 또한 친구이며 옛 동료인 J. L. 크로제도 잊지 않을 것이다. 그는 오페라극장 도서관 아래 지하를 파 보는 것을 허락해 주었으며 희귀한 소장본까지 빌려 주는 관대함을 보여 주었다. (원주)

1
그것은 유령인가?

그날 저녁에는 파리 오페라극장에서 극장장인 드비엔느와 폴리니의 퇴임을 기념하여 특별 공연이 펼쳐지고 있었다. 〈폴리왹트*〉를 추고 난 무용수 대여섯 명이 수석 무용수 라 소렐리의 의상실로 우르르 몰려 들어왔다. 무대에서 내려온 그녀들은 상당히 혼란스러운지 억지로 웃어 보이기도 하고 두려움에 떨며 소리를 지르기도 했다. 라 소렐리는 드비엔느와 폴리니를 위한 송사를 낭독해야 했기 때문에 혼자 조용하게 있고 싶었다. 그래서 미친 듯 난리 법석인 무용수들이 못마땅해서 돌아보던 그녀는 얼마 뒤 아연실색하고 말았다.

---

* 5막으로 된 운문 비극으로 프랑스 극작가 코르네유가 써서 1640년에 초연한 작품이다.

"유령이 나타났어요!"

살짝 치켜 올라간 코끝, 물망초를 닮은 눈빛, 발그스름한 장밋빛 뺨, 백합처럼 흰 목을 가진 잠므가 떨리는 목소리로 외쳤다. 그러고는 문을 걸어 잠갔다. 라 소렐리의 의상실은 우아하기는 했지만 화려함과는 거리가 멀었다. 거울과 긴 의자, 옷장 등 꼭 필요한 것만 있었다. 그녀의 어머니는 펠르티에가에 있던 화려한 시절의 옛 오페라극장을 기억하는 사람이었다. 그녀가 유품으로 남긴 작은 조각품들이 벽에 걸려 있었다. 베스트리스, 가르델, 뒤퐁, 비고티니의 초상화도 볼 수 있었다. 어린 무용수들은 그 방이 마치 화려한 궁전이나 되는 것처럼 여겼다. 어린 무용수들은 공동 의상실을 써야 했는데 거기서 노래를 부르기도 하고 이야기도 나누었으며, 때로는 미용사들이나 의상 담당자들과 말다툼을 하기도 했다. 그리고 무대가 시작되었음을 알리는 종이 울릴 때까지 손거울을 보기도 하고 맥주나 럼주를 마시기도 했다.

"어리석기는!"

라 소렐리는 미신을 믿었기 때문에 잠므가 오페라의 유령에 대해 이야기하는 것을 듣고는 몸서리를 쳤다.

"직접 봤어?"

유령의 존재, 특히 오페라의 유령에 대해 믿고 있던 그녀는 곧바로 호기심을 드러냈다.

"진짜 봤어요!"

더 이상 서 있을 수도 없었는지 잠므가 의자에 털썩 주저앉았다.

"유령이 틀림없다니까요! 아주 끔찍하게 생겼어요!"

짙은 눈동자에 검은 머리카락, 거무스름한 피부에 비쩍 마른 어린 무용수가 얼른 덧붙였다.

"맞아요!"

무용수들이 합창이라도 하듯 말했다. 그들은 연미복을 입은 유령이 갑자기 복도를 가로막고 서 있었다고 말했다. 그가 어디에서 나온 것인지 도무지 알 수 없어서 마치 벽에서 튀어나온 것 같았다고 했다.

"여기저기서 유령을 봤다니까요."

다소 안정을 되찾은 어린 무용수가 말했다.

그것은 사실이었다. 몇 달 전부터 검은 연미복을 입고 마치 그림자인 양 오페라극장 여기저기에 나타나는 유령이 화제였다. 유령은 어느 누구한테도 말을 거는 법이 없었으며, 또 함부로 유령에게 말을 거는 사람도 없었다. 오페라의 유령은 사람들 눈에 띄면 슬그머니 사라졌으며, 어디로 어떤 방법으로 사라지는지는 누구도 알지 못했다. 그것은 마치 진짜 유령처럼 소리 없이 움직였다. 사람들은 사교계 인사나 장의사처럼 옷을 입은 유령을 무시하거나 비웃었다. 하지만 차츰 무용수들 사이에서는 오페라의 유령에 관한 소문이 눈덩이처럼 불어났다. 모두들 괴상한 유령을 한두 번씩 본 경험이 있다고 말했다. 어떤 이들은 유령 때문에 골탕을 먹었다고 했다. 크게 웃어 대는 사람일수록 유령의 존재를 더 확실하게 믿고 있었다. 직접 모습을 드러내지 않을 때에도 유령은 우스꽝스럽고 이상한 사건으로 존재감을 드러내기도 했다. 설명할 수 없는 사건이 일어나면 사람들은 으레 유령 탓을 했다. 누군가에게 이상한 일이 생기거나 무용수들 사이에서 누군가가 못된 장난을 쳤을 때, 심지어 분첩을 잃어버리기만 해도 모두 오페라의 유령 탓을 했다.

그를 직접 본 사람은 누구일까? 오페라극장에서는 검은 연미복을 입은 사람을 자주 볼 수 있었지만, 그들은 유령이 아니었다. 그 연미복은 흔한 연미복과는 달리 해골이 입는 연미복 같았다.

적어도 무용수들은 그렇게 말했는데, 당연히 얼굴도 죽은 사람의 그것과 같다고 했다.

이 이야기들이 믿을 만한 것일까? 유령이 해골의 몰골을 하고 있다는 생각은 그를 실제로 봤다고 주장하는 무대감독 조제프 뷔케의 말에서 비롯되었다. 그는 지하로 이어지는 조명 바로 옆 작은 계단에서 그 특이한 존재인 유령과 마주쳤는데, 유령이 재빨리 도망갔기 때문에 몇 초밖에 못 봤지만 그 모습을 절대 잊을 수 없다고 했다.

"너무 삐쩍 말라서 검은 연미복이 뼈 위로 둥둥 뜬 것처럼 보였어요. 눈은 푹 패여서 눈동자가 움직이는 것조차 보이지 않았는데 보이는 거라곤 커다란 구멍 두 개밖에 없으니 그야말로 해골 같았죠. 북에 씌운 가죽 같은 피부는 뼈에 달라붙어 있었는데 칙칙하고 누르스름한 색이었답니다. 옆에서는 거의 보이지도 않는 코는 없는 거나 매한가지였고 무척 흉측했어요. 머리카락도 얼마 없어서 이마와 귀 뒤쪽으로 내려온 서너 가닥이 전부였답니다."

조제프 뷔케는 유령 이야기를 듣고 싶어 하는 사람들에게 이렇게 말하곤 했다. 그는 괴상한 존재를 따라갔지만 허사였다. 유령은 아무런 흔적도 없이 마치 마법처럼 사라져 버렸다.

무대감독 조제프 뷔케는 아주 진지하고 엄격하며 이야기를 꾸며 내지 않는 신중한 성격을 가진 사람이었기에 그의 증언을 들은 사람들은 깜짝 놀라 관심을 가질 수밖에 없었고, 곧 검은 연미복을 입은 해골 같은 유령을 봤다는 사람들이 하나둘 늘어갔다.

분별 있는 사람들은 조제프 뷔케가 조수들이 하는 우스꽝스런 농담에 넘어간 것이라고 장담했다. 하지만 너무나 이상하고 설명할 수 없는 사건들이 자꾸만 발생하자 대담한 사람들도 불안감을 감추지 못했다.

예를 들어 소방관이 오페라극장 지하를 순찰하던 중에 일어난 사건을 봐도 그렇다. 이 이야기는 오페라극장의 전 극장장이었던 페드로 가일라르 씨에게 전해 들은 신빙성 있는 정보다. 소방관은 용감한 사람들이다. 그들은 어느 것도 무서워하지 않으며 불에 대해서는 특히나 그런 편이다. 파펭이라는 이름을 가진 소방관이 하루는 오페라극장 지하를 순찰하던 중에 평소보다 더 멀리까지 순찰하는 과감성을 발휘했는데, 갑자기 얼굴이 창백해져서 무대 뒤쪽에 나타났다. 그는 고상한 잠므의 어머니에게 쓰러지며 몸통 없이 불타는 머리가 자신을 향해 다가오는 모습을 보았다고 말했다. 소방관은 불을 무서워하지 않는 법이거늘!

마침내 무용단은 공황 상태에 빠지고 말았다. 그 불타는 머리는 조제프 뷔케가 말한 유령과는 확실히 달랐다. 사람들은 소방관과 무대감독에게 꼬치꼬치 캐물었고, 무용수들은 유령이 머리를 마음대로 바꿀 수 있다는 결론을 내기에 이르렀다. 무용수들이 곧 큰 위험이 닥칠 것이라고 예상한 것은 당연한 일이었다. 소방관이 유령을 보고 기절한 사건이 생긴 후에, 수석 무용수와 무용단원들은 어두컴컴한 복도를 지날 때면 정신없이 도망쳤다. 그리고 자신도 모르게 그렇게 된다고 핑계를 대곤 했다.

라 소렐리는 어린 무용수들과 타이즈를 신은 남자 무용수들에게 둘러싸인 채 지내야 했다. 그녀는 소방관 이야기를 들은 다음 날 행정실 안뜰 옆에 있는 수위실 탁자 위에 말편자를 놓아두었는데 끔찍한 혼란에 빠진 오페라극장을 보호하려는 뜻에서였다. 관객들을 빼고 오페라극장에 들어오려는 사람들은 모두 첫 계단을 오르기 전에 그것을 슬쩍 만져야 했다. 그렇게 하지 않으면 지하실에서 다락방까지 건물 전체를 감도는 어두운 힘의 희생양이 될 각오를 단단히 해야 했기 때문이다.

다른 일화들처럼 말편자를 두었다는 것도 내가 억지로 꾸며 낸 이야기가 절대 아니다! 행정실 안뜰을 통해 오페라극장으로 들어가 보면 여전히 수위실 탁자 위에 놓인 그 편자를 발견할 수 있다.

다시 문제의 그날 밤으로 돌아가 보자. 어린 무용수들은 부랴부랴 라 소렐리의 방으로 들이닥쳤고 어린 잠므가 유령이라고 소리쳤다. 무용수들의 두려움은 점점 커져 갔고 무거운 침묵만이 의상실 안에 가득했다. 헐떡이는 숨소리를 제외하고는 아무 소리도 들리지 않았다.

"잘 들어 보세요!"

잠므가 겁에 질린 표정으로 벽 구석으로 가며 속삭였다.

모두들 문 뒤로 무언가가 스쳐 지나가는 소리를 실제로 들은 것만 같았다. 발소리는 아니었고, 가벼운 비단 옷자락이 바닥 위로 미끄러지는 듯한 소리였는데 이내 아무 소리도 들리지 않았다.

"누구세요?"

다른 사람들보다 조금 더 용기를 내 보려고 애를 쓰는 라 소렐리가 문 앞으로 다가가 떨리는 목소리로 물었다. 하지만 아무런 대답도 들리지 않았다.

"문 뒤에 누가 있나요?"

자신을 보고 있는 이들의 시선을 의식하던 라 소렐리는 용기를 내어 다시 한 번 큰 소리로 물었다.

"오, 맞아요! 틀림없어요! 분명히 누가 있다니까요! 절대 문 여시면 안 돼요! 아, 정말 안 된다니까요."

바싹 마른 메그 지리가 라 소렐리의 치맛단을 그러쥐며 말했다. 하지만 라 소렐리는 늘 몸에 지니고 다니는 단검으로 무장한 채 손잡이를 잡고 문을 열었다. 무용수들은 화장실 앞에까지 뒷걸음을 쳤고, 메그 지리는 겁에 질려 소리 높이 엄마를 불러 댔다.

라 소렐리는 용감하게 복도를 내다봤지만 그곳은 텅 비어 있었다. 꺼질 듯이 희미한 불빛만 유리병 안에 갇힌 채 흐릿했다.

"아무도 없잖아."

라 소렐리는 안도의 한숨을 내쉬며 문을 힘껏 닫았다.

"하지만 우리가 분명히 봤다니까요."

잠므가 라 소렐리에게 다가오며 말했다.

"유령은 지금 분명 다른 곳에 있을 거예요. 난 옷 갈아입으러

가지 않을 거예요. 송사를 읽어야 하니까 우리 모두 함께 무도
회장으로 내려갔다가 끝나면 다시 다 함께 올라오기로 해요."

잠므는 액운을 막아 준다는 작은 산호색 반지를 만지작거렸
고, 라 소렐리도 붉게 칠한 오른손 엄지손가락 손톱 끝으로 왼
손 약지에 낀 생탕드레 나무 십자가 반지를 남모르게 쓰다듬
었다.

어느 유명한 전기 작가는 라 소렐리에 대해 다음과 같이 묘
사했다.

소렐리 양은 아름답고 위대한 무용수다. 그녀는 기품 있고 관
능적인 얼굴과 버드나무 가지처럼 유연한 몸을 가졌다. 모두
들 그녀를 '신의 아름다운 창조물'이라고 부른다. 황금처럼
순수한 금발은 왕관처럼 그녀의 이마를 덮고 있으며, 그 아래
로 에메랄드빛 눈동자가 반짝인다. 길고 우아하며 당당한 목
위로 가끔씩 머리가 깃털 장식처럼 부드럽게 흔들리는 것을
볼 수 있다. 춤을 출 때 허리 동작은 말로 표현할 방법이 없다.
몸 전체가 남모를 번민으로 가늘게 떨리는 것 같다. 팔을 들
고 허리를 구부린 다음 상체의 윤곽을 드러내며 피루에트*를
시작하면, 매력적인 허리가 더욱 도드라졌다. 그 자태는 정신

---

* 한쪽 발로 몸의 균형을 잡고 회전하는 무용 동작

을 놓게 만들 정도로 황홀했다.

실제로 그녀는 우아한 자태만큼이나 훌륭한 머리를 갖고 있
지는 않았지만 그것에 대해 뭐라는 사람은 아무도 없었다.

"얘들아, 제발 마음을 가라앉혀 봐! 유령이라니……. 유령을
본 사람은 아무도 없어."

라 소렐리는 다시 한 번 어린 무용수들에게 말했다.

"아니에요! 아니에요! 우리가 봤다니까요. 방금 전에 봤어요.
조제프 뷔케 씨가 본 것처럼 해골이 연미복을 입고 있었어요."

어린 무용수들이 한소리로 말했다.

"가브리엘도 봤다고 했어요. 바로 어제 오후, 그것도 환한 대
낮에요."

어린 잠므가 말했다.

"합창단장 가브리엘 말이야?"

"네, 그것도 모르셨어요?"

"그가 환한 대낮에 그 옷을 입었단 말이니?"

"누구 말씀이세요? 가브리엘요?"

"아니, 그 유령!"

"당연하죠! 유령이 그 옷을 입었다니까요. 가브리엘이 직접
말해 준 거예요. 그 옷차림 때문에 유령을 알아본 거래요. 가브
리엘이 무대감독 사무실에 있는데 갑자기 문이 열리고 페르시

아인이 들어왔대요. 기분 나쁜 눈빛을 가진 페르시아인은 아시죠?"

잠므가 말했다.

"그럼, 알지!"

어린 무용수들이 하나같이 대답했다. 그들은 페르시아인의 불쾌한 모습을 떠올리며 검지와 새끼손가락을 쭉 편 뒤 중지와 약지를 손바닥 쪽으로 구부려 엄지와 맞닿게 하여 뿔 모양이 되게 했다.

"가브리엘은 미신을 믿거든요. 그래도 항상 예의가 바르니까 페르시아인을 만나도 그저 주머니에 손을 넣고 열쇠를 만지작거리기만 했대요……. 그런데 그날은 페르시아인이 문을 열고 갑자기 나타나는 바람에 너무 당황한 나머지 얼른 쇠붙이를 만지려고 소파에서 벌떡 일어나 옷장 자물통으로 가려다가…… 그만 윗옷이 못에 걸렸대요! 옷을 빼내려고 하다가 모자걸이에 이마가 부딪혀서 커다란 혹이 생기고 갑자기 뒤로 물러서다가 피아노 옆 칸막이에 팔이 긁혔대요. 피아노 위에 손을 짚으려고 했는데 불행하게도 피아노 뚜껑이 닫혀서 손가락이 부러졌고요! 미친 사람처럼 사무실에서 뛰쳐나왔는데, 결국 계단에서 발을 헛디더서 2층 계단 전체를 굴러 내려왔죠. 그때 마침 제가 엄마랑 계단을 지나가다가 일으켜 세워 주었어요. 몰골도 끔찍하고 온몸이 피투성이라 우리는 잔뜩 겁을 먹었는데 그가 곧바로 자리에서 일어나더니 '하나님, 감사합니다! 이 정도로 끝나서 다행입니다.' 이렇게 소리치더라고요. 어떻게 된 거냐고 물으니까 페르시아인 뒤에 유령이 서 있었대요. 조제프 뷔케 씨가 얘기한 것처럼 해골 모습으로요."

잠므가 유령에게 쫓기기라도 한 것처럼 숨을 헐떡거리며 헐레벌떡 이야기를 마치자 모두들 겁에 질려 웅성거리기만 했다. 다시 무거운 침묵이 찾아왔다.

"뷔케 씨가 아무 말도 안 했다면 얼마나 좋았을까……."

라 소렐리가 손톱을 만지는 동안, 어린 지리가 새된 소리로 끼어들며 말했다.

"그건 왜?"

누군가가 물었다.

"우리 엄마가 그렇게 생각하신대……."

메그는 마치 누군가가 엿들을까 두려운 것처럼 주변을 둘러보며 낮은 목소리로 대답했다.

"그럼, 너희 엄마는 왜 그렇게 생각하신대?"

"쉿! 엄마는 유령을 귀찮게 하면 좋지 않다고 하셨단 말이야."

"왜 그렇게 얘기하셨을까?"

"그건…… 그건…… 아무것도 아니야."

한 발짝 뒤로 물러서는 지리를 보며 어린 무용수들은 더욱 호기심이 생겼다. 그들은 팔꿈치를 맞대고 나란히 붙어 서서 두려움에 떨며 기도하는 마음으로 지리를 에워싸고 설명해 달라고 몰아세웠다. 모두들 두려우면서도 묘한 호기심과 짜릿한 기쁨을 동시에 느꼈다.

"절대 말 안 하기로 맹세했어!"

메그가 대번에 잘랐다. 하지만 무용수들은 비밀을 지키겠노라고 계속 보챘다.

"실은…… 전용석 때문이라고 했어."

메그는 문을 바라보며 얘기를 털어놓기 시작했다.

"무슨 전용석?"

"유령 좌석 말이야."

"유령한테 전용석이 있다는 말이야?"

전용석 이야기를 듣자 무용수들은 놀라기도 했지만 호기심을 억누를 수가 없었다.

"맙소사! 계속 얘기해 줘. 빨리!"

무용수들은 한숨을 토해 내면서 중얼거렸다.

"좀 작게 말해! 무대 왼쪽에 있는 2층 5번 박스석이라고 했어."

"말도 안 돼! 그럴 리가……."

"아니야, 사실이라니까. 우리 엄마가 그 자리를 안내하시거든. 그런데 정말 절대 말 안 하기로 맹세하는 거지?"

"물론이야. 계속 얘기해 봐."

"거기가 바로 유령 전용석인데 한 달 전부터는 유령 말고는 거기에 앉은 사람이 없었대. 게다가 그 자리는 누구한테도 주지 말라고 상부에서 지시가 내려왔다는 거야."

"유령이 거기에 온다는 게 진짜야?"

"응, 그렇다니까."

"혹시 누구 다른 사람이 오는 건 아닐까?"

"아니야! 유령만 오고 다른 사람은 절대로 안 온댔어!"

어린 무용수들은 서로 얼굴만 물끄러미 바라보았다. 유령이 그 전용석에 왔다면 사람들이 해골 머리에 연미복을 입은 그를 분명히 봤을 터였다.

"분명히 말해 두는데 사람들은 유령을 못 봐! 유령은 옷도 안 입고 해골도 아니거든. 사람들이 해골이니 불타는 머리니 하고 얘기한 건 모두 엉터리라고! 유령한테는 아무것도 없댔어. 그가 자리에 앉아 있을 때도 오로지 소리만 들을 수 있다고 했다니까. 엄마도 유령을 한 번도 본 적 없지만 목소리는 들었다고 하셨어. 엄마가 프로그램을 건네주었으니까 분명히 목소리를 들을 수 있었다고!"

무용수들이 반론을 제기하자 메그가 대답했다.

"지리, 네가 우리 모두를 놀리는구나."

라 소렐리는 더 놔두면 안 되겠다고 생각해서 끼어들었다.

"아무 말도 하지 말걸……. 혹시 엄마가 알게 되면……. 조제 프 뷔케 씨가 자기와 관계없는 일에 관심을 가진 게 잘못이래 요. 그래서 화가 닥친 거래요. 어젯밤에 엄마가 그러셨어요."

바로 그때, 복도에서 급박한 발소리와 숨찬 듯한 목소리가 들렸다.

"세실! 세실! 거기 있니?"

"엄마 목소리네. 무슨 일 있어요?"

잠므가 말했다. 문이 열리고 당당한 체구를 가진 부인이 뛰어 들 듯 다급하게 의상실로 들어와 소파 위에 털썩 주저앉았다. 그 녀는 구운 벽돌처럼 벌겋게 달아오른 얼굴에 겁에 질린 듯한 눈 길로 주변을 둘러보았다.

"세상에 이럴 수가! 어떻게 이런 끔찍한 일이……."

"왜요? 무슨 일인데요?"

"조제프 뷔케 씨가……."

"뷔케 씨가 왜요?"

"……죽었단다."

의상실 안에는 약속이나 한 것처럼 한꺼번에 비명이 울려 퍼 졌고 모두들 어떻게 된 것인지 자세히 알려 달라고 난리들이었 다.

"지하 3층에서 목을 맨 그의 시체를 방금 발견했단다. 그런 데 더 끔찍한 건……."

부인은 가쁜 숨을 몰아쉬며 계속 이야기를 들려주었다.

"시체를 발견한 사람이 그러는데, 시체 주변에서 진혼곡 같은 소리가 들렸다는구나."

"······유령이야."

지리는 자기도 모르게 그 말을 하고 나서는 곧 입을 막았다.

"아니야! 아무것도 아니야! 나는 아무 말도 안 한 거야······."

"맞아! 유령 짓이야. 분명해!"

그녀의 주변을 둘러싸고 있던 무용수들이 겁에 질려 낮은 목소리로 중얼댔다.

"송사는 못 하겠네."

라 소렐리는 얼굴이 창백해져서 중얼거렸다.

잠므의 어머니는 탁자 위에 놓여 있던 독주를 한 잔 마시더니 이 사건이 유령과 관련된 건 확실하다고 말했다.

사실 조제프 뷔케가 어떻게 죽음에 이르게 된 것인지 정확하게 아는 사람은 하나도 없었다. 조사를 했지만 자살이라는 결론을 내렸을 뿐 특별한 결과는 나오지 않았다. 드비엔느와 폴리니 후임으로 부임한 두 극장장 가운데 한 명인 몽샤르맹 씨는 《어느 오페라극장장의 회고록》에서 사건과 관련하여 다음과 같은 글을 남겼다.

어떤 유감스러운 사건으로 인해 드비엔느와 폴리니의 퇴임식이 엉망진창이 되어 버렸다. 그 당시 나는 집무실에 있었는데, 행정관인 메르시에가 갑자기 뛰어 들어오더니 방금 무대 및 지하 3층, 벽면과 〈라호르의 왕〉 장식 사이에서 무대감독이 목을 매고 죽었노라고 급히 말했다. 나는 "얼른 가서 끌어 내려야지" 하고 외치고는 구르다시피 무대 밑 계단을 내려갔는데 목을 맨 끈은 어느새 사라지고 없었다.

몽샤르맹 씨는 그 사건을 평범하게만 보았다. 한 남자가 끈을 매서 목을 달아 자살했고, 그 시신을 끌어내리는 동안 끈이 사라졌다는 것이다. 몽샤르맹 씨의 설명은 무척 간단하고 명확했다. '곧 춤을 출 시간이 다가왔고 수석 무용수와 무용단원들은 액운을 막을 방법을 서둘러 준비했다.' 그게 전부였다. 여러분이 생각하는 것처럼, 무용단원들이 무대 사다리를 내려오며 그 끈을 푼 것인지도 모른다. 하지만 시체가 지하 3층에서 발견되었다는 것을 생각해 볼 때, 그 끈이 사라진 특별한 이유가 있었을 것이다. 시간이 지나면 독자 여러분은 내 상상이 옳은지 그른지 알게 될 것이다.

슬픈 소식은 조제프 뷔케를 사랑했던 오페라극장 전체에 눈 깜짝할 사이에 퍼졌다. 대기실은 텅 비었고, 무용수들은 양 떼가 목자 주변으로 몰려들 듯 소렐리 곁에 모여 앙증맞은 발을 높이 든 채 복도를 지나 어두컴컴한 계단을 통해 무도회장으로 들어섰다.

2
새로운 마르그리트

라 소렐리는 2층 계단을 올라오는 샤니 백작과 마주쳤다. 그는 평소 침착하던 것과는 달리 무척 흥분한 표정이었다.

"당신한테 가던 길이었소. 아, 소렐리! 정말 아름다운 밤이구려. 크리스틴 다에가 어찌나 훌륭하던지!"

백작은 품위 있는 태도로 숙녀에게 인사했다.

"그럴 리가요. 6개월 전만 해도 노래가 얼마나 엉망이었는데요. 아무튼 저희가 지나가게 길을 좀 비켜 주세요, 친애하는 백작님."

메그 지리가 끼어들었다.

"목매달아 죽은 불쌍한 남자 소식을 전하러 가는 길이랍니다."

메그 지리는 지나치다 싶게 예의바른 태도로 말했다.

바로 그때 그곳을 지나가던 행정관이 갑자기 걸음을 멈추었다.

"저런! 여러분은 어떻게 그걸 벌써 알고 있지?"

그는 아주 퉁명스럽게 말했다.

"절대로 아무 말도 하면 안 돼. 특히 드비엔느 씨, 폴리니 씨한테는 절대로 안 돼! 퇴임식 날인데 기분을 망치면 안 되지!"

모두 무도회장으로 가기 위해 서둘렀다. 그곳은 이미 사람들로 가득했다.

샤니 백작 말이 맞았다. 지금까지 벌어졌던 어떤 무도회하고도 비교할 수 없게 화려했다. 당시 참석했던 고관대작들이 흐뭇하게 웃으며 무도회에 대한 이야기를 자손에게 들려줄 정도였다. 구노, 레이에, 생상스, 마스네, 기로, 들리브 등 유명한 작곡가들이 차례대로 오케스트라 무대에 올라 자신의 작품을 지휘하는 광경을 상상해 본다면! 포르아 크라우스 같은 성악가들도 있었지만 그날 저녁 열광하는 파리 시민들 앞에 나선 것은 이 책을 통해서 신비로운 운명을 보여 줄 크리스틴 다에였다.

구노가 〈어느 꼭두각시의 장송곡〉을, 레이에가 〈지구라트〉라는 아름다운 작품을, 생상스가 〈죽음의 춤〉과 〈동방의 꿈〉을, 마스네는 아직 발표하지 않은 곡인 〈헝가리 행진곡〉을, 기로가 〈사육제〉를, 들리브가 〈실비아〉에 나오는 〈느린 왈츠〉와 〈코펠

리아〉에 나오는 〈피치카티〉를 지휘했다. 그리고 크라우스 양이 〈시실리아의 독사〉에 나오는 볼레로를 불렀고, 드니스 블로흐가 〈루크레치아 보르지아〉에 나오는 권주가를 불렀다.

하지만 〈로미오와 줄리엣〉에 나오는 노래를 부른 크리스틴 다에의 공연이 단연코 돋보였다. 구노의 〈로미오와 줄리엣〉을 젊은 여가수가 부른 것은 그때가 처음으로, 여태까지 정통 오페라로 편곡되지도 않은 이 작품은 카르발로 부인이 고대 서정극으로 작곡한 이후 최근에 희가극으로 각색된 것이 전부였다. 아! 그녀의 타고난 재능을 알지 못하는 사람들, 그 천사 같은 목소리에 전율을 느끼지 못한 사람들은 얼마나 불행한지! 베로나의 두 연인의 무덤 위로 그녀의 영혼과 함께 자신의 영혼마저 높이 날아오르는 기분을 못 느껴 본 사람들은 얼마나 불행한지! '주여! 주여! 우리를 용서하소서!'

하지만 그 모든 것들도 그녀가 〈파우스트〉의 감옥 장면이나 마지막 삼중창을 부른 것에 비하면 아무것도 아니었다. 고정 배역을 맡은 카를로타를 대신해서 노래를 부른 크리스틴 다에의 목소리는 사람의 것이라고는 도저히 믿지 못할 만큼 아름다웠다. 그것은 그야말로 처음 보는 새로운 공연이었다.

다에는 '새로운 마르그리트'의 자리에 올랐다. 찬란하게 빛나는 마르그리트로 다시 태어난 것이다.

오페라극장은 말로 표현할 수 없는 감동으로 가득 찼고 크리스틴은 무척이나 감격한 동료들의 팔에 안겨 기절할 지경이 되어 대기실로 실려 왔다. 그녀는 거의 죽은 듯 보였다. 유명한 평론가 P. 드 St-V. 씨는 '새로운 마르그리트'라는 제목으로 잊을 수 없는 그 감격스러운 순간을 기사로 썼다. 뛰어난 예술적 안목을 가진 그는 아름다운 크리스틴 다에가 그날 저녁 예술적 재능을 뛰어넘는 무엇인가를 보여 줬다는 것, 다시 말해 영혼을 무대 위에서 펼쳐 보여 준 것이라고 평했다. 오페라 애호가라면 크리스틴 다에의 영혼이 열다섯 살 소녀처럼 순수했다는 데 반대하지 않을 것이다. 그는 다음과 같이 썼다.

다에 양의 목소리를 이해하려면 그녀가 처음으로 사랑에 빠졌다는 상상을 하면 된다. 경솔한 비유일 수도 있겠지만 오로지 사랑만이 그런 기적, 그렇게 급격하게 변하는 것을 가능하게 만들기 때문이다. 2년 전에 국립고등음악학교인 콩세르바투아르 콩쿠르에서 크리스틴 다에가 보여 준 가능성은 이미 알려져 있었다. 그녀의 매혹적인 목소리는 과연 어디에서 온 것일까? 천사와 함께 하늘에서 내려온 것이 아니라고 한다면 지옥에서 온 게 틀림없다. 크리스틴은 오프터딩엔*의 음유시인처럼 악마와 계약을 맺은 것일까? 크리스틴 다에가 부르는

* Ofterdingen, 노발리스의 미완성 장편소설인 《푸른 꽃》에 등장하는 전설의 기자, 시인인 주인공

파우스트의 마지막 삼중창을 들어 보지 않은 채 감히 파우스트를 안다고 말하면 안 된다. 환하게 빛나는 목소리, 사람 마음을 취하게 만드는 순수와 신성함은 어디까지일지 알 수가 없을 정도다.

반대로 오페라극장의 회원들 몇 명은 보석 같은 그녀의 존재를 어떻게 그리 오랫동안 숨기고 있었는지에 대해 항의했다. 그때까지 시벨 역할을 맡았던 크리스틴 다에는 마그리트 역을 맡은 지나치게 육감적인 카를로타에 언제나 가려져 있었다. 그랬던 어린 다에가 스페인 출신 디바를 대신해서 아무런 예고도 없이 최대의 능력을 뽑아 낼 수 있었던 이유는 설명하기 어려운 카를로타의 사정 탓이었다. 드비엔느와 폴리니는 어떻게 어린 다에에게 카를로타의 대역을 맡기게 된 것일까? 그들은 이미 그녀의 숨겨진 재능을 알고 있었던 것일까? 그랬다면 왜 그렇게 오랫동안 숨겨 왔을까? 크리스틴이 어느 교수에게 사사를 받았는지 알려지지 않은 것도 의문이었다. 그녀는 독학을 했노라고 몇 번이나 밝혔지만 의문은 풀리지 않았다.

샤니 백작은 전용석에서 일어나 그 광경을 지켜보고, 환호하며 감동하는 사람들 무리에 끼었다. 필립 조르주 마리 드 샤니 백작은 마흔한 살로 높은 신분에 기품이 있는 남자였는데, 큰 체격에 이마와 눈빛이 차가워 보이지만 호감을 주는 인상을 가졌다. 그는 여성들에게는 세련된 매너를 자랑했지만 남성들에게는 다소 오만하게 굴어서 그의 성공을 아니꼽게 생각하는 사람들도 꽤 많았다. 그렇지만 그는 넓은 아량과 고결한 양심을 가진 사람이었다. 필리베르 백작이 작고한 후에 그는 루이 10세까지 거슬러 올라가는 프랑스 최고 명문가 중 한 곳의 우두머리가 되었다. 샤니가의 재산은 상당했는데, 홀아비였던 아버지가 죽은 후 막대한 유산을 관리하는 것은 그에게 엄청난 일이었다. 두 누이와 남동생 라울은 재산 분할에 대해 이러쿵저러쿵하려고 하지 않았고, 마치 장자권이 여전히 존재한다는 듯이 모든 것을 필립이 처리하도록 했다. 두 누이가 결혼하던 날에도 그들이 자신들의 몫을 챙긴 게 아니라 필립이 직접 전해주는 지참금을 약간 받았을 뿐이었다.

모에로기 드 라 마르티니에르 출신인 샤니 백작 부인은 맏이인 필립보다 20년이나 터울이 지는 라울을 낳다가 세상을 떠났는데 나중에 백작이 사망했을 때 라울의 나이는 겨우 열두 살이었다. 필립은 막냇동생의 교육에 적극적으로 개입했다. 두 누이와 브레스트에 살고 있던 해군 장교 미망인인 숙모도 라울을 후원했다. 어린 라울은 숙모의 영향으로 바다를 좋아하게 되었으며, 청년이 되어서는 해군사관학교에 입학해 우수한 성적으로 졸업하고 세계 일주를 했다. 든든한 후원 덕택에 라울은 르켕호의 공식 탐험대원으로 참여해, 3년 전 연락 두절된 다르투아 탐험대의 생존자를 찾아 북극의 빙산으로 가는 임무를 맡았다. 출발하기 전에 그는 6개월의 긴 휴가를 즐기는 중이었다. 포부르 생제르맹의 과부들은 섬세하고 잘생긴 청년이 그렇게 고된 임무를 맡게 된 것을 몹시 안타깝게 생각했다.

해군 장교인 그가 가진 수줍음은 굉장히 유별난 것이어서 순수하다고 표현해야 할 정도였다. 마치 이제 막 유모의 손길을 벗어난 아이 같았다. 그것은 그가 두 누이와 미망인 숙모에게서 여성적인 교육과 보살핌을 받고 자라난 영향이었다. 하지만 그의 빛나는 매력은 당시 스물한 살인 그를 열여덟 살 정도로 보이게 했고, 황금빛 콧수염과 푸른 눈동자, 생기 넘치는 혈색은 소녀만큼 고왔다.

필립은 동생 라울을 무척 귀여워했으며 자랑스럽게 여겼다. 그는 라울이 해군 제독의 지위까지 오른 유명한 선조 샤니 드라 로슈의 뒤를 이어 영광스러운 경력을 쌓아 가기를 원했다. 그는 동생의 휴가를 이용해 파리 구경을 시켜 주며 파리가 가진 호화롭고 예술적인 면을 보여 주고 싶었다. 백작은 라울이 그의 나이에 비해 생각이 지나치게 깊은 것은 현명하지 않다고 생각했다. 필립은 일에서 만큼이나 즐기는 것에도 늘 완벽했지만, 항상 동생에게 본보기가 되어 줄 수는 없었다. 그는 동생을 데리고 파리 전 지역을 누비고 다니며 무도회장을 보여 주기도 했다. 백작이 라 소렐리 양과 사귄다는 것은 누구나 알고 있는 사실이었다. 하지만 그렇다고 해서 그 신사를 모독할 수는 없었다. 그는 독신인 데다가 시간이 여유로웠다. 특히 두 누이가 결혼한 다음에는 저녁 식사 후 한두 시간을 그녀와 함께 보내곤 했다. 소렐리는 지적인 면은 별로 없었지만 세상에서 가장 아름다운 눈동자를 가진 여자였다. 또한 그 시대에는 샤니 백작 정도의 지위를 가진 진정한 파리지엥(parisien)이라면 꼭 가야 할 장소가 몇 군데 있었으며, 그 가운데 하나가 바로 오페라 극장의 무도회장이었다.

동생의 간곡한 부탁이 없었다면 필립 백작은 그를 무대 뒤까지 데리고 가지는 않았을 것이다.

그날 저녁 필립이 크리스틴 다에를 보고 박수를 치다가 동생을 힐끗 쳐다보니 그는 무언가에 놀란 것처럼 하얗게 질려 있었다.

"저 여자, 어딘가 좀 안 좋은 모양인데요?"

실제로 무대 위에 있던 무용수들이 크리스틴 다에를 부축하고 있었다.

"너야말로 기절이라도 할 것 같구나. 무슨 일이냐?"

백작은 라울에게 몸을 숙이며 물었다.

"그만 가요."

라울이 벌떡 일어서며 떨리는 목소리로 말했다.

"어디로 가려는 거야?"

동생의 감정 상태에 놀라 백작이 물었다.

"보러 가려고요. 저렇게 노래한 건 처음이거든요!"

호기심이 가득한 표정으로 동생을 쳐다보던 백작이 희미한 미소를 지었다.

"하! 그래, 가 보자!"

라울은 무엇인가에 홀린 것 같았다. 오페라극장 회원들이 드나드는 출입구는 몹시 혼잡했다. 무대로 가기까지 기다리는 동안 라울은 저도 모르게 장갑을 찢고 있었다. 필립은 동생이 초조해하는 것을 모르는 척했지만 그렇게 안절부절못하는 이유를 정확하게 알고 있었다. 왜 오페라 이야기만 나오면 라울이 얼이 빠진 것처럼 이야기하는지, 왜 그렇게 흥분하는지 충분히 짐작할 수 있었다.

그들이 무대를 지나가는 동안 검은 연미복 차림의 많은 사람들이 무도회장을 지나 무용수와 가수들의 대기실로 몰려갔다. 무대감독이 외치는 소리와 극장 관리인들의 잔소리가 한데 엉켜 들려왔다. 마지막 장면을 끝내고 들어가는 무용수들, 사람들과 부딪혀도 그냥 지나가 버리는 단역 무용수들, 무대에서 내려지는 배경 그림, 실물 장치를 고정하는 망치질 소리까지 극장 분위기는 곧 전란이 시작될 것처럼 어지럽고 소란스러웠다. 오페라극장 막간의 분주한 분위기는 잔뜩 멋을 부린 실크 햇을 쉽게 망쳐 버릴 수 있었고, 사람들에게 부딪혀서 삼시간에 허리가 휘청할 수도 있었다. 황금빛 콧수염과 푸른 눈동자를 가진 소녀 같은 아름다운 청년은 거의 정신을 잃을 지경이었다. 게다가 무대 위에서는 조금 전 크리스틴 다에가 멋진 공연을 보여 주었고, 무대 밑에서는 조제프 뷔케가 비극적인 죽음을 맞이하지 않았던가!

오페라극장이 그날처럼 혼란에 휩싸였던 적도 없었다. 그렇지만 라울 또한 그날처럼 대담한 적이 없었다. 그는 모든 장애물이나 주변에서 들리는 소리 따위는 아랑곳하지 않았다. 그의 머릿속에는 오로지 마법 같은 목소리로 자신의 마음을 송두리째 앗아간 그녀를 보겠다는 생각뿐이었다. 유약한 그의 심장도 이제 더 이상 그의 것이 아닌 듯했다. 소꿉친구였던 크리스틴이 몰라볼 정도로 달라져서 다시 나타난 그 순간부터 그는 그녀에게 마음을 빼앗기지 않기 위해 온갖 노력을 다했다. 그는 그녀 앞에 설 때마다 부드러운 감정을 느끼면서도 그 마음을 숨기려고 애썼다. 그는 자긍심이 강한 사람이었으며, 아내가 될 여자만을 사랑하겠다고 생각하고 있던 터라 오페라 가수와 결혼하겠다는 생각은 눈곱만큼도 해 본 적이 없었다. 그렇지만 마음속의 부드러운 감정은 순식간에 격렬하게 변했다. 그 감정이 열정인지 욕망인지 모르지만 몸과 마음 깊은 곳에서 끓어올랐으며, 마치 누군가가 심장을 꺼내기라도 한 것처럼 가슴 한가운데가 아팠다. 혹은 다른 누군가의 심장으로는 전혀 채울

수 없을 것 같은 커다란 구멍 하나가 뚫린 것 같은 느낌이었다. 라울의 마음속에서 일어난 이 심리 현상은 첫눈에 반해 사랑에 빠져 보지 않으면 절대 알 수 없는 것이었다.

필립 백작은 힘들게 그를 따라가면서도 여전히 입가에 미소를 띠고 있었다.

무대 뒤편에 있는 이중문을 지나자 무도회장으로 이어지는 계단과 1층 왼쪽 박스석으로 이어지는 계단이 나타났다. 라울은 대기실에서 나오는 어린 무용수들과 마주쳤다. 하지만 어린 무용수 몇몇이 입술연지를 바른 작은 입을 오므리며 아양을 떠는 것에 대꾸도 하지 않았다.

드디어 그는 무용수들을 열성적으로 찬양하는 사람들의 시끄러운 목소리가 들려오는 어두컴컴한 복도에 도착했다.

"다에! 다에!"

청중들의 웅성거리는 소리를 뚫고 그가 외치는 한마디가 크게 들려왔다.

"……엉큼한 녀석 같으니. 길을 알고 있었군."

라울의 뒤를 쫓아가던 백작이 혼잣말을 하듯 중얼거렸다. 백작은 라울이 그 길을 어떻게 알고 있는지 이상하게 생각했다. 라울을 크리스틴에게 데려다 준 적도 없었으니 그가 무도회장에서 라 소렐리 양과 이야기를 나누고 있을 때 혼자 그곳을 드나들었다고 봐야 했다. 소렐리는 종종 백작에게 무대에

오르기 전까지 옆에 있어 달라고 부탁하기도 했고, 비단 구두
나 타이즈의 광택을 더 빛나게 해 주는 각반을 맡아 달라고 억
지를 부리기도 했다. 라 소렐리에게는 어머니가 없어서 의지
할 곳이 없다는 점이, 백작이 그녀의 청을 차마 거절하지 못하
게 하는 변명거리였다.

　백작은 소렐리를 만나러 가는 것을 잠시 미루었다. 다에에게
몰려가는 사람들을 따라가면서, 그날 저녁처럼 복도가 붐빈 적
도 없다는 생각을 했다. 크리스틴 다에의 성공적인 공연과 그
녀의 실신 소동으로 인해 극장 전체가 발칵 뒤집힌 것 같았다.
다에는 여전히 의식을 찾지 못했다. 극장 전속 의사가 급히 부
름을 받고 달려왔다. 의사는 사람들을 헤치며 가는 중이었고,
라울이 따라가다가 그의 발을 밟았다. 그렇게 해서 의사와 그
녀를 사랑하는 청년이 함께 크리스틴의 곁을 지키게 되었다.

　크리스틴은 의사의 응급처치를 받고 그의 팔에 안긴 채 가만
히 눈을 떴다. 백작은 다른 사람들과 함께 조용히 그 모습을 바
라보았다.

　"의사 선생님, 대기실에 있는 사람들한테 나가라고 해야 하
지 않을까요? 숨 쉬기도 어렵습니다!"

　라울이 믿을 수 없을 정도로 대담하게 말했다.

　"옳으신 말씀입니다."

　의사는 그의 말에 찬성하며 라울과 하녀만을 남겨 둔 채 모

두 문밖으로 내쫓았다.

하녀는 무척 당황해서 눈을 크게 뜨고 라울을 쳐다보았다. 한 번도 본 적이 없는 사람이었기 때문이다. 하지만 감히 라울에게 대놓고 물어볼 엄두가 나지 않았다.

의사 역시 그가 그럴 권리가 있다고 짐작하는 것 같았다. 라울이 대기실에서 크리스틴 다에가 의식을 회복하는 것을 지켜보는 동안, 공연을 칭찬하려고 왔던 드비엔느 씨와 폴리니 씨는 검은 연미복을 입은 사람들과 함께 복도로 쫓겨나고 말았다. 그들과 마찬가지로 복도로 내쫓기다시피 한 샤니 백작은 웃음을 띠며 중얼거렸다.

"순 엉큼한 놈이야, 엉큼해! 계집애 같은 녀석이 제법이구먼! 역시 녀석도 샤니가문의 사내야."

백작은 밝은 표정으로 결론을 내리고 소렐리의 대기실로 향했다. 하지만 그녀는 무용수들과 함께 계단을 내려오는 중이었고, 앞서 말한 것처럼 두 사람은 계단에서 만나게 된 것이다.

대기실에서는 크리스틴 다에가 신음하며 깊은 한숨을 내쉬다가 고개를 돌려 라울을 보고는 깜짝 놀랐다. 그녀는 의사를 보고 미소를 짓고는 하녀를 쳐다본 다음에 다시 라울을 바라보았다.

"저, 누구신가요?"

그녀는 여전히 한숨을 쉬는 것 같은 목소리로 물었다.

"아가씨, 제가 당신의 스카프를 건지려고 바다에 뛰어들었던 그 어린 소년입니다……."

라울은 무릎을 꿇고 크리스틴 다에의 손등에 열정적으로 입을 맞추었다. 크리스틴은 다시 의사와 하녀를 쳐다보았다. 세 사람은 한꺼번에 웃음을 터뜨렸다.

"아가씨, 나를 알아보지 못하신다니 조용히 이야기를 좀 나누고 싶군요. 중요한 이야기입니다."

"몸이 좀 나은 다음에 해도 괜찮을까요? ……아주 친절한 분이시군요."

크리스틴의 목소리가 약간 떨렸다.

"아가씨를 치료해야 하니 다들 나가 주셔야겠습니다."

의사가 얼굴 가득 웃음을 지으며 말했다.

"이제 괜찮습니다. 더 이상은 환자가 아니에요."

크리스틴은 갑자기 기운 찬 목소리로 말했다.

"의사 선생님, 수고하셨어요. 이제는 혼자 있고 싶군요. 모두들 나가 주시면 고맙겠어요. 부탁드립니다. 혼자 있도록 해 주세요. 오늘 밤은 너무 피곤하네요."

그녀가 자리에서 몸을 일으키며 손등으로 눈꺼풀을 문질렀다.

의사는 반대하고 싶었으나 불안정해 보이는 그녀의 태도를 보고 지금 당장은 혼자 두는 게 오히려 낫겠다고 판단했다. 그는 라울과 함께 복도로 나왔다. 라울은 상당히 당혹스러운 모양이었다.

"오늘 저녁에는 아가씨가 이상하네요. 평소에는 무척 착하고 다정스러운데……."

의사는 마치 라울을 달래 주는 것처럼 한마디 던지고는 가 버렸다.

라울은 혼자 남았다. 극장도 텅 비어 버렸다. 모두들 환송회 때문에 무도회장으로 몰려간 것 같았다. 다에도 그곳으로 갈 것 같아 라울은 조용하고 한적한 복도에서 그녀를 기다리기로 했다. 그는 문 한구석 그늘 속에 멍하니 서 있었다. 가슴에서 여전히 끔찍한 통증이 느껴졌다. 그는 이번에야말로 다에에게 마음을 전하고 싶었다. 그때 갑자기 대기실 문이 열리더니 하녀가 상자 몇 개를 들고 나왔다. 라울은 크리스틴이 괜찮은지 물었다. 하녀는 다에의 몸 상태는 좋아졌는데 혼자 있고 싶어 하니까 절대 방해하면 안 된다고 대답하고는 지나갔다. 그때 라울의 머릿속에 그녀가 그와 단 둘이 함께 있고 싶은 게 분명하다는 생각이 스쳐 지나갔다. '특별히 할 얘기가 있다고 말했기 때문에 모두들 나가 달라고 한 게 아니었을까?' 라울은 대기실로 다가가 숨을 죽인 채 무슨 소리가 들리는지 귀를 기울였다. 노크를 하려던 순간 대기실 안에서 권위적인 남자 목소리가 들려왔다. 라울의 손이 스르르 밑으로 내려갔다.

"크리스틴, 당신은 나를 사랑해야만 해."

"어떻게 내게 그런 말을 할 수가 있어요? 오직 당신만을 위해 노래하는데."

고통스러운 듯 가늘게 떨리는 크리스틴의 목소리가 들렸다. 눈물을 흘리고 있는 것 같았다.

라울은 벽에 몸을 기댔다. 가슴이 미어지는 것처럼 아팠다. 빠져나간 것 같던 심장이 돌아와 뻐근하도록 가슴에 박히는 느낌이었다. 라울의 심장 소리에 복도 전체가 울리기라도 하는 것처럼 양쪽 귀가 먹먹해졌다. 심장이 계속 그런 식으로 뛰다가는 사람들이 문을 열고 나와 욕을 해대면서 밖으로 내쫓을 것만 같았다. 문 뒤에서 그들의 대화를 엿듣고 있던 라울은 곤란해져서 두 손으로 가슴을 누르며 심장이 두근대는 소리가 들리지 않도록 했다. 하지만 심장이라는 것이 개의 주둥이는 아니었다. 설령 두 손으로 개의 주둥이를 막는다 하더라도 짖는 것까지 막을 수는 없는 법 아닌가.

"무척 피곤해 보이는군."

다시 남자 목소리가 들렸다.

"오늘 저녁은 당신한테 내 영혼을 바치고 죽은 것 같은 느낌이에요."

"당신 영혼은 무척 아름답소, 내 사랑. 고맙소. 세상 어느 황제도 그런 선물은 못 받아 봤을 거요. ……오늘은 천사들도 눈물을 흘렸지."

그리고 어떤 소리도 들리지 않았다. 라울은 그늘진 구석에 몸을 숨긴 채 목소리의 주인공이 대기실 밖으로 나오기를 기다렸다. 사랑과 증오가 한꺼번에 밀려왔다. 그는 자신이 누구를 사랑하는지 알고 있었고, 자신이 미워하는 사람이 누구인지 알고 싶었다. 그때 대기실 문이 열리면서 모피를 두르고 베일로 얼굴을 감싼 크리스틴이 혼자 걸어 나왔다. 그녀는 문을 잠그지는 않았다. 그녀가 사라진 후에도 라울은 굳게 닫힌 대기실 문을 계속 쳐다보았다. 복도가 다시 텅 빈 다음에야 라울은 대기실 문을 열고 들어가 문을 닫았다. 가스등이 꺼진 대기실은 암흑 같았다.

"방 안에 누가 있는 겁니까? 왜 몸을 숨기죠?"

라울이 떨리는 목소리로 말하고는 등은 기댄 채로 문을 가로막았다.

늦은 밤, 라울이 내는 숨소리 외에는 아무 소리도 들리지 않았다. 그는 자신의 행동이 상식에서 벗어나는 짓이라는 것도 알지 못했다.

"내 허락을 받지 않고는 이 방에서 못 나갑니다!"

라울이 소리쳤다.

"대답을 하지 않는다면 당신은 비겁한 사람입니다. 어떻게든 당신 정체를 밝히겠소!"

그는 갑작스레 성냥을 그어 대기실을 환하게 비췄지만 그곳에는 아무도 없었다. 문의 자물쇠를 잠그고 램프를 켰다. 화장실도 확인하고 옷장 문을 열고 손으로 벽을 더듬어 보기도 했지만 대기실 안에는 아무도 없었다.

"내가 정신이 이상해진 걸까?"

라울이 소리쳤다.

그는 10분 정도 더 그곳에 머무르며 가스등이 타는 소리에만 귀를 기울였다. 사랑하는 여인의 향기가 묻어 있는 리본은 가져갈 생각도 못 했다. 대기실 밖에 나와서도 뭘 해야 할지 어디로 가야 할지 몰랐다. 갑자기 얼음처럼 차가운 공기가 그의 얼굴을 스쳤다. 계단을 내려가자 인부들이 흰 천을 덮은 들것을 옮기는 중이었다.

"나가는 문이 어딥니까?"

라울이 인부에게 물었다.

"댁 바로 앞에 있구먼. 출입문이 열린 것도 안 보이시오? 이봐요, 길이나 비켜요!"

인부가 퉁명스레 말했다.

"그건 뭡니까?"

"조제프 뷔케의 시신이오. 지하 3층에서 목을 매단 채 죽은 걸 발견했다오."

라울은 가볍게 목례를 한 뒤 오페라극장 밖으로 나왔다.

3
오페라극장의 비밀

그동안 무도회장에서는 환송식이 한창이었다. 드비엔느와 폴리니는 오페라극장을 떠나면서 아름다운 마무리를 위해 성대한 환송식을 마련했다. 그리고 그 화려하고 멋진 환송식을 계획하고 준비하는 데 파리의 사교계와 예술계 유명 인사들이 도움이 컸다.

모두들 무도회장에 모여 있었다. 라 소렐리는 한 손에 샴페인 잔을 들고 퇴임한 극장장을 위해 송사를 준비하는 중이었고, 그녀 뒤에는 무용수들이 모여 있었다. 새내기 무용수들은 낮에 일어난 사건에 대해 소곤거렸고, 고참 무용수들은 품위 있는 신사들이나 친구들과 조심스럽게 이야기를 나누며 서로 은밀한 눈짓을 교환했다. 블랑제의 〈군무〉와 〈시골 무용〉 사이의 비스듬한 복도 위에 차려 놓은 식탁 주위에서 사람들은 계속 이야기를 나누었다.

이미 몇 명은 외출복으로 갈아입은 상태였지만 나머지 무용수들은 여전히 얇은 치마를 입고 있었다. 그러나 모두 상황에 맞게 신중한 행동이 필요하다고 믿었다. 다만 열다섯 살인 어린 잠므는 유령이나 조제프 뷔케의 죽음은 모두 잊고 계속 까불고 수다 떨며 장난을 쳤다. 드비엔느와 폴리니가 무도회장에 나타나자 참다못한 라 소렐리가 잠므에게 따끔하게 주의를 주어야 할 정도였다.

퇴임한 두 극장장은 누가 봐도 즐거워 보였다. 시골이라면 그런 태도가 이상해 보일 수도 있었지만 파리에서는 그게 바람직하게 보였다. 고통은 감추고 즐거운 모습만을 내보이고, 슬픔과 고뇌, 무관심을 꾸며 내지 못한다면 진정한 파리지엥이라 할 수 없었다. 여러분 친구들 중에 누군가 고통에 잠긴 사람이 있다면 굳이 위로하지 말도록! 그는 이미 위로받았다고 말할 것이다. 친구에게 행복한 일이 생겨도 축하하지 말도록! 그는 자신의 행운이 너무 당연하다고 생각할 것이며 사람들이 그것을 화제로 삼는 것에 대해 이상하게 생각할 것이다. 파리지엥들은 언제나 무도회 가면을 쓰고 다닌다. 게다가 드비엔느와 폴리니처럼 능숙한 사람들이라면 자신이 느낀 슬픔 따위를 무도회장에서 보여 줄 리 없었다. 그들은 이제 막 송사를 시작하려는 라 소렐리를 보며 웃음을 띠었다. 그렇지만 잠므가 비명을 지르자 두 사람은 웃는 표정 아래 숨겨 둔 두려움과 고통을 고스란히 드러내고 말았다.

"오페라의 유령이야!"

잠므는 이루 말할 수 없을 정도로 겁에 질려서 외쳤다. 그녀가 가리킨 곳은 검은 연미복을 입은 사람들 가운데였다. 그들 중 한 명은 굉장히 창백하고 음침하고 흉측했다. 짙은 눈썹 밑으로 검은 구멍 두 개가 뚫린 해골처럼 보였다. 무도회장이 술렁거렸다.

"오페라의 유령이다! 오페라의 유령이야!"

사람들은 웃음을 터뜨리거나, 야단법석을 떨었다. 어떤 이는 주위를 밀치며 그에게 다가가 술잔을 건네기도 했다. 하지만 그는 곧 사라져 버렸다. 유령은 사람들 사이로 미끄러지듯 여유 있게 사라졌다. 주위 사람들이 그를 찾아보았지만 헛수고였다. 두 전직 극장장은 어린 잠므를 진정시키느라 진땀을 뺐고, 지리는 공작새처럼 날카로운 소리를 질러 댔다.

송사를 끝까지 마무리하지 못한 라 소렐리는 무척 속상해했다. 드비엔느와 폴리니는 그녀를 포옹하며 감사의 말을 던지고는 유령처럼 빠르게 사라졌다. 그들이 그렇게 갑작스레 떠나도 아무도 신경 쓰지 않았다. 한 층 위에 있는 성악 연회장에 참석해야 한다는 것을 모두 알고 있었기 때문이다. 어차피 그들과 친한 몇몇은 집무실에서 열리는 성대한 마지막 파티에 초대받았다.

그곳에서는 새 극장장인 아르망 몽샤르맹 씨와 피르맹 리샤르 씨도 참석할 예정이었다. 그들은 서로를 잘 몰랐으나 상대방에게 무척 호의적인 태도를 보여 그날 연회에 그다지 만족하지 못했던 사람들을 즐겁게 했다. 파티는 비교적 흥겨웠으며 몇 차례 건배를 하기도 했다. 정부위원이 과거의 영광, 미래의 성공에 대해 이야기하며 특별히 분위기를 고조시켜 참석자들은 더욱 흥겨운 파티를 즐겼다. 극장장직을 물려주는 일은 최대한 간단히 치러지고 전임자와 후임자 사이의 문제들도 정부위원이 중재하여 만족스럽게 해결된 까닭에 그날 퇴임식에서 네 사람 모두 얼굴 가득 미소를 머금고 있었던 것은 지극히 당연한 결과였다.

드비엔느 씨와 폴리니 씨는 아르망 몽샤르맹 씨와 피르맹 리샤르 씨에게 오페라극장에 있는 수많은 문을 열 수 있는 열쇠를 이미 건네주었는데, 다들 신기하게 생각하는 그 열쇠를 돌려보다가 몇몇 사람들은 테이블 끝에 앉은 사람을 보고 깜짝 놀랐다. 무도회장에서 잠므와 어린 무용수들이 오페라의 유령이라고 소리치게 만든 인물, 눈은 움푹 들어가고 흉측하게 생긴 바로 그 사람이 그곳에 앉아 있었기 때문이다.

그는 아무것도 먹거나 마시지 않았지만 다른 참석자들처럼 천연덕스럽게 앉아 있었다. 웃으면서 그를 바라보던 사람들도 이제는 그에게 고개를 돌리지 않을 만큼 그는 사람들을 우울하게 만들고 섬뜩한 기분이 들게 했다. 이제 어느 누구도 신나게 파티를 즐기지도 않았다. 어느 누구도 '오페라의 유령이다!' 하고 외치지도 않았다.

그 사람은 말 한마디 없이 앉아 있었는데, 주위에 있던 사람들도 그가 언제부터 거기 있었는지 아는 이 하나 없었다. 그들은 죽은 사람이 산 사람들과 식탁에 함께 앉아 있다 해도 그런 섬뜩한 얼굴을 하고 있지 않을 것이라고 생각했다. 피르맹 리샤르와 아르망 몽샤르맹의 손님들은 그가 드비엔느나 폴리니의 손님일 것이라고 생각한 반면, 드비엔느와 폴리니의 손님들은 리샤르와 몽샤르맹의 손님일 것이라고 추측했다. 그런 까닭에 누구냐고 묻는 사람도, 불쾌한 기분을 드러내는 사람도, 무덤에서 나온 것 같은 그에게 서툰 농담을 건네는 이도 없었다. 무대감독이 오페라의 유령에 대해 묘사했던 내용을 아는 사람들은 조제프 뷔케가 죽었다는 사실을 아직 모르고 있었다. 그들은 테이블 끝에 앉은 남자는 '오페라의 유령'이라는 미신을 믿는 사람들이 만든 가짜 대용품일지도 모른다는 생각을 했다. 사람들의 이야기에 따르면 유령에게는 코가 없었는데 테이블 끝에 앉아 있는 그 사람에게는 분명히 코가 있다고 했다. 몽샤르맹 씨는 자신이 남긴 회고록에서 그 남자의 코가 투명했다고 분명하게 밝히고 있다. 그는 '그의 코는 길고 날렵하였으며 투명했다'라고 썼다. 하지만 가짜 코일 수도 있다고 덧붙였다. 몽샤르맹은 반짝이는 인조 코를 투명하다고 생각했을 수도 있다. 알려진 것과 같이 오늘날 과학은 선천적이든 혹은 사고든 코가 없는 사람들을 위해 인조 코를 만들어 낼 수 있다. 그런데 과연 그날 밤 유령은 초대도 안 받은 연회에 참석한 것일까? 그 인물은 오페라의 유령이라고 확신할 수 있는 것일까? 누가 확실히 그렇게 말할 수 있을까? 그럼에도 그가 연회에 참석했다는 이야기를 하는 것은 오페라의 유령이 그렇게 대담한 행동을 했다는 것을 독자들에게 강요하기 위한 것이 아니라, 그런 일도 가능하다는 것을 이야기하고 싶기 때문이다.

아무튼 그가 오페라의 유령일 것이라는 추측에는 충분한 이유가 있다. 아르망 몽샤르맹 씨는 회고록 11장에서 '그 첫 만찬을 떠올릴 때면 언제나 드비엔느 씨와 폴리니 씨가 우리에게는 생소한 그 유령 같은 인물에 대해 얘기해 주던 기억이 떠오른다'라고 썼다.

그날 그 자리에서 일어난 일은 바로 다음과 같다.

테이블 가운데 앉아 있던 드비엔느와 폴리니 씨는 해골 같은 그 남자가 갑자기 입을 열어 말할 때까지 그가 있다는 것조차 알아차리지 못했다.

"어린 무용수들 말이 옳아요. 사람들이 생각하는 것과는 다르게 그 불쌍한 뷔케 씨의 죽음에는 이상한 점들이 있어요."

"뷔케가 죽었다고요?"

드비엔느와 폴리니 씨가 깜짝 놀라 소리쳤다.

"네, 오늘 저녁 지하 3층에서 목매단 채 발견되었지요."

그림자 같은 남자가 대답해 주었다.

두 퇴임 극장장은 자리에서 벌떡 일어나 묘한 눈빛으로 그를 노려보았다. 무대감독이 죽었다는 소식을 들은 것뿐인데 이상하리만치 지나친 흥분을 보였다. 두 사람은 얼굴이 하얗게 질린 채 서로를 쳐다보았다. 마침내 드비엔느 씨가 리샤르 씨와 몽샤르맹 씨에게 손짓을 하더니 폴리니 씨가 연회 참석자들에게 양해를 구한 후에 네 사람 모두 극장장 집무실로 들어갔다. 몽샤르맹은 회고록에서 다음과 같은 증언을 남겼다.

드비엔느 씨와 폴리니 씨는 시간이 갈수록 평온함이 사라졌으며 우리에게 뭔가 상당히 당황스러운 이야기를 하려는 것 같았다. 우선 그들은 테이블 끝에 앉아 조제프 뷔케가 죽었다고 말한 그 사람을 아느냐고 물었다. 모르는 사람이라고 대답하자 더 혼란스러운 모습을 보였다. 그러고는 우리 손에 들려 있던 열쇠를 가져가서 잠시 살펴보며 곰곰이 생각하더니, 자물쇠를 새로 만들라고 권유했다. 비밀스럽고 예상하지 못한 이야기가 계속되는 동안 우리는 그들의 지나치게 진지한 태도에 웃음을 터뜨리며 오페라극장에 좀도둑이 있는 것이냐고 물었다. 그들은 그것보다 더 심각한 문제가 있는데, 바로 유령이 나타나는 것이라고 대답했다. 우리는 또다시 웃음을 터뜨렸다. 만찬을 즐겁게 마무리하고 싶어서 하는 농담일 것이라고 짐작했기 때문이다. 그들은 좀 더 진지하게 자신들의 이야기를 들어 달라는 부탁을 했고, 우리는 더 즐겁게, 더 제대로 장난을 즐기기 위해 진지하게 듣기로 했다. 그들은 유령에 대해 절대 한마디도 알려 주지 않을 작정이었다고 말했다. 하지만 유령에게 항상 호의를 베풀고 그의 요구는 무엇이든 들어주게 충고하라는 유령의 명령을 받았기에 어쩔 수 없이 전한다는 말을 했다. 그러면서 그 어둠의 폭군이 지배하는 이곳을 떠난다는 사실이 기뻐서 마지막 순간까지 망설이다가 아무 말도 못 한 것이라고 했다. 유령이 자신의 요구 사항을 들어주지 않을 때마다 끔찍하고 불길한 사건이 일어날 것이라고 했던 경고를 의심하기는 했지만 막상 조제프 뷔케의 죽음을 겪고 나니 유령이 했던 말을 확실히 믿을 수 있노라고 했다.

전혀 예상하지 못했던 이야기를 진지하게 나누는 동안 나는 리샤르 씨를 흘깃 쳐다보았다. 학창 시절 그는 익살꾼이라는 평판이 자자했고 모든 사람들을 골리기도 했다. 때문에 대학가인 생미셸가의 수위들한테도 잘 알려진 사람이었다. 그는 이번에도 역시 디저트같이 등장한 이야기에 빠져 흥미롭게 듣는 듯했다. 뷔케의 죽음 때문에 약간 끔찍하기는 했지만 리샤르는 하나도 빠뜨리지 않겠다는 듯 귀를 기울였다. 다른 사람들이 이야기를 하는 동안에 그는 슬픈 표정을 지으며 고개를 가로젓거나 오페라극장에 유령이 나타난다는 사실이 매우 유감스럽다는 표정을 지었다. 나는 그런 진지한 그를 흉내 내는 것밖에 별 도리가 없었다. 그렇지만 마침내 애써 억눌렀던 웃음이 터져 버렸다. 진지하고 수심에 가득 찬 듯 보이던 우리가 우스꽝스럽고 미친 듯 웃어 대는 모습을 본 드비엔느 씨와 폴리니 씨는 정신이 나간 것이라고 생각하는 것 같았다.

"그럼 유령은 뭘 원하는 겁니까?"

농담이 도를 넘어서서 너무나 오랫동안 지속된다고 생각한 리샤르 씨가 고개를 갸우뚱거리며 물었다. 그러자 폴리니 씨가 계약 조항 사본을 들고 돌아왔다. 거기에는 다음과 같이 적혀 있었다.

"오페라극장 경영진은 국립음악원의 모든 공연물에 프랑스 최고의 화려한 오페라 무대를 제공해야 한다."

그리고 제98항의 내용은 이랬다.

"다음의 경우 현재 특권은 철회되는 바이다.

1. 지도부가 계약 조항을 위반했을 경우."

그리고 계약 조항들이 죽 열거되어 있었다. 몽샤르맹 씨는 검정 잉크로 쓰인 그 사본이 우리가 갖고 있는 것과 대체로 동일하다고 했다. 그런데 폴리니 씨가 갖고 온 계약 사본 밑 부분에는 붉은 잉크로 쓴 기이하고 거친 글씨들이 마치 성냥불 밑에서 급히 휘갈겨 쓴 듯이 보였다. 글자를 제대로 이어 쓸 줄 모르는 어린아이가 쓴 것처럼 엉망이었다.

"5. 경영진이 오페라의 유령에게 매달 지불해야 하는 금액을 15일 이상 연체했을 경우. 새롭게 책정하기 전까지는 매달 2만 프랑, 연간 24만 프랑으로 정한다."

폴리니 씨는 우리가 생각지도 못했던 그 굉장한 조항을 머뭇거리며 손가락으로 가리켰다.

"그게 다입니까? 더 요구하는 건요?"

리샤르 씨가 차갑게 물었다.

"없습니다."

폴리니 씨는 당황한 듯 대답하고는 계약서 사본 다음 장으로 넘어갔다.

"제63항. 주 무대 앞 오른쪽 첫 번째 열 1번 좌석은 매 공연 때마다 국가 원수를 위한 자리로 정해 놓아야 한다. 매주 월요일은 1층 20번 칸막이석, 매주 수요일과 금요일은 2층 30번 박스석을 장관석으로 지정해야 한다. 3층 27번 박스석은 매일 세느 도지사와 파리 경찰청장의 지정적으로 해야 한다."

그다음에 폴리니 씨가 우리에게 보여 준 사본 맨 마지막에는 다음 항목이 붉은 글씨로 적혀 있었다.

"2층 5번 박스석은 공연을 할 때마다 오페라의 유령을 위해 비워 두어야 한다."

마지막 조항을 보고 우리는 웃음을 터뜨리면서 뛰어난 장난을 생각해 낸 두 전임자의 손을 따뜻하게 잡았다. 그들은 유머를 구사하는 능력이 여전하다는 것을 우리에게 보여 주었다. 리샤르는 드비엔느 씨와 폴리니 씨가 현역에서 물러나는 진정한 이유를 알 수 있을 것 같다며 너스레를 떨었다. 까다로운 유령 때문에 극장 운영이 어려웠다는 것을 안다는 듯이.

"왜 아니겠습니까? 24만 프랑은 동네 강아지 이름이 아니에요. 그리고 매 공연마다 2층 5번 박스석을 비우면 손실이 얼마나 큰데요. 그 좌석을 예약한 회원들에게 환불을 해 주는 것은 제외하고라도 대단한 손해를 입는 거예요. 우리는 유령 따위의 비위나 맞추려고 일하는 게 아니거든요. 그러려면 차라리 극장을 떠나는 게 나아요."

폴리니 씨는 눈썹 하나 까딱하지 않고 말했다.

"암, 그렇지. 극장을 관두는 편이 더 나아요. 그럼요."

드비엔느 씨도 맞장구를 치며 자리에서 일어났다.

"하지만 당신들은 유령과 사이 좋게 지낸 것 같은데요. 저 같으면 그렇게 귀찮게 구는 유령이 나타나면 바로 체포했을 텐데요……."

리샤르가 말했다.

"도대체 어디서, 어떻게 체포한단 말입니까? 우리는 그자를 보지도 못했어요."

두 전임자가 입을 모아 외쳤다.

"그가 지정석에 나타났을 때 못 봤단 말입니까?"

"거기에서도 못 봤어요!"

"그렇다면 다른 사람의 예약을 받는 것도 가능하겠군요."

"오페라의 유령의 지정석을 다른 사람에게 준다고요? 두 분께서는 그리 해 보시죠."

그런 다음 우리 네 명은 집무실에서 나왔는데 나와 리샤르가 심할 정도로 웃어 댄 것은 그게 처음이었다.

4
5번 박스석

아르망 몽샤르맹이 남긴 회고록이 어마어마한 분량이라 그가 공동 극장장으로 지낸 동안 오페라극장 업무를 제대로 보기나 했을지 의심스럽기까지 하다. 몽샤르맹은 악보를 전혀 읽을 줄 몰랐지만 문화부 장관과 매우 가까운 사이였으며, 언론계에 몸담기도 했고 상당한 재산을 모으기도 했다. 그는 수완이 좋은 매력적이 인물로, 오페라극장을 운영해야겠다고 결심하자마자 유능한 동료가 되어 줄 피르맹 리샤르를 찾았다.

피르맹 리샤르는 뛰어난 음악가이자 품위 있는 신사였다. 〈르뷔 떼아트랄〉은 그가 극장장으로 임명되던 순간을 다음과 같이 묘사했다.

피르맹 리샤르 씨는 50대 남성으로 훤칠한 키에 목이 굵고 군살 하나 없는 튼튼한 체격을 지녔다. 당당함과 위엄을 갖추었고 붉은 얼굴빛과 숱 많은 머리카락을 짧게 자르고 다듬어서 수염과 잘 어울렸다. 가끔 솔직한 눈빛과 매력적인 미소가 뒤섞이면 왠지 슬퍼 보이기도 했다. 피르맹 리샤르 씨는 또한 저명한 음악가로 뛰어난 화성학자이자 대위법 작곡자로서 주로 장중한 분위기의 곡을 작곡했다. 음악 애호가들에게 큰 반응을 얻어 낸 실내악을 발표하기도 했고, 피아노곡과 소나타, 독창적이며 뛰어난 소품과 멜로디 모음집을 발표하기도 했다. 콩세르바투아르에서 연주한 '헤라클레스의 죽음'은 장엄하고 서사적인 요소가 강한 것이 그의 스승이었던 글뤽을 생각나게 했다. 그는 글뤽뿐만 아니라 피치니도 존경했다. 그는 마이어베어의 음악, 치마로사의 음악을 들으면서 굉장한 기쁨을 느끼곤 했지만 무엇보다 감히 누구도 흉내 내기 어려운 베버의 천재성에 반했다. 그리고 바그너에 대해서는, 프랑스에서 그의 음악을 최초로 이해한 사람이 있다면 바로 자신일 것이라고 주장하곤 했다.

여기서 회고록 인용을 그쳐야겠다. 피르맹 씨가 거의 모든 종류의 음악과 음악가를 좋아했다는 사실은 이미 충분히 이야기했기 때문이다. 그는 다른 모든 음악가들 역시 자신을 좋아해야 한다고 생각했다. 요약하자면, 리샤르 씨는 권위적인 인물인 데다가 성격도 상당히 고약했다고 말할 수 있다.

두 신임 극장장은 처음 며칠 동안은 장엄하고 아름다운 오페라극장을 맡게 되었다는 기쁨으로 유령에 대한 이상한 이야기 따위는 까맣게 잊고 있었다. 유령에 대한 농담이 아직 끝나지 않았다는 것을 알려 주는 것 같은 뜻밖의 사건이 일어나기 전까지는 말이다.

그날 오전 11시에 집무실에 도착한 피르맹 리샤르 씨에게 비서인 레미가 겉봉을 뜯지 않은 편지 대여섯 통을 들고 왔다. 그 편지 가운데 하나가 리샤르의 관심을 끌었다. 서명이 붉은색 잉크로 쓰인 데다가 어디선가 본 듯한 필체였다. 그 붉은 필체가 바로 계약 조항 마지막 부분에 휘갈겨 쓴 것과 같은 글씨라는 것은 한눈에 알 수 있었다. 그것은 마치 어린아이가 쓴 것 같았기 때문이다. 그는 봉투를 열어 편지를 읽기 시작했다.

친애하는 극장장님

한창 바쁘실 때 이렇게 귀찮게 해 드려서 죄송합니다. 당신은 수준 높은 오페라 단원들의 운명을 결정하고, 그들과의 계약을 연장하고 갱신하기도 하면서 귀한 시간을 보내실 테지요. 확실한 전망을 가지고 극장의 합의에 따라 대중의 지식과 취향을 모두 고려하고 있으니, 내 경험으로 보아도 매우 만족하고 권위 있는 결정입니다. 당신이 카를로타와 라 소렐리, 어린 잠므 및 예술적인 자질이나 천재성이 있다고 판단한 단원들에게 어떤 조치를 취했는지는 잘 알고 있습니다. (내가 누구에 대해 말하고 있는 것인지는 잘 아실 겁니다. 호텔이나 카페에서 노래를 계속했어야 할 하찮은 목소리의 주인공 카를로타 양을 말하는 것도, 마차 안에서나 겨우 성공적인 공연을 해내는 라 소렐리 양에 대해서도, 들판에서 뛰노는 어린 송아지처럼 춤추는 잠므에 대한 것도 아닙니다. 천재적인 재능을 지니고 있지만 당신의 질투심으로 중요한 모든 배역에서 빠진 크리스틴 다에에 대한 것도 아닙니다) 결국 당신은 당신 마음대로 자질구레한 일을 처리하는 겁니까? 그렇지만 선생이 시벨 역을 맡은 크리스틴 다에의 목소리를 듣기 위해 그녀를 문밖으로 쫓아내지 않은 것은 매우 다행스러운 일이라고 생각합니다. 다에가 그날 저녁 마르그리트 역으로 엄청난 성공을 거두었지만 다시는 그녀에게 그 배역이 돌아가지 않았더군요. 편지를 끝내기 전에 반드시 해야 할 말이 있습니다. 오늘 그리고 앞으로도 내 지정석은 반드시 비워 둘 것을 요청하는 바입니다. 지난번 오페라극장에 도착했을 때 당신의 특별 지시에 의해 누군가 내 자리에 앉은 걸 보고 매우 놀라고 불쾌했습니다.

나는 남들이 이러쿵저러쿵하는 것을 싫어하기 때문에 항의

할 의도는 없습니다. 아마 내게 항상 친절을 베풀었던 당신의 선임자인 드비엔느 씨와 폴리니 씨가 극장을 떠나면서 제대로 전달하지 않은 까닭이라고 봅니다. 그런데 방금 드비엔느 씨와 폴리니 씨에게 어찌된 영문인지 물어보니 당신은 내가 보낸 계약서를 신중하게 검토했기 때문에 잘 알고 있다고 그러더군요. 결론은 당신이 나를 대 놓고 조롱한다는 것입니다. 우리가 평화롭게 지내는 것을 바란다면 일단 내 지정석을 임의로 빼돌리는 짓은 하지 말아야 합니다. 친애하는 극장장님, 이런 작은 것들을 지켜 준다면 나를 당신의 충직한 신하로 생각해도 될 겁니다.

오페라의 유령

편지 안에는 〈르뷔 떼아트랄〉에 실린 작은 광고문이 함께 들어 있었다. '오페라의 유령에게: R(리샤르)과 M(몽샤르맹)은 변명을 할 수 없습니다. 우리는 분명히 경고했으며 계약서도 전달했습니다. 그럼 이만.'

피르맹 리샤르 씨가 편지를 거의 다 읽었을 무렵, 집무실 문이 활짝 열리며 아르망 몽샤르맹 씨가 편지를 들고 들어왔다. 같은 편지였다. 두 사람은 서로를 바라보다가 웃음을 터뜨렸다.

"계속 장난질이군. 하지만 이번에는 별로 웃기지 않아……."

리샤르 씨가 말했다.

"그런데 이건 도대체 무슨 뜻이지? 오페라극장의 전임 극장장이었으니까 지정석 하나를 바라는 걸까?"

몽샤르맹이 물었다.

"아무튼 이제는 더 이상 이런 장난을 계속하고 싶지 않군."

피르맹 리샤르가 굳은 표정으로 말했다.

"도대체 그들은 뭘 바라는 걸까? 오늘 저녁 지정석을 비워두라는 건가?"

피르맹 리샤르 씨는 비서에게 만약 2층 5번 박스석이 아직 비어 있다면 드비엔느와 폴리니 이름으로 예약하라고 지시했다. 마침 좌석이 빈 상태라 그대로 진행되었다. 드비엔느는 카푸친느 대로와 연결된 스크리브가의 길 끝에, 폴리니는 오베르가에 살고 있었다. 몽샤르맹이 봉투를 살펴보자 오페라의 유령이 보낸 편지는 카푸친느 대로에 있는 우체국에서 보낸 것이었다.

"이것 보라니까!"

리샤르가 말했다.

그들은 어깨를 으쓱거리며 나이 지긋한 신사들이 이런 유치하고 싱거운 장난이나 하고 있는 것인지 한심하다고 생각했다.

"그래도 예의는 갖추어야지? 카를로타와 라 소렐리, 잠므에 대한 이야기를 하면서 우리를 어떻게 대했는가?"

몽샤르맹이 말했다.

"이보게 친구, 그들이 우리를 질투하는 것 같네. 〈르뷔 떼아 트랄〉에 작은 광고까지 싣다니. 그렇게 할 일이 없을까?"

"아무래도 저들은 어린 크리스틴 다에에게 관심이 아주 많은 모양이야."

"하지만 그녀가 정숙한 것으로 평판이 높다는 건 자네도 알지 않나."

"평판이란 쉽게 얻을 수도 있다네. 내 경우를 봐도 알 수 있지. 음악에 대한 조예가 깊다고 얘기하지만 솔과 파의 차이도 모르지 않느냔 말일세."

몽샤르맹이 대꾸했다.

"자네에게 그런 평판이 있다는 얘기는 처음 듣네. 안심하시게나."

리샤르가 분명히 말했다.

그런 다음 피르맹 리샤르는 수위에게 두 시간 전부터 집무실 복도에서 서성대며 기다리던 가수들을 들여보내라고 지시했다. 그들은 문 뒤에서 기다리는 부와 명성 혹은 해임 결정에 조바심을 느끼며 집무실 문이 열리기만을 기다렸다.

면담을 진행하고 계약을 하거나 파기하는 동안 하루가 지났다. 그날은 1월 25일이었는데 두 사람은 온갖 짜증과 술수, 청원과 협박, 애증, 항의 등으로 가득한 피곤한 하루를 보냈다. 그래서 그들은 드비엔느와 폴리니가 취향에 맞는 공연을 보기 위해 2층 5번 좌석에 왔는지 확인하지 않은 채 일찍 귀가했다. 두 전임자가 떠난 후 오페라극장에서는 매일 공연이 있었고, 리샤르는 공연 일정은 그대로 둔 채 필요하다고 생각하는 최소한의 것만을 바꿨다.

다음 날 아침, 리샤르와 몽샤르맹은 각자 두 통의 우편물을 받았다. 그중 하나는 오페라의 유령이 보낸 감사 편지였다.

친애하는 극장장님

우선 아름다운 공연을 보여 주셔서 감사합니다. 역시 다에는 뛰어났지만 합창단은 좀 더 신경을 쓰셔야 할 것으로 보입니다. 카를로타는 뛰어난 목소리에 반해 너무나 평범합니다. 며칠 내로 24만 프랑, 정확히 23만 3,424프랑 70상팀에 대한 답변을 보내 주셨으면 합니다. 드비엔느와 폴리니 씨는 올해 처음 열흘 동안의 연금인 6,575프랑 30상팀은 이미 지불해 주셨으니까요.

　　　　　　　　　　　　당신의 충복, 오페라의 유령

다른 하나는 드비엔느와 폴리니에게서 온 것이었다.

안녕하십니까?

호의를 베풀어 주셔서 진심으로 감사합니다. 하지만 전임 극장장으로서 〈파우스트〉 공연을 다시 보는 것이 아무리 즐거운 일이라고 해도 우리가 2층 5번 박스석을 차지할 권리는 없답니다. 그 자리는 예전에 말씀드렸던 그분을 위해 비워 두어야 합니다. 마지막으로, 계약서 63번 조항 마지막 줄을 기억하시기 바랍니다. 그럼 안녕히 계십시오.

"이 사람들 우리를 귀찮게 만드는군!"

피르맹 리샤르는 드비엔느와 폴리니 씨에게 온 편지를 구기며 거칠게 말했다.

그날 저녁, 문제의 2층 5번 박스석은 다른 사람에게 배정되었다.

다음 날, 집무실에 출근한 리샤르와 몽샤르맹은 전날 저녁 2층 5번 박스석에서 일어난 사건에 대해 경비원이 적은 보고서를 보게 되었다. 다음은 그 내용을 요약한 것이다.

오늘 저녁 공연 2막 시작과 중간 부분 두 차례에 걸쳐 2층 박스석에 있는 사람들을 끌어내기 위해 경찰의 도움을 받아야만 했다. 그곳 관객들은 2막이 시작될 때에야 도착했는데, 큰 소리로 웃고 이상야릇한 이야기를 떠들어 대며 공연을 방해했다. 주변 사람들은 조용히 해 달라고 항의를 했고, 좌석 안내원이 나를 찾아와 도움을 청했다. 내가 박스석으로 들어갔을 때 그들은 제정신이 아닌 것 같았다. 어리석은 이야기를 지껄이며 횡설수설했다. 한 번 더 물의를 일으키면 강제로 퇴장시킬 것이라고 경고했으나, 그들은 내가 그곳을 나오자마자 다시 떠들기 시작했고 결국 사람들의 항의에 따라 경찰을 동원해 억지로 끌고 나가야만 했다. 그들은 그때까지도 시끄럽게 웃어 대며 환불을 해 주지 않으면 절대로 나가지 않겠다고 억지를 부렸다. 얼마 후 그들이 진정된 것 같아 다시 안으로 다시 들여보냈지만 곧 웃음소리가 들려왔고 결국 완전히 내쫓을 수밖에 없었다.

"경비원을 데려와!"

리샤르는 보고서를 먼저 읽고 푸른색 연필로 밑줄을 그어 둔 비서에게 소리쳤다.

레미는 섬세한 콧수염에 우아하고 점잖은 태도, 당당한 체격을 가진 비서로, 낮에는 의무적으로 프록코트를 입어야 했다. 그는 극장장 앞에서는 영리하고 눈치 빠른 스물네 살의 청년이었는데, 연봉으로 2,400프랑을 받고 있었다. 여러 신문을 읽고 자질구레한 편지에 답장을 쓰고, 초대권을 만들어 발송하고, 극장장의 약속을 조정하고, 대기실에서 기다리는 손님들의 말상

대가 되어 주거나, 아픈 가수들의 집을 찾아가 데려오고, 대역을 찾아보는 것, 각 부서의 담당자들과 의견을 조율하는 것 등이 그가 하는 일이었다. 이미 경비원을 불러 두었던 비서는 그를 집무실 안으로 들여보냈다.

경비원은 조금 불안해하면서 들어왔다.

"어찌 된 영문인지 말해 보게."

리샤르가 퉁명스럽게 말을 건넸다.

경비원은 보고서에 적힌 내용 그대로 더듬거리며 말하기 시작했다.

"도대체 그 사람들이 왜 큰 소리로 웃고 난리 법석을 피웠단 말이오?"

몽샤르맹이 답답해하며 물었다.

"극장장님, 그들은 아마도 저녁을 너무 많이 먹어서 편안히 자리에 앉아 음악을 들을 준비가 안 되었던 것 같습니다. 그런데 조금 이상한 점이 있었습니다. 그들은 박스석 안으로 들어가자마자 다시 밖으로 나와 급하게 좌석 안내원을 찾았습니다. 무슨 일이냐고 물었더니, 좌석 안내원에게 박스석 안에는 아무도 없어야 하는 것 아니냐고 묻더랍니다. 안내원은 당연히 아무도 없을 것이라고 대답했고요. 그러자 그들이 박스석 안으로 들어갔을 때 '이 자리는 이미 주인이 있다.'는 목소리를 들었다고 말했답니다."

몽샤르맹은 웃음을 띠며 리샤르를 쳐다보았지만 그는 전혀 웃는 얼굴이 아니었다. 그는 예전에도 이런 식의 장난을 너무 많이 해 왔기 때문에 알 것 같았다. 보통 처음에는 당하는 사람들마저도 즐겁게 만들지만 나중에는 기어코 화나게 만드는 못된 장난인 것이다.

경비원은 웃고 있는 몽샤르맹에게 보조를 맞추려면 자신도 웃어야 할지 망설이다가 어색하게 웃었다. 그러다가 리샤르의 화난 표정을 보고서는 곧 돌처럼 굳어 버렸다.

"그렇다면 그들이 도착했을 때 박스석에는 분명히 아무도 없었나?"

리샤르가 야단치듯 경비원에게 말했다.

"아무도 없었어요, 극장장님. 정말 아무도 없었어요! 오른쪽 박스석에도, 왼쪽 박스석에도 아무도 없었다고 장담할 수 있습니다. 분명히 맹세할 수 있습니다! 아마, 아마도…… 이 모든 것은 분명 장난일 겁니다."

"좌석 안내원은 뭐라고 말하던가?"

"좌석 안내원은 오페라의 유령이라고만 말했습니다."

경비원은 히죽히죽 웃었지만 웃을 때가 아니라는 것을 곧 알아차렸다. 그가 오페라의 유령이라는 단어를 말하는 순간 어둡기만 했던 리샤르 씨의 안색이 벌겋게 변했기 때문이다.

"그 좌석 안내원을 데리고 오게! 지금 빨리! 당장 데려와! 그리고 다른 사람들은 모두 밖에 나가 있게!"

리샤르가 명령했다. 경비원이 뭐라고 하려 했지만, 리샤르 씨가 입 다물라고 호통을 쳤다. 그의 입은 리샤르 씨가 허락하지 않으면 영원히 굳게 닫혀 있을 것만 같았다.

"도대체 그 오페라의 유령이라는 게 뭔가?"

리샤르가 중얼대듯 물었다. 그러나 잔뜩 굳어 버린 경비원은 한마디도 하지 못했다. 곤란하고 절박한 표정을 보니 아무것도 모를 뿐더러 그 어느 것도 알고 싶지 않은 것 같았다.

"오페라의 유령을 본 적이 있는가?"

경비원은 고개를 힘차게 가로저으며 절대로 본 적이 없노라고 했다.

"유감이로군!"

리샤르가 차가운 어조로 말했다.

경비원은 마치 눈이 빠질 듯 두 눈을 크게 뜨고는 리샤르 씨가 무슨 뜻으로 그런 말을 한 것인지 생각하려는 표정이었다.

"앞으로는 오페라의 유령을 못 봤으면서도 이러쿵저러쿵 떠들어 대는 놈들을 분명히 밝혀내 대가를 치르게 할 것일세! 비록 그자가 여기저기 나타난다고 해도 본 사람이 아무도 없다면 그 존재를 인정할 수 없는 거네. 자 이제 모두들 나가서 각자 맡은 일을 하도록!"

리샤르 극장장이 말했다.

리샤르 씨는 경비원을 더 상대해 주지 않고 마침 집무실에 들어온 행정관과 여러 가지 일들을 처리했다. 경비원은 이제 나가 봐도 괜찮겠지 생각하면서, 천천히, 너무나 천천히, 보기에도 안쓰러울 만큼 천천히 뒷걸음질로 문 쪽을 향해 다가갔다.

"움직이지 말라니까!"

경비원이 움직이는 것을 알아차린 리샤르 씨가 우레와 같은 목소리로 외쳤다.

비서는 오페라극장에서 아주 가까운 프로방스가에 사는 좌석 안내원을 데리고 왔다. 그녀는 곧 집무실 안으로 들어왔다.

"이름이 뭐요?"

"지리 부인이라고 합니다. 극장장님도 잘 아시겠지만, 어린 무용수 메그 지리가 제 딸이랍니다."

리샤르 씨는 무례할 정도로 당당하고 투박한 목소리를 가진 그녀에게 강한 인상을 받았다. 그녀의 모습을 찬찬히 살펴보았다. 지리 부인은 색이 바랜 숄을 걸치고, 낡은 신발에 호박단으로 만든 낡고 긴 원피스를 입고 깃털이 달린 거무스름한 모자를 쓰고 있었다. 리샤르 씨의 태도로 볼 때 그는 지리 부인도, 어린 무용수 메그 지리도 전혀 모르는 데다가 관심도 없는 게 분명했다. 그러나 지리 부인은 대단한 자긍심을 가졌기 때문에, 자신을 '유명한 좌석 안내인'이라고 생각했고, 누구든 자신을 알고 있을 것이라고 여겼다. 예를 들어 어떤 가수가 다가오면 자신의 동료 직원이 그에게 '저분이 바로 지리 부인이에요'라고 말할 것이라고 상상하는 수준이었다.

"모르는 이름이오!"

극장장 리샤르가 딱 잘라 말했다.

"어쨌든 지리 부인, 어제 무슨 일이 일어났는지, 왜 경비원과 경찰을 함께 불러들여야만 했는지 말해 보시오."

"저도 극장장님께 직접 찾아와서 말씀드리고 싶었답니다. 드비엔느 씨와 폴리니 씨가 당한 불쾌한 일을 극장장님께서는 겪지 않았으면 하거든요. 그분들도 처음에는 제 말을 듣지 않으려 했답니다."

"그런 얘기를 물은 게 아니오. 난 어제 무슨 일이 일어 난 건지 알고 싶은 거요!"

어느 누구도 자기에게 그런 투로 말한 적이 없었기 때문에 지리 부인은 화가 나서 얼굴이 벌겋게 달아올랐다. 그녀는 금방이라도 나가 버릴 것처럼 자리에서 일어나 치마 주름을 그러쥐고 거무스름한 모자의 깃털 장식을 엄숙하게 매만졌다. 그러다가 마음이 바뀌었는지 다시 자리에 앉았다.

"사람들이 유령을 귀찮게 하기 때문에 그런 일이 일어난 거예요!"

그때 리샤르 씨는 화가 폭발하기 일보 직전이었기 때문에 몽샤르맹이 중간에 끼어들어 질문을 이어 갔다. 지리 부인은 아

무도 없는 박스석 안에서 누가 있다는 목소리가 들려왔다는 것
에 대해 당연하다고 여기고 있었다. 그녀에게는 그 일이 새로
울 것 없는 현상이었으며 유령이 존재한다는 것밖에는 설명
할 길이 없다는 주장이었다. 박스석 안에서 그의 모습을 본 사
람은 아무도 없었지만, 그녀는 가끔씩 그의 목소리를 들었다고
했다. 거짓말이라고는 전혀 하지 않는 사람이기 때문에 모두들
그녀의 말을 그대로 믿었다. 그녀는 드비엔느 씨와 폴리니 씨
에게 묻거나, 또 그녀를 아는 모든 사람들에게 물어봐도 마찬
가지일 테고, 특히 유령 때문에 다리가 부러진 이지도르 사크
씨에게 물어보는 것이 가장 좋겠다는 말을 거침없이 해댔다.

"그래요? 불쌍한 이지도르 사크의 다리를 정말 그 유령이 부
러뜨린 거란 말이에요?"

몽샤르맹 씨가 끼어들며 말했다.

지리 부인은 눈을 동그랗게 떴는데 어떻게 그런 사실을 전
혀 모를 수 있느냐는 표정이었다. 결국 그녀는 아무것도 모르
는 두 남자들에게 사건의 전말을 자세히 알려 주기로 결심했
다. 그 일은 드비엔느와 폴리니가 극장장으로 재임하던 시절,
〈파우스트〉 공연 당일 5번 박스석에서 시작되었다.

지리 부인이 헛기침을 하며 목소리를 가다듬고 이야기를 시
작하려는 폼이, 마치 구노의 악곡이라도 부르려고 준비하는 것
같았다.

"그러니까 말이죠. 그날 저녁 박스석의 첫 번째 열에 모가도르가의 보석상인 마니에라와 그의 부인이 앉았고, 그 뒷줄에 부인과 내연의 관계인 이지도르 사크가 앉아 있었습니다. 무대에서는 메피스토펠레스가 한창 노래하던 중이었어요. (그러면서 지리 부인은 노래를 부르기 시작했다.) '잠자는 척하는 그대여!' 바로 그때, 마니에라 씨의 오른쪽에서 무슨 노랫소리가 들렸답니다. 부인 쥘리는 왼쪽에 앉아 있었는데 말이죠. '잠자는 척하는 사람은 쥘리가 아니야⋯⋯.' 마니에라 씨는 자기에게 속삭이는 사람이 누구인지 보려고 고개를 오른쪽으로 돌렸지만 아무도 없었답니다. 그는 귀를 문지르면서 '내가 꿈을 꾼 건가?' 하고 중얼거렸죠. 당시 무대 위에서는 메피스토펠레스가 계속 혼자 노래를 부르고 있었죠⋯⋯. 그런데 극장장님, 혹시 제 얘기가 지루하시진 않나요?"

"아니, 아니오. 어서 계속하시오!"

"두 분 모두 친절하시군요!"

지리 부인은 감격한 표정이었다.

"그럼 메피스토펠레스의 노래가 이어집니다. (지리 부인이 또 노래했다.) '사랑하는 카트린느, 왜 나를 외면하시나요, 이렇게 달콤한 연인의 키스를 왜 거절하시는 건가요?' 그러자 또 마니에라 씨의 오른쪽 귓가에서 이상한 목소리가 들려왔습니다. '쥘리가 이지도르의 키스를 거절할 리가 없잖아?' 그는 깜짝 놀라서 이번에는 아내와 이지도르가 앉은 왼쪽으로 고개를 돌렸더니 어떤 광경이 보였는지 아세요? 뒷줄에 앉아 있던 이지도르가 장갑 낀 아내의 손바닥에 열렬히 키스를 퍼붓고 있었대요! 바로 이런 식으로 말입니다. (그러면서 지리 부인은 실로 짠 장갑 틈으로 살짝 드러난 자신의 손등에 키스를 해 댔다.) 짐작하신대로, 이 일은 곱게 끝나지 않았어요. 여기 계신 리샤르 씨처럼 당당한 체격을 가진 마니에라 씨가, 이쪽에 계신 몽샤르맹 씨처럼 마르고 허약해 보이는 이지도르 사크의 따귀를 때렸고, 곧 난리가 났지요. 객석 여기저기에서 '그만해요, 그만해! 저러다 사람 죽이겠네!' 하는 고함이 터져 나왔어요. 이지도르 씨는 겨우 도망을 쳤답니다."

"그렇다면 유령이 다리를 부러뜨린 게 아니란 말이군. 얘기가 그렇구먼."

몽샤르맹이 못마땅한 듯 말했다. 그는 지리 부인이 자신의 몸을 그렇게 별 볼 일 없는 것으로 본 것이 내심 언짢은 모양이었다.

"유령이 한 짓이 분명하다니까요."

몽샤르맹 씨의 기분을 알아챈 지리 부인이 도리어 언성을 높이며 말했다.

"유령은 걸음아 날 살려라 하고 급하게 중앙 계단을 내려오던 그의 다리를 대번에 부러뜨렸어요. 그가 다시는 그 계단을 오를 수 없도록 만든 거예요."

"마니에라 씨의 오른쪽 귀에 속삭였다던 그 얘기를 부인이 유령에게 직접 듣기라도 했단 말인가요?"

몽샤르맹은 여전히 기분이 풀리지 않았는지 심각하게 물었다.

"아니죠. 마니에라 씨가 직접 이야기해 준 겁니다."

"용감한 부인, 당신이 직접 유령과 이야기를 나눠 본 적은 없는 거요?"

"여러분과 이야기를 나누는 것처럼 유령과도 대화했지요."

"유령이 당신에게 뭐라고 말합디까?"

"……작은 의자를 하나 갖다 달라고 말했었죠."

지리 부인이 단호하게 말했다. 그녀의 얼굴은 중앙 계단에 줄지어 서 있는, 노란색 피레네산 대리석 기둥처럼 붉은 핏줄이 드러나서 자못 근엄하게 보였다.

그러자 이번에는 리샤르 씨도 참지 못하고 몽샤르맹 씨와 비서 레미와 함께 웃음을 터뜨렸다. 다만 경비원만은 조금 전 경험이 떠올라 전혀 웃지 않았다. 그는 벽에 기댄 자세로 호주머니 속에 든 열쇠를 만지작거리며 대화가 언제 끝날지 생각하고 있었다. 그리고 지리 부인이 엄숙하게 말할수록 극장장의 화만 더 돋울 것이라는 생각이 들어 걱정되었다. 그런데 앞에 있는 극장장을 비롯한 사람들이 웃음을 터뜨리자, 지리 부인이 얼굴을 일그러뜨렸다. 정말이지 고약하게 보였다.

"유령을 비웃지 말고 폴리니 씨처럼 행동하는 편이 나을 겁니다. 알아서 처신해야 될 거예요."

지리 부인은 크게 화를 내며 말했다.

"누구한테 알아서 하라는 말입니까?"

몽샤르맹은 여전히 우스워 죽겠다는 표정으로 물었다.

"물론 유령이죠! 이야기해 드릴 테니 잘 들으세요."

그녀는 마치 정말 중요한 순간이라는 듯 갑자기 목소리를 낮추었다.

"마치 어제 일처럼 또렷하게 기억이 납니다! 〈유태인 여자〉 공연 때였어요. 폴리니 씨는 그 박스석에서 혼자 공연을 보고 싶어 했지요. 크라우스 부인이 큰 성공을 거둔 공연이었어요. 그녀가 2막에 나오는 노래를 부르고 있을 때였답니다."

그러면서 지리 부인은 또 조그맣게 노래를 불렀다.

사랑하는 내 님 곁에서
한평생 살다 죽고 싶어라.
그리하면 죽음도 우리를
갈라 놓을 수 없으리.

"알았소! 이제 됐소! 알았으니 그만하시오!"

몽샤르맹이 쓴웃음을 지으며 말했지만 지리 부인은 거무스름한 모자의 깃털 장식을 이리저리 흔들면서 낮은 목소리로 노래를 계속했다.

떠나자! 떠나자!
이 세상을 떠나서 하늘나라로
그러면 똑같은 운명이
우리 둘을 기다릴 테니.

"충분히 알았으니 그만하시오! 그다음엔 어떻게 됐다는 거요?"

리샤르가 다시 재촉하며 물었다.

"그런 뒤에 레오폴드가 도망치자고 소리치죠. 그리고 엘레아자르가 그들을 막으며, '어디로 달려가나?' 하고 물었어요. 바로 그때, 텅 빈 박스석 구석에서 공연을 보던 폴리니 씨가 갑자기 벌떡 일어나 얼굴이 굳은 채로 나가 버리는 거예요. 나도 엘리아자르처럼 어디로 가느냐고 급히 물었지만, 그는 아무 대답도 하지 않았고 다만 얼굴이 하얗게 질려 있었습니다. 그가 급하게 계단을 내려가는 모습을 지켜보았는데 다행히 넘어져 다리를 다치지는 않았답니다……. 하지만 걷는 게 마치 꿈을 꾸듯이, 악몽을 꾸는 것처럼 불안해 보였어요. 오페라극장 구조를 속속들이 알고 있는 사람인데, 대체 어디로 가는지도 모르는 것 같았다니까요!"

마담 지리는 잠시 말을 멈춘 뒤, 자기 이야기가 어떤 결과를 가져왔는지 살펴보았다. 폴리니 씨에 대한 이야기를 들은 몽샤르맹은 고개를 절레절레 흔들고 있었다.

"오페라의 유령이 부인에게 작은 의자를 하나 가져다 달라고 말했다면서요. 하지만 지금 하는 그 얘기가 무슨 상관이란 거요?"

몽샤르맹이 지리 부인을 똑바로 쳐다보며 물었다.

"글쎄요……. 하지만 그날 저녁 이후로는 사람들이 유령을 귀찮게 하지 않았어요. 유령이 요구한 박스석에 대해 더는 이러쿵저러쿵하지도 않았고요. 드비엔느와 폴리니 씨는 모든 공연이 있을 때마다 그 박스석을 비우라고 직접 지시했습니다. 그런 다음 유령이 그 박스석에 와서 나에게 작은 의자 하나를 부탁한 거고요."

"작은 의자를 부탁했다니, 그럼 유령이 여자란 말이오? 그걸 어떻게 안단 말이오?"

몽샤르맹이 물었다.

"그거야 목소리가 남자였으니까요. 아, 너무도 부드럽고 그윽한 목소리였답니다……. 어떻게 된 건지 말씀드릴게요. 그는 주로 1막 중간 정도쯤에 오페라극장에 와서 5번 박스석 문을 가볍게 세 번 두드려요. 처음에는 그 소리 때문에 깜짝 놀랐어요. 박스석 안에는 아무도 없다는 걸 알고 있었거든요. 그래서 문을 활짝 열고 박스석 안을 들여다보면서 잘못 들은 건가 하고 귀를 기울였어요. 아무도 없었죠. 그런데 어떤 목소리가 들리는 거예요. '쥘르 부인, 작은 의자 하나만 부탁해요.' 죽은 제 남편 이름이 쥘르였어요. 말하기 창피하지만, 저는 얼굴이 홍당무처럼 빨개졌어요. 그때 목소리가 또 들려왔어요. '쥘르 부인, 두려워하지 말아요. 나는 오페라의 유령이오.' 목소리가 들리는 구석을 슬쩍 쳐다보았는데, 워낙 목소리가 근사하고 친근해서 두렵지는 않았어요. 목소리는 오른쪽 맨 앞 줄 첫 번째 자리에서 들려왔지요. 보이지 않았지만 누군가 점잖은 사람이 그곳에 앉아 있다는 건 분명히 알 수 있었답니다."

"5번 박스석 오른쪽 옆에 있는 다른 박스석과 혼동한 건 아닌가요? 그곳에는 사람들이 앉아 있었나요?"

몽샤르맹이 물었다.

"아니오. 왼쪽 3번 박스석과 오른쪽 7번 박스석도 모두 비어 있었어요. 공연이 시작되고 얼마 지나지 않았거든요."

"그래서 어떻게 했는데요?"

"당연히 작은 의자 하나를 가져다 드렸죠. 그가 작은 의자를 부탁한 이유는 틀림없이 아내를 위한 걸 거예요. 물론 그녀 목소리도 못 듣고 모습도 못 봤지만요."

그러면 유령한테 아내까지 있다는 소린가? 그때, 몽샤르맹과 리샤르는 지리 부인 뒤에 있던 그가 손을 흔들어 주의를 끌었기 때문에 경비원을 바라보았다. 그는 검지로 이마를 두드리며 지리 부인이 정신이 나간 것 같다는 표현을 해 보였다. 하지만 리샤르 씨는 경비원이 제정신이 아닌 지리 부인을 돕기 위한 행동을 한다는 생각을 했다. 지리 부인은 이제 유령이 얼마나 관대한가에 대한 이야기를 하기 시작했다.

"공연이 끝날 때면 그는 항상 내게 40수짜리 동전을 한 닢씩 주었어요. 어떨 때는 100수를 주기도 하고, 아주 오랜만에 올 때는 10프랑을 주기도 했어요. 그런데 사람들이 그를 귀찮게 한 다음부터는 전혀 팁을 주지 않았죠."

극장장들이 계속해서 그녀를 함부로 대하자 지리 부인은 다시 거무스름한 모자 깃털 장식을 추켜올렸다.

"그건 그렇다 치고, 용감한 부인. 유령이 어떻게 부인한테 40수 동전을 준단 말이오?"

호기심 많은 몽샤르맹이 물었다.

"박스석 안에 있는 작은 탁자 위에 놓고 갔어요. 내가 항상 그에게 가져다 주곤 했던 프로그램과 함께 거기 남아 있었어요. 유령 부인의 옷에서 떨어진 장미 한 송이가 있는 날도 있었어요. 가끔 여성과 함께 온 게 분명하다니까요. 참! 부채를 두고 간 적도 한 번 있었어요."

"유령이 부채를 두고 가요? 그래서 어떻게 했는데요?"

"나중에 돌려주었어요."

"지리 부인, 그렇다면 규칙을 어긴 게 되는 셈이니 벌금을 내셔야겠소."

경비원이 불쑥 끼어들었다.

"입 다물어요. 이 바보 같은 양반 같으니라고!"

피르맹 씨가 낮은 목소리로 명령했다.

"부채를 돌려준 다음에는 어떻게 됐소?"

"그들이 부채를 도로 가져갔죠. 공연이 끝난 뒤에 보니까 부채는 없고 내가 좋아하는 영국산 사탕이 한 통 놓여 있더군요. 유령 부부는 얼마나 친절한지…….'

"잘 알았으니, 지리 부인은 그만 나가 보시오."

지리 부인은 위엄을 유지한 채 공손한 태도로 인사를 한 뒤 나갔다. 두 극장장은 저런 미친 여자를 더 이상 일하게 할 수는 없다는 판단을 내렸고, 경비원에게 나가 봐도 좋다고 했다.

경비원은 자신의 차례가 되자 자신이 얼마나 헌신적으로 일하고 있는지 일장 연설을 한 다음 나갔고, 극장장은 행정관에게 알아서 경비원을 잘 처리하라는 지시를 내렸다. 두 극장장의 머릿속에는 당장 5번 박스석을 둘러봐야겠다는 생각이 떠올랐다.

이제 독자 여러분을 그곳으로 안내할 생각이다.

5
신들린 바이올린

모종의 음모에 희생된 크리스틴 다에는 큰 성공을 거둔 그날 밤 이후로 다시는 그런 밤을 맞지 못했다. 그 음모에 대해서는 다시 언급할 기회가 올 것이다. 그녀는 취리히 공작 부인 집에 초청을 받아 그녀의 레퍼토리 중 가장 아름다운 노래 몇 곡을 불렀다. 그곳에 참석했던 한 유명한 평론가는 다음과 같은 평가를 내렸다.

그녀가 부르는 '햄릿'을 듣고 있자니, 마치 셰익스피어가 샹 젤리제로 와서 오필리아를 재현한 느낌이 들었다. 그녀가 밤 의 여왕처럼 반짝이는 왕관을 쓰고 노래를 하면, 죽은 모차르 트가 하늘에서 내려와 그녀의 노래를 들을 것만 같았다. 아

니, 모차르트가 굳이 지상으로 내려올 것도 없이 신들린 듯
'요술 피리'를 부르는 그녀의 섬세하고 떨리는 목소리가 하늘
로 올라갈 것 같았다. 그녀의 음성은 자연스럽게 마을의 소박
한 집과 황금으로 지은 궁전, 가르니에가 지은 파리 오페라극
장의 대리석을 지나 하늘로 올라가는 것만 같았다.

하지만 취리히 공작 부인의 집에서 노래한 그날 이후로 크리
스틴은 더 이상 사교계에서 노래를 부르지 않았다. 그녀는 모
든 초청을 거절하고 사례금도 받지 않았다. 그리고 이미 참석
하기로 약속했던 자선 공연에도 이해할 만한 이유 없이 나타나
지 않았다. 흡사 운명을 받아들이기 싫은 사람처럼 행동했고,
새로운 성공을 두려워하는 것 같았다.

크리스틴 다에는 샤니 백작이 남동생을 기쁘게 해 줄 목적으
로 리샤르에게 자신에 대해 매우 우호적인 이야기를 했다는 사
실을 알고 있었다. 그녀는 그에게 감사의 편지를 보내면서 자신
에 대한 이야기를 극장장에게 더는 하지 말아 줄 것을 부탁했
다. 그녀의 이상한 태도를 도대체 누가 이해할 수 있었을까? 어
떤 사람들은 맹랑한 오만이라고 헐뜯었으며, 어떤 이들은 지나
친 겸손이라고 두둔했다. 무대에 오르는 사람이라면 절대 그렇
게 겸손하기만 할 수는 없다. 사실 이런 말을 쓰는 게 옳을지 모
르겠지만 그녀는 '겁을 먹은 것' 같았다. 그렇다. 크리스틴 다에

는 자신에게 일어났던 일을 두렵게 생각했고, 주변의 다른 모든 이들처럼 얼떨떨한 기분이었을 것이다. 마침 페르시아인이 갖고 있던 크리스틴 다에의 편지가 남아 있다. 그 편지를 다시 읽어 보면, 크리스틴은 자신이 이룬 성공에 대해 어리둥절하거나 기겁한 정도가 아니라 거의 소름이 끼칠 만큼 두려워했던 것 같다. 맞다. 그녀는 소름이 끼쳤던 것이다. 그녀는 편지에서 '노래를 부르면서 더 이상은 정신을 차릴 수가 없다'라고 썼다.

가엾고 순수하고 착한 크리스틴!

샤니 백작의 동생인 자작은 어떤 곳에도 나타나지 않는 그녀를 찾아 이곳저곳을 배회하고 다녔지만 허사였다. 그는 그녀에게 집을 방문하게 해 달라고 청하는 편지를 쓰고 답장을 눈이 빠지게 기다리다가 겨우 다음과 같은 쪽지를 받았다.

저는 제 스카프를 찾기 위해 바닷속으로 뛰어든 어린 소년을 잊지 않았어요. 신성한 의무를 다하기 위해 오늘 페로 지방으로 떠나기 때문에 이 글을 씁니다. 내일이 바로 가여운 우리 아버지 기일이에요. 아시다시피 아버지는 당신을 매우 사랑하셨죠. 아버지는 우리가 어린 시절 즐겁게 뛰놀던 언덕 아래 작은 성당을 둘러싸고 있는 그 공동묘지에, 바이올린과 함께 묻히셨답니다. 그토록 사랑하시던 그 바이올린 말이에요. 그 길가를 걸으면서 우리는 마지막으로 작별 인사를 나누었죠.

크리스틴 다에가 보낸 쪽지를 읽자마자 샤니 자작은 서둘러서 기차 시간을 확인했다. 그런 다음 형에게 보낼 쪽지를 적어 하인에게 맡기고 급하게 마차를 탔다. 하지만 몽파르나스 역에 너무 늦게 도착하는 바람에 오전 기차를 놓치고 말았다.

라울은 하루 종일 우울함에 빠져 저녁 기차를 타야겠다는 생각 이외에는 다른 의욕을 느끼지 못했다. 기차를 탄 다음에도 계속해서 크리스틴의 편지를 다시 읽고 편지지에서 묻어나는 향기를 맡으면서 어린 시절의 아름다운 추억을 하나씩 하나씩 되새겼다.

그는 밤새 덜컹대는 기차에 몸을 싣고 처음과 끝 부분에 크리스틴이 나오는 들뜬 꿈을 꾸었다. 날이 밝기 시작할 무렵 기차는 라농에 도착했다. 그는 페로-귀렉으로 가는 마차를 타기 위해 열심히 달렸다. 승객은 그뿐이었다. 마부에게 물어보니 어제 파리지엥 같은 젊은 아가씨를 페로에서 '석양'이라는 여관에 내려 주었다는 얘기를 해 주었다. 틀림없이 크리스틴일 것이고, 그녀는 혼자 왔을 것이다. 라울은 안도의 한숨을 내쉬었다. 드디어 그녀와 단둘이 편안하게 이야기를 나눌 수 있을 것 같았다. 그는 그녀를 무척이나 사랑해서 숨이 막힐 것만 같았다. 세계 일주까지 마쳤지만 그는 엄마 품을 떠나 본 적 없는 어린아이처럼 맑고 순수했다.

그녀에게 가까이 갈수록 스웨덴 출신인 그 어린 여가수의 사연이 더욱 절실하게 다가왔다. 사람들은 아직 그녀에 대해 잘 알지 못했다.

옛날 웁살라 근처 어느 작은 마을에 농부가 살고 있었다. 그는 일주일 내내 가족과 함께 밭을 일구고, 일요일에는 성가대에서 노래를 불렀다. 농부는 하나밖에 없는 딸에게 글을 가르치기도 전에 악보 읽는 법을 가르쳤다. 그가 바로 크리스틴 다에의 아버지였는데, 스스로 의식하지 못했지만 뛰어난 음악가였을 것이다. 시골을 돌아다니며 바이올린을 연주하는 그의 실력은 스칸디나비아반도에서 최고로 여겨졌다. 그의 바이올린 연주에 대한 평판은 대단했다. 마을마다 행사나 축제를 열 때면 그를 불러 연주를 부탁하곤 했다.

허약했던 그녀의 어머니는 크리스틴이 여섯 살 되던 해에 세상을 떠났다. 딸과 음악만을 사랑하던 아버지는 작은 밭을 팔아 버린 뒤 명예를 얻고 싶어 웁살라로 떠났지만 그를 기다리고 있는 것은 가난과 비참함뿐이었다.

결국 그는 다시 시골로 돌아와서 장터를 떠돌며 스칸디나비아의 토속 멜로디를 연주했다. 그동안 크리스틴은 아버지의 곁에서 황홀한 표정으로 연주를 듣기도 하고, 노래를 따라 부르기도 했다. 그러던 어느 날, 림비 시장에서 발레리우스 교수가 두 사람이 연주하고 노래 부르는 것을 보고는 고텐부르크로 데리고 갔다. 교수는, 아버지는 세계 최고의 바이올린 연주자이고 딸은 위대한 성악가가 될 자질을 갖추고 있노라고 주장했다. 그렇게 해서 크리스틴 다에에 대한 교육과 훈련이 시작되었던 것이다. 그녀의 아름다움과 우아함, 기품 있는 말과 행동에 모두들 감탄했다. 그녀는 빠르게 성장했다. 발레리우스 부부는 그 무렵 프랑스에 정착해 크리스틴과 그녀의 아버지를 함께 데려왔으며 발레리우스 부인은 크리스틴을 친딸처럼 길렀다.

한편 크리스틴의 아버지는 몸이 쇠약해져서 풍토병에 걸렸다. 파리에 사는 동안 그는 바깥출입을 일절 하지 않고 그저 바이올린만 부둥켜안고 꿈을 꾸듯 몽환적인 상태로 살았다. 그가 하루 종일 딸과 함께 방 안에 틀어박혀 있을 때마다 두 사람이 부르는 더할 나위 없이 아름다운 연주와 노래가 흘러나오곤 했다. 가끔씩 발레리우스 부인은 문 뒤에서 음악 소리를 듣다가 깊은 한숨을 내쉬고 눈물을 흘리고는 발소리도 없이 조심스레 돌아갔다. 그녀는 두 사람의 연주를 들으며 스칸디나비아반도의 하늘을 떠올리곤 했다.

크리스틴의 아버지는 여름이 될 무렵 기력을 회복하여 가족 모두 파리지엥들에게는 잘 알려지지 않은, 브르타뉴 지방 한구석에 있는 페로-귀렉으로 휴가를 갔다. 그는 물빛이 늘 똑같은 그 지방의 바다를 무척이나 좋아했다. 기분이 좋을 때면 해변에서 마음을 울리는 아리아를 연주하곤 했는데 바다도 조용히 연주를 듣는 것이라고 말하곤 했다. 그가 무척 정성스레 이야기하는 바람에 발레리우스 부인도 늙은 악사의 변덕스러운 생각이 옳다고 해 주었다.

춤과 음악이 있는 순례제가 열리는 동안, 그는 늘 그렇듯 바이올린을 들고 딸과 함께 여드레 동안 축제에 참가하기도 했다. 사람들은 그들의 연주에 찬사를 보냈다. 오래전 작은 마을을 돌아다니며 연주하던 그 시절처럼, 두 사람은 여관방의 침대를 마다하고 헛간의 짚더미에서 서로 꼭 붙어 잠이 들곤 했다.

그들은 매우 초라한 행색을 하고 있었지만 사람들이 주는 돈은 모두 사양했다. 무언가를 달라는 요구 따위도 없었다. 그래서 사람들은 천사처럼 아름다운 목소리를 가진 딸과 떠돌이 바이올린 연주자 아버지를 이해하지 못했다. 그래도 그중 몇몇은 그들의 연주를 들으려고 이 마을 저 마을을 따라다니기도 했다.

그러던 어느 날, 가정교사와 함께 있던 소년이 부드럽고 순수한 목소리를 가진 크리스틴 다에의 노래를 듣고 매료되어 그녀 곁을 떠나려고 하지 않았다. 그들은 트레스트라우라고 불리는 작은 마을의 포구에 다다랐는데, 당시 그곳에서 눈에 보이는 것이라고는 파란 하늘과 바다 그리고 황금빛 모래사장뿐이었다. 어느 날 바람이 세차게 불어서 크리스틴이 매고 있던 스카프가 바닷물 속으로 떨어졌다. 크리스틴은 깜짝 놀라서 팔을 뻗었지만 이미 스카프는 물살에 멀리 떠밀려 가고 있었다. 그때 어떤 목소리가 들려왔다.

"걱정 마세요. 제가 바다에 들어가서 스카프를 가져올게요."

크리스틴은 한 소년이 검은 옷을 입은 가정교사가 말리는 손길을 뿌리치고 바다를 향해 뛰어가는 모습을 보았다.

어린 소년은 옷을 입은 채 바다로 뛰어들어 그녀의 스카프를 건져다 주었다. 소년과 스카프 둘 다 바닷물에 흠뻑 젖었지만 모두 무사했다. 몹시 흥분한 가정교사를 두고 크리스틴은 활짝 웃으면서 어린 소년을 꼭 안아 주었다. 그 소년이 바로 라울 드 샤니 자작이다. 당시 그는 라농의 숙모 집에 묵고 있었다. 그 한 철 동안 소년과 소녀는 거의 매일 만나서 함께 뛰놀았다. 라울의 숙모와 발레리우스 교수의 권유로 크리스틴의 아버지는 어린 자작에게 바이올린을 가르쳤다. 그 때문에 라울은 크리스틴이 어린 시절 좋아했던 노래를 모두 좋아하게 되었다.

두 사람은 몽환적이고 고요한 영혼을 가졌다. 그들은 브르타뉴 지방에 떠도는 옛이야기를 가장 좋아했고, 마치 걸인처럼 집집마다 찾아다니며 옛날이야기를 해 달라고 졸랐다.

"아주머니, 아저씨, 재미있는 얘기 좀 해 주세요!"

그러면 어른들은 이야기를 안 해 주는 경우가 거의 없었다. 브르타뉴 지방에 사는 나이 지긋한 여인들이라면 누구든 한 번쯤은 달밤에 떨기나무 위에서 요정과 함께 춤을 춰 본 기억이 있으리라!

그렇지만 두 사람이 가장 즐거웠던 때는 해가 바다 밑으로 들어가고 고요하게 황혼이 찾아들 무렵, 크리스틴의 아버지가 그들 곁으로 다가와 나지막한 목소리로 스칸디나비아의 아름답고도 슬프면서 무시무시한 전설을 들려줄 때였다. 그럴 때면 이야기 속의 유령이 깨어나는 것 같았다. 그 이야기들은 안데르센 동화처럼 아름답고, 가끔은 위대한 시인 루네베르크의 노래처럼 애잔하기도 했다. 그가 이야기를 하나씩 끝낼 때마다 라울과 크리스틴은 또 해 달라고 조르곤 했다.

"옛날옛날 노르웨이의 깊은 산속에, 어떤 임금님이 반짝이는 눈동자처럼 깊고 고요한 호수 위의 작은 쪽배에 앉아 있었단다……."

이렇게 시작되는 이야기도 있었다.

"어린 로테는 항상 생각이 많았지만 실제로는 어떤 것에도 집착하지 않았단다. 마치 여름날 새처럼 꽃으로 만든 왕관을 금발에 얹고 햇빛을 받으면서 돌아다녔어. 그녀의 영혼은 그녀의 눈동자처럼 푸르고 맑았단다. 엄마한테는 철부지 어린아이였지만 인형을 잘 돌봐 주고 옷과 빨간 구두, 바이올린도 소중하게 다룰 줄 알았어. 그 가운데에서도 '음악의 천사'의 목소리를 들으면서 잠드는 걸 굉장히 좋아했단다."

이런 이야기도 있었다.

크리스틴의 아버지가 그런 이야기를 하는 동안 라울은 크리스틴의 푸른 눈동자와 반짝거리는 금발을 바라보았다. 그리고 크리스틴은 음악의 천사 목소리를 들으면서 잠드는 로테는 얼마나 행복할까 하고 생각했다. 크리스틴의 아버지가 들려주는 이야기에는 거의 언제나 음악의 천사가 나타나고는 했는데 아이들은 그 천사에 대한 이야기를 좀 더 들려 달라고 졸랐다. 크리스틴의 아버지의 이야기에 따르면, 세상의 모든 위대한 음악가나 예술가에게는 평생 적어도 한 번은 음악의 천사가 찾아온다는 것이다. 그 음악의 천사는 어린 로테의 경우처럼 가끔은 어린아이의 요람을 찾기도 하는데, 바로 그런 이유로 여섯 살먹은 어린아이가 쉰 살의 노련한 음악가보다 더 훌륭하게 바이올린을 연주하는 작은 기적이 일어나고는 한다고 했다. 가끔씩 천사가 훨씬 늦게 찾아올 때도 있는데, 아이가 영리하지 않거나 음악 배우기를 게을리 하거나 음계를 소홀하게 다루기 때문이라고 했다. 물론 천사가 한 번도 찾아오지 않을 때는 마음이 순수하지 않거나 양심이 깨끗하지 않은 탓이라고 했다. 사람들은 천사의 모습을 볼 수 없어도 천사는 선택된 사람들에게는 목소리를 들려주는데, 천사가 찾아오는 그 순간은 전혀 생각하지도 못한 순간이나 슬픔에 잠겨 낙담해 있을 때라고 했다. 그렇지만 신성한 천사의 목소리, 그 화음을 들으면 사람들은 평생 잊지 못하고, 천사의 방문을 받은 사람은 열에 들뜨고 보통 사람들은 전혀 모르는 경련으로 온몸을 떨기 마련이다. 그리고 악기를 연주하거나 노래를 하려고 할 때마다 다른 사람들이 도리어 부끄러워질 만큼 아름답고 환상적인 음악을 연주하게 된다. 천사가 찾아온 것을 모르는 사람들은 그것이 천부적인 재능이라고 말하기도 한다.

어린 크리스틴은 아버지에게 천사의 목소리를 들은 적이 있느냐고 물었다. 그는 쓸쓸한 표정으로 고개를 숙이고는 잠시 후 밝은 눈빛으로 딸을 쳐다보았다.

"크리스틴, 너는 언젠가 꼭 천사의 소리를 듣게 될 거다. 내가 하늘나라로 올라가면 네게 천사를 보내 주마. 약속하지."

그 무렵부터 크리스틴의 아버지는 자주 기침을 하게 됐다. 가을이 시작되자 라울과 크리스틴은 헤어졌다.

그리고 3년이 지나서 그들은 성장한 모습으로 다시 페로에서 만났다. 라울은 그때의 기억이 무척이나 강해서 그 기억이 마치 평생을 따라다닐 것 같았다.

그사이 발레리우스 교수는 세상을 떠났고 부인은 프랑스에 남았다. 그녀는 크리스틴의 노래와 다에 씨의 바이올린 연주가 없으면 더 이상 살아갈 수 없을 것 같았다. 라울은 우연히 페로를 방문했다. 그는 예쁜 여자 친구가 살던 집을 방문했고, 도착하자마자 그녀의 아버지가 먼저 눈물을 글썽거리며 자리에서 일어나 포옹했다. 그리고 예전 추억을 하나도 잊지 않았노라고 말했다. 사실 크리스틴이 라울 이야기를 안 한 날은 하루도 없었다. 그때 문이 활짝 열리면서 매력적이고 아름다운 아가씨가 향기 나는 차를 들고 방 안으로 들어왔다. 그녀는 라울을 한 눈에 알아보고는 쟁반을 테이블 위에 올려놓았다. 그녀의 매력적인 얼굴이 발그스름해졌다. 그녀는 머뭇대며 아무 말도 하지 못했고, 아버지는 그저 바라보기만 했다. 결국 라울이 그녀에게 천천히 다가가 포옹하며 입맞춤을 했고, 그녀는 가만히 있었다. 크리스틴은 그에게 몇 가지 질문을 던지며 기쁜 마음으로 환영했고, 쟁반을 들고 조용히 방을 나갔다. 그런 다음 정원으로 가서 작은 의자에 앉았는데 사춘기 이후로 처음 그녀는 마음속에서 이상한 감정이 솟구치는 것을 느꼈다. 조금 뒤 라울이 다가와 옆에 앉았다. 두 사람은 가슴을 두근거리며 저녁때까지 이야기를 나누었다.

하지만 두 사람은 많이 달라져 있었다. 서로가 어떻게 변한 것인지는 확실히 알 수 없었지만, 중요한 뭔가를 깨달은 것 같았다. 두 사람은 마치 외교관이라도 된 듯 신중하게 행동했다. 떨리는 가슴과는 아무런 상관없는 이야기만을 화제로 삼았다. 마침내 길가에서 서로 작별을 하는 순간, 라울은 크리스틴의 떨리는 손등에 예의 바른 키스를 했다.

"아가씨, 절대로 당신을 잊지 않겠습니다."

라울은 길을 떠나며 그렇게 대담한 말을 한 것을 후회했다. 크리스틴 다에가 결코 샤니 자작 부인이 될 수 없다는 것을 무척 잘 알고 있었기 때문이다.

"라울이 예전처럼 다정하지 않은 것 보셨죠? 저도 이제 더 이상은 그를 좋아하지 않겠어요!"

크리스틴이 아버지에게 말했다. 크리스틴은 더 이상 그를 생각하지 않으려고 애썼다. 그를 생각하는 마음을 힘들게 지우고 매순간을 예술에만 매달렸다. 그녀의 노래 솜씨는 몰라볼 정도로 좋아졌고, 그녀의 노래를 들은 사람들은 그녀가 세계 최고의 성악가가 될 것이라고 아낌없는 찬사를 보냈다. 하지만 그녀의 아버지가 세상을 떠나자 크리스틴의 목소리와 영혼, 천재성까지도 몽땅 사라진 것 같았다.

그런 상황에서 간신히 콩세르바투아르에 입학했다. 하지만 그곳에서 그녀는 전혀 두각을 나타내지 못했고 수업에 열의도 보이지 않았다. 함께 사는 발레리우스 부인을 즐겁게 해 주기 위해 가끔 상을 타는 것만으로 만족했다.

라울은 오페라극장에서 크리스틴을 다시 보았을 때 여전히 빛나는 아름다움과 우아한 모습에 매료되었지만, 그녀의 노래에는 어딘지 부정적인 기운이 스며든 것 같아 깜짝 놀랐다. 그녀는 모든 것에 무관심한 것 같았다. 라울은 오페라극장을 자주 찾아갔고 무대 뒤까지 따라가기도 했다. 무대 뒤에서 기다리면서 그녀의 관심을 끌어 보려고 무던히도 애썼고, 몇 번이나 그녀를 따라 대기실 입구까지 따라갔지만 그녀는 그를 쳐다보지도 않았다. 크리스틴은 다른 어느 누구도 보는 것 같지 않았는데 단순히 관심이 없다고 보기에는 너무 지나친 구석이 있었다. 그러나 라울은 그녀의 아름다움에 숨이 막힐 것만 같았다. 그는 너무 소심해서 그녀를 사랑하고 있다는 사실도 인정할 수 없었다. 그런데 그날 저녁 공연을 보고 마치 벼락이라도 맞은 것 같은 충격을 받았다. 하늘이 갈라지고, 천사의 목소리가 지상으로 내려와 사람들 마음과 그의 가슴을 몽땅 빼앗아 간 듯했다…….

그런 뒤에 대기실 문 반대편에서 들려온 '나를 사랑해야 해!' 하는 남자의 목소리가 들려서 나중에 들어가 봤을 때에는 대기실 안에 아무도 없었던 것이다.

크리스틴이 의식을 되찾은 순간, 라울이 '제가 당신의 스카프를 건지러 바다에 뛰어들었던 그 어린 소년입니다'라고 했을 때 그녀는 왜 소리 내서 웃은 것일까? 왜 그녀는 그를 알아보지 못했을까? 그런데도 왜 그에게 쪽지를 보냈을까?

아, 길은 너무 멀고멀다. 십자가를 짊어지고 올라가는 고행길처럼……. 황량한 들판, 추위로 얼어붙어 버린 초목, 창백한 하늘 아래 아무런 변화도 없이 쓸쓸한 풍경들. 요란한 소리를 내며 덜컹거리는 마차 유리창이 내는 소리가 그의 귓전을 따갑게 울려 댔다. 소리는 요란하지만 마차가 달리는 속도는 빠르지 않았다. 유리창 너머로 보이는 오두막집과 담장들, 비탈길과 가로수들……. 이제 곧 막다른 길이 나타날 테고, 그다음은 바다가 보이겠지. 페로의 탁 트인 바다…….

그렇다. 그녀가 이곳 석양 여관에서 내린 것이다. 동행은 없다고 했으니 다행이다. 라울은 어린 날 그곳에서 재미있는 이야기를 듣곤 하던 기억을 떠올렸다. 가슴이 두근거렸다. 그녀는 그를 보고 어떤 말을 할까?

연기가 자욱한 여관 현관에 들어섰을 때 트리카르 아주머니와 제일 먼저 마주쳤다. 그녀는 라울을 알아보고 반갑게 인사를 한 뒤 무슨 일로 온 것이냐고 물었다. 그는 얼굴을 붉히면서 라뇽에 볼일이 있어서 온 김에 안부 인사라도 하려고 왔노라 대답했다. 트리카르 부인은 점심을 대접하고 싶다고 했지만 그는 사양했다. 누군가를 기다리고 있는 게 분명하게 드러났다. 그때 문이 열렸다. 라울은 자리에서 벌떡 일어났다. 그가 길을 제대로 찾아온 것이다. 그 앞에 나타난 사람은 바로 그녀였다. 그는 뭔가 말을 건네려다 다시 자리에 주저앉았다. 그녀가 미소를 지으며 라울 앞에 앉았지만 놀란 것 같지는 않았다. 그녀의 얼굴은 그늘 밑에 가려진 싱그러운 딸기처럼 사랑스럽고 상큼한 분홍빛이었다. 그녀는 아마 빨리 걸어서 약간 흥분한 것 같았다. 그가 이렇게 빨리 찾아온 것을 감격해하는 게 틀림없었다. 고요하고 침착한 마음을 가두어 두고 있던 그녀의 가슴이 점점 부풀었다. 하늘빛 푸른색을 담은 그녀의 눈동자는 북쪽 나라를 꿈꾸는 고요한 호수의 빛깔로 순순한 영혼을 비춰 주고 있었다. 가는 허리께에서 살짝 열려 있는 모피 옷은 그녀의 우아한 몸매에 매우 잘 어울렸다. 라울과 크리스틴은 오랫동안 마주보았다. 트리카르 부인이 미소를 지으며 자리를 비켜 주었다.

"……당신이 온 걸 보고도 안 놀랐어요. 미사를 보고 돌아오는 길에, 이 여관에서 당신을 보게 될 것을 예감했거든요. 누군가가 내게 그렇게 말해 주었어요. 맞아요. 당신이 도착했노라고 분명히 누군가 조용히 알려 줬답니다."

마침내 크리스틴이 입을 열었다.

"누가요?"

라울은 크리스틴의 작은 손을 잡았지만 그녀는 굳이 손을 빼지 않았다.

"돌아가신 아버지가 말씀하셨어요."

두 사람은 말없이 앉아 있었다.

"크리스틴, 당신 아버지가 말씀해 주셨나요? 내가 당신을 계속 사랑해 온 것을, 당신 없이 살 수 없는 걸……."

라울이 다시 입을 열었다.

"저를요? 제정신이 아니신 모양이에요. 우리는 친구 사이잖아요."

크리스틴은 얼굴을 붉히고 고개를 돌리면서 떨리는 목소리로 말하고는 태연하다는 것을 보여 주려고 웃음을 터뜨렸다.

"웃지 마세요. 크리스틴, 저는 아주 진지해요."

"그런 얘기를 들으려고 당신을 이곳에 오시게 한 건 아니에요."

크리스틴이 심각하게 말했다.

"크리스틴, 당신은 나를 분명하게 이곳으로 오게 했어요. 내가 당신 편지를 읽고 곧 페로로 달려올 거라는 걸 알고 있었잖아요? 당신을 사랑한다는 걸 몰랐다면 어떻게 그런 쪽지를 쓸 수 있는 거죠?"

"저는 그냥 아버지와 함께했던 어린 시절 추억을 당신도 기억할 거라고 생각했던 거예요. 생각해 보면, 내가 뭘 기대한 건지 잘 모르겠네요……. 당신한테 쪽지를 남긴 건 잘못한 일일수도 있겠네요. 어느 날 당신이 대기실에 나타난 걸 보고 까마득한 옛날을 떠올렸고 그 순간에 그 옛날 어린 소녀로 돌아가서 당신한테 편지를 쓴 모양이에요. 외롭고 쓸쓸할 때 어린 시절 친구를 다시 만날 수 있다면 얼마나 좋을까 하는 생각을 했었나 봐요."

잠시 두 사람은 아무 말 없이 서로를 바라보기만 했다. 라울이 볼 때 크리스틴의 태도가 어딘가 부자연스러워 보였지만 정확하게 지적할 수는 없었다. 그러면서도 적대감은 느껴지지 않았다. 그런 감정과는 전혀 다른 안타까운 애정만이 그녀 눈빛에 가득했다. 왜 그녀는 그런 감정을 보이는 걸까? 그 때문에 라울은 몹시 불편해졌고 그 이유를 알아내야겠다고 결심했다.

"크리스틴, 나를 대기실에서 처음 알아본 건가요?"

"아니에요. 당신 형과 함께 박스석에 앉아 있는 걸 예전에도 몇 번 본 걸요. 그리고 무대 위에 올라오셨을 때……."

거짓말을 못하는 크리스틴이 대답했다.

"역시 그랬어요!"

라울이 입술을 물어뜯으며 말했다.

"그렇다면 내가 대기실에 무릎을 꿇고 바다에 빠진 스카프를 건져 준 소년이라고 말했을 때 왜 모르는 척하고 소리 내서 웃은 겁니까?"

라울이 예의라곤 잊은 듯 묻자, 크리스틴은 놀란 표정으로 쳐다보면서 대답을 하지 못했다. 라울 스스로도 부드러운 사랑의 말만을 속삭여야겠다고 생각한 이 순간에, 사랑을 고백해야겠다고 생각한 이 순간에, 왜 그런 모습을 보인 것인지 스스로도 놀란 듯했다. 그야말로 마누라나 정부가 약을 올렸을 때 남편이나 연인이 하는 말투였기 때문이다. 그는 자신의 실수에 짜증을 내며 바보 같다고 생각했다. 그러나 이렇게 우스운 상황에서는 속마음을 털어놓는 게 가장 좋은 방법이라고 생각했다.

"대답을 못 하는군요. 내가 대신 할까요? 대기실에 다른 사람이 있어서 마음이 불편했던 거예요. 크리스틴! 당신이 다른 남자한테 관심이 있다는 것을 보여서는 안 될 사람이었을 겁니다."

"그날 저녁 불편한 사람이 있었다면…… 바로 당신이에요. 내가 문밖으로 내쫓은 건 바로 당신이었죠."

크리스틴은 차갑게 말을 뱉었다.

"맞아요. 다른 남자와 함께 있기 위해서였어요!"

"무슨 말을 하는 거예요? 도대체 그게 무슨 말이에요?"

크리스틴은 가쁜 숨을 몰아쉬며 말했다.

"당신이 '나는 당신만을 위해 노래해요. 오늘 저녁 난 당신한테 내 영혼을 바치고 죽은 거나 마찬가지예요'라고 말했던 바로 그 사람……."

크리스틴은 갑자기 라울의 팔을 붙들었다. 가냘픈 여인의 힘이라고는 도저히 믿을 수 없을 만큼 강한 힘이었다.

"그럼 문 뒤에서 엿들었어요?"

"네, 당신을 사랑하기 때문에……. 맞아요. 모두 다 들었어요."

"무슨 이야기를 들었어요?"

크리스틴은 이상하리만치 다시 침착해져서 라울의 팔을 놓았다.

"그가 당신한테 '나를 사랑해야 한다'라고 했어요."

그 말을 듣자 크리스틴의 얼굴은 시체처럼 창백해지고 눈동자에 어두운 그림자가 짙게 깔리더니 비틀거리며 금방이라도 쓰러질 듯했다. 라울은 얼른 그녀를 부축했지만 크리스틴은 곧 정신을 차리고 한숨을 내쉬듯 낮은 목소리로 속삭였다.

"말해 보세요! 당신이 들은 걸 모두 얘기해 보세요!"

라울은 그녀를 바라보며 머뭇거렸고 도대체 무슨 상황인지 알지 못했다.

"어서 말해 봐요! 말하지 않으면 내가 죽을 것 같아요. 어서 요!"

"당신이 그에게 영혼을 바쳤다고 하니까 그 사람이 '당신의 영혼은 너무나 아름다워. 내 사랑…… 당신에게 감사해. 세상 어느 황제도 그런 선물은 못 받아 봤을 거야. 오늘은 천사들도 눈물을 흘렸어!' 이렇게 말했어요."

크리스틴은 가슴에 손을 얹고 말로 표현하지 못할 표정으로 라울을 쳐다보았다. 그 눈빛이 너무 강렬하고 매서워서 마치 제정신이 아닌 사람처럼 느껴졌다. 라울을 깜짝 놀랐다. 갑자기 크리스틴의 눈에 눈물을 글썽거리더니 상앗빛 뺨에 진주 같은 굵은 눈물이 흘렀다.

"크리스틴!"

"라울!"

라울이 붙잡으려고 했지만 그녀는 그의 손을 뿌리치고 서둘러서 도망가 버렸다.

크리스틴이 방에만 틀어박혀 있는 사이, 라울은 자신이 예의 없이 군 것을 계속 탓하고 자책했다. 그렇지만 한편으로는 질투심이 불타올라 혈관으로 흐르는 피가 뜨겁게 솟구치는 것 같았다. 비밀을 얘기하자 크리스틴이 저리도 어쩔 줄 몰라 하는 모습을 보니 분명 중요한 상대임이 틀림없었다! 하지만 라울은 그런 내용을 엿들은 다음에도 크리스틴이 순결하다는 것을 믿었다. 그가 아무리 순진하다고는 하지만 크리스틴이 정숙하다는 평을 들어서 알고 있었고, 가끔씩 관객들이 성악가들에게 사랑을 구하는 경우도 있다는 사실 정도는 알고 있었다. 그녀는 자신의 영혼을 바쳤다고 말한 건 분명 노래와 음악에 관한 이야기였을 것이다. 하지만 그게 정말 확실한 것일까? 그렇다면 왜 조금 전에는 그런 반응을 보였을까? 라울은 너무나 불행했다. 그는 분명히 남자 목소리를 들었기 때문에 정확한 설명을 들어야만 했다.

그리고 크리스틴은 왜 그를 피해 달아났을까? 또 왜 방에서 안 내려오는 것일까?

라울은 점심 식사도 마다한 채 좌절감에 휩싸여, 달콤하리라고 상상했건만 사랑하는 크리스틴과 떨어져 있다고 생각하니 점점 더 슬퍼졌다. 그녀는 함께 나눈 추억을 떠올리며 그곳을 함께 돌아보려고 왔다고 하지 않았던가? 페로에서 더 이상 볼 일이 없는 것 같은데, 그녀는 왜 기차를 타고 파리로 되돌아가지 않는 걸까? 그날 아침에 크리스틴 다에는 아버지 명복을 빌려고 미사에 참석했고, 그 떠돌이 바이올린 악사의 무덤 앞에서 오랜 시간 동안 기도를 하며 보냈다고 들었다.

실망하고 슬픔에 잠겨서 라울은 성당 주변을 둘러싼 공동묘지로 갔다. 출입문을 열고 들어가 묘비명을 읽으면서 무덤 사이를 외롭게 돌아다니던 그가 성당 건물 뒤쪽에 도착하자 꽃들이 무리지어 차가운 겨울의 브르타뉴 지방 한 구석을 향기롭게 채우고 있었다. 눈이 오는 중에도 이른·아침 꽃봉오리를 피운 붉은 장미꽃은 마치 기적처럼 느껴졌고, 주변이 모두 무덤이라 그 꽃은 마치 살아 숨 쉬는 생명체 같았다. 주변에는 공간이 모자라 밖으로 내던진 해골들도 널브러져 있었는데, 수백 개의 해골과 뼛조각들은 그저 철조망으로만 막아 성당 벽 쪽에 쌓아 두었기 때문에 훤히 들여다보일 만큼 방치된 상태였다. 수백 개의 해골들을 마치 벽돌처럼 일렬로 쌓아 놓아, 꼭 성당의 제의실을 쌓아 올린 듯 보였다. 납골당 한가운데에 제의실 문이 활짝 열려 있는 모습은 브르타뉴 지방 성당에서는 흔하게 볼 수 있는 광경이었다.

라울은 크리스틴을 위해 기도했는데, 죽은 해골이 자신을 보고 비웃는 것 같은 을씨년스러운 느낌이 들어 서둘러 공동묘지에서 나와 바다가 내려다보이는 언덕 위로 올라갔다. 매운바람은 모래사장 위로 불었고, 저물어 가는 희미한 햇살을 향해서 울어 젖히는 것 같았다. 이윽고 그 희미한 햇살까지 수평선 안으로 사라지고 바람이 자면서 저녁이 되었다. 라울은 차가운 어둠 속에서 꼼짝도 하지 않고 서 있었지만 추위를 느낄 수 없었다. 그의 생각은 황량하고 외로운 풍경을 떠돌면서 추억 속에 잠겨 있었다. 그곳은 해가 지고 달이 뜰 때 요정이 춤추는 걸 보려고 크리스틴과 함께 자주 오르던 언덕이었다. 시력이 좋은 라울이 특별한 것을 보지 못하는데 반해, 크리스틴은 약간 근시였는데도 더 많은 것을 보곤 했다. 그런 추억을 떠올리면서 라울은 미소를 지었다. 그런데 갑자기 온몸에 소름이 끼쳤다. 언제 온 것인지, 어떻게 온 것인지 모를 어떤 형체가 아무 소리도 없이 자신 곁에 우두커니 서 있는 것을 깨달았기 때문이다.

"요정들이 오늘 저녁에 올 거라고 생각하나요?"

크리스틴이었다. 그는 뭔가 말을 하고 싶었지만 크리스틴은 장갑 낀 손으로 그의 입을 막았다.

"내 말 잘 들어요, 라울. 당신한테 아주 중요한 일, 정말 중요한 일을 말하는 게 좋겠다고 결심했어요……."

그녀는 떨리는 목소리로 말했다. 그는 가만히 기다리면서 들었다. 그녀는 압박감을 느끼며 다시 말을 꺼냈다.

"라울, '음악의 천사'를 기억하세요?"

"물론이죠. 기억합니다. 바로 여기서 당신 아버지가 처음으로 그 얘길 들려주었지요."

"아버지는 여기서 이런 말씀도 하셨어요. '내가 하늘나라로 가면 그 천사를 네게 보내 주마' 하고요⋯⋯. 그래요. 아버지는 하늘나라로 가시고 음악의 천사가 약속대로 내게 찾아 왔답니다⋯⋯."

"분명히 그렇겠죠."

라울은 크리스틴이 아버지에 대한 추억과 무대에서 거둔 성공을 생각하면서 순수하게 하는 말이라고 여기며 대수롭지 않게 대답했다.

크리스틴은 샤니 자작이 음악의 천사가 찾아왔다는 이야기를 듣고도 그다지 놀라지 않는 것을 보자 그녀가 놀랐다.

"왜 그렇게 생각하는 거예요, 라울?"

크리스틴이 창백한 얼굴을 너무 가까이 들이미는 바람에 라울은 그녀가 혹시 키스를 하지 않을까 생각했다. 하지만 그녀는 다만 어둠 속에서 그의 마음을 읽고 싶은 것뿐이었다.

"당신이 그날 저녁 불렀던 노래는 어떤 사람도 흉내 내기 어렵기 때문이에요. 기적이 일어나거나 하늘이 도왔거나 그랬겠죠. 그런 노래를 가르쳐 줄 만한 교수도 이 세상에는 없을 거예요. 크리스틴, 그러니까 당신한테 음악의 천사가 찾아온 게 분명한 거죠."

"맞아요. 천사가 내 대기실에 찾아와서 매일 지도해 주는 걸요."

크리스틴은 진지하게 말했다. 그녀의 어조가 너무 분명하고 이상해서 라울은 걱정이 가득한 표정으로 바라보았다. 마치 제정신이 아니어서 환상이나 망상에 사로잡힌 사람을 보는 것 같았다. 그렇지만 그녀는 뒷걸음질하며 물러서고는 움직이지 않아 어둠 속에 묻혀 보이지도 않았다.

"당신의 대기실에서 말입니까?"

그는 허무한 메아리처럼 그녀에게 다시 물었다.

"네, 바로 거기에서 그의 목소리를 들었어요. 그리고 나 혼자 들은 것도 아니고……."

"그럼 누가 또 들은 겁니까?"

"당신이죠."

"내가요? 내가 음악의 천사가 하는 말을 들었다고요?"

"네. 그날 저녁, 당신이 문 뒤에서 엿들었던 그 목소리가 바로 음악의 천사 목소리예요. '나를 사랑해야 한다'라고 말했던 바로 그 목소리요. 그의 목소리를 알아듣는 사람은 나밖에 없다고 생각했는데 오늘 아침, 당신도 그의 말을 들었다고 해서 내가 얼마나 놀랐을지 상상해 보세요."

라울은 갑자기 웃음을 터뜨렸다. 어느새 쓸쓸한 언덕 위에 밤이 오고 은은한 달빛이 두 사람을 감싸 주었다. 크리스틴은 고개를 돌려 악의에 찬 눈빛으로 라울을 쏘아보았다. 평소에는 부드럽기만 한 그녀의 눈에 마치 불꽃이 이글대는 것 같았다.

"왜 웃는 거예요? 아직도 당신이 들었던 목소리가 사람의 목소리라고 믿는 건가요?"

"아가씨……."

라울이 입을 열었지만 크리스틴의 단호한 태도를 보자 흔들렸다.

"라울! 어떻게 당신이 나한테 이럴 수가 있어요? 내 어린 시절 친구인 당신, 우리 아버지를 잘 알고 있는 당신……. 나는 이제 더 이상 당신 친구가 될 수는 없겠군요. 도대체 무슨 생각을 하는 거예요? 샤니 자작님, 나는 정숙한 여자랍니다. 대기실에서 다른 사람 모르게 남자와 이야기를 나누는 그런 여자가 아니에요. 당신이 그때 문을 열고 들어왔다면 아무도 보지 못했을 거예요."

"맞아요! 당신이 간 다음에 내가 문을 열고 들어갔을 때 안에는 아무도 없었어요."

"그렇게 잘 알면서…… 대체 왜……."

"크리스틴, 사람들이 당신을 놀리는 것 같아요."

라울은 용기를 내서 말했다. 그러자 그녀는 소리를 지르며 일어났다. 라울이 곧바로 따라갔지만 그녀는 그의 손을 뿌리치면서 신경질적으로 외쳤다.

"이 손 놓으세요! 놔요!"

그런 뒤 그녀는 사라져 버렸다. 여관으로 되돌아 온 라울은 크게 실망했고 슬픔에 빠졌다.

그는 크리스틴이 방으로 올라갔고 저녁은 안 먹겠다고 말했다는 것을 알아냈다. 혹시 그녀가 아프지는 않은지 물어봤지만 마음씨 좋은 아주머니는 그저 약간 몸이 피곤한 것 같다고만 했다. 두 사람 사이가 냉랭하다는 것을 알아차린 그녀는 어깨를 으쓱하고는 자리를 피하면서 하나님이 이 세상에서 살라고 허락한 시간을 젊은이들이 별것 아닌 사랑싸움으로 허비하는 게 안타깝다고 중얼댔다.

라울은 난롯가에 앉아서 혼자 저녁을 먹었다. 그러고는 방으로 가서 책을 뒤적이다가 침대에 누워 잠을 청해 봤다. 옆방에서는 아무 소리도 나지 않았다. 크리스틴은 뭘 하는 것일까? 잠을 자나? 잠을 자는 게 아니라면 무슨 생각을 하고 있을까? 나는 무슨 생각을 하는 것일까? 무슨 생각을 하고 있는지 정확하게 말할 수는 있을까? 크리스틴과 함께 나눴던 말들 때문에 마음이 싱숭생숭해진 그는 크리스틴보다는 그녀를 둘러싼 상황들을 더 많이 생각해 보았다. 그러나 그 상황이라는 게 너무나 애매모호하고 손에 잡히는 게 아니라서 한편으로는 궁금하면서도 한편으로는 마음이 불편했다.

그렇게 시간이 천천히 흘러 밤 11시 반쯤 되었을 무렵, 그는 옆방에서 들리는 발소리를 분명하게 들었다. 가볍고 빠른 걸음걸이로 보아 크리스틴은 아직 잠자리에 들지 않은 모양이었다. 생각할 새도 없이 라울은 최대한 조용히 옷을 입고 준비를 다하고 기다렸다. 하지만 뭘 기다리나? 크리스틴의 방문 손잡이가 천천히 돌아가는 소리가 들려왔을 때 라울은 심장이 두근거렸다. 페로의 모든 사람들이 잠자는 이 시각에 그녀는 어디로 가려는 것일까?

문을 조용히 열자, 달빛을 받아서 희미하게 빛나는 크리스틴의 윤곽이 복도를 빠져나가는 게 보였다. 그녀가 계단을 내려간 뒤 라울은 난간에 기대서 그 모습을 보았다. 갑자기 두 사람이 속삭이는 소리가 들려왔다.

"열쇠 잃어버리지 마세요."

여관 안주인이었다. 이어서 아래층에 있는 포구 쪽 문이 열렸다가 다시 닫히고 여관은 다시 조용해졌다. 라울이 재빨리 방으로 올라와 창문을 열어 보니 크리스틴의 희미한 형체가 쓸쓸한 나루터에 서 있는 게 보였다.

석양 여관의 2층은 별로 높지 않고 화단에 심은 나무는 라울이 손을 뻗으면 닿을 정도여서 여관 안주인 모르게 밖으로 나갈 수 있었다. 그다음 날 아침에 시체처럼 얼어붙은 젊은이를 업고 들어왔을 때 여관 안주인은 놀라서 기절할 지경이었다. 그들은 페로 성당의 제단에 누워 있는 젊은이를 발견하고 여관으로 데려왔다고 했다. 여주인은 당장 크리스틴에게 그 사실을 알렸고 그녀는 놀라서 황급히 달려와 여주인의 도움을 받으면서 그를 정성껏 간호했다. 얼마 후 눈을 뜬 라울은 자신 앞에 사랑하는 여인이 있는 것을 알아채고는 금방 기운을 차렸다.

　도대체 그날 밤에 무슨 일이 일어난 걸까? 그 뒤로 몇 주 후 오페라극장에서 소동이 일자 조사가 이뤄졌고, 경찰서장 미프르와는 페로에서 무슨 일이 있었는지 샤니 자작을 상대로 심문을 했다. 다음은 조서 내용이다.

　질문: 당신은 그날 밤 특별한 방법으로 방에서 나왔는데 다에
　　　양이 못 봤나요?
　대답: 그렇습니다. 하지만 발소리를 줄이지 않고 그녀를 따라
　　　갔습니다. 그녀가 뒤돌아서 내가 그녀를 따라가고 있다
　　　는 걸 알아 주기를 바랐기 때문입니다. 사실, 그렇게 남
　　　을 따라가는 건 옳지 않은 짓이고 나 자신한테도 안 어
　　　울리는 일이라 제 자신에게 말하기도 했습니다. 하지만
　　　그녀는 내 발소리를 못 듣는 것 같았고 내 존재도 전혀
　　　알아채지 못하는 것 같았습니다. 그녀는 조용히 나루터
　　　를 떠나서 갑자기 길을 거슬러 올라가더군요. 성당 종소
　　　리가 밤 11시 45분을 알리니까 그녀가 뛰기 시작했는데
　　　그 종소리 때문에 서두르는 것 같다는 느낌을 받았습니
　　　다. 그렇게 해서 그녀는 성당 공동묘지 출입문 앞에 도
　　　착했습니다.
　질문: 출입문은 열려 있었습니까?

대답: 그렇습니다. 그래서 깜짝 놀랐습니다. 하지만 다에 양은 전혀 놀라는 것 같지 않더군요.

질문: 공동묘지 안에 누구 다른 사람이 있었습니까?

대답: 아무도 안 보였습니다. 만약 누군가 있었다면 보였겠죠. 달빛이 워낙 밝은 데다 바닥에 쌓인 흰 눈에 밝은 빛이 반사돼서 주변이 잘 보였거든요.

질문: 비석 뒤나 다른 어딘가에 숨어 있었을 가능성은 없습니까?

대답: 그렇지는 않습니다. 비석은 닳아서 눈에 파묻힐 정도였고 십자가들만 줄지어 서 있거든요. 보이는 것이라고는 그 십자가들과 우리 두 사람의 그림자뿐이었어요. 그런데 성당 건물이 유난히 밝게 빛났습니다. 밤에 그렇게 환하게 빛나는 건물은 처음 봤습니다. 너무 아름답고 투명하고 차가워 보이더군요. 밤에 공동묘지에 가 본 것이 처음이라 건물이 그렇게 밝게 빛날 것이라고는 상상도 하지 못했습니다. 마치 현실적이지 않은 빛을 보는 것 같았습니다.

질문: 미신을 믿는 편이십니까?

대답: 아니에요. 난 하나님을 믿습니다.

질문: 그 당시 어떤 기분이셨나요?

대답: 지극히 정상적이고 침착한 상황이었습니다. 물론 다에

양이 혼자 밖으로 나가는 것을 보고는 마음이 불안했습니다만, 그녀가 아버지 무덤이 있는 공동묘지로 들어가는 것을 보자 당연하다는 생각이 들어서 다시 괜찮아졌습니다. 하지만 내가 뒤따라가느라 달려가는데도 전혀 눈치를 못 채는 게 이상했습니다. 눈 밟히는 소리도 들렸을 테도 말입니다. 아마도 종교적 감정에 빠져 경건해져서 그럴 수도 있으리라 생각합니다. 편안하게 생각하고 그녀가 아버지의 무덤을 찾아갈 때 몇 발자국 뒤에서 지켜봤습니다. 그녀는 눈 위에 무릎을 꿇고 성호를 그은 다음 기도를 하더군요. 바로 그 순간에 자정을 알리는 종소리가 울렸고, 열두 번째 종소리가 울렸을 때 그녀가 갑자기 고개를 치켜드는 게 보였어요. 그녀는 하늘을 쳐다보면서 두 팔은 별들을 향해 활짝 벌렸습니다. 마치 황홀경에 빠진 사람처럼 보였고, 나는 그녀가 왜 그렇게 갑자기 변하는지 이해가 되지 않았습니다. 그런데 그때, 갑자기 어디선가 음악이 들려왔어요. 고개를 들어 주변을 둘러봐도 '보이지 않는, 눈으로는 결코 볼 수 없는 어떤 존재가 음악을 연주하는' 그런 것만 느낄 수 있었어요. 그 음악은 너무 아름다웠는데 우리가 이미 들었던 익숙한 곡이었습니다. 크리스틴과 내가 어릴 때 그 음악을 자주 들었거든요. 하지만 크리스틴 아버지가 연주할 때는 그런 신성함이 없었어요. 그 순간, 나는 크리스틴이 말했던 음악의 천사를 떠올리게 되었습니다. 결코 잊을 수 없는 그 연주가 하늘에서 내려온 게 아니라고 해도, 지상에 속하는 것도 아니었답니다. 그곳에는 악기도 없었을 뿐더러 우리 두 사람이 악기를 다룰 만한 실력도 없었거든요.

아, 그 아름다운 곡조가 아직도 생각납니다. 그것은 '라자로의 부활'이라는 곡인데, 크리스틴 아버지가 슬프거나 신앙심이 복받칠 때 연주하던 곡입니다. 크리스틴이 말하던 음악의 천사가 그날 밤에 떠돌이 악사의 바이올린으로 최고의 연주를 들려준 것이라는 생각이 들었죠. 예수가 기도하는 대목은 정말 넋을 잃고 들을 만큼 황홀했는데 마치 크리스틴 아버지의 묘에 있는 비석이 땅위로 쑤욱 올라오는 것을 본 것 같은 느낌이 들었습니다. 그 순간에 그녀 아버지가 바이올린과 함께 묻혔다는 걸 떠올렸거든요. 사실, 도대체 내 망상이 어디까지 뻗어 나갈 수 있는 것인지, 어디에서 멈출 수 있는지 알 수 없었습니다. 처량하면서도 달빛이 환히 빛나는 한밤중에 작고 고적한 공동묘지 주변에 움직이는 것이라고는 아무것도 없는데 그저 우리를 바라보며 웃는 것 같은 해골만이 가득했습니다. 하지만 음악이 금방 그치는 바람에 정신을 차렸습니다. 그런데 수북하게 쌓인 해골들 사이에서 무슨 소리가 들리는 것 같더군요.

질문: 해골 더미에서 무슨 소리가 들리는 것 같았다고요?

대답: 네, 해골이 키득키득 웃는 것 같아서 소름이 다 돋았습니다.

질문: 당신을 매혹시킨 천상의 음악가가 그 해골 뒤에 숨어 있을 수도 있다는 생각은 안 해 봤습니까?

대답: 물론 그 생각이 제일 먼저 들었지요. 경찰서장님, 그런 생각 때문에 다에 양이 몸을 일으켜 조용히 공동묘지 출입문 쪽으로 다가가는 걸 따라갈 생각조차 못했으니까요. 그녀는 정신을 다른 데에 온통 쏟고 있었기 때문에 내가 있다는 걸 못 알아차리는 게 당연하게 생각되었습니다. 나는 꼼짝도 안 하고 그대로 서서 뼛조각들을 노려보았고, 이 이상한 일이 어떻게 끝이 날지 알아내야겠다고 생각했습니다.

질문: 그런데 도대체 무슨 일이 생겼기에 거의 죽다시피 해서 제단 위에 쓰러진 채 발견되신 겁니까?

대답: 아, 정말 그 일은 눈 깜짝할 새 벌어졌습니다. 해골 하나가 내 발밑으로 굴러왔고, 잠시 후에 또 하나가, 그다음에 또 하나가 이렇게 해골들이 계속해서 내게 굴러왔습니다…… 마치 무슨 놀이라도 하는 양 해골들이 나를

향해 저절로, 정신없이 굴러왔습니다. 그래서 나는 해골 뒤에 숨은 음악가가 뭔가를 잘못 건드려서 해골 더미가 무너졌나 보다 생각했지요. 그렇게 그럴 듯한 생각에 잠겨 있는데, 어떤 그림자가 갑자기 벽 위로 미끄러지듯 지나가는 게 보였습니다. 내가 서둘러 달려갔지만 이미 문을 지나 성당 안으로 들어가 버리더군요. 나는 망토를 휘날리며 달아나는 그림자를 재빨리 따라 들어갔습니다. 그때 그림자와 내가 제단 바로 앞에 있었는데 커다란 창을 타고 들어온 달빛이 바로 우리 앞으로 내리꽂히듯 비쳤어요. 내가 망토를 죽자 사자 붙들었더니 그림자가 뒤를 돌아봤습니다. 망토가 살짝 걷히고…… 아, 분명히 말씀드립니다만, 무시무시한 해골이 마치 지옥 불처럼 활활 타는 듯한 눈으로 나를 쏘아봤습니다. 그건…… 마치 악마를 직접 본 것이나 다름없었습니다. 내가 아무리 강심장이라도 그런 지옥의 사신과 직접 부딪힌 다음에야 정신을 잃고 쓰러지는 게 당연하죠. 그 후에는 아무것도 기억나는 게 없고…… 정신을 차리고 보니 여관에 있는 제 방이었습니다…….

6

5번 박스석에 대한 조사

여기서 다시, 5번 박스석을 조사하기로 했던 피르맹 리샤르와 아르망 몽샤르맹 이야기로 되돌아가 보자.

집무실과 현관, 중앙 계단을 지나 무대와 무대에 딸린 방으로 향하던 그들은 무대를 가로질러 회원 전용 출입구로 들어갔고, 홀을 지나 왼쪽 첫 번째 복도를 지났다. 그다음에는 오케스트라 첫째 열 사이로 들어가서 2층 5번 박스석을 올려다보았다. 박스석 좌석 절반 정도는 가려서 잘 보이지 않았는데 팔걸이용인 붉은 우단이 길게 내려와 박스석 내부는 보이지도 않았다.

2층에 올라 박스석으로 들어가자, 칠흑 같은 어둠과 무거운 고요가 그들을 둘러쌌다. 무대장치 담당자들이 한잔 걸치러 나간 시간이라 주변은 더욱 고요했다.

무대는 반쯤 설치된 장식품 말고는 거의 빈 상태였다. 어디서 들어오는지 알 수 없는 스산한 별빛 같은 희미한 빛 한 줄기가 판지로 만든 낡은 탑 위 총안(銃眼)을 비추었다. 이렇게 어두운 극장에서는 가끔씩 사물들이 이상하게 일그러져 보이기도 한다. 오케스트라석을 온통 뒤덮은 푸른색 천은 폭풍우를 몰고 다니는 신화 속 거인인 아다마스토르의 명령으로 잔잔해진 드넓은 바다처럼 보였다.

몽샤르맹과 리샤르는 푸른 천이 만든 바다 한가운데 파도에 조난당한 사람들처럼 보였다. 팔을 휘저으며 왼쪽 박스석을 향해 가는 그들의 모습은 배를 버리고 기슭을 찾아 헤매는 선원들 모습 같기도 했다. 빛을 받아서 반짝이는 기둥 여덟 개가 마치 위협적인 절벽이라도 떠받치고 있는 것처럼, 첫 번째와 두 번째 그리고 세 번째 박스석 발코니를 버티며 어둠 속에 서 있었고, 기둥 앞쪽은 화려한 아라베스크 모양으로 장식되어 있었다. 아찔하게 높이 솟은 천장에 그려진 신화 속 인물들은 몽샤르맹과 리샤르를 걱정해 주는 듯이 찌푸리기도 하고, 히죽거리며 웃기도 하고, 비웃거나 빈정대는 등 온갖 표정을 짓는 것처럼 보였다. 그들은 이시스, 암피트리테, 헤베, 플로라, 판도라, 프시케, 테티스, 포모나, 다프네, 클리티에, 갈라테아, 아레투사 등이었는데 실제로는 굉장히 진지한 표정을 하고 있었다. 그중에서도 특히 물의 요정 아레투사와 '판도라의 상자'로 잘 알려진 판도라는 오케스트라를 지나서 5번 박스석 첫 번째 줄을 침묵 속에서 지켜보고 있는 신임 극장장을 뚫어져라 보고 있는 듯했다. 두 사람은 불안했을 것이며, 적어도 나는 그랬을 것이라고 생각한다. 몽샤르맹은 나중에 아주 깊은 인상을 받았다는 기록을 남겼다.

우리가 폴리니 씨와 드비엔느 씨 후임으로 여기 부임한 후 사람들은 오페라의 유령이 즐겨 찾는 그곳을 찾아가 보라는 권유를 여러 번 했다. 아니나 다를까 막상 그 박스석에 들어가 보니 내 상상력이 흔들렸는지 헛것이 보이는 것이었다. 극장의 화려한 장식품들과 완전한 침묵 때문이었을까? 극장의 홀과 5번 박스석을 가득 채우고 있는 음침하고 희미한 그림자의 장난에 말려들어 환각에 빠졌던 것일까? 리샤르와 나는 5번 박스석 안에 있는 어떤 형체를 보고야 말았다! 리샤르와 나는 서로 아무 말도 못한 채 손을 꼭 붙잡고 그 형체를 바라볼 수밖에 없었다. 그리고 얼마 후 그 형태는 조용히 사라졌고, 우리는 복도에 나와서 그것에 대한 이야기를 나누었다. 그런데 불행히도 리샤르와 내가 본 형체는 각기 달랐다. 나는 박스석 가장자리에서 해골을, 리샤르는 지리 부인과 닮은 어떤 노파의 얼굴을 보았다. 우리는 누군가의 장난일 것이라 생각하고는 소리 내어 웃으며 5번 첫 번째 열로 달려갔다. 하지만 그곳에는 어떤 형체도 보이지 않았다.

　아무튼 두 사람은 그날 분명히 5번 박스석에 들어가 보았다. 그곳은 다른 박스석과 전혀 다를 게 없었다. 몽샤르맹 씨와 리샤르 씨는 서로 쳐다보면서 소리 내어 웃었다. 그리고 박스석에 있는 작은 테이블과 의자를 끌어당겨 보고, 의자 커버도 들춰 보았다. 특히, 유령이 앉는다는 그 의자를 세심하게 살펴보았다. 하지만 그것은 평범한 의자에 불과했다. 5번 박스석은 붉은색 융단에 평범한 의자, 붉은색 우단으로 만든 팔걸이가 있는 평범한 박스석이었다. 두 사람은 더 이상 어떤 특별한 것도 찾아내지 못하자 박스석 아래 있는 좌석으로 내려왔다. 오케스트라 왼쪽 첫 번째 출입구에 인접해 있는 좌석들도 꼼꼼하게 훑어 봤지만 모두 똑같았다.

　"모두들 우리를 놀린 게로군. 토요일에 〈파우스트〉를 공연할 때 우리가 직접 5번 박스석에 앉아 보는 거야!"

　피르맹 리샤르가 소리쳤다.

7
끔찍한 사건

피르맹 리샤르와 아르망 몽샤르맹이 '저주받은' 그 자리에서 〈파우스트〉를 관람하는 용기를 낸 그날에 결국 끔찍한 사건은 벌어지고 말았다. 토요일 아침에 집무실에 도착한 두 극장장은 오페라의 유령이 보낸 편지를 받았다.

전쟁을 원하십니까?

만일 그것이 아니라 여전히 평화를 원하신다면, 여기 마지막 통보를 보내니 참고하시기를.

다음 네 가지 조건을 지켜 준다면 평화가 유지될 것임.

1. 내게 지정석을 돌려줄 것. 지금 당장 사용할 수 있도록 할 것.

2. 오늘 저녁 공연의 마르그리트 역을 크리스틴 다에가 할 수 있도록 해 줄 것. 카를로타는 아플 예정이니 신경 안 쓰셔도 무방함.

3. 앞으로도 내가 충실한 서비스를 받을 수 있도록 지리 부인을 당장 복귀시킬 것.

4. 당신 전임자들과 똑같이 나에게 월급 수당을 지불하겠다는 각서를 쓰고 그 편지를 지리 부인을 통해 전할 것.

단, 금액을 지급하는 방법은 다음에 다시 알려 주겠음.

위의 지시 사항을 따르지 않는다면 오늘 밤은 저주받은 객석에서 〈파우스트〉를 감상하시기를. 이만.

오페라의 유령

"아, 정말 성가시게 하는군, 귀찮아!"

리샤르가 집무실 책상을 손으로 내리치면서 소리를 질렀다. 곧 행정관인 메르시에가 들어왔다.

"라슈날이 두 분 가운데 한 분을 뵙고 싶어 합니다. 큰 충격을 받은 것 같은데 아주 급한 일인 것 같습니다."

"라슈날이 누구요?"

"극장 전속 마부장입니다."

"뭐?"

"네, 극장장님. 오페라극장에는 여러 명의 마부가 있는데 그 책임자가 라슈날입니다."

"그 마부장은 뭘 합니까?"

"마사를 총괄하지요."

"무슨 마사를 말하는 거요?"

"오페라극장 전용 마사 말입니다."

"오페라극장 전용 마사가 있다는 말이오? 전혀 몰랐군. 그 마사는 어디에 있소?"

"원형 건물 밑에 있습니다. 말이 열두 필인데 매우 중요한 역할을 한답니다."

"열두 필씩이나 있단 말이오? 도대체 그렇게 많은 말들을 어디에 쓴다는 거요?"

"〈유태인 여자〉나 〈예언자〉 같은 공연에 등장시키거든요. 무대 감각이 있는 잘 훈련된 말이 필요해서 마부들이 바로 그런 감각들을 가르치죠. 라슈날 씨는 그 방면으로 아주 능숙하고, 전직 프랑코니가(家)의 마사 총책임자이기도 했습니다."

"그렇군. 그런데 무슨 일로 나를 보고 싶어 하는 거요?"

"잘 모르겠습니다만, 그렇게 놀란 건 처음 봅니다."

"들여보내시오."

라슈날 씨가 한 손에 채찍을 거머쥔 채 불안한 모습으로 장화를 내리치면서 들어왔다.

"어서 오시오, 라슈날 마부장. 무슨 일로 이렇게 찾아온 거요?"

리샤르는 그에게서 강한 인상을 받았다.

"극장장님, 마부들을 모두 내쫓아 달라는 청을 하려고 이렇게 찾아온 겁니다."

"뭐요? 말을 모두 내쫓아 달라는 거요?"

"아니, 말이 아니라 마부들 말씀입니다."

"마부들이 모두 몇 명이오, 라슈날?"

"여섯 명입니다."

"여섯 명씩이나! 넷만으로도 충분하겠구먼. 너무 많군 그래."

"보자르*의 사무차장이 억지로 만들어 낸 자리입니다. 정부의 보호를 받는 사람들을 위한 자리라고 보시면 됩니다."

메르시에가 불쑥 끼어들어 말했다.

"정부가 하는 일이라는 게 다 그 모양이지!"

리샤르가 힘주어 말했다.

"마부 네 명으로도 말 열두 마리는 충분히 돌볼 수 있을 거요."

"열한 마리인데요."

마부장이 극장장의 말을 정정해 주었다.

---

* 19세기 당시 프랑스 파리 예술 전반에 걸친 양식을 총괄하는 국가 기관이다.

"열두 마리!"

리샤르가 다시 말했다.

"열한 마리가 맞습니다."

라슈날도 지지 않고 같은 말을 반복했다. 리샤르는 조금 놀랐다.

"행정관이 열두 마리라고 하던데……."

"열두 마리였지만 세자르를 도둑맞았기 때문에 지금은 열한 마리밖에 없습니다."

라슈날은 손에 쥔 채찍으로 장화를 힘껏 내리쳤다.

"맞아요. 세자르를 도둑맞았습니다. 〈예언자〉에 출연했던 백마입니다."

행정관이 큰 소리로 외쳤다.

"세상에 둘도 없는 명마였습니다!"

마부장이 의기소침해져서 말했다.

"프랑코니가에서 10년 동안 일했어도 세자르 같은 명마는 본 적이 없습니다. 그런 말을 도둑맞고 말았습니다."

"어떻게 된 일이오?"

"그걸 도무지 알 수가 없습니다. 다른 마부들도 어찌된 건지 모르겠다고 합니다. 그래서 이렇게 찾아와서 우리 마부들을 모두 내쫓아 달라고 말씀드리는 겁니다."

"마부들은 뭐라고 말들 합디까?"

"어리석은 얘기들뿐입니다⋯⋯. 어떤 이는 공연에 출연하는 단역배우 소행일 거라고 하고, 어떤 이는 행정실 수위가 한 짓이라고 하고요."

"행정실 수위? 아닐 거요. 그 사람은 내가 보증하지."

행정관 메르시에가 단호하게 말했다.

"그래도 마부장, 당신은 어떤 생각이 있을 거 아니요⋯⋯."

리샤르가 힘주어 말했다.

"물론 있죠. 제가 생각하는 걸 말씀드리죠. 저는 의심할 여지가 없다고 생각합니다만⋯⋯. 그건 바로 유령이 한 짓입니다!"

마부장은 두 극장장에게 가까이 다가가더니 목소리를 낮추어 속삭이듯 말했다.

"이런, 당신까지? 당신도 이러는 거요?"

리샤르가 펄쩍 뛰었다.

"뭐라고 하시는 겁니까? 그게 무슨 말씀이세요? 너무 당연한 생각 아닌가요?"

"라슈날, 뭐라 했소? ⋯⋯도대체 뭐가 당연하다는 거요?"

"제 눈으로 똑똑히 보았으니, 분명하게 말씀드리는 겁니다."

"도대체 뭘 봤단 말이오?"

"검은 그림자가 백마 위에 올라탄 걸 분명히 봤는데 그 백마는 세자르가 틀림없었어요."

"검은 그림자가 세자르를 타고 가는데도 따라가지 않았단 말이오?"

"왜 안 그랬겠습니까. 뒤따라가서 힘껏 소리쳐 불렀습니다만, 어둠 속을 쏜살같이 달려 회랑 속으로 사라져 버린걸요."

"잘 알았소, 라슈날. 이제 그만 가 봐도 좋소. ……그 유령에게 따져 물어보지."

리샤르가 자리에서 일어났다.

"그럼, 우리 마부들을 전부 내쫓으실 겁니까?"

"알았다고 했소. 그만 가 보시오, 마부장!"

라슈날이 인사를 하고 나가자마자 리샤르는 화가 폭발했다.

"저 멍청이를 당장 처리하게!"

"하지만 그는 경찰서장 친구라……."

메르시에가 따지듯 말했다.

"게다가 라그레네, 숄, 사자 사냥으로 유명한 페르튀제 같은 유명 인사와 함께 어울려 다니는 자라네."

몽샤르맹이 덧붙였다.

"만에 하나 잘못되기라도 하면 신문들이 우리에게 등을 돌릴지도 모르네. 그는 여기저기서 유령 이야기를 떠들고 다니면서 우리를 놀림감으로 만들 거야. 만약 조롱거리가 되기라도 하는 날에는 목숨을 잃은 거나 매한가지가 될 걸세."

"알았네. 그 얘기는 이제 그만하자고."

리샤르는 다른 생각에 잠긴 것 같은 표정으로 중얼댔다.

바로 그때 문이 활짝 열리면서 지리 부인이 손에 편지를 움켜쥐고 들어와서 소리쳤다. 예고도 없이 문이 열린 것을 보니 문지기가 자리에 없었던 모양이다.

"실례합니다. 다름이 아니라 오늘 아침 오페라의 유령으로 부터 편지를 한 통 받았는데 그가 나한테 극장장님을 찾아뵈라고. 뭔가 말씀을 하실 거라고……. 혹시 저를 다시……."

그녀는 심하게 일그러진 피르맹 리샤르의 얼굴을 보고는 말끝을 흐렸다. 오페라극장의 존경받는 극장장인 그는 곧 폭발할 것만 같았다. 벌겋게 달아오른 얼굴, 이글대는 눈빛 속에 그의 분노가 분명하게 보였다. 그는 아무 말도 하지 않았다. 아니, 할 수가 없었다. 그때 갑작스럽게 그의 엉뚱한 행동이 시작됐다. 우선 억센 왼쪽 팔을 뻗어 지리 부인을 돌려세우고는 깜짝 놀라 소리 지르는 그녀를 붙들어 오른발로 엉덩이를 걷어찼다. 검은 호박단 치마를 입은 지리 부인은 그렇게 무례하면서도 모욕적인 대접은 처음 받았고, 너무 순식간에 일어난 일이라서 회랑으로 쫓겨난 뒤에도 무슨 영문인지 알 수가 없었다. 잠시 후에 지리 부인이 내뱉는 험한 욕설과 비명으로 오페라극장이 쩌렁쩌렁 울렸다. 그녀는 모두 죽여 버리겠노라는 협박도 서슴지 않았다. 그녀를 극장 밖으로 끌어내기 위해서 세 명의 사내와 두 명의 경찰관들이 있어야 했다.

거의 같은 시각에, 포부르 생토노레가의 한 호텔에 묵고 있는 카를로타 양은 하녀를 불러 우편물을 가져오라고 했다. 그 가운데 이름을 밝히지 않은 편지 한 통이 들어 있었다.

오늘 저녁 당신이 만약 노래를 한다면, 그 순간 엄청난 불행이 머리 위로 덮칠 것이다. 죽음보다 더 끔찍한 불행이…….

협박 편지는 붉은 잉크로 쓰여 있었으며 부드럽게 이어지지 않는 필체였다. 편지를 읽은 카를로타는 식욕이 사라져 버렸다. 하녀가 쟁반 위에 들고 온 따뜻한 코코아마저 마시고 싶은 생각이 가셨다. 그런 종류의 편지를 처음 받아 보는 것은 아니었지만, 그렇게 심한 협박은 처음이었다.

그녀는 당시에 자신이 수많은 사람들의 질투의 대상이라고 믿었으며, 자신의 실패를 바라는 적도 있을 것이라고 대놓고 말하고는 했다. 자신을 상대로 한 못된 음모가 있다면 언젠가는 그 모든 것이 낱낱이 드러날 것이며, 자신은 어떤 술책을 부려도 겁을 내는 여자가 아니라고 공공연하게 떠들었다.

하지만 사실, 음모라면 카를로타가 크리스틴을 상대로 벌이고 있었다고 해야 옳을 것이다. 카를로타는 마치 살벌한 전쟁을 벌이는 것 같았는데, 크리스틴이 대단한 성공을 거둔 것을 도저히 인정하기 어려웠던 것이다.

카를로타의 대역으로 대단한 찬사를 받은 크리스틴에 대한 소식을 들은 그녀는 막 시작되던 기관지염이 금세 나은 것 같았다. 그리고 평소 극장 행정에 대해 품었던 불만도 사라졌다. 그녀는 기존의 자기 배역을 조금도 포기하려고 하지 않았다. 자신의 라이벌을 누르기 위해 안간힘을 다하면서 극장장 주변 인물들을 동원해 크리스틴이 다시는 그런 기회를 잡지 못하도록 다각도로 힘을 썼다. 크리스틴의 재능을 칭송하던 신문들도 점점 카를로타의 명성을 다루었다. 이 유명한 디바는 극장 안에서도 크리스틴에게 날카로운 독설을 퍼부었다. 그리고 비겁한 행동도 서슴지 않았는데 날이 갈수록 그 정도가 심해졌다.

카를로타는 양심이나 영혼이 없는 인물 같았다. 그녀는 단지 노래를 부르는 악기에 지나지 않았다. 다만 꽤 훌륭한 악기인 것에는 이견이 없었다. 그녀의 레퍼토리는 위대한 성악가로서의 야심을 내세울 만큼 폭넓은 데다가, 독일의 거장 작곡가의 곡에서부터 이탈리아, 프랑스 곡까지도 자유롭게 넘나들었다. 그때까지 카를로타가 노래를 잘못 부른 적도 없었으며 그 많은 레퍼토리 중 한 대목을 잘못 해석해서 부르는 실수를 저지른 적도 없었다. 한마디로 그녀는 정확하고 강력한 음을 내는 기술을 갖고 있는 훌륭한 성악 악기였던 셈이다. 다만 작곡가 로시가 자신이 작곡한 '어두운 숲'을 독일어로 부른 크라우스에게 했던 말, '당신이 부른 노래에는 영혼이 담겨 있군요. 당신의 영혼은 아름다워요'라는 찬사를 카를로타에게 보낼 사람은 아무도 없었다.

아, 카를로타! 당신이 바르셀로나의 매음굴에서 춤을 출 때 당신의 영혼은 어디 있었나? 나중에 파리의 엉성한 이동식 무대에서 술 취한 아이들이나 부를 냉소적인 노래들을 부를 때, 그대의 영혼은 어디 있었나? 당신의 연인 가운데 한 명이 사는 집에서, 당신은 거기 모인 사람들 앞에서 그 말 잘 듣는 악기를 울려 댔는데, 그 악기가 가진 장점은 숭고한 사랑과 저열한 욕망을 똑같은 수준으로 냉정하게 부른다는 것이었다. 카를로타, 당신에게도 한때 영혼이라는 것이 있었지만 그것을 잃어버렸다면, 줄리엣이 되어, 엘비르가 되어, 오필리아와 마르그리트가 되어 노래할 때 되찾을 수 있었을 텐데! 그들은 당신보다 더 깊은 곳에서 우러나오는 사랑과 예술을 통해 진정한 생명을 얻었기 때문에.

사실, 그 당시에 카를로타가 크리스틴 다에에게 했던 온갖 비열한 행동들을 생각하면 지금도 화가 치밀어 오른다. 카를로타를 찬양하는 사람들이 예술 전반, 그중에서도 특히 성악에 대해 말할 때마다 내 마음속에서 얼마나 분노가 끓어오르는지 말로 표현할 수 없다.

어쨌든 조금 전에 읽은 이상한 협박 편지에 대해 꽤 오랫동안 생각하던 카를로타는 자리에서 벌떡 일어났다.

"그래, 어디 두고 보라지."

그녀는 아주 단호하게 스페인어로 주문을 외우기 시작했다.

그녀가 창문가로 다가갔을 때 제일 먼저 영구차가 눈에 띄었다. 영구차와 협박 편지를 떠올리자 그녀는 오늘 저녁에 큰 위험이 닥칠 것이라는 불길한 예감에 휩싸였다. 그래서 그녀는 자신이 머물고 있는 호텔로 친구들을 불러 모았다. 협박 편지를 받은 사실과 자신이 오늘 저녁 공연을 하게 되면 크리스틴 다에가 꾸민 음모에 의해 봉변을 당할 것이라는 둥 떠벌리기 바빴다. 그렇기 때문에 자신의 추종자들로 객석을 가득 채워야만 한다는 말을 했다. 그녀의 말이 틀린 것은 아니었다. 적어도 인원이 많다면 돌발 상황이 생겼을 때 차분하게 대처할 수 있을 것이기 때문이다.

리샤르의 개인 비서는 디바의 건강 상태를 알아보기 위해 호텔에 들렀다. 그녀가 약간 우울한 기색은 보였지만 그날 저녁에 마르그리트 역을 소화하는 데에는 문제가 없을 것이라는 확신을 가지고 돌아갔다. 개인 비서는 극장장을 대신해서 그녀에게, 경솔한 행동을 하지 말고 외출을 삼가며, 차가운 바람을 쐬지도 말라고 당부했다. 비서가 떠나자 카를로타는 그런 예외적인 권고가 협박 편지와 무슨 관계가 있는 것은 아닌지 의심스러웠다.

오후 5시가 되자 그녀는 익명의 편지 한 통을 더 받았다. 처음 받았던 것과 동일한 필체였다.

당신은 감기가 든 거요. 제정신을 가졌다면, 오늘 저녁 그런
상태로 노래를 부르는 것이 얼마나 미친 짓인지 잘 알 거요.

카를로타는 콧방귀를 뀌며 어깨를 으쓱하고는 기분 전환이
될 만한 노래를 흥얼거렸다.

그녀의 친구들은 약속을 지켰다. 그날 저녁 그들은 거의 빠
짐없이 오페라극장으로 몰려왔다. 하지만 정작 그들이 맞서 싸
워야 할 적들은 나타나지 않았다. 음악 초보자들, 오래전부터
좋아하던 노래를 다시 듣기 위해 말끔하게 차려입고 나온 부
르주아들, 우아하게 차려입은 정기 회원들뿐이었다. 평소와 다
른 점이라고는 리샤르 씨와 몽샤르맹 씨가 5번 박스에 앉아 있
었다는 것뿐이었다. 카를로타의 친구들은 소동이 일어날 것을
대비해 두 극장장이 직접 와서 준비하고 있는 것이라고 생각했
다. 하지만 독자들도 아는 것처럼, 그것은 터무니없는 추측에
불과했다. 리샤르와 몽샤르맹의 머릿속에는 온통 유령 생각밖
에 없었다.

아무것도 없는 건가?
대자연과 피조물.
밤새워 질문을 던져 보지만 부질없네.
어떤 목소리도 들리지 않는구나.

위로의 말 한마디도.

유명한 바리톤 가수 카롤루스 폰타가 막 파우스트 박사가 하는 첫 대사를 읊는 동안 유령의 자리인 첫 번째 열 오른쪽 첫 번째 자리에 앉은 피르맹 리샤르는 한껏 들뜬 기분으로 동료인 몽샤르맹에게 말했다.

"그래, 자네 귀에는 무슨 소리가 들리는가?"

"너무 성급하게 굴지 말게. 이제 막 1막이 시작되었잖은가. 유령은 주로 1막 중간쯤 온다고 했으니 말일세."

몽샤르맹 역시 느긋하고 기분이 좋은 모양이었다.

별다른 사고 없이 1막 공연이 끝났다. 카를로타의 친구들은 1막에서는 마르그리트가 노래를 부르지 않았기 때문에 별일이 일어나지 않은 것이 당연하다고 생각했다. 1막이 끝나자 두 극장장은 서로를 바라보며 미소를 지었다.

"이제 하나는 끝났군."

몽샤르맹이 말했다.

"오늘은 오페라의 유령이 지각하는 모양이야."

피르맹 리샤르가 히죽거리며 말했다.

"한마디로 말하면, 오늘 객석 수준이 저주받은 자리에 썩 어울린다는 거지."

몽샤르맹은 농담을 하듯 말했고, 그 말을 들은 리샤르도 껄

껄 웃었다. 그러면서 그는 객석 가운데 자리에서 양쪽에 남자 둘을 거느리고 앉아 있는 뚱뚱한 여자를 가리켰다. 여자는 촌스러운 검정 옷을 입고 있었는데, 양쪽 남자들은 프록코트 차림이었다.

"저 사람들이 누군데?"

"우리 집 관리인일세. 옆에 앉은 남자는 그녀의 남동생이고 남편이지."

몽샤르맹이 묻자 리샤르는 계속 즐거워하며 대답했다.

"자네가 표를 준 건가?"

"그런 셈이야. 관리인은 한 번도 오페라극장에 와 본 적이 없다네. 난생 처음 온 거지……. 앞으로는 매일 이곳에 와서 다른 사람들에게 자리를 안내해 줘야 하기 때문에 한 번은 그녀도 좋은 자리에 앉아서 볼 수 있게 해 준 거지."

몽샤르맹은 무슨 뜻인지 이해하기 어려웠다. 리샤르는 그녀를 지리 부인의 후임으로 내정했다고 알려 주었다.

"아마도 지리 부인이 자네한테 불평을 심하게 해 댈 걸세."

몽샤르맹이 말했다.

"누구한테 말인가? 유령?"

리샤르는 넉살 좋게 말했다.

유령! 몽샤르맹은 유령에 관한 일을 까맣게 잊고 있었다. 유령은 두 극장장에게 자신을 상기시키는 그 어떤 움직임도 보이지 않았다. 그때 갑자기 박스석 문이 열리고 무대감독이 새파랗게 질린 얼굴로 들어왔다.

"무슨 일인가?"

두 극장장이 동시에 물었다. 그들이 유령을 언급한 바로 그 순간 무대감독이 나타나서 깜짝 놀랐던 것이다.

"크리스틴 다에의 친구들이 카를로타를 상대로 한 음모를 행동으로 옮기기 시작했습니다. 카를로타는 불같이 화를 내고 있습니다."

"아니, 도대체 무슨 얘기를 하고 있는 건가?"

리샤르는 눈썹을 찌푸렸다. 그러다가 막이 다시 올라 2막의 저잣거리 무대가 나오자, 극장장은 무대감독에게 나가 있으라고 손짓을 했다.

"다에한테 친구가 있다는 얘기야?"

무대감독이 나가고 몽샤르맹은 리샤르의 귀에 대고 속삭였다.

"응, 그런 거지."

"누구를 말하는 걸까?"

리샤르는 대답을 하지 않고 두 남자가 앉아 있는 2층의 박스석을 턱으로 가리켰다.

"샤니 백작이란 말이야?"

"그렇지. 그가 나한테 다에를 추천했거든. 너무 간곡히 추천을 하기에 그가 소렐리의 연인이 맞는 건지 의심스러울 정도였다네."

"……그렇군. 저기, 샤니 백작 옆에 앉아 있는 창백한 청년은 누군가?"

몽샤르맹이 속삭이며 물었다.

"그의 동생이지. 자작이라네."

"저 친구는 집에 가서 자리에 눕는 게 낫겠어. 안색이 안 좋은걸?"

무대 위에서는 경쾌한 곡이 연주되고 있었다. 흥겨운 음악이 흘러나오고 서로 술잔을 기울이는 장면이었다.

포도주든 맥주든
맥주든 포도주든
내 잔은
가득 차서 넘칠지니!

학생들과 부르주아, 군인, 아가씨와 중년 부인들이 모두 술집 앞에 모여 즐겁게 어울리는 장면이었다. 그다음에 시벨이 등장했다. 분장한 크리스틴 다에는 매력적이었다. 그녀의 싱싱한 젊음과 우아한 감성은 사람들을 대번에 사로잡았다. 카를로타의 친구들은 크리스틴 다에와 그 친구들이 꾸민 음모가 박수갈채와 함께 시작될 것이라 기대했다. 하지만 그 어떤 박수 소리도 들리지 않았다.

반면에, 마르그리트로 분장한 카를로타가 무대를 가로질러 나와서 2막에 나오는 노래를 두 구절 부르자, 카를로타를 외쳐 대는 소리가 여기저기서 들려왔다.

신사 여러분,
저는 그리 아름다운 처녀가 아니랍니다.
제게 손을 내밀어 주실 필요도 없지요.

그야말로 예상치 못한 쓸데없는 외침이었기 때문에 사정을 모르는 대다수의 사람들은 무슨 일이냐는 표정으로 서로의 얼굴을 망연히 쳐다보기만 했다. 그렇게 2막도 아무 사건 없이 끝났다.

"분명 다음 막에서 일이 벌어지겠지."

사람들이 수군거렸다. 다른 이들보다 사정을 자세히 아는 카를로타의 친구들은 '튤레의 왕'을 부를 때 소동이 일어날 것이라고 확신했고, 이를 카를로타에게 알리려고 회원 전용 입구로 급하게 몰려갔다.

두 극장장은 무대감독이 말한 음모에 대해 알아보려고 막간을 이용해 나가 보았지만, 곧 어깨를 으쓱거리며 박스석으로 되돌아와 별일 아니라는 듯 무관심한 표정을 지었다. 그런데 그들이 박스석으로 돌아왔을 때 작은 테이블 위에는 영국제 사탕 상자가 놓여 있었다. 누가 갖다 놓았는지 물어봤지만 모두들 모른다고 했다. 그들이 다시 밖에 나갔다가 돌아왔을 때 이번에는 사탕 상자 옆에 오페라글라스가 놓여 있었다. 두 극장장은 서로를 쳐다봤다. 둘 다 웃고 싶은 마음은 없었다. 그들은 지리 부인이 했던 이야기를 떠올렸다. 그리고…… 그들 주위로 음산한 바람이 불고 지나는 것 같았다……. 둘은 깜짝 놀라 아무 말도 하지 못하고 주저앉았다.

무대 위에서는 마르그리트가 정원에 있는 장면이 시작되고 있었다.

그에게 내 마음을 가져가 주세요.
내 수줍은 고백을 전해 주세요.

크리스틴은 손에 장미와 라일락을 든 채 두 소절을 부르며 고개를 들어 객석을 올려다보았다. 그녀는 박스석에 앉아 있는 샤니 자작을 발견하자 곧 목소리가 평소와 다르게 힘이 빠지고 순수함도 청아함도 잃고 말았다. 알 수 없는 무언가가 그녀의 노래를 짓누르는 것만 같았다……. 노래에서는 두려움과 불안마저 느껴졌다.

"웃기는 가수로구먼. 예전에는 근사하게 하더니 오늘은 염소

처럼 앵앵거리기나 하고. 경험 부족이라니까! 노래를 부를 줄
모르는 거지."

　오케스트라석에 앉은 카를로타의 친구가 큰 목소리로 말했다.

　내가 믿는 건 너희뿐
　날 위해 대신 말을 전해다오.

　노래는 계속되었고, 자작은 얼굴을 파묻고 눈물을 흘리면서
흐느꼈다. 뒤에 앉은 샤니 백작은 콧수염 끝을 잘근잘근 씹으
며 어깨를 으쓱거리거나, 눈썹을 추켜올렸다. 평소에는 침착하
고 냉정한 편이었지만 동생이 그렇게 과한 감정을 표출하는 것
을 보니 화가 나는 모양이었다. 얼마 전에도 동생은 알 수 없는
수수께끼 같은 짧은 여행을 마치고 최악의 상태로 돌아왔다.
도대체 무슨 일이 있었느냐고 물어도 대답조차 하지 않았다.
백작은 일의 전말을 알아내기 위해 크리스틴 다에를 만나고 싶
어 했지만, 그녀는 아무런 설명도 없이 샤니 백작과 그의 동생
을 만나지 않겠노라고 단칼에 잘라 버렸다. 백작은 이 일에 어
떤 뻔뻔스러운 계산이 숨어 있을 것이라고 생각했다. 그는 크
리스틴이 라울에게 고통을 주는 것도 용서할 수 없었고, 어떤
것보다도 라울이 크리스틴 때문에 괴로워하는 것을 보고 있기
가 힘들었다. 크리스틴이 대단한 성공을 거둔 그날 저녁, 한순

간이나마 그녀에게 관심을 보인 게 큰 잘못이라고 생각했다.

그의 입술 위에 놓인 꽃잎이
부드러운 키스가 되어 준다면…….

"저런 간사한 계집 같으니."
백작이 낮은 목소리로 중얼거렸다.
'그녀는 뭘 원하는 걸까……. 그녀가 바라는 건……. 그녀는
순수하다지만, 그녀에게는 친구도 없고, 돌봐 줄 사람도 없다고
들었는데. 스웨덴 출신의 크리스틴은 천사의 얼굴을 지닌 사기
꾼은 아닐까…….'
흐르는 눈물을 두 손으로 가린 라울의 머릿속에는 온통 크
리스틴에게 받은 편지 생각밖에 없었다. 그녀는 라울 자작보다
더 빨리, 마치 도둑처럼 페로를 빠져나왔다. 그리고 파리에 도
착한 그에게 편지를 보냈다.

나의 옛 친구에게
저를 다시는 만나지 않고, 이야기도 나누지 않으려면 용기가
필요하시겠죠……. 나를 조금이라도 사랑하신다면, 나를 위해
서 용기를 내 주세요. 친애하는 라울, 난 당신을 절대 잊지 못
할 거예요……. 무엇보다도, 앞으로는 더 이상 대기실로 찾아

오시면 안 돼요. 진짜로 나와 당신의 인생이 걸린 일이거든요.

당신의 나약한 크리스틴

순간 천둥이 치는 듯 박수가 터져 나왔다. 카를로타가 무대에 등장한 것이다. 정원 장면이 사소한 일상생활로 진행되는 중이었다. 마르그리트가 '툴레의 왕'의 아리아를 무사히 끝냈을 때는 환호성이 울렸다. 보석에 관한 아리아를 마쳤을 때도 역시 환호가 끊이지 않았다.

아, 내 모습을 보고 웃는구나.
거울 속 내 모습은 무척이나 아름다워.

카를로타는 자신과 친구들, 또 자신의 목소리와 성공을 확신하면서 더 이상 아무것도 두려울 것이 없었다. 열정과 도취감에 휩싸여 노래를 부르는 그녀의 연기에는 순수함이나 절제 따위는 없었다. 그것은 마르그리트라기보다는 차라리 화려한 카르멘에 가까웠다. 그래도 사람들은 여전히 환호를 보냈고, 마침내 파우스트와의 이중창에 접어들어 공연은 대성공으로 막을 내릴 수 있을 것 같았다. 그런데 그 순간 끔찍한 일이 일어났다!

당신의 얼굴을 들여다보게 해 주오.
구름 속에 가려진 밤하늘 별처럼
창백한 그대 얼굴의 광채가
당신의 아름다움을 어루만지고 있네.

파우스트가 무릎을 꿇은 채 대사를 읊고 마르그리트가 대답하는 부분을 할 때였다.

침묵이여, 행복이여, 알 수 없는 신비여!
감미로운 우수여!
듣고 있답니다, 그 목소리를 알아요.
내 마음속에서 노래하는 그 외로운 목소리를!

바로 그 순간이었다……. 무언가…… 끔찍한 일이 벌어졌다. 객석 전체가 술렁거렸고 박스석에 앉은 두 극장장도 두려움에 떨면서 비명을 질러 댔다. 객석에 앉은 모든 관객들은 예상치 못한 상황에 대해 설명을 바라기라도 하듯 서로의 얼굴을 바라보며 술렁댔다.

카를로타의 얼굴은 갑자기 극심한 고통에 일그러졌고, 두 눈에서는 광기가 번뜩였다. 불쌍한 그녀의 입은 여전히 벌어져 있었지만, 온몸은 뻣뻣하게 굳어 버렸다. '내 마음속에서 노래하는 그 외로운 목소리를!'까지 부른 다음 더 이상 노래를 할 수 없었다. 노래는커녕 말 한마디, 어떤 소리도 입 밖으로 나오지 못했다.

조화로운 목소리를 내고 실수 한 번 하지 않던 그 섬세한 악기, 가장 아름다운 소리, 가장 어려운 음을 잘 소화하던 그 악기, 부드러운 높낮이와 열정적인 리듬을 들려주곤 하던 그 악기, 진정한 감동을 주고 영혼을 충만하게 만들기 위해서는 천상의 신비로운 불길만이 부족했던 그 악기⋯⋯. 그 입술에서 나온 소리는 두꺼비의 울음소리였다.

맙소사. 끔찍하고 징그럽고 끈적이며 거품을 물고 요란하게 우는 데다 독마저 가지고 있는 그 두꺼비 말이다!

도대체 왜, 어디서 그런 말이 튀어나온 걸까? 그녀의 혀 위에 어떻게 그런 말이 웅크리고 있었던 것일까? 더 높이, 더 멀리 뛰어오르기 위해 통통한 뒷다리를 움츠렸다가 목구멍을 지나 입 밖으로 튀어나온 듯했다! 거기다 계속 꾸엑! 꾸엑! 아, 정말 끔찍하게도 두꺼비의 울음소리가 흘러나왔다.

독자 여러분은 정말 두꺼비가 나타난 것이라고 생각하지는 않을 것이다. 비록 무대에 두꺼비는 없었지만 카를로타의 목에서 적나라하게 들리는 소리는 확실한 두꺼비 소리였다.

객석은 온통 흙탕물이 튄 것 같았다. 아무리 징그러운 양서류라도 이렇게 끔찍한 울음소리로 밤의 장막을 찢어 놓지는 못할 듯했다.

그것은 아무도 예상하지 못한 충격적인 상황이었다. 카를로타도 자신의 목에서 그런 소리가 나왔다는 것, 자신의 귀로 그 소리를 직접 들었다는 것을 믿기 힘들었다. 발 앞에 벼락이 떨어졌다고 해도 방금 자신의 입에서 튀어나온 '꾸엑' 소리보다는 덜 놀랄 것 같았다.

차라리 벼락이 떨어졌다면 그렇게 수치스럽지 않았을 것이다. 그런데 여가수가 혓바닥에 두꺼비를 숨기고 다니다가 들킨 꼴이라니……. 그것은 여가수를 죽이는 것과 같았다.

도대체 누가 그 노래를 부르고 있었지? 그녀는 너무나 고요하게 노래를 하는 중이었다. '내 마음속에서 노래하는 그 외로운 목소리를!' 그녀는 마치 사람들에게 '안녕하세요, 잘 지내셨나요?' 하고 인사를 하는 것처럼 자연스럽고 편안하게 노래를 부르고 있었다.

세상에는 분수도 모르고 허영에 빠져 지내는 가수들이 있다. 그들은 하늘에서 버림받은 연약한 목소리와 성량으로 악을 쓰기도 하고, 주어진 능력을 뛰어넘으려고 애를 쓰기도 한다. 그럴 때, 하늘이 그들을 벌주려고 꾸엑 소리를 내는 두꺼비를 목구멍 안에 몰래 들여놓는 것 같다. 어떻게 보면 충분히 이해할 만한 상황이지만, 그러나 두 옥타브를 넘나드는 카를로타의 입속에 두꺼비가 들어 있었다는 사실은 인정하기가 어려웠다.

사람들은 그녀가 〈요술 피리〉 공연을 할 때 들려준 높은 파 (fa) 음과 현란한 스타카토를 잊지 못한다. 그녀가 엘비르를 연기했던 〈돈 후앙〉에서도 동료 가수인 도나 안나는 내지 못했던 C플랫 음을 근사하게 들려주지 않았던가! 그런데 '내 마음속에서 노래하는 그 외로운 목소리를!'이라고 조용히 노래하다가 갑자기 꾸엑 하는 두꺼비 소리를 내고 만 것이었다.

　결코 범상치 않은 일이었다. 무언가 사악한 계획이 숨어 있는 것 같았다. 비참하고 불쌍한 카를로타……!

　웅성대는 소리가 객석을 점령했다. 무대 위에 있는 가수가 카를로타가 아니었다면 사람들은 야유를 보내느라 바빴을 것이다. 그렇지만 그녀는 완벽한 음을 내는 악기라고 알려져 있었기 때문에 사람들은 화를 내기보다 기겁하고 당황스러움을 느꼈다. 밀로의 비너스가 두 팔을 잃은 사건이 일어났을 때도 사람들은 이런 당황스러움을 느꼈을 것이다.

　하지만 두꺼비 소리는 절대로 이해하기 힘든 것이었다.

　잠시 후 그녀는 자신의 입에서 정녕 그런 소리가 나온 것인지 스스로에게 물어보았다. 정신을 차릴 시간이 필요했다. 그녀는 아무 일도 없었던 것이라고 믿고 싶었다. 목에서 그렇게 끔찍한 소리가 나온 것이 아니라 순간적으로 환청이 들린 것이라고 믿고 싶었다.

　그녀는 마치 피난처나 보호소 또는 자신의 순수한 목소리를 믿어 줄 관객들을 찾는 것처럼 넋이 나간 표정으로 두리번거렸다. 그리고 목을 보호하려는 듯이 뻣뻣해진 두 손으로 목을 감쌌다. 아니야! 아니야! 그 징그러운 소리는 내 목에서 나온 게 아니야! 그녀의 동료 카롤루스 폰타도 같은 생각을 했던지 안타까운 표정으로 카를로타 옆에 서서 그녀 곁을 떠나지 않았다. 무슨 일이냐고 물어볼 법도 한데 그저 놀란 표정으로 마법사의 신기한 모자를 멍하게 쳐다보는 순진한 어린아이처럼 카를로타의 입술만을 뚫어지게 바라보았다. 그렇게 작은 입 속에 어떻게 그렇게 큰 두꺼비가 들어 있을 수 있었는지 신기하다는 표정이었다.

무대 위에서 울려 퍼진 두꺼비 울음소리로 인해 극장은 혼란 상태에 빠졌다. 사람들은 저마다 놀라서 얼떨떨해했다. 독자들에게 자세히 설명한 이 모든 상황은 불과 몇 초 동안 일어난 일이었다.

5번 박스석에 앉아 있던 몽샤르맹과 리샤르는 마치 그 순간이 마치 끝나지 않을 것처럼 느껴졌다. 설명하기 어려운 사건 앞에서 그들은 불안해져서 얼굴이 창백해졌다. 마치 그 순간부터 유령의 지배 아래 놓이게 된 것 같았다.

유령의 숨결마저 느껴지는 것 같았다. 몽샤르맹은 자신의 머리카락이 그가 내뿜는 숨결에 흩날리는 것 같았다. 리샤르는 손수건을 꺼내서 이마에 흐르는 땀을 닦았다. 그렇다. 유령이 나타났다……. 유령은 그들의 주위에, 뒤에, 옆에, 어느 곳에나 있었다. 모습은 안 보였지만 그 존재를 느낄 수 있었다……. 그의 숨소리가 들렸다. 매우, 매우 가까이에서 유령이 나타났을 때는 사람들도 그의 존재를 느낄 수 있는 것이다. 그리고 그제야 몽샤르맹과 리샤르는 이 박스석에 모두 세 명이 있다는 것을 알았다. 온몸이 사시나무 떨듯 떨렸다……. 도망갈 생각도 해 봤지만 발걸음이 떨어지지 않았다. 꼼짝할 수도 없었다. 유령의 존재를 알아챈 것을 들키기라도 할 것 같아서 입도 뻥긋할 수 없었다! 도대체 어찌 된 일일까? 무슨 일이 일어나려는 것이지? 두꺼비의 꾸엑 소리가 났다! 객석에서 들려오는 웅성거리는 소리를 뚫고 끔찍한 두꺼비 소리가 선명하게 들려왔다. 그들은 유령의 위협을 실감하면서 박스석 난간에 기대어 마치 처음 보는 사람처럼 카를로타를 바라보았다. 불쌍한 그녀가 두꺼비 소리를 낸 것은 또 다른 재앙의 신호라는 것을 느낄 수 있었다. 아, 그들에게 또 다른 환란이 닥칠 것이다. 유령이 예언했던 화가 미칠 것이다. 오페라극장에 저주가 내린 것이다. 다가올 재앙에 대한 공포로 두 극장장의 가슴은 이미 무거워졌다.

"카를로타, 계속해요!"

리샤르는 카를로타를 향해 목이 메어 소리쳤다. 카를로타는 곧바로 계속하지는 않았지만 과감하게도 두꺼비 우는 소리 때문에 중단했던 구절을 다시 부르려고 했다.

웅성거리는 소리가 들리더니 곧 조용해졌고, 카를로타의 목소리가 다시 텅 빈 공간을 메웠다.

나는 듣고 있어요!

그것은 객석도 마찬가지였다.

듣고 있어요, 그 목소리를 알지요. (꾸엑)
내 마음속에서 (꾸엑) 노래하는 그 외로운 목소리를. (꾸엑!)

아마 두꺼비도 다시 노래를 하고 싶었던 모양이다. 객석은 엄청난 혼란에 빠졌고, 두 극장장은 그만 자리에 털썩 주저앉아 버렸다. 고개를 돌릴 생각도, 그럴 힘도 없었다. 유령은 그런 그들을 보며 웃고 있었다. 그리고 두 사람은 자신들의 오른쪽 귀에서, 입은 보이지 않지만 목소리만 들리는, 그 불가능한 목소리를 들었다.

"오늘 저녁 그녀가 노래를 계속한다면 상들리에가 떨어지고 말걸!"

몽샤르맹과 리샤르가 동시에 고개를 들어 천장을 올려다보고는 비명을 질렀다. 거대한 상들리에가 오케스트라석 한가운데로 처박혔다. 장내는 곧 아수라장이 되었다. 극장은 혼란 그

자체였다. 지금 그때 상황을 다시 그대로 재현할 마음은 없다. 궁금한 독자들은 당시 신문을 찾아보면 도움이 될 것이다. 수 많은 사람들이 부상을 당했으며 한 명은 죽기까지 했다.

상들리에는 그날 밤 난생처음 오페라극장에 와 봤던 불쌍한 여인의 머리 위에서 박살이 났다. 리샤르의 집 관리인인 그녀 는 유령의 전담 안내원인 지리 부인을 대신하여 채용될 인물이 었다. 다음 날 신문에는 '2천 킬로그램의 육중한 상들리에가 관 리인 머리 위로 떨어지다!'라는 기사가 대서특필되었다. 그녀 의 죽음을 알리는 부음이기도 했다.

8
수상한 마차

그날 저녁에 생긴 비극은 모든 이들에게 안 좋은 영향을 주었다. 카를로타는 아예 자리를 깔고 누웠고, 크리스틴 다에는 공연이 끝난 후에 행방불명되었다. 그 뒤 15일 동안 극장이건 어디에서건 그녀 모습은 보이지 않았다.

이 첫 번째 행방불명은 큰 문제를 일으키지는 않았지만, 그 다음에 발생한 행방불명은 도저히 설명하기 힘든 비극적인 상황에서 일어났다.

라울은 크리스틴 다에가 없어진 것을 누구보다도 받아들일 수가 없었다. 그는 발레리우스 부인에게 편지를 썼지만 아무 답장도 못 받았다. 하지만 크리스틴이 그와 관계된 모든 것들을 끊으려 했다는 것을 알고 있었기 때문에 그는 그다지 놀라지 않았다. 그녀가 사라진 이유도 알 수 있을 것만 같았다.

그의 괴로움은 시간이 지날수록 점점 커졌다. 〈파우스트〉 공연에도 그녀의 이름은 보이지 않았다. 어느 날, 오후 5시쯤 그가 극장장에게 가서 크리스틴 다에가 사라진 이유를 따져 물었다. 두 극장장은 다른 데 정신이 팔려 있는 듯 넋이 나간 표정이었다. 주위 사람들조차 그런 모습은 처음 보는 모양이었다. 삶의 기쁨이나 활력 같은 것들을 모두 잃어버린 듯한 그들은 고개를 떨구고 심각한 표정으로 극장 안을 힘없이 걸어다녔다. 어떤 끔찍한 생각에 시달리는지 얼굴빛은 창백했고, 마치 끔찍한 운명에 사로잡힌 것처럼 보이기도 했다.

물론 샹들리에 추락 사건이 엄청난 파장을 몰고 오긴 했지만, 그에 대한 책임을 모두 극장장이 진다는 것도 곤란한 상황이었다. 샹들리에는 그것을 지탱하는 연결 장치가 닳아서 떨어졌던 것으로 밝혀졌다. 이런 재난을 미리 방지하지 못한 것은 전, 현직 극장장들의 공동 과실이었다.

아무튼 리샤르와 몽샤르맹은 사건이 발생한 후로 많이 변했다. 매사에 태도가 불분명하고 멍해 보이는 그들을 보고 사람들은 샹들리에 추락 사건보다 더 끔찍한 일 때문에 두 사람의 생각이 바뀐 것 같다는 추측을 해댔다.

그들은 다른 사람들을 대할 때는 메마르기 짝이 없었지만 지리 부인한테만은 예외였다. 그러던 차에 샤니 자작이 크리스틴의 소식을 들으려고 찾아왔을 때에야 말할 필요도 없었다.

그들은 단지 크리스틴이 휴가 중이라는 대답만 했다. 자작이 휴가 기간이 얼마냐고 묻자, 크리스틴의 건강이 좋지 않아서 휴가를 요청했으며 기간은 무기한이라는 무심한 대답만을 해주었다.

"그녀가 아파요? 어디가 아픈 겁니까?"

자작이 놀라 소리쳤다.

"우린 아무것도 몰라요."

"그럼 극장 전속 의사도 안 보낸 겁니까?"

"네, 그녀가 요청하지도 않았거든요. 우리는 그녀를 믿기 때문에 그녀가 하는 말을 그대로 인정하고 받아들일 뿐입니다."

라울은 우울한 생각에 빠져 오페라극장을 나섰다. 어떤 상황이든 간에 그는 발레리우스 부인의 집으로 찾아가야겠다고 생각했다. 자신을 찾지 말라던 크리스틴의 편지가 머릿속에 떠올랐지만 페로에서 있었던 사건, 대기실 문밖에서 엿들은 소리, 크리스틴과 들판에서 나눈 이야기들이 생각나자 악마의 소행이라기보다 사람들이 만든 음모 같다는 예감이 들었다. 젊은 아가씨의 무한한 상상력과 다정하고 쉽게 속아 넘어가는 기질, 옛이야기들과 전설을 들으며 자랐던 어린 시절, 죽은 아버지에 대한 회상, 무엇보다, 성당 공동묘지처럼 신비스럽고 독특한 상황에 빠져들게 하는 음악적 황홀경. 라울이 생각할 때 이런 크리스틴의 성격과 상황들은 악의를 가진 사람이 음모를 꾸미기에 정서적으로 무척이나 적합한 대상으로 보였다. 크리스틴은 누구에게 희생된 것일까? 라울은 이런 질문을 던지면서 급히 발레리우스 부인의 집으로 갔다.

자작은 순수하고 맑은 정신을 가진 사람이었다. 시인의 감성과 아름다운 음악을 사랑하는 마음, 요정들이 춤추며 등장하는 브르타뉴 지방의 민담을 사랑하는 마음도 지녔다. 다른 무엇보다도 그는 북쪽 나라에서 온 요정 크리스틴 다에를 온몸과 마음을 다해 사랑하고 있었다! 하지만 그는 초자연적인 것은 종교 안에서만 가능하다 믿었으며, 아무리 신비로운 이야기를 들어도 2 더하기 2는 4라는 사실을 잊지는 않았다.

그런 그가 발레리우스 부인 집에서 과연 무엇을 알아낼 수 있을까? 노트르담 데 빅투아르가에 있는 작은 아파트의 초인종을 누를 때 그는 떨고 있었다.

잠시 후에 크리스틴의 대기실에서 본 적이 있는 하녀가 문을 열어 주었다. 그가 발레리우스 부인을 만나러 왔다고 하자, 몸이 아파 누워 있기 때문에 손님을 맞는 게 어렵다고 대답했다.

"그럼, 이 명함이라도 제발 전해 주시오."

조금 있다가 하녀가 되돌아와서 그를 작은 응접실로 안내했다. 약간 어두운 그 응접실에는 꼭 필요한 가구만 놓여 있었고, 발레리우스 교수의 초상화와 크리스틴 아버지의 초상화가 마주 보고 걸려 있었다.

"부인께서 자작님을 직접 맞지 못하는 걸 죄송하다고 전해 달라셨어요. 다리가 불편하시니 직접 방으로 모시랍니다."

잠시 후, 라울은 어두침침한 방 안으로 안내되었다. 어둠 속에서도 그는 크리스틴의 후원자인 우아한 부인을 바로 알아볼 수 있었다. 백발로 변한 머리카락에도 불구하고 눈빛만은 형형했다. 아니, 오히려 예전보다 더 맑고 순수한 어린아이의 눈을 보는 것 같았다.

"샤니 자작!"

발레리우스 부인은 두 손을 맞잡으며 기분 좋게 그의 이름을 불러 주었다.

"하늘이 내게 당신을 보내 주셨군요. 이젠 그 애에 대해 말할 수 있겠어요."

라울은 부인의 말을 듣고 불길한 예감이 들었다.

"부인, 크리스틴은 지금 어디 있는 겁니까?"

라울이 초조하게 물었다.

"크리스틴은 '선량한 정령'과 함께 있답니다."

노부인이 침착하게 말했다.

"선량한 정령이라뇨?"

불쌍한 라울이 놀라서 소리 질렀다.

"음악의 천사 말이에요."

샤니 자작은 그 말에 놀라서 자리에 털썩 주저앉고 말았다. 크리스틴이 음악의 천사와 함께라니! 침대에 누워 있던 발레리우스 부인은 손가락을 입술에 갖다 댔다.

"쉿, 누구한테도 이 얘기를 하시면 안 됩니다."

"저를 믿으세요."

라울은 말을 하면서도 자신이 무슨 말을 하고 있는지 알 수가 없었다. 크리스틴에 대한 생각은 점점 더 혼란에 빠졌다. 자신과 백발 노부인의 주변이 빙글빙글 도는 것만 같았다. 노부인이 푸른 눈동자는 구름 한 점 없는 하늘처럼 파랗게 빛났다.

"안심하셔도 됩니다."

"알아요, 압니다. 어렸을 때처럼 이리 가까이 와 보세요. 로테에 대한 옛이야기를 해 줄 때처럼 두 손을 내밀어 보세요. …… 라울, 알고 있겠지만 난 당신을 굉장히 사랑한답니다. 그리고 크리스틴도 당신을 많이 생각하고요."

"그녀가 저를 생각한다고요……."

라울은 한숨을 쉬며 중얼거렸다. 그의 머릿속에서 여러 가지 생각들이 뒤죽박죽되었다. 발레리우스 부인이 말한 '선량한 정령'과 크리스틴이 말한 '음악의 천사', 페로의 성당 계단에서 마치 악몽을 꾼 것처럼 봤던 해골, 자신의 귀로 들은 오페라의 유령이 내는 목소리, 공연이 지체되던 날 밤, 조제프 뷔케가 목을 맨 채 의문사하기 전에 사람들이 떠들어 댄 오페라의 유령에 대한 온갖 이야기들이 한꺼번에 떠올랐다.

"부인, 어떤 이유로 크리스틴이 저를 아낀다고 생각하시는 건가요?"

라울이 낮은 목소리로 물었다.

"크리스틴은 늘 당신 이야기만 했거든요."

"정말입니까? 무슨 얘기를 했는데요?"

"당신이 결국은 절교 선언을 하게 만들었다고 했지요."

그러면서 노부인은 가지런한 이를 드러내며 웃음을 터뜨렸다. 라울은 얼굴을 붉히며 자리에서 일어났다.

"저런, 어디로 가시게요? 자리에 앉아 봐요. 설마 그렇게 가 버리려고 여기 온 건 아니죠? 내가 웃어서 화가 난 모양인데, 그만 용서해 줘요. 아무튼 이번 일은 당신 책임이 아니에요……. 당신은 전혀 몰랐을 거예요. 당신은 아마도 크리스틴이 자유의 몸이라 생각했을 테죠."

"그럼, 크리스틴에게 정혼자가 있다는 말씀이신가요?"

불쌍한 라울이 처량한 목소리로 물었다.

"그런 게 아니에요. 당신도 아시겠지만, 크리스틴은 결혼할 수 있는 처지가 아니랍니다."

"무슨 말씀이세요. 도무지 알 수가 없군요. 왜 크리스틴이 결혼을 할 수 없다는 말씀이세요?"

"그건 '음악의 정령' 때문이랍니다."

"아, 이번에도……."

"네, 그는 크리스틴이 결혼하는 것을 금지시켰어요."

"금지시켜요? 음악의 정령이 결혼을 금지시킨다니, 정말 말도 안 되는군요."

라울은 마치 노부인에게 달려들기라도 할 듯 턱을 앞으로 내밀고 별안간 몸을 앞으로 숙였다. 눈빛은 이글거리며 불타올라 금방이라도 노부인을 삼킬 듯한 태세였다. 때로는 순수한 마음이 너무 지나쳐서 얄미울 때가 있는 법인데, 지금 라울에게는 노부인이 그렇게 느껴졌다.

그러나 발레리우스 부인은 자신을 쏘아보는 그 끔찍한 눈빛을 알아차리지 못하고 그 어느 때보다 자연스러워 보였다.

"어떻게 말을 할까……. 결혼을 금지시키는 게 아니면서도 금지시키는 거라 할 수 있어요. 그녀가 결혼하면 더 이상 천사의 목소리를 듣지 못할 거라 했거든요. 그게 전부예요. 크리스틴이 결혼하면 동시에 그가 영원히 그녀를 떠날 거예요……. 이제 아시겠죠? 크리스틴은 음악의 정령을 떠나고 싶지 않은 겁니다. 당연한 얘기지만요."

"네, 네. 그렇겠죠. 당연하겠죠."

라울은 한숨을 쉬며 그녀의 말을 인정했다.

"크리스틴이 '음악의 정령'과 함께 페로에 갔을 때, 당신을 만나서 이런 얘기를 다 해 주지 않았나요……."

"그럼, 그때 그녀가 페로에서 음악의 정령과 함께 있었던 건가요?"

"말하자면, 음악의 정령이 다에에게 아버지 묘지에서 만나자고 한 거죠. 그는 크리스틴 아버지의 바이올린으로 '라자로의 부활'을 연주해 주겠다고 약속했어요."

"부인, 그 정령이 지금 어디 있는지 말씀해 주십시오!"

라울 자작은 마침내 자리에서 벌떡 일어나 단호하게 말했다.

"하늘에 있어요."

부인은 당돌한 질문에 당황하는 기색도 없이 그의 눈을 똑바로 쳐다보며 말했다.

노부인의 지나친 순수함이 그를 황당하게 만들었다. 매일 저녁 하늘에서 내려온 정령이 오페라극장의 대기실에 있는 예술가들을 찾아온다는 그 어리석은 믿음에 라울은 당황스러웠다. 그는 미신에 사로잡힌 떠돌이 악사와 계시를 받은 노부인 손에 자란 크리스틴의 정신 상태를 이제야 알 것 같았다. 그로 인해 어떤 결과가 빚어질 것인가를 생각하자 온몸에 소름이 돋았다.

"크리스틴은 언제나 정숙한 여성이었습니까?"

그의 어리석고 갑작스러운 질문에 노부인은 화가 났다.

"내 양심을 걸고 맹세합니다! 그걸 의심하면서 도대체 왜 여기까지 찾아왔는지 알 수가 없군요."

노부인은 지나치게 흥분해서 소리쳤다.

"그녀가 그 정령을 알게 된 게 얼마나 지났나요?"

라울이 장갑을 벗으며 물었다.

"석 달 정도 됐어요. 네, 그가 크리스틴에게 수업을 시작한 게 그 정도 됐군요."

자작은 답답한 모양인지 두 팔을 휘젓고는 이내 힘없이 내려뜨렸다.

"정령이 교습을 해 주었다고! 네, 그랬다면 대체 어디에서 했는데요?"

"지금은 크리스틴이 그와 함께 떠나서 잘 모르겠지만, 보름 전에는 크리스틴의 대기실에서 했을 겁니다. 이곳은 너무 좁아서 불가능하거든요. 다른 사람들 귀에도 모두 들릴 테니까요. 하지만 오페라극장은 오전 8시경에는 아무도 없으니 누구의 방해도 안 받잖아요. 무슨 말인지 아시겠어요?"

"네! 알아요. 알다마다요!"

라울은 화가 난 것이냐고 혼잣말처럼 묻는 노부인을 지나쳐 방을 뛰쳐나갔다.

거실을 가로질러 가던 라울은 하녀와 마주쳤다. 그녀에게 무언가를 좀 물어보려다가 그녀의 입술에 희미하게 미소가 피어나는 것을 보고는 포기했다. 하녀마저도 자신을 비웃는 것 같았다. 그는 도망치듯 집을 빠져나왔다. 이렇게 될 줄 몰랐던가? 도대체 뭘 더 바란 거지? 그는 처량한 신세가 되어 형의 집으로 힘없는 발걸음을 옮겼다.

그는 벽에 머리라도 찧고 싶은 심정이었다. 그녀의 순수함을 한 번도 의심해 본 적이 없었기 때문에 순수한 마음과 때 묻지 않은 생각으로 모든 것을 알아내고 이해하려고 노력했건만, 음악의 정령이라고! 지금에서야 그 정령의 정체를 제대로 알게 되다니! 그 모습이 눈에 선했다. 분명 곱상한 외모를 가진 테너 가수로, 노래 하나로 여자의 마음을 사로잡을 놈이 분명했다. 아, 샤니 자작은 보잘것없고 초라한 젊은이에 불과했다. 라울의 생각은 걷잡을 수 없이 뻗어 나가, 크리스틴이 너무나 괘씸하고 교활하기 이를 데 없는 계집이라는 생각까지 하게 되었다.

그러나 거리를 거닐다 보니 기분이 조금 나아졌다. 머릿속에 있던 뜨거운 열기도 약간은 식은 것 같았다. 그는 침대에 들어가 이불을 뒤집어쓰고 울음을 참아야겠다는 생각이 간절했다. 하지만 때마침 그곳에서 형이 자신을 기다리고 있는 것을 보고는 마치 어린아이처럼 그의 팔에 안겼다. 백작은 아버지처럼 그를 위로해 줬다. 아무것도 묻지 않았다. 라울 역시 형에게 음악의 정령에 대한 이야기를 할까 말까 망설였지만 썩 내키지 않았다. 세상에는 드러내 놓고 얘기하고 싶지 않은 것들, 게다가 너무 창피해서 하소연하기도 어려운 것들이 있기 마련이다.

백작은 동생을 위로할 겸 저녁 식사를 하기 위해 카바레로 갔다. 백작이 어젯밤 불로뉴 숲 오솔길에서 크리스틴이 어떤 남자와 함께 있는 것을 보았노라고 알려 주지 않았더라면, 마음이 울적한 라울이 그날 저녁에 떠들썩한 카바레에 갈 생각은 하지 않았을 것이다. 처음에는 그가 하는 말을 도저히 믿을 수 없었던 라울도 자세한 설명을 들은 다음에는 믿을 수밖에 없었다. 끝내 이렇게 하찮은 연애 사건으로 끝나고 말 것인가?

백작은 창문이 내려진 마차에 그녀가 앉아 있는 것을 분명히 보았다고 말했다. 그녀는 창문으로 들어오는 차가운 밤공기를 오랫동안 들이마시고 있었는데 달빛이 유난히 밝아 그 모습을 분명히 볼 수 있었다. 함께 있던 남자는 어두운 탓에 희미한 윤곽만 겨우 알아볼 수 있었고, 마차는 롱샹 경마장을 뒤로하고 한적한 오솔길을 천천히 지나갔다고 했다.

옷을 갈아입은 라울은 괴로움을 잊으려고 흔히 말하는 '광란의 밤'에 온몸을 던질 준비를 하고 있었다. 그렇지만 그는 여전히 자제할 수 없는 슬픔에 잠겨 저녁 식사가 끝난 6시 무렵에 형과 헤어져 순환 마차를 타고 롱샹 경마장 뒤쪽을 헤매고 다녔다.

매서운 날씨였다. 길거리를 지나는 사람도 드물었고, 달빛은 휘영청 밝았다. 그는 인접한 오솔길 한쪽에 마차를 대 놓고 초조한 기분으로 누군가를 기다리고 있었다.

그런데 30분도 지나지 않았을 무렵, 파리 방향에서 오는 마차가 조용히 길모퉁이를 돌아 다가왔다! 직감적으로 그녀일 것이라는 생각이 들자 순간 심장이 몹시 뛰었다. 대기실 문 뒤에서 남자의 목소리를 들었을 때도 지금처럼 귀가 먹을 것처럼 심장이 크게 울렸다. 그렇다. 그는 아직도 그녀를 몹시도 사랑하고 있는 것이다!

마차는 그를 향해 다가왔고, 그는 꼼짝도 하지 않고 기다렸다. 만약 마차 안에 그녀가 있다면 마차 앞으로 뛰어들겠노라고 결심했다. 어떤 대가를 치르더라도 음악의 천사와 결판을 내고 싶었다.

이제 몇 발만 더 오면 닿을 거리였다. 라울은 그녀가 마차에 타고 있을 것이라고 굳게 믿었다. 정말로 한 여자가 창가에 머리를 기대고 있었다.

여인의 창백한 얼굴 위로 달빛이 비쳤다.

"크리스틴!"

사랑하는 여인의 성스러운 이름이 그의 입술과 심장에서 새어 나왔다. 그는 이름을 부르지 않고는 참을 수 없었다. 하지만 그 이름이 밤공기 속에 퍼지기도 전에, 마차는 마치 기다리던 신호를 받은 것처럼 속력을 내어 그의 마차 앞을 지나갔다. 계획을 실천에 옮길 시간도 없었다. 어느새 젊은 여인은 보이지 않았다. 그는 뒤늦게 마차를 따라갔지만, 마차는 이미 하얀 길 위에 검은 점이 되어 멀어져 갔다.

"크리스틴!"

그는 또다시 소리쳤다.

하지만 아무 대답도 들리지 않았다. 그는 조용한 길 한가운데 외롭게 멈춰 섰다.

그는 황망한 심정으로 고개를 들어 밤하늘 별을 바라보았다. 가슴이 타는 것 같아 주먹으로 쳤다. 그렇게 애절하게 그녀를 사랑했지만, 그녀는 그를 사랑하지 않는 것이 분명했다!

슬픈 눈동자에 창백한 밤하늘이 비쳐서 아른거렸다. 밤공기도 그의 마음만큼 쓸쓸하고 싸늘하지는 않았을 것이다. 그는 손에 잡을 수 없는 천사를 사랑했으므로, 어쩌면 세상의 모든 여자를 경멸하게 될지도 모른다.

북쪽 나라의 어린 요정에게 희롱당한 가엾은 라울! 저 화려한 마차를 타고 수상한 애인과 함께 아늑한 밤을 보내기 위해, 그녀는 상큼한 뺨에 수줍은 표정을 지으며 분홍빛 베일을 쓸 준비가 언제라도 되어 있단 말인가? 하지만 위선과 거짓에도 넘지 말아야 할 선이라는 것이 있지 않은가? 남자에게 교태를 부리면서 그토록 맑은 어린아이의 눈빛은 왜 짓는단 말인가?

그의 애타는 울부짖음에도 불구하고 크리스틴은 대답도 없이 떠나 버렸다. 잊어 달라고, 다시는 앞에 나타나지 말아 달라던 여자에게 그는 무엇 때문에 나타났던 것일까?

"꺼져 버려라! 사라져 버려! 내 마음도 몰라 주는 차가운 여인……."

그는 죽음을 생각해 보았다. 나이 갓 스무 살에 말이다.

다음 날 아침, 볼일이 있어서 라울의 방으로 들어가던 하인
은 침대에 걸터앉은 그를 보고 깜짝 놀랐다. 그는 전날 입었던
외출복을 그대로 입은 채 깊은 절망에 빠진 표정이었다. 하인
은 두려움을 느꼈다. 어떤 재앙이 일어날 것 같은 두려움이었
다. 라울은 하인이 들고 온 우편물을 빼앗듯이 움켜잡았다. 한
눈에 알아볼 수 있는, 크리스틴의 서명이 적힌 편지였다.

모레 12시, 오페라극장에서 열릴 가면무도회에 와 주세요. 장
소는 대연회실 벽난로 뒤에 있는 작은 살롱입니다. 로통드 카
페 문 옆에 서 계세요. 이 약속을 아무한테도 알려 주시면 안
됩니다. 흰색 도미노 복장*에 가면을 꼭 쓰고 오세요. 사람들이
절대 알아보지 못하게 해야 합니다.

크리스틴

---

* 두건이 달린 법의

9
가면무도회

진흙이 잔뜩 묻은 편지 봉투에는 우표도 없이 그저 '라울 드 샤니 자작님께 전달 바람.'이라는 메모와 주소가 적혀 있었다. 누군가 길 가던 사람이라도 주워서 전해 주기를 바라는 마음에 길가로 던진 게 분명했다. 아니나 다를까 그 편지는 오페라 광장 근처 길 위에서 발견되었다. 라울은 마음이 들떠서 다시 편지를 찬찬히 읽었다.

그것만으로도 상심한 마음속에 희망의 불씨가 되살아났다. 한순간 크리스틴에게 덧씌웠던 어둡고 천박한 이미지가 사라진 대신 순수하고 감수성이 풍부한 소녀의 이미지로 되돌아왔다. 그녀는 도대체 누구의 포로가 된 것일까? 어떤 상황이기에 꼼짝도 못한 채 이런 식으로 연락을 해야만 하는 것일까? 그런 질문들을 스스로에게 던지자 마음은 찢어지는 것처럼 아팠지만, 크리스틴이 위선적이며 거짓투성이라고 생각하면서 몸부림치는 것보다는 훨씬 나았다. 도대체 무슨 일이 일어난 것일까? 그녀는 어디서, 누구에게 사로잡혀 있는 것일까? 어떤 괴물이 무슨 방법을 써서 그녀의 마음을 유혹했을까?

그리고 그 방법이 혹시 음악이 아니라면……. 라울은 그 부분은 반드시 진실을 알아야겠다고 굳게 다짐했다. 라울은 크리스틴이 페로에서 음악의 천사가 찾아왔다고 진지하게 말한 고백을 잊은 것이었을까? 크리스틴이 들려준 그 말이야말로 진실을 캐내기 위해 애쓰는 라울에게 한 줄기 빛이 되어 줄 것인데 말이다. 아버지가 죽은 후로 그녀가 느꼈던 절망감, 삶과 예술로부터 도망가려 했던 그녀의 슬픈 모습을 그는 벌써 잊어버린 것일까? 콩세르바투아르 시절 그녀는 영혼의 울림이 없는 자동기계처럼 노래만 부르던 초라한 악기였다. 그러다가 갑자기, 마치 신이 신성한 숨결을 불어넣어 준 것처럼 깨어났으니, 진짜로 음악의 천사가 찾아온 것인지도 모른다! 그녀는 〈파우스트〉의 마르그리트를 완벽하게 연기했고, 대단한 성공을 거두었다. 도대체 누가…… 그녀 앞에 신비로운 정령이 되어 나타난 것일까? 누가 크리스틴의 아버지가 들려주던 옛 이야기를 알아내서 그녀를 마음대로 다룰 수 있게 된 것일까?

라울은 마침내 그런 일이 그다지 대단한 것이 아니라는 생각

을 하게 되었다. 남편과 사별하고는 무척 좌절해서 결국 바보
가 되어 버린 벨몽트 공주 이야기가 떠오르기도 했다. 그 공주
는 한 달 전만 해도 말도 못할 정도였다. 눈물도 모두 말라 버
릴 지경이었다. 정신과 육체가 약해지자 생존력 또한 저하됐다.
사람들은 저녁때마다 그녀를 산책시켰지만, 그녀는 자신이 어
디 있는지조차 의식하지 못했다. 그러던 어느 날, 독일의 유명
한 가수 라프가 우연히 나폴리에 들렀다가 아름답기로 소문난
그 정원을 방문하게 되었다. 시녀들 가운데 한 명이 간절한 마
음을 담아 그 유명한 가수를 찾아가서 공주가 산책하는 동안에
몸을 숨기고 노래를 불러 주십사 간청했다. 라프는 기꺼이 청
을 받아들여 공주의 남편이 신혼 시절에 자주 불러 주던 아리
아를 불렀다. 공주는 그 노랫소리를 흘려듣지 않았다. 노래의
멜로디, 가사, 훌륭한 가수의 목소리가 한데 어우러져 공주의
피폐해진 영혼을 어루만지고 움직이게 만들었다. 결국 공주의
눈에서 눈물이 흘러내렸고, 공주는 그 눈물로 구원받았으며 그
날 저녁 죽은 남편이 하늘에서 내려와 노래를 불러 준 것이라
믿으며 살아갔다.

"맞아, 그날 저녁……. 꼭 하루뿐이었지. 같은 일이 반복된다
면 아무리 아름다운 상상이라도 온전히 지속되기 어려울 거야."

라울은 혼잣말로 중얼거렸다.

만약 그 가수가 저녁마다 석 달 동안 계속 노래를 불러 주었

다면 벨몽트 공주는 숨어서 노래하는 라프를 찾아내고 말았을 것이다.

그렇지만 음악의 천사는 지난 석 달 동안 계속해서 크리스틴을 가르쳤다. 모르긴 해도 완벽한 교습이었을 것이다. 그리고 이제 마차를 타고 숲속으로 함께 산책하는 단계에 이른 것이다.

라울은 질투로 인해 거칠게 뛰는 가슴에 손을 얹고는 괴로워했다. 이미 쓰라린 경험을 해 본 그는 크리스틴이 이번 무도회에서 또 어떤 속임수를 쓸지 두려움이 앞섰다. 한갓 오페라 여가수가 사랑에 서툴기만 한 순진한 청년을 어디까지 조롱할 수 있는 것일까? 그는 자신이 한없이 비참했다.

라울의 생각은 이렇게 끝 간 데를 모르고 이어졌다. 크리스틴을 가엾게 여겨야 할지, 아니면 저주해야 할지 결정할 수가 없어서 두 감정 사이를 위태롭게 오갔다. 그러면서도 그는 흰색 도미노 복장을 갖춰 입고 있었다.

마침내 약속 시간이 다가와 흰 얼굴에 길고 두꺼운 레이스 장식이 달린 검은 가면을 쓴 채, 허풍을 떠는 듯한 낭만주의풍 복장을 차려입은 라울은 자기 스스로가 우습기 짝이 없었다. 반듯한 사교계 인사라면 그런 차림을 하고 오페라극장에서 열리는 가면무도회에 가는 일 따위는 없을 것이다. 비웃음을 사기 딱 좋은 복장이기 때문이다. 하지만 사람들은 그를 알아보지 못할 것이다. 마음속에 슬픔과 고뇌를 가득 안고 있는 라울에게 가장무도회는 집처럼 편안하게 돌아다닐 수 있는 기회였다. 남의 시선 때문에 자신을 포장할 필요도 없었다. 표정을 감추는 것 또한 한편으로는 가면을 쓰고 있는 셈 아닌가.

사순절 중에 육식이 허락되는 3일간을 앞두고 열리는 이번 가면무도회는 가바르니*에 버금가는 화가로 흥겨운 사육제, 술집이 늘어선 쿠르티유의 골목길 등 지나간 시절의 화려함을 그려 명성을 얻은 한 화가가 탄생한 것을 기념하는 특별한 행사였다. 그러므로 이번 가면무도회는 다른 때보다 훨씬 더 유쾌하고 소란스럽고 방탕한 분위기인 게 당연했다. 많은 예술가들이 몰려들었고, 자정 무렵에는 화가의 모델들, 신인 화가들까지 모두 모여 난리 법석이었다.

자정이 되기 15분 전에 라울은 중앙 계단으로 올라갔다. 그 어떤 화려한 복장에도 눈길 한번 주지 않았다. 아무리 우스운 가면을 봐도, 사람들이 건네는 농담에도 흥이 나지 않았다. 그는 중앙 무도회장을 지나면서 잠시 파랑돌 춤**에 휩쓸리기도 했으나, 간신히 크리스틴이 알려 준 살롱으로 들어갈 수 있었다. 그 좁은 공간도 이미 사람들로 가득했다. 그곳은 저녁을 먹기 위해 카페 로통드로 가거나 샴페인을 마시러 돌아오는 사람

---

* 19세기의 풍속화가, 사치와 빈곤을 오가는 파리 시민들의 생활사를 치밀하게 그려 냈다

** 프랑스 프로방스 지방에 전승되어 온 민속 무용

들이 만나게 되는 교차로 같은 곳이었다. 두 사람이 만나기에는 한적한 곳보다 복잡한 곳이 낫다는 판단을 내린 것이라고 생각했다. 가면을 쓰고 있으니 누가 누군지 알아볼 수 없어서 더 안전할 것이다.

라울은 약속한 그 문 옆에 서서 기다렸다. 잠시 후에 검은 도미노 복장을 입은 사람이 스쳐 가듯 지나며 그의 손가락 끝을 재빨리 움켜쥐었다. 라울은 그녀라는 것을 알아채고 망설임도 없이 따라갔다.

"당신, 크리스틴이군요?"

그가 웅얼대듯 묻자 도미노 복장을 입은 사람이 고개를 돌려 입술에 손가락을 갖다 댔다. 그는 아무 말 없이 그녀를 따라갔다. 라울은 이상하고 어려운 그 만남만큼이나 그녀와 다시 헤어질까 봐 두려웠다. 이미 마음속에는 그녀에 대한 미움이 사라져 버리고 없었다. 또한 그녀의 행동이 이상하고 이해하기 힘든 것이라 해도 결코 비난받을 짓은 아니라는 생각을 갖게 되었다. 그는 어떤 관용이나 용서, 비굴함도 모두 수용할 각오가 되어 있었다. 그토록 사랑하고 원하던 여인이 눈앞에 살아 있고, 잠시 후면 왜 그리 갑자기 사라져 버렸는지 그녀의 입으로 설명해 줄 것이니 말이다.

검은 도미노 복장을 한 그녀는 가끔씩 뒤를 돌아보며 라울이 잘 따라오는지 확인했다. 그녀를 따라가며 무도회장을 지나가던 라울은 잔뜩 흥분한 군중들 가운데 색다른 무리를 발견했다. 그 무리 한가운데 있는 인물은 아주 독특한 변장을 했는데, 그 분위기가 남달라서 사람들의 이목을 집중시켰다.

그는 온통 진홍색 복장을 차려입고 해골 위에 큰 깃털 장식 모자를 쓰고 있었다. 마치 진짜 해골을 뒤집어쓴 것 같았다. 주위에 몰려든 수많은 신인 화가들은 그의 해골 장식을 칭찬하며, 어느 화가의 아틀리에에서 만든 것인지 궁금해했다. 검은 도미노 복장을 한 그녀도 잠깐 걸음을 멈추고 해골 장식을 쳐다보았다.

해골 머리, 깃털 장식 모자, 진홍색 의상을 갖춰 입은 남자가 불꽃같은 길고 붉은 비로드 망토를 양탄자 위에 길게 드리우자 그 망토 위에 금실로 수놓은 글자를 모두들 큰 소리로 읽었다.

"내 몸에 손대지 마시오! 나는 지나다 들른 붉은 죽음이오!"

누군가가 호기심 못 이겨 그 글자를 만지려고 하자 앙상한 손이 튀어나와 경솔한 그자의 손목을 움켜잡았다. 붉은 죽음은 그 손목을 다시는 안 놓아 줄 것처럼 보였다. 경솔한 그자는 고통스러운 비명을 내질렀다. 마침내 붉은 죽음이 손목을 놓아 주었다. 그러고는 쏟아지는 야유를 피해 실성한 사람처럼 달아났다.

바로 그 순간 라울은 음산한 해골 분장 사내와 마주쳤고, 고개를 돌려서 그 모습을 다시 보고 말았다. 그는 하마터면 '페로-귀렉에서 본 해골이야!' 하고 소리칠 뻔했다. 해골의 존재를 알아본 라울은 그만 크리스틴을 까맣게 잊어버리고 달려들려고 했다. 그렇지만 역시 묘한 흥분감에 휩싸인 검정색 도미노 복장을 입은 사람이 라울의 팔을 잡아당기는 바람에 어느새 무도회장을 지나 군중 속에서 빠져나올 수밖에 없었다.

검은색 도미노는 두 번 뒤돌아보았는데 그때마다 뭔가를 보고 흠칫 놀라는 것 같았다. 그런 뒤에는 쫓기는 사람처럼 발걸음을 재촉했다.

그렇게 두 층을 올라가자 인적이 드문 복도가 나왔다. 검은색 도미노는 대기실 문을 열고 뒤따라오던 흰색 도미노한테 들어오라고 손짓을 했다. 분명 크리스틴이었다. 라울은 그녀의 목소리를 듣고 확신했다. 그녀는 곧바로 문을 닫고는 낮은 목소리로 대기실 뒤쪽으로 가서 몸을 숨기라고 말했다. 라울은 가면을 홀떡 벗어 버렸다. 크리스틴은 계속 쓰고 있었다. 라울이 가면을 벗으라고 말하려는 순간, 검은색 도미노가 벽에 가까이 붙어 바깥의 소리에 귀를 기울였다.

"위에 있는 '장님 대기실'로 간 게 틀림없어……."

문을 다시 살짝 열고 복도를 둘러보더니 당황하며 소리쳤다.

"아, 다시 내려오잖아!"

그녀는 얼른 문을 닫으려고 했지만 라울이 막았다. 계단 맨 꼭대기로 올라가는 붉은 신발이 슬쩍 보이더니 조금 후에는 진홍색 복장을 한 붉은 죽음이 천천히, 엄숙한 기운을 풍기며 걸어 내려왔다. 라울은 페로-귀렉에서 본 해골을 다시 보았다.

"그자가 틀림없어! ……이번에는 그냥 보내지 않을 테다!"

하지만 라울이 뛰쳐나가려는 순간 크리스틴이 급하게 문을 닫아 버렸다. 라울은 그자를 쫓아가고 싶었다.

"누구 말씀이세요? 누굴 그냥 보내지 않겠다는 거예요?"

크리스틴은 전과 완전히 다른 목소리로 물었다.

라울은 말리는 크리스틴의 손길을 뿌리치려고 했지만 그녀는 온 힘을 다해 악착같이 막았다. 라울은 화를 냈다.

"누구냐고요? 바로 저 남자지 누굽니까?"

라울이 흥분해서 말했다.

"그 끔찍한 해골 장식을 뒤집어쓴 자 말입니다. 페로의 공동묘지에서 봤던 그 나쁜 정령이에요! 붉은 죽음, 혹은 당신 남자인 그 잘난 음악의 천사 말입니다! 이번에야말로 아무것도 숨기지 않고 서로 얼굴을 마주봐야겠습니다. 당신 연인이 도대체 어떤 존재인지 똑똑히 볼 겁니다!"

라울이 미친 듯이 껄껄 웃는 동안 가면을 쓴 크리스틴은 괴로운 듯 한숨을 쉬었다. 그러면서 여전히 빗장처럼 여리고 하얀 손으로 문을 막았다.

"우리의 사랑을 걸고 말하는 건데요……. 라울, 여기서 나가면 절대 안 돼요!"

라울은 주춤했다. 지금 그녀가 뭐라 말했지? '우리의 사랑?'

여태까지 그녀가 사랑한다는 말을 한 적은 한 번도 없었다. 그동안 그럴 기회가 없는 것도 아니었는데, 그가 눈물을 흘리면서 희망적인 말 한마디만 들려 달라고 했을 때도 그녀는 불행하고 불쌍한 그에게 아무 말도 해 주지 않았다……. 페로의 공동묘지에서 끔찍한 공포와 추위로 쓰러져 앓고 있을 때에도 그녀는 아무 말도 하지 않았다. 그녀의 사랑이 필요했던 순간에도 묵묵하게 그의 곁을 지켰을 뿐이었는데. 아니지, 끝까지 지켰던 것은 아니다. 말도 없이 사라져 버렸으니까! 그런데 이제 와서 사랑한다고 '우리의 사랑을 걸고'라는 말을 하다니. 혹시 잠깐이라도 그를 막을 요량으로 말한 것일까? 저 붉은 죽음이 사라질 시간을 벌어 주기 위해서? 사랑이라는 말은 분명 거짓말일 것이다!

"아가씨, 당신은 지금 거짓말을 하는군요. 당신은 나를 지금도, 예전에도 결코 사랑하지 않았습니다. 내가 불쌍하고 철없는 남자이기 때문에 놀리고 속일 수 있었던 거죠. 페로에서 만났을 때 왜 나한테 그런 태도와 모습을 보여 준 겁니까? 왜 그렇게 부드럽게 바라보고 내게 희망을 갖게 만든 겁니까? 우리가 처음 눈을 마주친 그 이후로, 왜 당신한테 빠져들게 된 건지 이젠 정말 모르겠습니다. 나는 반듯한 남자이고, 당신을 정숙한 여자로 생각했기 때문에 희망을 가진 겁니다. 하지만 당신은 그저 나를 놀림감으로밖에 생각하지 않은 겁니다! 아, 당신은 모든 사람들을 조롱했어요. 후원자인 발레리우스 부인은 여전히 당신을 믿고 있는데 당신은 가면무도회에서 붉은 죽음과 놀아나다니요……. 이제 당신을 경멸합니다."

라울은 마치 심술 난 어린아이처럼 톡 쏘아붙였다. 그의 볼을 타고 눈물이 흘러내렸다. 크리스틴은 그가 자신에게 비난을 퍼붓는 것을 그저 바라보고만 있었다.

"라울, 언젠가 당신은 지금 내게 했던 악의적인 말들을 용서해 달라고 부탁할 거예요……. 그땐 제가 모두 용서해 드리지요."

크리스틴은 그를 제지해야겠다는 생각밖에 없는 것 같았다. 라울은 고개를 마구 저었다.

"말도 안 돼! 아니야! 아니란 말이야! 당신은 나를 미치게 만들었단 말입니다! 오페라를 부르는 한 여가수한테 내 인생을 모두 바치겠다는 생각밖에는 못하게 만들었단 말입니다!"

"아…… 가엾은 라울……."

"부끄러워 죽을 것 같습니다……."

"절대로 죽으면 안 됩니다. 살아야 해요. 그럼 이만……."

크리스틴은 전과 다르게 엄숙하게 말했다.

"그래요. 이젠 영원히…… 안녕, 크리스틴."

"안녕, 라울."

"그래도 가끔씩 찾아와서 당신한테 박수를 보내는 바보짓은 허락해 줄 겁니까?"

라울은 힘없이 발걸음을 옮기다가, 화가 치미는지 빈정대는 말투로 물었다.

"라울, 난 더 이상 노래는 안 부를 거예요……."

"그래요? 아, 그렇겠네요. 다른 흥밋거리가 많이 생긴 모양인데……. 거 축하할 일입니다. 그럼 어느 날 불로뉴 숲에서 다시 만날 수도 있겠네요!"

라울은 더욱 심술궂게 말했다.

"숲이든 다른 어느 곳이든, 앞으로는 더 이상 나를 못 볼 거예요, 라울."

"아, 그럼 어떤 어둠 속으로 또 사라질 건지 말해 줄 수는 없는 건가요? 이번엔 어떤 따끈한 지옥을 향해 가는 겁니까, 수수께끼 아가씨? 아니면 멋진 낙원으로 떠나기라도 하실 건가요?"

"당신한테 할 얘기가 있어서 부른 건데, 더는 당신한테 아무 말도 할 수가 없겠어요……. 내 말을 안 믿을 테니까요! 라울, 당신은 나에 대한 믿음을 잃었군요. 이젠…… 정말 마지막이에요."

정말 마지막이라고 말하는 크리스틴의 말투가 너무 비장해서 라울은 자신의 잔인한 태도가 굉장히 후회되었다.

"이 모든 게 무슨 뜻인지 속 시원하게 말 좀 해 봐요!"

라울이 답답하다는 듯 말했다.

"당신은 어디에도 구속당하지 않은 자유의 몸이에요. 시내를 마음대로 돌아다닐 수도 있고 도미노 복장으로 무도회에 참석할 수도 있죠. 그런데 왜 집에 들어가지 않는 겁니까? 보름 전부터 지금까지 도대체 뭘 하면서 어찌 지낸 겁니까? 발레리우스 부인에게 말한 음악의 천사 얘기는 또 뭡니까? 지금 누군가가 당신을 속이고 당신의 순진함을 가지고 노는 건지도 몰라요! 페로에서 분명히 봤어요. 하지만 이제 당신도 자신이 무엇에 얽매인 건지 잘 알고 있어요. 크리스틴, 당신은 멀쩡한 정신에, 자신이 뭘 하고 있는지도 잘 알고 있어요. 그런데도 발레리우스 부인은 당신의 '음악의 정령' 어쩌구 하면서 여전히 당신을 기다리고 있더군요. 제발 부탁입니다. 어떻게 된 건지 설명좀 해 봐요. 크리스틴, 도대체 무슨 일이에요? 이 모든 우스꽝스런 일들이 다 뭔지 말해 줘요."

"희극이 아니라 비극이에요. 라울⋯⋯."

크리스틴은 드디어 가면을 벗으면서 담담하게 말했다. 순간, 그녀의 얼굴을 본 라울은 소스라치게 놀랐다. 활기 가득하던 아름다운 혈색은 온데간데없고, 매력적이고 우아하던 얼굴은 창백한 죽음의 그림자로 덮여 있었다. 고통의 흔적이 애처로운 주름살로 남아 있었고, 호수처럼 맑게 빛나던 눈동자에는 깊고 슬픈 어둠만이 가득했다.

"크리스틴, 나를 용서하겠다고 말했었죠⋯⋯."

라울은 떨리는 두 팔을 내밀면서 더듬거리며 말했다.

"그랬죠……. 네, 언젠가는 그럴 거예요."

그녀는 가면을 다시 쓰고, 그가 따라가려 하자 손짓으로 막으면서 멀어져 갔다.

라울은 그녀를 쫓아가고 싶었지만 엄숙하게 마지막 인사를 보내는 그녀를 보자 차마 발걸음을 뗄 수가 없었다.

그는 그녀가 또다시 멀어져 가는 모습을 보고 있을 수밖에 없었다. 그런 다음에 자신이 뭘 하는지도 모르면서 계단을 뛰어 내려와 사람들 속으로 들어갔다. 관자놀이가 마구 뛰고 가슴은 찢어지는 것 같았다. 그는 마주치는 사람들을 닥치는 대로 붙잡고 붉은 죽음이 지나가는 것을 보지 못했느냐고 물었다. 그러자 사람들은 붉은 죽음이 누구냐고 물었고, 그는 '해골 분장에 붉은 망토를 걸친 남자'라고 말해 주었다. 그러자 모두들 방금 붉은 죽음이 화려한 망토를 펄럭이며 지나갔다고 말했지만 어디에서도 그를 찾지 못했다. 새벽 2시경, 라울은 기운이 다 빠진 채 크리스틴의 대기실로 이어지는 무대 뒤 복도로 돌아왔다.

그의 발걸음이 처음 고통이 시작된 바로 그 장소로 무의식 중에 그를 이끌어 온 것이다. 문을 두드려도 반응이 없었다. 그는 예전에 수상한 남자 목소리를 듣고 무작정 들이닥쳤을 때처럼 대기실로 들어갔다. 아무도 없었는데 가스등 불꽃만이 희미하게 빛났다. 돌아보니 작은 테이블 위에 편지지가 여러 장이 놓여 있었다. 크리스틴에게 편지를 쓸까 말까 하는데 복도에서 갑자기 발소리가 들렸다. 라울은 얇은 커튼으로 막아 놓은 작은 내실로 급하게 몸을 숨겼다. 문을 열고 들어온 것은 바로 크리스틴이었다!

라울은 숨을 죽였다. 그녀를 지켜보고 싶고 무언가 새로운 비밀을 알아내고 싶은 심정이었다. 가만히 지켜보다가 수수께끼의 한 조각을 알게 된다면 아마도 그녀, 아니 모든 것을 이해하게 될지도 모를 일이었다.

크리스틴은 대기실 안에 들어와 천천히 가면을 벗어 탁자 위에 던지듯 올려놓았다. 그리고 한숨을 깊이 내쉬며 두 손으로 얼굴을 감쌌다. 무슨 생각을 하는 거지? 라울을 생각하는 걸까? 하지만 아니었다.

"불쌍한 에릭!"

그녀가 중얼대는 소리가 커튼 뒤까지 분명하게 들려왔다.

라울은 순간적으로 귀를 의심했다. 크리스틴이 불쌍히 여기는 사람은 분명 자신일 것이라 생각했기 때문이다. 지난 일을 돌이켜봐도, 그녀는 당연히 '불쌍한 라울!'이라고 해야 옳았다. 그렇지만 크리스틴은 고개를 흔들면서 다시 '불쌍한 에릭'이라고 말했다. 에릭에게는 도대체 무슨 일이 생겼던 것일까? 불행한 라울을 놔두고 크리스틴은 왜 에릭을 불쌍하게 여기는 것일까?

크리스틴이 매우 침착하고도 평온한 자세로 무언가를 쓰기 시작했다. 라울은 손이 부르르 떨렸다. 분하고 억울한 생각이 들어 화가 치밀었다.

'어떻게 저리도 냉정할 수 있지…….'

그녀는 라울이 지켜보고 있다는 사실은 꿈에도 모른 채 그렇게 두 장, 세 장 편지를 써 내려갔다. 그리고 갑자기 고개를 들어 편지를 가슴 앞섶에 숨긴 채 귀를 기울였다. 라울도 함께 귀를 기울였다. 멀리서 희미하게 들려오는 이상한 소리…….. 그 소리는 벽에서 흘러나오는 것 같았다. 노랫소리는 점점 더 분명하게, 가사도 알아들을 수 있을 만큼 또렷해졌다. 노랫소리는 무척이나 아름다웠다. 감미롭고 매혹적인 목소리였다. 그 부드러웠으나 목소리는 여자라기보다는 남자 목소리에 가까웠다. 목소리는 점점 더 가까워져서 벽을 지나 대기실 안으로 들어와 크리스틴 바로 앞에서 들렸다.

"에릭, 저는 이미 준비됐어요. 당신은 조금 늦으셨군요."

그녀는 조용히 일어나 그 목소리를 향해 말을 걸었다. 마치 바로 옆에 앉은 사람에게 말하는 것 같았다.

커튼 뒤에서 잔뜩 긴장하고 지켜보던 라울은 자신의 눈을, 눈앞에서 벌어지는 광경을 믿을 수가 없었다.

크리스틴의 얼굴은 갑자기 환하게 빛났다. 마치 병마와 힘들게 싸우던 환자가 희망을 갖게 되었을 때 보이는 그런 미소가 환하게 번졌다.

얼굴 없는 목소리가 다시 노래를 시작했는데, 라울이 한 번도 들어 본 적 없는…… 굉장한 목소리였다. 강하면서 동시에 부드럽고 웅장하면서도 당당하고 승리감에 도취된 것 같으면서도 섬세하고 우아하기 이를 데 없는 그런 목소리였다.

단 한 번의 울림만으로도 모든 아름다움을 느낄 수 있는 목소리로, 한 번만 들어도 누구 하나 반박하기 힘든 최고의 목소리였다. 대가가 갖고 있는 단호함과 음악을 사랑하고 표현해 본 사람이라면 단 한 번만 들어도 음악적 교양을 발전시킬 수 있을 만큼 힘이 넘치는 음성이었다. 고요하고 순수한 조화가 가득한 그 목소리는 음악을 사랑하는 사람들이 한껏 들이마시고 싶은 깊고 잔잔한 음악의 샘처럼 여겨졌다. 손만 갖다 대도 영혼을 변화시키는 신의 옷깃처럼, 가수라면 누구나 연모의 대상으로 여길 만한 그런 노랫소리였다.

열에 들뜬 채 노래를 듣던 라울은 그날 밤 크리스틴이 수많은 관객 앞에서 어떻게 그런 황홀하고도 아름다운 노래를 할 수 있었는지 그제야 서서히 이해할 것 같았다. 그날 밤 그녀는 눈에 보이지 않는 신비한 어떤 이에게 지도를 받은 것만 같이 무척이나 아름다운 목소리로 초인적인 공연을 보여 주었던 것이다. 그처럼 놀라운 목소리로 부르는 노래가 선율 자체는 대단한 것이 아니라서 라울은 더욱 놀랐다. 평범한 진흙을 재료로 파랗게 빛나는 천상의 보석을 다듬어 내는 것 같은 목소리였다. 평범한 가사와 통속적인 멜로디가 장엄한 목소리와 막힘 없는 성량과 어우러져 푸른 하늘 위로 솟구쳐 더없이 성스러운 음률로 변해 가고 있었다. 그 천사 같은 목소리는 이교도가 부르는 노래마저도 성스럽게 바꿀 것만 같았다. 그 목소리는 〈로미오와 줄리엣〉에 나오는 '결혼식의 밤'을 노래하고 있었다.

라울은 페로의 공동묘지에서 '라자로의 부활'을 연주하던 눈에 보이지 않는 바이올린을 향해서 그랬듯이, 크리스틴이 그 목소리를 향해 두 팔을 벌리는 모습을 보았다.

운명은 그대를 영원히 나에게 묶어 둘지니!

노래를 부르는 그 목소리에는 세상 어느 것과도 비교할 수 없는 열정이 담겨 있었다. 라울은 심장이 뚫리는 기분을 느꼈다. 자신의 의지와 에너지, 판단력까지도 모조리 빼앗아 버릴 것 같은 목소리를 견뎌 내면서 커튼을 젖히고 크리스틴을 향해 걸어갔다. 그때 그녀는 벽에 걸린 거울을 향해 걸어가고 있었기 때문에 뒤에 오던 라울을 보지 못했다.

운명은 그대를 영원히 나에게 묶어 둘지니!

크리스틴은 거울에 비친 자신에게 다가가고 있었다. 거울에
비친 형상이 크리스틴에게 가까워지고 있었다. 몸과 형상, 두
사람의 크리스틴이 만나려는 그 순간, 라울은 그 둘을 동시에
잡으려고 팔을 뻗었지만 무언가가 신비한 기적처럼 그를 밀쳐
물러나고 말았다. 차가운 바람이 얼굴을 때리는 것만 같았다.
크리스틴의 모습이 둘, 넷, 여덟, 스무 개로 변하다가 바람에 날
리는 풀씨처럼 그의 주위를 빙빙 돌면서 비웃는 것처럼 느껴졌
다. 손을 뻗어 잡으려고 했지만 그녀의 모습은 눈 깜짝할 새에
사라져 모든 것이 정지된 듯, 거울 안에는 혼자 남은 그의 모습
만이 비쳤다. 크리스틴은 어디에도 없었다.

라울은 거울을 향해 와락 달려들었다. 하지만 벽에 부딪히고
말았다. 그곳에도 역시 라울의 황망한 표정만 보일 뿐, 아무도
없었다. 바로 그때, 멀리서 들려오던 열정적인 그 목소리가 다
시 대기실 안에서 울려 퍼지다가 서서히 사라졌다.

운명은 그대를 영원히 나에게 묶어 둘지니!

라울은 이마에 흐르는 땀을 닦으면서 정신을 차리고 어두운
대기실을 더듬어 가스등을 켰다. 분명히 꿈을 꾸고 있는 건 아
니었다. 그냥 도무지 헤어 나올 수 없는 육체적, 정신적 놀이에
빠져 허우적거리는 기분이었다. 라울은 마치 금지된 것을 헤쳐

나가는 모험 이야기 속 주인공 왕자가 된 것 같은 착각까지 생겼다. 어떤 마법에 걸려도 놀라지 않으며, 사랑의 힘으로 모든 것을 물리치는 용감무쌍한 왕자 같았다.

크리스틴은 도대체 어디로 가 버린 것일까? 그리고 어디로 되돌아올 것인가?

되돌아오다니……. 그녀는 모든 것이 끝났다고 말했다! 이제 노랫소리도 들리지 않았다.

라울은 기운이 다 빠지고 머리가 멍해져서, 조금 전까지 크리스틴이 앉았던 자리에 쓰러지듯 털썩 주저앉아 그녀가 했던 것처럼 두 손으로 얼굴을 감쌌다. 조금 뒤 고개를 들었는데, 굵은 눈물방울이 그의 볼을 타고 하염없이 흘러내렸다. 그것은 퍼즐 같은 신비로운 불행 보다는 질투에 사로잡힌 청년의 치기 어린 눈물이었고, 이 세상의 모든 연인들이 한 번쯤 경험할 만한 그런 눈물이었다.

"에릭이라는 자는 대체 누구지?"

그가 중얼거렸다.

10
목소리의 주인공

크리스틴이 사라져 버린 다음 날, 샤니 자작은 발레리우스 부인의 집을 다시 찾았다. 그런데 그는 그곳에서 생각하지도 못한 아름다운 광경을 보게 되었다.

노부인이 조용히 앉아서 뜨개질을 하는 침대 머리맡에 크리스틴이 레이스를 뜨고 있었던 것이다. 그녀는 그 어느 때보다 매력적이고 더없이 순수한 모습과 부드러운 시선으로 앉아 있었다. 뺨에는 화사한 혈색이 다시 돌고 있었다. 빛나는 눈에 가득했던 푸르스름하고 어두운 그림자는 거짓말처럼 깨끗이 사라졌다. 라울은 그녀에게서 비극적인 모습을 하나도 찾을 수 없었다. 신비로운 여인에게 일어났던 사건의 마지막 흔적처럼 아련하게 남아 있는 우수에 잠긴 분위기만 아니라면, 크리스틴이 불가사의한 비극의 여주인공이라는 생각을 도저히 떠올리기 어려웠다.

라울이 망설이면서 다가가자 크리스틴은 아무렇지도 않게 자리에서 일어나 손을 내밀었다. 라울은 당황한 나머지 말 한마디 건네지 못했다.

"저런, 저런……. 샤니 씨, 이젠 크리스틴을 못 알아보시는 건가요?"

발레리우스 부인이 큰 소리로 말하자 라울이 얼굴을 붉혔다.

"음악의 정령이 우리 크리스틴을 돌려주었답니다."

"어머니! 그건 말도 안 되는 말씀이에요. 음악의 정령 같은 건 없다니까요. 어머니도 아시잖아요."

크리스틴이 얼른 끼어들었다.

"크리스틴, 얘야, 하지만 넌 그에게 지난 석 달간 음악 교습을 받았잖아."

"어머니, 때가 되면 그 부분에 대해 설명해 드린다고 말씀드렸잖아요. 그때까지는 질문 안 하신다고 약속도 하셨고요."

"그럼, 앞으로는 내 곁을 안 떠난다고 약속하렴! 그럴 수 있겠어? 약속할 수 있겠니?"

"어머니, 샤니 자작님은 이런 얘기에 관심 없으실 거예요."

"전 괜찮습니다. 아가씨……."

라울은 강하고 용감하게 말하고 싶었지만 목소리가 떨렸다.

"언젠가 알게 되겠지만, 당신과 관련된 모든 것들은 내게 아주 소중하답니다. 솔직히 말씀드리면, 부인 옆에 당신이 앉아 있는 모습을 발견하고는 몹시 기쁘면서도 놀랐습니다. 어제 우리 사이에 있었던 일들과 당신이 했던 말을 생각해 보면 나는 당신이 이렇게 빨리 돌아올 것을 상상조차 하지 못했답니다. 그 위험하기 짝이 없는 모든 비밀을 털어놓고 알려 주신다면 나는 세상 어떤 사람보다 행복할 것 같습니다. 나도 발레리우스 부인처럼 당신을 오래전부터 알아 온 친구니까 걱정은 안 하셔도 됩니다. 당신을 둘러싼 음모를 밝히지 않고 그냥 놔둔다면 당신이 계속 위험에 빠져 있다가 결국 희생될 것만 같은 불길한 예감이 듭니다. 크리스틴……."

자작의 하소연에 발레리우스 부인이 자세를 고쳐 앉았다.

"그게 무슨 말씀이세요? 크리스틴이 위험하다는 말씀이세요?"

"네, 그렇습니다."

크리스틴이 곤란하다는 신호를 보냈지만 라울은 뜻을 굽히지 않고 더욱 용감하게 말했다.

"이런, 맙소사! 어서 말해 보렴. 크리스틴! 왜 나를 안심시키려고만 하니? 샤니 씨, 크리스틴이 어떤 위험에 처했다는 말씀이세요?"

순진한 노부인은 숨을 몰아쉬면서 크리스틴을 다그쳤다.

"어떤 사기꾼이 착한 아가씨를 이용하려고 한답니다."

"그렇다면 음악의 천사가 사기꾼이라는 건가요?"

"무슨 말씀이세요. 아가씨가 음악의 천사는 존재하지 않는다고 부인께 직접 말씀드렸잖아요?"

"그렇다면 대체 무슨 위험을 말하시는 거예요? 아유, 답답해 죽을 것 같아요!"

가엾은 노부인이 어쩔 줄 몰라 하며 말했다.

"우리 주변에는 늘 위험이 도사리고 있답니다. 유령이나 정령들보다 훨씬 더 조심해야 할 무서운 것들이랍니다."

발레리우스 부인은 겁에 질려 크리스틴을 쳐다보았고, 그녀는 노부인 앞에 주저앉아 두 팔을 와락 붙들었다.

"저분 말씀은 신경 쓰지 마세요. 어머니, 절대로 믿으시면 안 돼요!"

크리스틴은 깊은 한숨을 내쉬는 노부인을 진정시키려고 애썼다.

"이제…… 다시는 내 곁을 떠나가지 않겠다고 약속해 주렴!"

발레리우스 부인은 떨리는 목소리로 애원했다.

"크리스틴, 제발 약속하세요. 그래야 부인과 나, 우리 모두가 안심하잖아요. 앞으로는 우리 곁을 떠나지 않겠다고 약속해 주면 우리도 지난 일에 대해서는 묻지 않겠다고 약속할게요."

"난 당신에게 그런 약속을 해 달라고 한 적도 없고, 그런 약속을 해 드리지도 않을 거예요."

크리스틴이 단호하게 말했다.

"라울, 나는 내가 원하는 대로 할 수 있는 자유로운 몸이에요. 당신이 내 행동을 제한할 권리는 어디에도 없으니까 앞으로도 그런 말씀은 하지 마세요. 지난 보름 동안 내가 한 행동에 대해서 물을 권리가 있는 사람은 내 남편뿐일 거예요. 하지만 나는 남편도 없고 앞으로도 그럴 거예요."

크리스틴이 힘주어 말하며 팔짱을 꼈다. 라울의 얼굴이 창백해졌다. 그녀가 한 말도 놀라웠지만, 그녀 손가락에서 반짝이는 금반지를 본 까닭이었다.

"남편이 없다면서…… 결혼반지는 끼고 있네요……."

라울이 그녀의 손을 잡으려고 하자 크리스틴이 뒤로 물러났다.

"그냥 선물로 받은 거예요."

그녀는 당혹스러움을 감추려고 했다.

"크리스틴! 당신에게는 남편이 없으니, 분명 남편이 되고 싶은 사람이 선물한 모양이군요. 왜 우리를 속이고, 도대체 왜 나를 이렇게도 괴롭히십니까? 그 반지는 틀림없이 결혼반지인 데다…… 그 약속을 받아들이겠다는 증거입니다."

"내가 하고 싶은 말이 바로 그거예요."

노부인이 동의했다.

"부인, 크리스틴이 당신한테는 뭐라고 했습니까?"

"이제 그만하세요! 간섭이 너무 지나치다고 생각 안 하세요? 자꾸 이러시면 나도……."

크리스틴이 굉장히 화를 냈다.

"……제가 무례했다면 사과드리겠습니다. 나와 상관없는 일 이긴 합니다만, 사려 깊은 마음으로 대하는 제 마음을 좀 알아 주십시오. 왜 이런 행동을 하는지, 내 마음을 잘 알고 계시잖아 요? 나는 당신이 생각하는 것보다 너무 많은 것을 이미 봐 버렸 어요. 크리스틴, 사실 이런 이상한 일을 겪게 되면 눈을 의심하 기 마련이니 봤다고 믿는다는 표현이 적당하겠군요."

흥분한 라울은 크리스틴이 돌이킬 수 없는 결별의 말을 던질 까 봐 겁이 나서 그녀의 말을 막았다.

"그럼 무엇을 봤다는 얘긴가요? 아니, 무엇을 봤다고 믿으시는 건가요?"

"당신이 그 목소리를 들으면서 황홀경에 다다른 모습을 보 았어요. 크리스틴! 벽이나 대기실 아니면 건물에서 흘러나오는 목소리에 취해 당신은 황홀해했지요. 나는 그게 너무 무서웠답 니다. 그리고 오늘 당신이 '음악의 정령은 존재하지 않는다'라 고 말한 것으로 볼 때 사기꾼에게 넘어갔다는 걸 당신 스스로 도 이미 알고 있어요. 그렇다면 크리스틴, 도대체 왜 이번에도 그를 따라간 건가요? 왜 마치 실제 천사의 목소리라도 들은 것처럼 따라간 건가요? 아, 그 목소리는 진짜 위험했습니다…….
나도 그 목소리를 듣는 동안 매혹당했거든요. 당신이 내 눈앞
에서 사라지는데도 어디로 간 건지 알아차리지 못할 지경이
었거든요……. 크리스틴! 크리스틴! 지금은 하늘나라에 계시
는 당신 아버지를 위해서, 당신과 나를 무척 사랑하셨던 그분
을 위해, 평생 당신을 후원해 주신 발레리우스 부인을 위해서,
그리고 나를 위해서…… 그 목소리의 주인공이 누군지 말해 줄
수 없는 겁니까? 어떤 상황이든 우리는 당신을 구해 드릴 겁니
다. 크리스틴, 그 남자, 당신한테 감히 반지를 끼워 준 그 사람
은 누굽니까?"

"라울, 당신은 절대로 그를 알 수 없을 거예요……."

크리스틴은 차갑게 말을 뱉었다.

"자작님, 우리 애가 그 사람을 사랑한다면 그걸 당신이 상관
할 바는 아니라고 생각합니다."

크리스틴의 양모인 발레리우스 부인도 날카로운 목소리로
말했다.

"그렇군요, 부인. 사실 크리스틴은 제가 아니라 그 사람을 사
랑하는 것 같군요……. 지금까지의 모든 정황을 보니 그렇군
요……. 하지만 제가 괴로운 건 그 때문만이 아니에요. 크리스
틴이 사랑하는 그 남자가 과연 그런 사랑을 받을 만한 자격이
있는 건지 잘 모르겠습니다."

라울은 눈물을 글썽거리며 말했다.

"그건 오직 나만이 판단할 수 있는 문제예요."

크리스틴은 가까스로 말을 이어 가는 라울을 □□로 쳐다보
며 말했다. 그녀의 얼굴에는 노여움이 가득했다.

"그렇지만 젊은 여성을 유혹하려고 그렇게 로맨틱한 방법을
쓰는 걸 보면……."

라울은 더 이상 간섭하고 싶지 않다는 생각이 들기도 했다.

"남자가 흉측하든지 여자가 멍청하든지 둘 중에 하나겠네요."

"크리스틴□

"라울, 한 번도 본 적 없고 제대로 알지도 못하는 남자에 대
해서 왜 그렇게 부정적인 생각을 갖는 거죠?"

"크리스틴, 당신이 나에게 계속 숨기려고 하는 그 남자 이름
도는 나도 알고 있다오. 그 음악의 천사 이름은 바로 에릭이
지요!"

순간 크리스틴의 안색이 바뀌었다.

"대체…… 누구한테 들은 거예요?"

하얗게 질린 그녀는 부들부들 떨다가 더듬거리며 겨우 말을
꺼냈다.

"당신 입으로 직접 말해 준 거예요."

"무슨 소리예요? 언제요?"

"가면무도회가 열린 날 저녁에 당신이 흐느껴 울면서 말했어

요. 대기실 안으로 들어와서는 '불쌍한 에릭'이라고 탄식했잖아요? 그때 어딘가에서 '불쌍한 라울'이 그 얘기를 듣고 있다는 건 몰랐겠지만요."

"그렇다면 두 번씩이나 문밖에서 엿들었다는 얘기군요!"

"문밖이 아니라 대기실 안에 있었습니다. 대기실 안 내실에 있었지요."

"저런! 제정신인 거예요? 정말로 죽고 싶으신 거예요?"

크리스틴의 얼굴은 말로 표현하기 어려운 두려움으로 가득했다.

"아마 그런 모양입니다."

라울의 눈빛에는 한 여인에 대한 사랑과 절망이 모두 담겨 있었다. 크리스틴은 더는 울음을 참기 어려웠다. 그녀는 라울의 손을 붙잡고 더할 나위 없이 부드러운 눈길로 가만히 바라보았다. 그러자 그녀의 그 눈길만으로도 그의 고통이 사라지는 것 같았다.

"라울, 그 남자 목소리는 잊어버리세요. 그의 이름을 더 이상 기억하지도 마시고…… 그의 비밀을 풀려고 해서도 안 돼요."

"그 비밀이 그렇게 끔찍한 겁니까?"

"세상에 그것보다 더 끔찍한 건 없을 거예요……."

두 사람 사이에 침묵이 계속됐고, 라울은 온몸에 남아 있던 힘이 모두 빠져나가는 것 같았다.

"더 알아내려고 애쓰지 않겠다는 약속을 하세요! 제가 부르지 않는 한 절대로 대기실에도 오지 않겠다는 약속을 하세요!"

크리스틴은 고집을 부렸다.

"그럼, 가끔 그곳으로 나를 부르겠다고 약속해 줄 수 있습니까?"

"약속할게요……."

"언제요?"

"내일이라도."

"알겠습니다. 그럼 맹세하죠."

그것이 그들이 그날 나눈 마지막 대화였다.

라울은 그녀의 손등에 키스했다. 그는 에릭이라는 이름을 저주하면서 길을 나섰고, 조금만 더 참고 기다리자고 스스로를 달랬다.

11
무대 바닥 문 위에서

다음 날, 라울은 오페라극장에서 다시 크리스틴을 만날 수 있었다. 그녀는 여전히 반지를 끼고 있었지만 부드럽고 온화하게 보였다. 크리스틴은 라울이 계획한 일정과 미래에 쌓을 경력에 대해 얘기하는 것을 들었다.

라울은 극지방 원정대 출발이 앞당겨져서 늦어도 3주나 한 달 뒤면 프랑스를 떠날 것이라고 했다. 크리스틴은 기쁜 목소리로 이번 여행이 즐거울 것이며, 앞으로 쌓아 갈 명예의 발판이 될 수 있을 것이라고 했다. 하지만 라울이 사랑 없는 영광은 아무 가치가 없다고 하자, 그를 어린애처럼 달래 주며 마음의 고통은 금방 사라질 것이라고 다독여 주었다.

"크리스틴, 중요한 문제를 어떻게 그처럼 가볍게 말할 수 있는 거지요? 우리가 앞으로 다시 못 볼지도 모른단 말입니다. 원정을 떠났다가 죽을 수도 있어요!"

"나도 마찬가지랍니다……."

크리스틴이 담담하게 말했다. 그녀의 표정에는 장난스러움도 없었다. 오로지 머릿속에 처음으로 떠오른 생각에만 몰두하는 것처럼 보였다. 그녀의 눈빛이 차갑게 빛났다.

"크리스틴, 무슨 생각을 하시는 겁니까?"

"우리가 서로 다시는 만나지 못할 거라는 생각을 하고 있었어요."

"그 생각을 그렇게 열심히 하십니까?"

"한 달 안에 당신에게 작별 인사를 하게 될 거예요. 영원한 작별 인사 말이에요……."

"우리가 약속을 하고 영원히 서로 기다리겠노라는 서약을 하지 않는다면 그렇게 되겠지요……."

"그만하세요, 라울! 그런 얘기가 아니라는 건 당신도 잘 아시잖아요. 우리는 절대로 결혼할 수 없는 사이잖아요……."

크리스틴은 라울의 입술 위에 손가락을 갖다 대며 조용히 말했다. 그러다가 갑자기 그녀는 주체할 수 없는 기쁨에 휩싸인 듯 어린아이처럼 즐겁게 손뼉을 쳤다. 라울은 그런 그녀를 도저히 이해하기 힘들어서 그저 보고만 있었다.

"하지만…… 하지만……."

그녀는 라울에게 손을 내밀었다.

"결혼은 할 수 없어도 우리…… 약혼은 가능할 거예요. 우리 두 사람 말고는 아무도 모르겠죠. 라울! 비밀 결혼이라는 것도 있으니 비밀 약혼도 할 수 있을 거예요……. 우리 한 달 동안 약혼하기로 해요. 그럼 한 달 후에 당신이 떠난다고 해도 나는 평생 당신과 이 시간을 기억하면서 행복할 수 있을 거예요."

그녀는 자신의 생각에 들떠 잠깐 기뻐하다가 다시 진지해졌다.

"그 행복은 그 누구한테도 해를 끼치지 않을 거예요……."

라울은 충분히 이해할 수 있었고 그녀의 심정에 공감했다. 그 또한 상상하는 것만으로도 황홀해졌다. 크리스틴의 생각을 당장 현실로 만들고 싶었던 그는 그녀 앞에 무릎을 꿇었다.

"아가씨, 당신의 손을 잡을 수 있는 영광을 허락해 주십시오!"

"이미 제 두 손을 잡으셨잖아요. 라울, 우린 정말 행복할 거예요! 이제 곧 새신랑 새 신부가 된 것처럼 소꿉놀이를 하자고요……."

'경솔한 짓일 거야! 한 달 안에 그녀가 그를 잊게 만들거나, 그 수수께끼 같은 목소리를 없앨 수 있을까? 그렇다면 크리스틴은 어쩔 수 없이 한 달 후엔 내 아내가 될 텐데……. 그때를 기다리면서 일단 지금은 소꿉놀이로 만족하자!'

라울은 마음속으로 혼잣말을 했다.

소꿉놀이는 세상 어느 놀이보다 더 재미있었다. 놀이를 하는 동안 두 사람은 순수했던 어린 시절로 되돌아간 기분이었다. 아름다운 사랑의 말을 속삭이고, 영원한 맹세를 나누었다. 그렇지만 곧 그 맹세를 지킬 서로가 사라진다는 생각이 불쑥 끼어들었고, 웃고 우는 동안 묘한 두려움이 찾아왔다. 두 사람은 마치 무도회를 즐기는 것처럼 진심으로 즐겼지만 상대방의 마음에 상처를 입히지 않도록 무척 세심하게 행동해야 했다. 그러다가 놀이를 시작한 지 여드레가 되던 날, 라울은 너무나 마음이 아팠던 나머지 당장이라도 게임을 끝낼 수 있는 위험한 말을 내뱉고야 말았다.

"난 북극 원정을 떠나지 않겠소!"

크리스틴은 그제야 이 놀이가 위험하다는 것을 깨닫고는 스스로를 호되게 질책했다. 그녀는 라울에게 한마디도 하지 않고 집으로 돌아갔다.

두 사람은 그날 오후에 대기실에서 비스킷 몇 개와 포도주를 마시면서 즐거운 시간을 만끽했다. 테이블 위에는 제비꽃으로 만든 꽃다발이 놓여 있었다. 라울이 북극으로 떠나지 않겠다는 말을 한 것은 바로 그때였다. 그날 저녁 크리스틴은 노래를 부르지 않았다. 비밀 약혼 이후로 계속 주고받던 편지도 보내지 않았다. 그리고 다음 날 아침, 라울이 서둘러서 크리스틴의 집으로 갔지만 발레리우스 부인한테서 그녀가 집으로 돌아오지 않았다는 얘기를 들었다. 전날 오후 5시쯤 집을 나서면서 모레까지 돌아오지 않을 것이라고 했다는 것이다. 라울은 그런 소식을 아무렇지도 않게 전해 주는 노부인이 원망스러웠다. 그는 좀 더 다그쳐 보려다가 그만두었다. 노부인은 아무것도 모르거니와 라울이 다그친다 한들 아무렇지도 않은 대답만 돌아올 게 뻔했다.

"그건 크리스틴의 비밀이에요!"

노부인은 상대방을 침착하게 만들고 안심시키는 예의 부드럽고 감동적인 말투로 말했다.

"아, 그렇군요. 부인께서는 따님을 그런 식으로 교육하시는 모양이군요."

라울은 미친 사람처럼 급히 계단을 내려오면서 통명스럽게 말했다.

크리스틴은 어디로 간 것일까? 그것도 이틀씩이나. 물론 그것은 라울이 잘못했기 때문에 벌어진 일이었다. 그가 북극으로 가지 않겠다고 말한 것은 진심이었을까? 진짜로 그럴 마음이었다면 왜 그렇게 일찍 말을 꺼냈을까? 그는 자신의 경솔함을 후회하면서 크리스틴이 돌아오기 전까지의 마흔여덟 시간을 세상에서 제일 불행한 남자가 되어서 보내야만 했다.

드디어 크리스틴이 돌아왔다. 그리고 그녀는 다시 무대에서 화려한 성공을 거두었다. 예전의 그날 저녁과는 또 다른 대성공이었다. 카를로타는 지난번 두꺼비 사건 이후로 더는 무대에 서지 못했다. 꾸엑 소리가 언제 또 튀어나올지 몰라 겁이 났기 때문이다. 그리고 그 이해할 수 없는 사건을 목격한 후로 무대와 객석을 떠올리는 것만으로도 지긋지긋했다. 그날 이후 오페라극장은 그녀에게 가장 끔찍한 곳이 되었고, 그 정도라면 계약을 파기하기에 충분한 이유가 되었다. 다에는 그녀의 공백을 메우기 위해 맡은 〈유태인 여자〉를 공연하면서 엄청난 성공을 거둔 것이다.

크리스틴의 또 다른 성공을 환영하는 수많은 사람들 중에 유일하게 고통을 느낀 사람은 샤니 자작이었다. 크리스틴의 손에 여전히 반지가 있는 것을 확인한 탓이다. 멀리서 아득한 목소리가 들려왔다.

"오늘 저녁에도 그녀는 여전히 반지를 끼고 있지. 그건 당신이 선물한 게 아니야. 그녀는 오늘 저녁에 또다시 영혼을 바쳤지. 그 또한 자네를 위한 게 아니라네."

목소리는 그의 귓가에서 맴돌았다.

"그녀가 이틀 동안 뭘 했는지 말해 주지 않으면 에릭을 찾아가서 물어보는 게 낫지 않을까!"

라울은 무대 위로 올라갔다. 마침 그녀 역시 그를 찾고 있었기 때문에 둘은 곧 만날 수 있었다.

"서두르세요! 이쪽으로 어서요!"

그녀는 라울과 함께 대기실로 들어갔다. 대기실 문 앞에는 어린 무용수들이 오늘 저녁 거둔 성공과 두 사람의 관계에 대해 이러쿵저러쿵하고 있었다. 하지만 크리스틴은 어떤 것도 신경 쓰지 않았다.

라울은 대기실로 들어오자마자 그녀 앞에 무릎을 꿇고 정해진 날짜가 되면 북극 원정을 떠날 테니 약속했던 행복한 시간을 계속 이어 달라고 애원했다. 그녀도 눈물을 흘렸다. 두 사람은 마치 가족 중 누군가를 죽음에 빼앗긴 오누이처럼 서로 부둥켜안고 울었다.

그러다가 크리스틴은 갑자기 라울의 품에서 벗어나 이상한 소리에 귀를 기울였다. 그러더니 문을 가리키고 시간이 되었다고 했다. 라울은 문으로 다가갔다.

"사랑하는 라울, 내일 만나기로 해요. 라울…… 오늘 저녁 공연은 당신을 위해 노래한 거예요."

크리스틴의 목소리는 너무 작아서 들리지 않았다. 다만 그렇게 짐작한 것뿐이었다.

다음 날 대기실에서 다시 만난 두 사람은 어색했다. 그녀가 사라졌던 이틀 이후로 그들의 행복한 시간은 다시 오지 않았다. 두 사람은 대기실에서 아무 말도 하지 않고 슬프게 서로를 바라보기만 했다. 라울은 '질투가 나서 미칠 것만 같다'라고 소리치고 싶었지만 억지로 참았다. 하지만 그녀는 그의 마음속에서 울리는 그 소리를 모두 들은 것 같은 표정을 지었다.

"어디 가서 산책해요. 찬 공기를 쐬고 나면 기분이 좀 좋아질 거예요."

라울은 그녀가 시내를 벗어나 가까운 교외에라도 나가자고 하는 줄 알았다. 에릭이 간수처럼 벽 속에 숨어 있는 이 감옥에서 멀리 떠나고만 싶었다. 하지만 그녀가 데리고 간 곳은 무대 위였다. 라울은 깔끔하고 평화로움이 느껴지는 연못가 근처 격자무늬 나무 장식 위에 걸터앉았다. 언젠가 그녀는 무대장치가 만들어 놓은 정원의 오솔길을 라울의 손을 잡고 헤매며 돌아다닌 적이 있다. 마치 그녀에게는 자연의 하늘과 공기, 꽃과 흙이 금지되고 무대의 공기만을 숨 쉬어야 하는 숙명이 지워진 것 같았다. 라울은 그녀에게 질문하는 게 겁이 났다. 그녀는 아무런 대답도 할 수 없을 테고, 그렇다면 그것은 괜히 그녀를 괴롭히는 일이 될 것이라는 생각에서였다.

가끔씩 극장 소방관이 멀리서 그들 곁을 지나며 우울해 보이는 두 사람을 걱정스러운 눈빛으로 보곤 했다. 크리스틴은 사람들에게 환영을 보여 주는 그 거짓된 아름다움을 보면서 그것이 실재라고 믿고 싶었다. 그래서 라울까지도 그 안으로 끌어들였다. 그녀는 무대장치가 자연의 어떤 색과 견주어 봐도 더 생생하게 빛나고 아름답다고 상상했다. 그녀가 무대를 둘러보면서 기쁨에 젖어 있는 동안에도 라울의 손에서는 땀이 멈추지 않았다.

"이것 봐요, 라울. 이 담장과 나무들, 장미 넝쿨과 캔버스 위의 이 모든 것들을 보세요. 이것들을 배경으로 아름다운 사랑 얘기들이 펼쳐졌어요. 시인들이 보통 사람들의 운명을 뛰어넘는 아름다운 사랑 얘기를 만들어 냈기 때문이에요……. 라울, 우리 사랑도 그럴 거예요! 아, 우리 사랑도 그저 환상에 지나지 않아요……."

라울은 너무나 슬퍼서 아무런 대답도 할 수 없었다.

"우리 사랑은 이 세상에서는 너무 슬프니까…… 그러니까 우리 하늘나라로 데려가요. 이곳에서는 사랑이 너무 쉽네요."

어느새 크리스틴은 구름 장치보다도 높은 곳으로 그를 데리고 갔다. 그곳에는 무대장치를 조절하는 철제 선반들이 어지럽게 엇갈려 설치되어 있었는데, 그녀는 어지러워하는 라울 앞에서 그 아슬아슬한 다리 위를 뛰어다녔다. 수많은 밧줄들이 여러 장치에 연결되어 있었고, 그 사이로 날카롭게 올라온 수많은 버팀대, 활대 같은 것들이 가득했다. 하지만 그 공간은 그녀에게 놀이터 같았다.

"곧 항해를 떠나실 어엿한 선원 아니셨나요? 왜 그렇게 겁이 많아요?"

그가 현기증을 느끼면서 멈칫거릴 때마다 크리스틴이 귀엽게 말했다.

그들은 다시 무대로 내려와 복도를 걸었다. 그곳에서는 어린 무용수들의 웃음소리와 호령 소리 그리고 투덜거리는 소리가 들려왔다. 여섯 살에서 열 살 정도의 어린 무용수들을 가르치는 교습 시간이었다. 하늘거리는 옷에 흰색 타이즈, 분홍색 발목 보호대를 한 모습이 보였다. 그들은 4인조 카드릴 무곡의 일원이 되거나 군무 무용수 또는 화려한 조명을 받는 최고 무용수가 되겠다는 일념으로 아픈 발을 참으며 열심히 연습 중이었다. 크리스틴은 어린 그 소녀들에게 사탕을 나눠 주었다.

어느 날, 크리스틴은 무대의상들이 전부 보관된 궁전 같은 커다란 방으로 라울을 데리고 갔다. 그곳에는 오래된 기사들의 갑옷, 의상, 문장이 새겨진 방패와 창, 다양한 깃털 장식이 가득했는데 그녀는 먼지를 둘러 쓴 채 죽 늘어서 있는 전쟁의 유령 사이를 꿈을 꾸는 것처럼 돌아다녔다. 그녀는 그 유령들에게 인사를 했고 어느 날 저녁 화려한 조명, 음악 속에서 다시 만날 것이라고 말을 걸기도 했다.

크리스틴은 그런 식으로 라울과 함께 자신의 왕국을 돌아다녔다. 진짜 왕국은 아닐지라도 1층부터 17층까지 규모가 어마어마했는데, 그녀는 마치 여왕이 된 듯 그곳을 돌아다니며 일하는 사람을 다독이기도 하고 잠시 앉아서 쉬기도 했다. 주인공들에게 입힐 의상을 어렵게 손질하고 있는 일꾼들에게 도움이 될 말을 건네기도 했다. 이 왕국에 사는 사람들은 모든 일을 알아서 처리했다. 구두 수선에서부터 보석 세공까지 못 하는 일이 없었다. 세심한 부분까지 관심을 가지고 다정하게 대해 주는 까닭에 모두들 크리스틴을 좋아했다. 그녀는 심지어 늙은 거지 부부가 남몰래 사는 오페라극장의 구석진 곳까지도 알고 있었다. 무대 주인공으로서 크리스틴처럼 모든 사람들을 챙기는 이는 아직까지 없었다.

크리스틴은 그들에게 라울을 자신에게 구혼한 백마 탄 왕자라고 소개했다. 두 사람은 마치 어린 시절 브르타뉴 지방 이야기를 듣던 그때처럼 노부부가 들려주는 오페라극장에 관한 옛 이야기에 귀를 기울였다. 노부부의 기억은 오페라극장에 관한 것이 전부였다. 그들은 아주 오래전부터 오페라극장 구석에서 살아왔다. 아무도 그들을 알아보지 못했고, 그들을 기억조차 하지 못했지만 정부가 여러 차례 바뀌고, 혁명이 일어나고, 프랑스 역사가 바뀌었어도 그들은 항상 그곳에 머물렀다.

그렇게 소중하고 꿈같은 시간들이 지나갔다. 라울과 크리스틴은 외부에 대한 지나친 관심을 이용해서 서로 마음속에 품은 생각들을 숨겼다. 한 가지 분명한 것은, 항상 단호한 태도를 보이던 크리스틴이 모든 일에 예민하게 군다는 것이었다. 소풍을 갔을 때도, 그녀는 아무런 이유도 없이 갑자기 달리다가 또 금방 멈춰서 라울의 손을 붙잡기도 했다. 그녀의 시선은 자주 상상 속 그림자를 쫓는 것 같았다. 그녀는 '이쪽이에요, 이쪽!' 하고 웃으면서 계속 소리를 지르는가 하면 갑자기 눈물을 흘리기도 했는데, 그럴 때면 라울은 굳은 다짐도 약속도 다 잊어버리고 두 사람의 언약에 대해 그녀에게 말하곤 했다.

"아무것도 아니에요. 아무것도요. 맹세할게요. 그러니 제발……."

하지만 그녀는 떨리는 목소리로 말을 막았다.

"크리스틴, 당신은 내게 지상의 왕국은 충분히 보여 주었지만 사람들이 저 아래에도 신기한 일이 많다고 하던데……. 아래로 한번 내려가 볼까요?"

언젠가는 또 무대 위를 지나가다 우연히 바다 문이 열린 것을 보았을 때 라울이 어둡고 깊은 지하를 바라보며 말했다.

그의 말을 들은 크리스틴은 마치 어두운 구멍 속으로 빨려 들어가는 것을 구하기라도 하는 것처럼 그의 팔을 재빨리 잡아당겼다.

"안 돼요! 거긴 절대…… 절대로 가면 안 돼요. 그곳은 갈 수 없어요. 그, 그리고…… 저 아래는 모두 그 사람 거예요."

그녀가 떨리는 목소리로 말했다.

"그자가 저 아래 사는 거요?"

라울은 그녀의 눈을 똑바로 쳐다보며 거칠게 물었다.

"그런 말 한 적 없어요. 누가 당신한테 그런 얘기를 한 거예요? 우리 이러지 말고 딴 데로 가요! 어서요! 라울, 당신이 제정신인지 가끔 미심쩍을 때가 있어요. 그렇게 말도 안 되는 소리를 자꾸 하니까요. 어서 가요!"

하지만 라울이 무대 아래를 향해 열린 뚜껑, 그 심연으로 들어가겠노라 고집을 부렸기 때문에 크리스틴은 말 그대로 그를 끌고 나와야 했다.

바로 그때, 바닥 문이 갑작스레 닫혔다! 너무 갑작스런 일이라 그 문을 누가 닫았는지 알아차릴 수도 없었다. 그야말로 순식간에 일어난 일이었다.

"그자가 아래 있는 게 분명한 모양이군……."

라울의 말에 크리스틴은 어깨만 으쓱했지만 놀라고 당황하는 표정은 그대로 드러났다.

"아니에요! 절대로 아니라고요! 바닥 문을 담당하는 사람들이 한 거예요. 그들도 뭔가는 해야 하잖아요. 아무 이유 없이 바닥 문을 괜스레 닫기도 하고 그래요. 심심풀이로 하는 건지도 몰라요."

"그럼, 그자가 한 짓이라면 어떻게 할 거요. 크리스틴?"

"절대로 아니에요! 바닥 문은 저절로 닫힌 거라니까요. 그는 일을 하고 있어요!"

"아, 그런 거요? 일을 하고 있다고?"

"네, 일하면서 바닥 문을 닫을 수는 없으니까요. 아무 일도 아니니까 괜히 신경 쓰지 마세요."

그녀는 굉장히 떨리는 목소리였다.

"그렇다면 그는 대체 무슨 일을 하는 겁니까?"

"그, 그건…… 정말 끔찍한 일을 해요! 그가 일을 할 땐…… 아무것도 안 보고, 안 먹고 마시지도 않고 숨도 쉬지 않아요……. 그렇게 몇 날이고 며칠이고 보내는 거예요. 살아 있는 시체라고 하면 맞을까요? 그러니까 무대 바닥 문을 여닫을 시간 같은 건 없어요!"

그녀는 다시 몸서리를 치며 몸을 숙여 바닥 문에 귀를 기울였다. 라울은 가만히 서서 그녀의 행동을 지켜보기만 했다. 크리스틴이 그 목소리 때문에 다시 고민에 빠지고 비밀을 털어놓지 않게 될지도 모른다는 생각을 했다.

그녀는 라울의 손을 꼭 잡고 그의 곁에서 떠나지 않았다.

"맞아요. 바로 그로군요."

크리스틴이 먼저 한숨을 내쉬고 말했다.

"그자가 두려운 거요?"

라울이 조심스레 물었다.

"아니에요, 조금도 두렵지는 않아요."

라울은 자신도 모르는 새 방금 환영에서 깨어난 예민한 사람을 대하듯 그녀를 가엾게 여겼다. 마치 그녀에게 '내가 곁에 있어 두렵지 않은 거 맞죠?' 이렇게 묻는 것 같았다. 하지만 크리스틴에게는 그의 태도가 위협적으로 느껴졌고 그의 용기 있는 태도에 놀라서 그를 똑바로 쳐다보았다. 섬세하고 여린 그가 이렇게 대범한 기사도 정신을 보여 줄 것이라고는 상상도 못했다. 그녀는 두 주먹을 불끈 쥐고 언제든 닥칠 수 있는 위험을 막아 주는 어린 남동생을 토닥이는 누이처럼 그를 꼭 안아 주었다.

크리스틴의 생각을 눈치채고 라울은 부끄러워서 얼굴이 붉어졌다. 자신이 그녀만큼 약해 보였기 때문이다.

'그녀는 안 그런 척하지만, 실은 온몸을 떨고 있었어.'

그건 사실이었다. 다음 날, 그다음 날에도 두 사람은 이상하고도 순수한 사랑의 밀회를 즐겼다. 하지만 주로 무대 바닥 문에서 멀리 떨어진 곳에서, 심지어는 극장 지붕 밑 다락방에서 만날 때도 있었다. 크리스틴은 점점 더 다른 곳에서만 시간을 보내고 싶어 했는데 불안한 기색은 갈수록 짙어졌다. 그러던 어느 날 오후에 크리스틴은 창백한 얼굴로 약속 장소에 늦게 나왔다. 절망이 가득 찬 눈빛은 붉게 충혈되어 있었다.

"그 남자 목소리에 관한 비밀을 털어놓지 않는다면 나는 북극으로 가지 않을 거요!"

라울이 큰맘 먹고 외쳤다.

"입 다물어요! 제발 부탁이에요. 조용히 좀 하세요. 가엾은 라울…… 만약에 그가 당신 목소리를 듣기라도 하면…… 큰일 나요."

그녀는 불안하게 주변을 돌아보며 말했다.

"크리스틴, 내가 그한테서 당신을 구해 주겠다고 맹세하겠소. 그럼 그에 대해 더는 생각을 안 해도 될 겁니다."

"그렇게 될 수 있을까요?"

그녀는 무대 바닥 문에서 가장 멀리 떨어진 오페라극장 꼭대기 층으로 올라가서야 어느 정도 안심이 되는 듯 마음속 의혹을 꺼내 보였다.

"그자가 찾지 못하도록 세상의 가장 외진 곳에 당신을 안전하게 숨겨 줄게요. 그러면 당신도 무사할 테고, 당신이 어느 누구와도 결혼하지 않겠다고 맹세했으니까 나도 그때는 북극으로 떠날 겁니다."

크리스틴은 라울의 품에 덥석 안겨 있는 힘껏 그를 꼭 껴안았다. 하지만 다시 근심 어린 표정으로 고개를 저으며 불안함을 드러냈다.

"더 높게, 더 높이 올라가요!"

그녀는 오페라극장 지붕을 향해 라울을 이끌었다. 라울은 마지못해 따라갔다. 곧 건물 골조들이 드러난 지붕 바로 아래까지 이른 그들은 아치형의 대들보와 서까래, 버팀목, 벽체, 지붕 경사면 사이를 미끄러지듯 들어갔다. 마치 숲속을 헤매 다니는 것처럼 나무와 나무 사이를 뛰어다니는 것처럼 건물의 들보 사이를 오갔다.

그녀는 계속해서 뒤돌아보며 경계를 늦추지 않았지만 마치 그림자처럼 뒤를 따르는 검은 형체를 알아차리지는 못했다. 그림자는 그녀가 멈추면 같이 멈췄고, 그녀가 움직이면 다시 그녀를 따라갔다. 라울도 마찬가지로 아무것도 눈치채지 못했다. 크리스틴이 바로 눈앞에 있었으므로 자신을 뒤따르는 존재에 관한 것은 당연하게도 아무런 관심조차 가지지 못했다.

12
아폴론의 칠현금

두 사람은 오페라극장 지붕에 도착했다. 크리스틴은 마치 제 비처럼 날렵하고 익숙하게 지붕 곳곳을 건너뛰고 세 개의 돔 지붕과 삼각형 박공지붕 사이로 펼쳐진 텅 빈 공간을 바라보았 다. 크리스틴은 파리 시내의 복잡한 골목길을 내려다보며 힘껏 심호흡을 한 뒤 믿음이 담긴 눈으로 라울을 바라보았다. 두 사 람은 함석과 주철로 만들어진 지붕 위 길을 나란히 걸었고, 물 이 가득 찬 커다란 저수조에 비친 자신들의 그림자를 들여다보 기도 했다. 그곳은 스무 명 가량의 어린 남자 무용단원들이 물 놀이를 하고 수영을 배우는 곳이었다. 그들을 뒤따르던 검은 그림자는 지붕 위로 몸을 엎드리고 검은 날개를 달기라도 한 것처럼 날렵하게 움직였다. 그는 철제 교차로를 지나 저수조를 돌고 조용히 돔 지붕으로 향했다. 하지만 두 연인은 그것을 전혀 알아채지 못하고 지붕 위 아폴론상이 그들을 보호해 줄 것이라고 믿었다. 청동으로 조각된 아폴론상은 하늘을 향해서 기적의 칠현금을 높이 치켜든 채 그 웅장함을 뽐냈다.

봄날의 석양이 낮게 깔리면서 주변을 붉게 물들이고 그 빛을 받아 금빛과 자줏빛으로 물든 구름이 두 사람 위로 그윽하게 펼쳐졌다.

"우리가 저 구름보다 더 빨리, 더 멀리 세상 끝까지 갈 수 있다면 당신은 나를 그냥 내버려 두겠죠. 하지만 라울, 당신이 어디론가 데려가려 할 때 내가 가지 않으려고 해도, 제발 꼭 데려가야 해요……."

크리스틴은 자신도 알 수 없는 힘에 이끌린 듯 그리 말하는 것 같았다. 그러면서 그의 품으로 계속 파고드는 그녀를 보고 라울은 놀랐다.

"그러면…… 아직도 생각을 바꾸는 게 겁이 나나요?"

"모르겠어요. 그는 악마예요."

그녀는 미묘한 표정을 지으면서 고개를 저었고 온몸을 부들부들 떨어댔다. 그런 다음 깊은 한숨을 쉬며 라울의 품 안으로 더 바싹 다가들었다.

"이제 그와 함께 돌아가서 땅속에서 사는 게 너무 무서워요……."

"크리스틴, 당신한테 그곳으로 돌아가라 강요할 사람은 아무도 없어요."

"내가 그의 곁에 돌아가지 않으면 큰 불행이 닥칠 거예요……. 하지만 이젠 더는 못 해요. 더는 그럴 수 없어요. 땅 밑에서 사는 사람들을 불쌍히 여겨야 하는 게 맞지만…… 너무 끔찍해요. 돌아가지 않으면 그 목소리가 나를 직접 찾아오겠죠. 그리고 지하로 데려가서, 해골을 보이며 내 앞에 무릎을 꿇고 사랑한다면서 눈물을 흘릴 거예요……. 라울, 검게 뚫린 두 눈에서 눈물이 흘러내리는 모습을 상상해 봐요. 그 눈물을 이제는 더 이상 볼 수가 없어요……."

크리스틴이 힘껏 손을 움켜쥐어 라울도 그녀의 손을 더 세게 잡아 가슴으로 끌어당겼다.

"아니오! 아니에요! 당신을 사랑한다는 그의 말을 더 이상 들을 필요도 없고 그의 눈물을 보지 않아도 될 수 있게 만들겠소! 같이 도망갑시다. 크리스틴, 함께 어딘가로 가 버립시다."

그는 벌써 그녀를 어디론가 데리고 가고 싶었지만 크리스틴이 막았다.

"안 돼요. 안 돼요……. 지금 당장은 어려워요. 바로 도망치는 건 그에게 너무 잔인한 일이 될 거예요. 내일 저녁 마지막으로 그를 위한 노래를 들려줘야 해요……. 그런 다음에 어딘가로 떠나요! 내일 밤 자정에 대기실로 오세요. 정확히 자정이에요.

그때쯤이면 그가 지하 호수 식당에서 날 기다리고 있을 테니까 우리는 자유롭게 떠날 수 있어요. 그때가 되면 내가 거절한다고 해도 날 꼭 데리고 가 줘야 해요. 라울! 이번에 그곳으로 가면 다시는 돌아올 수 없을 것만 같은 느낌이 들어요……."

크리스틴은 잠시 말을 멈추고 이렇게 덧붙였다.

"아마 당신은 이해하지 못할 거예요."

순간 그녀가 한숨을 쉬었는데 그녀의 등 뒤에서 메아리처럼 또 다른 한숨이 들려온 것 같았다.

"방금 어떤 소리…… 못 들었어요?"

크리스틴은 겁이 나서 덜덜 떨었다.

"아니, 아무 소리도 안 들렸소!"

라울이 분명하게 말했다.

"이렇게 항상 불안해하며 떨고 사는 것도 이젠 너무 끔찍해요. 하지만 이곳에는 위험 같은 건 없겠죠? 마치 집에 있는 것처럼 편하고 하늘도 높은 데다 훤한 대낮이잖아요. 햇빛은 저렇게 밝게 빛나지만 밤에 활동하는 새들은 싫어하는 빛이에요. 햇빛이 환하게 빛나는 낮에는 그를 본 적이 한 번도 없답니다. 이렇게 환한 곳에서 본다면 정말 끔찍할 거예요……."

"처음에 그를 보았을 때는…… 그가 죽어 가는 줄로만 알았어요."

그녀는 혼란스러운 듯 라울을 바라보며 중얼거렸다.

"왜요?"

라울은 심상치 않게 이상할 정도로 확신에 차서 말하는 그녀의 말투에 놀라서 물었다.

"그땐 분명히 그렇게 보였거든요!"

바로 그때 두 사람은 동시에 주변을 살폈다.

"신음 소리가 들린 것 같았는데…… 주변에 다친 사람이라도 있는 모양입니다. 아무 소리 못 들었나요?"

라울이 말했다.

"이렇게 말하는 게 나을 거예요. '그가 곁에 없을 때도 내 귀에는 항상 그의 신음 소리가 들린다'라고……. 그런데 당신 귀에도 들렸다면…… 혹시……."

두 사람은 거의 동시에 벌떡 일어나 주위를 둘러봤지만 넓은 철제 지붕 위에는 아무도 보이지 않았다. 두 사람은 다시 앉았다.

"처음에 어떻게 보게 된 건가요?"

라울이 말을 꺼냈다.

"그의 모습은 못 봤고 목소리를 처음 들은 게 석 달 전이에요. 처음에는 나도 당신처럼 가까운 다른 방에서 아름다운 음성이 들려오는 거라고 믿었죠. 얼른 대기실 밖으로 나가서 살펴봤지만 라울, 당신도 아는 것처럼 내 대기실은 홀로 떨어져 있어서 다른 대기실에서 나는 소리가 들려올 리가 없었어요.

그 소리는 분명 내 대기실 어딘가에서 나는 소리였던 거죠. 그 목소리는 노래도 부르고 실제로 옆에 있는 사람처럼 말도 걸고 질문을 하면 대답도 하곤 했어요. 사람이 아니라 천사의 목소리 같았답니다. 그런 믿을 수 없는 상황을 어떻게 설명을 해야 될까요? 아버지가 돌아가시면서 '음악의 천사'를 보내 주겠노라 약속하셔서 그 생각이 머릿속에서 떠나질 않았죠.

내가 이런 유치한 얘기를 감히 당신한테 꺼내는 이유는 당신이 우리 아버지를 잘 알고 아버지도 당신을 무척 사랑하셨기 때문이에요. 어릴 때 당신하고 나는 음악의 천사가 존재한다고 믿었잖아요. 그러니 내가 지금 이런 얘기를 한다고 비웃거나 조롱하는 일 따위는 안 하시겠죠? 나는 어린 로테처럼 다정하고 순수한 영혼을 간직했고 발레리우스 부인과 함께 사는 동안에도 그걸 잃지 않았답니다. 그런데 너무 순진하게 그 남자를 음악의 천사로 믿고는 내 영혼을 몽땅 그에게 바친 거예요.

내 양어머니도 분명히 잘못이 있어요. 내가 경험한 그걸 모두 말씀드렸더니만 '천사가 틀림없구나. 어쨌든 그한테 물어보면 알겠네…….' 이렇게 말씀하셨으니까요. 그래서 직접 물어봤는데 그는 내가 기다리고 있던, 아버지가 보낸 천사가 맞다고 대답하는 거예요. 그 순간부터 그와 나 사이에는 친밀감이 생겼고 나는 그를 절대적으로 믿게 된 거죠. 그는 매일 음악 교습을 해 주고 싶다고 했고 나는 기쁘게 동의한 거예요. 그와의 약속에는 한 번도 어기지 않고 빠짐없이 나갔어요. 오페라극장이 비는 시간을 이용해서 아무도 없는 대기실에서 수업을 받았는데 당신은 도저히 이해하기 힘들 거예요. 그의 목소리를 들었다고 해도 무슨 말인지 모르실 거예요……."

"당연히 그럴 겁니다. 상상도 못하겠군요. 어떤 음악을 들었고 어떤 수업을 받은 건가요?"

"태어나서 한 번도 못 들어 본 그런 음악이었어요. 벽에서 들려오는 그 음악은 이루 말할 수 없이 아름다웠어요. 그런데 더 놀라웠던 건 아버지가 내게 어느 정도까지 음악을 가르쳤는지 얼마나 단순하게 가르쳤는지를 정확하게 알고 있었다는 거예요. 그렇게 해서 그에게 배우는 수업과 예전에 아버지한테 배웠던 게 모두 어우러지면서 다른 상황에서라면 몇 년이나 걸렸을 발전이 가능했던 거예요. 나는 너무 예민한 성격이라서 목소리에 강한 힘이 부족했어요. 특히 저음을 소화하기 힘들었고 고음은 둔탁한 데다 중간 음은 그냥 그랬거든요. 아버지는 항상 그런 단점을 고쳐 주려고 애쓰셨죠. 그런데 그에게 배우기 시작하면서부터는 단번에 그게 고쳐지는 거예요. 그리고 예전에는 꿈도 못 꿀 정도의 성량이 되었어요. 호흡을 최대한 길게 끄는 법도 배웠고, 무엇보다 그가 나한테 전수한 최고의 비법은 가슴속에서 우러나오는 소리를 소프라노의 음색에 담는 방법이었답니다.

그런 식으로 그 목소리는 영감이라는 신성한 불길로 나를 감싸 주었고, 내 안에 있던 숭고하고 열정적이고 또 아름다운 생명력을 일깨워 준 거예요. 그가 노래하는 걸 듣는 것만으로도 나는 한껏 기분이 고조되어 그의 경지에 함께 이를 수 있었어요. 그 아름다운 목소리와 하나가 된다고 느낀 거예요. 그 목소리의 영혼이 내 입술 위에 머물면서 화음을 울려 퍼지게 만들었어요!

그런 식으로 몇 주가 지났고 나는 노래를 부르면서 의식을 잃었어요. 나는 놀라서 어떤 마법에 걸린 건 아닌지 순간 두려웠답니다. 그럴 때마다 발레리우스 양어머니가 나는 아직 어린 소녀이기 때문에 악마가 관심을 가질 까닭이 없다며 달래 주었지요.

그 목소리가 지시하는 대로 내가 음악적으로 발전하는 건 그와 나, 양어머니인 발레리우스 부인만 아는 비밀이었어요. 이상하게도, 대기실 밖에서 노래를 부르면 사람들은 내가 음악적으로 성장했다는 걸 눈치채지 못했어요. 나는 그가 원하는 모든 걸 했답니다. 그는 내게 '인내심을 가져야 해. 두고 보면 알게 될 거야. 우리는 파리 전체를 놀라게 만들 거니까.' 하고 말했어요. 그래서 나는 기다렸고 그가 지배하는 꿈같은 황홀경 속에서 지내게 된 거예요.

그러던 어느 날 저녁에 객석에 앉아 있는 당신을 우연히 보게 되었죠……. 나는 기뻐서 대기실에 돌아와서도 흥분을 감추지 못하고 들떠 있었어요. 불행하게도 그 목소리는 이미 와 있다가 내 태도, 표정 같은 게 평상시와 다른 걸 눈치채고는 무슨 일이냐고 물었어요. 나는 우리가 함께했던 따뜻한 옛 추억, 내 마음속에 항상 당신이 있다는 걸 꼭 숨길 필요가 있을까 생각해서 있는 대로 당신에 대한 얘길 했어요. 그런데 다 듣고 나더니 그가 아무 대답도 안 하더군요. 아무리 불러 보고 애원해 봐도 소용이 없었어요. 그러자 그가 영원히 떠날지도 모른다는 두려움이 갑자기 생겼죠. 아, 맙소사…… 라울……. 그날 나는 아주 비참한 심정으로 집에 돌아가서 양어머니를 껴안고 '그가 나를 떠났어요, 어머니……. 이젠 다시는 안 돌아올지도 몰라요.' 하고 말했어요. 양어머니가 나보다도 절망적인 표정으로 무슨 일이냐고 물어보셨어요. 나는 모든 걸 얘기했고 양어머니는 '저런, 그가 질투를 하는 모양이다.' 하고 말씀하시더군요! 그제야 내가 당신을 사랑한다는 걸 깨달았답니다……."

크리스틴은 잠시 말을 멈췄다. 그녀는 그의 가슴에 기댄 채 그의 팔에 안겨 있었다. 두 사람은 한동안 아무 말도 없이 포옹했다. 그들은 벅찬 감정에 빠져 있었기 때문에, 커다란 검은 날개를 펴고 점점 더 다가오는 그림자를 알아채지 못했다. 그 그림자는 지붕에 닿을 것처럼 아주 가까이 내려와 그들을 움켜쥐고 숨을 막히게 할 것만 같았다.

"그다음 날 아침에 나는 곰곰이 생각에 잠겨 대기실로 돌아왔죠."

크리스틴은 한숨을 깊게 내쉬고 다시 말을 이었다.

"그가 이미 거기 와 있었는데…… 아, 라울…… 너무 슬픈 목소리로 내가 세속적인 것에 마음을 빼앗긴다면 자신은 더는 아무것도 할 수 없으며 그저 하늘로 올라가야 한다고 말하는 거예요. 그런데 그의 쓸쓸한 목소리에 이상하게 인간적인 고뇌가 느껴져서 그때부터 의심이 생기고 내 감정에 홀렸던 건 아닐까 생각하게 됐어요. 그래도 돌아가신 아버지와 연관 지어 생각하면 완전한 신뢰가 가능했던 거예요.

그의 목소리를 더는 못 듣게 될까 봐 너무 두려웠지만 다른 한편으로는 당신한테 점점 더 기울어 가는 내 마음을 신중하게 생각하기도 했어요. 부질없는 위험들을 떠올리기도 하고, 당신이 나를 기억하지 못할 수도 있다는 생각도 들었답니다. 당신의 사회적 신분을 생각해 보면 우리 두 사람이 떳떳하게 결합한다는 것 자체가 기대할 수 없는 일이니까요. 그래서 나는 그목소리에게 맹세를 한 거예요. 라울, 당신과 나는 남매지간 같은 그런 사이일 뿐 아무런 관계도 아니고, 앞으로도 그럴 것이고 내 마음속에는 어떤 세속적인 사랑이 들어올 만한 공간이 없다는 맹세를요……. 당신이 나를 만나러 무대 위나 복도에 찾아왔을 때 못 본 척한 건 바로 그 때문이에요. 그동안 나는 그에게서 신성한 음악 교습을 받았고 그전에는 경험하지 못했던 음악의 아름다움에 흠뻑 빠져서 음미하게 된 거죠. 그런데 어느 날 그가 내게 '크리스틴 다에, 이제는 드디어 네가 사람들에게 천상의 음악을 들려줄 때가 됐다!' 이렇게 말하더군요.

그날 저녁 특별 공연이 열렸을 때 카를로타는 극장에 안 왔어요. 그 자리를 제가 대신하게 된 건데 아직도 그 이유는 몰라요. 왜 그렇게 된 건지도 모른 채 그저 노래를 했던 거예요. 알 수 없는 힘에 이끌려서 온 정성을 다해 노래를 했어요…… 날개라도 단 것처럼 몸이 가벼웠고, 한순간 내 영혼이 끝없이 부풀어 올라 내 몸을 벗어나는 것만 같았지요."

"크리스틴! 그날 저녁 당신이 부른 노래 한 구절 한 구절이 내 마음을 두드리는 것만 같았어요. 당신의 창백한 뺨 위에 눈물이 흐르는 걸 봤고…… 나도 당신과 함께 눈물을 흘렸지요. 어떻게 눈물을 흘리면서도 그토록 아름답게 노래를 할 수 있었던 겁니까?"

라울은 그때 기억을 떠올리며 눈물을 글썽거렸다.

"하지만 그러다가 결국은 온몸에서 힘이 다 빠져서 의식을 잃은 거예요…… 정신을 차렸을 때 당신이 내 옆에 있었지요. 그리고 그 목소리도 옆에 있었어요. 라울, 당신이 걱정되어서 모른 척하던 때인지라, 바다에서 내 스카프를 건진 소년이라고 했을 때 무작정 웃음을 터뜨린 거예요……

아, 하지만 헛된 노력이었답니다……. 세상 누구도 그는 못 속여요. 그는 당신이 누군지 바로 알아봤고 당신을 질투했어요. 그로부터 이틀 동안 무척 잔인하게 굴었어요. '당신은 그를 사랑하고 있군! 아니라면 피하지도 않을 거야. 단지 옛 친구라면 다른 사람들처럼 반갑게 손을 잡았을 거야. 그를 사랑하지 않는다면, 내가 그와 함께 대기실에 있더라도 그렇게 놀라면서 두려움에 떨지도 않았을걸? 그를 사랑하지 않는다면, 그를 서둘러서 내쫓는 일도 없었을 거고!' 그가 이렇게 퉁명스럽게 말했어요.

그래서 나는 애써 당황함을 감추고 화를 내면서 그한테 말했지요. '이제 그만해요! 내일 페로로 잇는 아버지 묘소에 갈 건데 라울 드 샤니 씨에게 함께 가자고 부탁할 참이에요.' 그러자 그가 '당신 마음대로 해. 하지만 나도 페로에 간다는 걸 잊지 마. 나는 당신이 가는 곳이면 어디든 함께 갈 테니. 크리스틴, 당신의 말이 진심이고 거짓말을 하는 게 아니라면, 그래서 내 지도를 받을 자격이 있다고 생각되면 자정을 알리는 종이 울릴 때 당신 아버지 무덤 위에서 그의 바이올린으로 '라자로의 부활'을 연주해 주지.'

그래서 당신한테 페로로 와 달라는 편지를 서둘러 보냈던 거죠. 아, 바보 같은 나는 어떻게 그렇게까지 완벽하게 속은 걸까요? 그가 그렇게 사적으로 관심을 보이는 걸 알면서도 왜 어떤 위선이나 흑심 같은 건 생각지도 못한 걸까요? 맙소사! 아, 그

때 나는 제정신도 아닐 뿐더러 그의 꼭두각시였던 거예요. 그는 나처럼 어린 여자쯤이야 쉽게 이용하고 속이는 방법을 알고 있었던 거죠."

"하지만 어쨌든 당신은 진실을 바로 보게 된 거예요."

크리스틴이 순진했던 자신을 책망하며 눈물을 흘리자 라울이 위로했다.

"그런데 왜 그런 끔찍한 악몽에서 방황하기만 하고 빠져나오지는 않는 겁니까?"

"라울…… 불행하게도, 나는 진실을 마주한 그 순간에 악몽에 갇히게 된 거예요. ……아무 말도 마세요. 라울! 당신은 아무런 얘기도 못 들은 거예요. 이제 천국에서 지상으로 다시 내려가야만 해요. 라울, 날 원망하세요. 그날 저녁, 끔찍한 재앙이 일어났던 그날 저녁, 카를로타는 자신이 무대 위에서 두꺼비로 변했다고 믿게 된 거고, 평생 동안 진흙 구덩이에 있었던 것처럼 끔찍한 소리를 질러 댔지요. 무시무시한 불벼락이 떨어지고 극장 전체가 칠흑처럼 어두워졌어요. 부상자들과 사망자가 생기고 비명 소리가 사방에서 울려 대던 그 저녁에…….

그 재앙이 닥치자 당신과 그 목소리에 대한 생각이 순간 떠올랐어요. 그 당시에 내 마음은 당신과 그 목소리가 똑같이 절반을 차지하고 괴롭히고 있었거든요. 당신의 모습을 확인하고 나니 일단 안심이 되더군요. 당신이 형과 함께 앉아 있는 그 박스석은 멀리 떨어져 있어서 어떤 위험도 비켜 갔으니까요. 하지만 그날 저녁 공연을 관람하겠다던 그 목소리를 생각하니까 여전히 겁이 났어요. 마치 그가 '죽을 수도 있는 평범한 사람'인 것처럼 걱정이 되더라고요. 나는 '맙소사, 불벼락에 그 목소리가 다쳤으면 어쩌지…….' 이렇게 혼잣말을 하기도 했어요. 그래서 무대에서 객석으로 내려가서 다친 사람들과 죽은 사람들 가운데 그가 있는지 둘러보기도 했어요. 그때 어떤 생각이 머리를 스치는 거예요. '그에게 아무 일이 없다면 분명히 대기실로 찾아와서 나를 안심시켜 주겠지…….'

한달음에 대기실까지 달려갔지만 그는 없었죠. 대기실 문을 잠그고 살아 있다면 제발 내 앞에 나타나 달라고 울면서 호소했어요. 한동안은 아무런 대답도 없었지만 귀에 익숙한 길고 멋진 신음 소리가 갑자기 들려오더군요. 예수의 부름을 받고 라자로가 눈부신 빛에 눈을 비비면서 신음을 내뱉었다면 바로 그런 소리였을 거예요. 그건 우리 아버지가 연주하던 바로 그 바이올린 소리였어요! 아버지의 연주 기법 그대로, 그 활 놀림을 난 기억하거든요……. 페로의 길에서 우리를 사로잡고 공동묘지에서 나를 홀리던 바로 그 바이올린 소리.

그런 뒤에 눈에 보이지 않는 그 존재에게서 들려오던 그 소리는 삶의 환희를 내뿜는 소리로 바뀌어서 우렁찬 노래를 불렀죠. '내게로 와 나를 믿어라! 나를 믿는 자들은 부활하리니! 내게로 오라! 나를 믿는 자들은 영원히 죽지 않으리니!' 불벼락이 떨어지고 끔찍한 재앙이 일어난 바로 그 순간에 영원한 삶을 노래하는 그 소리를 듣고 내가 어떤 느낌이 들었는지 설명하는 게 쉽지 않네요. 마치 내게 일어서서 그에게 걸어오라고 명령하는 느낌이었어요. 목소리는 차츰 멀어져 갔고 나는 뒤를 따라갔어요……. '이리 와 나를 믿어!' 그 목소리를 들으면서 따라가는 그런 기분이었어요. 그런데 이상하게도 대기실이 점점 넓어지는 느낌이 들더군요! 분명히 내 앞에 있던 거울 때문에 그렇게 느낀 걸 거예요. 그러던 어느 순간 난 대기실 밖으로 나와 있었어요!"

"그게 무슨 말이에요, 크리스틴? 이유를 모른다니, 오, 크리스틴! 크리스틴! 제발 이제는 꿈에서 벗어나요!"

라울이 그녀의 말을 막으며 말했다.

"불쌍한 라울, 나는 꿈을 꾸는 게 아니었어요. 정말로 어찌된 건지 이유도 모르고 대기실 밖으로 나와 있었던 거죠. 그날 저녁, 당신은 내가 대기실에서 사라진 걸 직접 봤다고 했으니까 당신이 설명해 줄 수도 있겠네요……. 하지만 정말 모르겠어요. 분명하게 말할 수 있는 건, 내 앞에 있던 거울이 한순간 갑자기 보이지 않았다는 사실이에요. 놀라서 뒤돌아봤는데 거울도 대기실도 안 보이는 거예요! 어두운 복도에 서 있다가 겁에 질려 고함을 질렀죠…….

주위는 컴컴했는데 멀리 벽 모퉁이쯤에서 희미하고 불그스름한 불빛이 보였어요. 나는 계속 소리를 질러댔어요. 바이올린 소리도 더 들리지 않으니 내 비명만 메아리쳐서 되돌아오더군요. 그런데 갑자기, 어둠 속에서 어떤 손이 내 손을 슬며시 잡았어요. 손보다는 얼음처럼 차가운 뼈다귀라는 게 맞는 표현인데 내 손목을 움켜쥐고 안 놓아 주는 거예요. 놀라서 비명을 지르자 누군가 내 허리를 팔로 안고 몸을 전부 들어 올렸어요. 나는 너무 겁이 나서 몸부림을 치며 축축한 벽을 더듬고 저항했지만 붙들 만한 곳이 전혀 없었어요. 꼼짝도 못하고 그렇게 온몸이 늘어져서 두려움에 떨며 죽겠다는 생각뿐이었어요.

그는 나를 안고 희미하고 불그스름한 불빛을 향해 갔어요. 그 불빛이 비치자, 나를 두 팔로 안은 남자가 보였죠. 검은색 긴 망토에 얼굴 전체를 가면으로 가린 남자였어요. 있는 힘을 다해서 몸부림을 쳐 봤지만 팔다리는 더 이상 움직이지도 않고 그가 입을 손으로 막아 버려 소리를 지를 수도 없었어요. 그 손에서는 죽음의 기운이 느껴졌고 나는 결국 기절했어요.

그렇게 정신을 잃은 다음에 얼마나 시간이 흐른 건지 알 수 없었어요. 정신을 차리고 눈을 뜨니까 검은 망토를 입은 남자와 내가 여전히 어둠 속에 함께 있더군요. 바닥에 놓인 램프 하나만 어떤 샘물을 희미하게 비추고 있었는데 벽에서 새어 나오는 물줄기는 곧 땅속으로 스며들고 말았어요. 나는 땅바닥에 누워 있었고 검은 망토와 가면으로 가린 남자는 무릎으로 내 머리를 받쳐 주고 있었어요. 그는 조용히, 아주 정성스럽게 내 이마를 식혀 주고 있었는데 그 태도는 무지막지하게 나를 끌고 가던 것보다 더 참을 수 없게 끔찍했어요. 그 손길은 한없이 부드럽고 가벼웠지만 서늘한 죽음의 기운이 느껴졌답니다. 나는 몸을 움직이려고 했는데 기운이 없어서 신음하면서 물어봤어요. '당신은 누구세요? 그 목소리는 어디에 있는 건가요?' 그러자 한숨 소리만 들려왔어요.

그때 갑자기 따뜻한 숨결이 내 얼굴 위로 스치는 기분이 들고 검정 망토를 입은 남자 곁 어둠 속에서부터 희미하고 허연 형체가 천천히 드러나 보이더군요. 남자는 나를 들어서 그 희미한 형체 위에 올려 주었어요. 그러자 곧 경쾌한 말 울음소리가 들렸고 나는 내가 알지도 못하는 사이에 '세자르!' 하고 이름을 중얼거렸어요. 말은 내 말을 들은 것처럼 몸을 부르르 떨었고 나는 그 말 위에 거의 눕다시피 하고 어딘가로 천천히 가게 되었어요. 그 백마는 바로 내가 아끼던 말, 〈예언자〉에 출연하는 바로 그 말이었답니다. 어느 날 저녁 갑자기 사라지는 바람에 오페라의 유령이 그 말을 훔쳐간 거라는 얘기가 극장 안에 퍼졌었거든요. 하지만 나는 그 천사의 목소리만 믿고 오페라의 유령 같은 건 안 믿었어요. 그런데 바로 그 순간에 온몸에 소름이 돋으면서 유령의 포로가 된 건 아닐까 하는 생각이 들었어요. 나는 마음속 깊은 곳에서 그 목소리를 부르면서 구해 달라고 기도했죠. 그 목소리와 유령이 한 몸이라고는 생각도 못했으니까요. 라울, 당신도 오페라의 유령 이야기는 들어 본 적 있죠?"

"네, 들었죠. 〈예언자〉의 백마를 타고 어떻게 된 건지 얘기해 봐요."

"나는 꼼짝도 하지 않고 그 백마에 몸을 맡겼어요……. 그런 데 지독한 일을 겪은 다음에 생겼던 불안과 두려움이 점점 가시더니 묘하게 무감각 상태로 빠져 들더군요. 검은 망토를 입은 남자가 계속 날 붙들고는 있었지만 나는 벗어나기 위한 어떤 짓도 하지 않았어요. 이상한 평온함이 온몸에 퍼졌는데 묘약이라도 먹은 듯 온몸의 감각이 모두 살아나는 느낌이 들었어요. 컴컴한 어둠 속에서도 반짝이는 불빛을 볼 수 있었는데 둥근 회랑에서 비치는 불빛이 거대한 오페라극장 지하를 빙빙 도는 것 같았답니다. 전에 딱 한 번 그 거대한 지하에 내려가 본 적이 있었지만 지하 3층에서 멈추고는 더 내려갈 생각을 하지 못했어요. 지하 3층 아래로 두 층이 더 있다니 마치 거대한 도시 같더군요.

그곳에서 갑작스레 나타나는 형상들을 보면 놀라서 도망치지 않을 수가 없을 겁니다. 커다란 가마솥 앞에서 쇠스랑과 갈고리를 흔들고 잉걸불을 휘저으면서 온통 새까만 악마들처럼 위협한다면……. 가까이 다가갈라치면 갑자기 뜨거운 화덕이 불타는 아가리를 벌릴 거예요! 그 악몽 같던 밤 세자르 등에 업혀 달리면서 갑자기, 아주 멀리서 작은 점처럼 조그마한 잉걸불 앞 악마들이 슬그머니 나타났다가 사라지는 걸 반복하면서 다시 이상하게 우리 쪽으로 다가오더군요. 그러더니 마침내는 모든 것들이 갑자기 눈앞에서 사라졌어요.

검은 망토를 입은 남자는 여전히 내 곁에 붙어 서 있었고 세자르는 계속 앞으로 가기만 했죠. 그날 밤 얼마나 그렇게 달린 건지 모르겠어요. 다만 분명한 건, 어딘가를 빙빙 돌고 있었다는 사실이에요. 긴 나선형 계단과 같은 내리막길을 돌고 돌아서 우리는 지하의 심연에 다다랐답니다. 혹시 내 머리가 빙빙돈 건 아닐까요? 아니에요, 그건 아니에요. 나는 믿을 수 없을만큼 정신이 맑았거든요.

어느 순간에 세자르가 콧김을 내쉬면서 더 빨리 달렸어요. 주변에 습하고 따뜻한 공기가 느껴지고 세자르는 멈춰 섰어요. 어두운 밤이 환하게 밝아졌는데 푸르스름한 불빛이 우리 주변을 둘러쌌어요. 그곳은 호숫가였는데 푸르스름한 잿빛 수면이 멀리까지 펼쳐지고 한구석 선착장에는 쇠사슬에 묶인 작은 배한 척이 불빛에 보였죠.

그 모든 것들은 존재하는 거였고, 지하에 있는 호수와 그 기슭의 모습은 절대로 초자연적인 허상은 아니었어요. 그 호수까지 가는 과정은 특별했어요. 망자의 영혼은 죽음의 강 스틱스에 도착할 때조차도 불안해하지 않는데요. 나를 그곳까지 데려간 그 검은 망토 사내는 지옥의 뱃사공인 카론보다 더 음산하고 말이 없었다면 믿으시겠어요? 묘약의 효과가 떨어진 건지 그곳의 차가운 공기 탓인지는 잘 모르겠지만 갑자기 정신이 들었어요. 무감각 상태가 사라지고 나자 나는 두려워서 다시 몸을 움직였어요. 검은 망토 사내가 눈치를 채고는 나를 내려놓게 하고 세자르를 돌려보냈어요. 세자르는 회랑 속 어둠을 헤치면서 멀어져 갔는데 계단을 내려가는 말발굽 소리가 분명하게 들렸어요. 그러고 나서 남자는 기슭에 올라가 쇠사슬을 풀고 서둘러서 힘차게 노를 젓기 시작했지요. 가면 아래로 보이는 그의 눈빛이 한시도 나를 떠나지 않은 건 물론이고요. 움직이지 않는 그 눈동자가 나를 무겁게 짓누르는 느낌이었어요. 우리를 둘러싼 호수도 아무 소리도 내지 않고 그 눈빛처럼 움직임이 없었어요.

우리는 푸르스름한 불빛에 빛나는 호수를 가로질러 미끄러져 갔는데 갑자기 배가 어떤 육중한 것에 부딪히면서 멈췄어요. 그의 팔에 안겨 다시 정신을 차린 나는 소리를 지르다가 갑자기 불빛에 압도당해서 입을 다물었어요. 나는 휘황찬란하게 빛나는 불빛 한가운데 놓여 있었어요. 벌떡 일어났는데 어느새 기운이 돌아온 것 같았어요. 꽃으로만 장식한 넓은 방 한가운데였어요. 길거리 꽃집에서 흔히 보는 비단 장식이 매달린 우스꽝스러운 커다란 꽃바구니들이었죠. 초연이 끝날 때마다 대기실에 쌓이곤 하던 꽃다발이었어요. 그때 검은 연미복을 입고 가면을 쓴 남자가 팔짱을 낀 채 말했어요.

'안심하세요. 크리스틴. 어떤 위험도 없을 거예요.'

바로 그 목소리였답니다!

나는 깜짝 놀랐지만 마음속에 분노가 치밀어서 그 목소리의 얼굴을 봐야겠다고 불쑥 달려들었어요.

'가면에 손대지만 않는다면 안전할 거예요.'

그가 외치고는 내 손목을 부드럽게 잡았어요. 나를 가만히 앉히고는 무릎을 꿇고 조용히 있었어요. 그 겸손한 태도를 보니 용기가 나더라고요. 불빛 덕분에 주변을 돌아보고 현실감각을 되찾은 건지도 몰라요. 비록 그게 비정상적인 상황일지도 모르지만 주변에 보이는 모든 것들은 모두 볼 수 있고 손으로도 만질 수 있는 현실적인 것들이었답니다. 벽에 걸린 융단, 가구, 횃불, 어디서 왔고 값이 얼만지 다 알 것 같은 꽃과 화병들, 오페라극장 지하에 있다는 것만 빼면 다른 평범한 살롱들과 다르게 없는 곳에서 내 상상력이 간혔던 거예요! 나는 특별한 이유로 오페라극장 지하에 살게 된 특별한 사람과 마주 앉은 게 분명했어요. 그는 극장 측이 암묵적으로 승인한 가운데 온갖 얘기가 떠도는 현대판 바벨탑 한구석에 피난처를 마련한 거예요.

가면으로는 도저히 감출 수 없는 목소리, 그 유령은 바로 내 앞에 무릎을 꿇고 앉은 그저 한 남자였던 거예요! 난 내가 처한 그 상황이 그다지 끔찍하다고 생각하지 않게 됐어요. 나를 억지로 끌고 온 이유가 뭔지, 지하 감옥 같은 곳에 나를 가둬 두기라도 할 것처럼 데려온 이유가 뭔지 묻고 싶지도 않았답니다. '그럴 리가 없어! 그럴 리가! 천사의 목소리가 아니라 그저 한 남자였다니!' 속으로 한탄을 하다가 나는 울음을 터뜨렸어요.

　'맞아요, 크리스틴! 난 천사도 아니고, 정령도, 유령도 아니에요. 내 이름은 에릭입니다…….'

　여전히 무릎을 꿇고 앉은 그가 내 눈물이 어떤 뜻인지를 알아차린 것 같았죠."

　여기에서 이야기가 다시 끊겼다. 두 사람 뒤에서 갑자기 '에릭'이라 부르는 메아리가 울려 퍼지는 것 같았다. 두 사람은 얼른 뒤를 돌아봤지만 어둡기만 하고 아무것도 알아볼 수 없었다. 라울을 자리를 옮기려 일어서려고 했지만 크리스틴은 그를 붙들어 앉혔다.

　"여기 있어요. 당신은 이곳에서 모든 걸 알아야만 해요!"

　"왜 굳이 여기입니까, 크리스틴? 밤공기가 너무 차가워서 당신이 걱정돼요."

　"우리가 무서워할 곳은 저 깊은 함정 같은 무대 바닥뿐이랍니다. 그리고 여기는 거기서 가장 멀리 떨어진 곳이지요. 또 난

극장 밖에서는 당신을 볼 수가 없고요. 지금은 반란을 일으킬 때가 아니거든요. 의심을 살 만한 일을 해서는 안 되지요."

"크리스틴! 크리스틴! 내일 저녁까지 기다릴 게 아니라 지금 당장 도망쳐야 할 것 같은 예감이 들어요! 지금 당장 출발해요!"

"이미 얘기했잖아요. 내가 내일 저녁 노래하는 걸 못 듣는다면 그는 굉장히 고통스러울 거예요."

"크리스틴……. 그한테 고통을 주지 않고 떠나는 건 불가능한 일이에요."

"맞아요. 당신 말이 맞아요, 라울. 내가 도망치면 그는 죽을지도 모르죠……."

그런 뒤에 크리스틴은 낮은 목소리로 덧붙였다.

"우리도 그렇고요. 우리가 목숨을 잃을 수도 있지요."

"그러면서도 그가 당신을 사랑한다고 할 수 있어요?"

"충분히 그런 짓을 저지를 사람이에요……."

"그가 기거하는 곳을 찾아낼 수 있을 거예요. 만일의 경우 사람들이 찾으러 몰려갈 수도 있어요. 에릭이 유령이 아니라면 사람들이 그를 체포하고 자백을 요구할 수도 있다고요."

크리스틴은 고개를 가로저었다.

"안 돼요! 절대로! 에릭에 대항해도 아무 소용이 없답니다. 도망치는 게 최선이에요."

"어떻게 도망을 간단 말입니까? 당신은 스스로 그의 곁으로 되돌아갔잖아요?"

"어쩔 수 없었어요. 그의 거처에서 어떻게 나온 건지 알게 되면, 당신도 이해하실 거예요."

"아, 정말 그를 증오합니다! 크리스틴, 말해 보세요. 솔직하게 얘기해줘요! 당신은 그 특별한 사랑 이야기를 자세히 말해 줘야 해요. 그를 증오하나요?"

"증오하는 건 아니에요."

"그럼 무슨 말이 더 필요한가요? 당신은 그를 사랑하고 있는 게 분명한데! 다르게 생각하면 그 두려움과 불안도 결국은 달콤한 사랑의 감정에서 생겨난 거예요. 그는 자신의 모습을 드러내지도 않으면서 지하 궁전에서 살고 당신은 그를 생각하는 것만으로도 몸이 부르르 떨리고요."

라울은 비아냥거렸고 입가에는 싸늘한 미소를 지었다. 크리스틴은 그의 말을 막았다.

"당신은 내가 그곳으로 돌아가는 걸 원하는 건가요? 라울, 말했잖아요. 이제 다시 그곳으로 가면 영원히 돌아오지 못할 거예요."

세 사람 사이에 무거운 침묵이 내려앉았다. 서로 싸우는 두 사람과 뒤에서 조용히 듣고 있는 한 사람의 그림자 사이에.

"당신 질문에 대답하기 전에 물어볼 게 있어요. 당신은 그를 증오하지 않는다고 했는데 그럼 어떤 감정을 갖고 있는 건가요?"

라울이 천천히 말했다.

"공포죠!"

크리스틴이 강하게 말했다. 그녀의 대답에 차가운 밤공기까지도 흔들리는 것 같았다.

"그래서 끔찍해요……. 나는 그가 너무 두려운데 그를 증오하지는 못해요. 라울, 도대체 어떻게 그를 미워할 수 있죠? 지하 호수에 있는 자신의 거처에서 내 발밑에 무릎을 꿇은 채 뉘우치면서 용서를 구하는 그를 어떻게 미워해요?

그는 나를 속여 왔노라고 고백했어요. 그는 나를 사랑해요. 내 발밑에서 간절하고 비극적인 사랑을 보여 준 거예요. 나를 사랑한 탓에 납치하고 지하로 데려가 함께 갇혀 있었던 거예요. 하지만 그는 나를 존중하고 내 앞에서 어찌할 바를 모르고 내 앞에서 괴로워하고 신음하고 눈물을 흘려요. 내가 자리에서 일어나 나를 풀어 주지 않으면 미워할 거라고 했더니 믿을 수 없는 일이 벌어졌답니다. 놀랍게도 그는 나를 풀어 주었고, 나는 그가 알려 준 비밀 통로를 통해 걸어 나오기만 하면 되는 거였죠. 그러니 어떻게 해요……. 그가 유령도, 천사도, 정령도 아니라는 사실을 떠올린다 해도 그가 노래를 부르는 '목소리'인 건 분명한데요.

그래서 나는 그의 목소리를 들으면서 거기 머물렀어요. 그날 저녁에 우리는 더 이상 이야기를 나누지 않았어요……. 그는 하프를 들고 천사이면서 인간의 것인 목소리로 데스데모나의 '로망스'를 부르기 시작했어요. 내가 그 노래를 불렀던 기억을 떠올리자 너무 부끄럽더군요. 라울, 음악에는 듣는 이의 마음을 사로잡는 소리도 있지만 다른 어느 것도 존재하지 않는 것처럼 세상을 순식간에 사라지게 만드는 마력이 있답니다!

그의 노래를 들으면서 나는 그 끔찍한 상황을 완전히 잊어 버렸어요. 들리는 거라곤 살아 있는 그의 목소리뿐이었고, 나는 오르페우스가 연주하는 하프 소리에 매혹되어 평화롭고 아름다운 여행을 떠났죠. 그의 목소리를 통해 고통과 기쁨, 순교와 절망, 즐거움과 죽음 그리고 승리감 같은 다양한 감정을 맛보면서 거닐었어요. 그는 노래하고 나는 들었어요. 달콤함, 슬픔, 편안함을 주는 새로운 노래들도 들려주었답니다. 무척 새로운 감동을 주는 곡들로, 잔잔하고 슬픔이 깃든 휴식 같은 음악이었어요. 영혼을 한껏 고무시켰다가 천천히 안정시키고 마지막에는 꿈을 꾸듯 만들어 주는 음악, 나는 그의 노래를 들으면서 잠이 들었죠.

눈을 떠 보니 소박한 작은 방에 긴 의자 위에 누워 있더군요. 방 안에는 평범한 마호가니 침대, 로코코 양식의 풍경 무늬가 새겨진 벽에는 그림이 걸려 있었어요. 루이 필리프 시대풍의 낡은 대리석 서랍장 위에는 희미한 불빛을 내는 등불이 켜 있었고요. 새 장식품들을 낯설어하면서 나는 악몽을 몰아내듯 손으로 이마를 쓸었어요. 하지만 곧 꿈이 아니라는 사실을 깨달았어요. 방 안에 갇혀 욕실을 드나드는 것 이외에는 밖으로 나갈 수도 없었어요. 욕실은 신식인 데다 편리하고 산뜻했는데 더운물, 찬물을 마음대로 쓸 수 있도록 만들었더군요. 방 안을 다시 둘러보니 서랍장 위에 붉은 잉크로 쓴 쪽지가 있었죠. 내가 처한 상황을 분명하게 알려 주는 글이 간단하게 써 있었어요. '친애하는 크리스틴, 당신의 운명에 대해서는 안심해도 됩니다. 이 세상에서 나보다 더 훌륭하고 점잖은 친구는 없을 테니. 이제 당신은 이곳에 혼자 있게 될 거요. 필요한 건 내가 모두 사 올 것이며 뭐든 구해서 가져다 줄 것입니다.'

이럴 수가! 난 미친 사람한테 걸려든 거였어요. '어떻게 되는 거지? 이 지하 감옥에 나를 얼마나 가둬 둘까?' 나는 미친 여자처럼 방 구석구석을 헤맸지만 어느 곳에도 출구는 없었어요. 어리석게도 미신을 믿은 내가 한심하게 느껴졌죠. 벽에서 들리던 음악의 천사 목소리에 이끌린 무지를 비웃었지만 동시에 묘한 기쁨도 맛보았어요. 이런 바보한테는 어떤 이상한 일이 닥쳐도 어쩔 수 없다는 생각이 들었거든요. 나 자신을 때리고 싶은 마음도 들었어요. 미친 사람처럼 계속 울다가 웃다가 그랬어요. 바로 그때 에릭이 다시 나타났답니다.

그는 벽에 가볍게 세 번 노크하고 내 눈에는 전혀 보이지도 않았던 문을 열고 방에 들어왔어요. 그가 들고 온 상자들을 조용히 침대 위에 가지런히 내려놓더군요. 나는 고래고래 소리를 지르고 욕설을 퍼붓기도 했어요. 가면 뒤에 점잖은 얼굴을 하고 있으면 당장이라고 벗어 보라고 했어요. 그러자 그는 매우 침착하게 대꾸했답니다.

'당신은 절대로 에릭의 얼굴을 못 볼 겁니다.'

그러더니 그 시간이 되도록 단장을 하지 않은 나를 나무라는 거예요. 벌써 오후 2시라고 하더군요. 그는 30분 동안 준비를 하라면서 내 시계의 태엽을 감고 시간을 맞춰 줬어요. 준비를 마치면 훌륭한 점심 식사가 기다리는 식당으로 초대하겠다고 했어요. 나는 배가 많이 고팠답니다. 그래서 그의 코앞에서 문을 세게 닫아 잠근 다음에 욕실 안으로 들어갔어요. 그런 다음에 큰 가위를 옆에 두고 목욕을 했어요. 에릭이 점잖은 태도 대신 광기 어린 본색을 드러내기라도 하면 그 가위로 내 목숨을 끊을 생각이었거든요.

목욕을 하고 나니 정신이 조금 맑아져서 다시 에릭 앞에 서면 그를 자극할 게 아니라 비위를 맞춰서 잠깐 동안의 자유라도 얻어야겠다고 생각했지요. 그는 나를 안심시키려고 그랬는지 먼저 앞으로의 계획에 대해 알려 주었어요. 어제 내가 두려움으로 날뛸 때는 혼자 있게 해 주었지만 나와 함께 있는 게 무척 행복하다고 하더군요. 그래서 나는 그가 내 곁에 있다고 너무 두려워할 필요는 없다고 생각했어요. 그는 몇 번이나 나를 사랑한다고, 내가 허락할 때만 그런 감정을 드러내고 나머지 시간에는 음악으로 채울 거라고 말했어요……. 그래서 내가 물었어요.

'남은 시간이라니요……?'

'닷새 동안.'

'그 뒤에는 난 자유를 얻게 되나요?'

'맞소, 크리스틴. 닷새가 지나면 나를 두려워할 필요가 없다는 걸 알게 될 테고 또 가끔은 당신이 이곳으로 돌아올 것이니 말이오. 이 불쌍한 에릭을 만나기 위해서…….'

라울, 스스로를 '불쌍한 에릭'이라고 말하는 그의 말투가 얼마나 내 마음을 아프게 하던지……. 그의 짧은 말 속에서 충분히 느껴지는 절망감 위로 가면 속에 숨겨진 얼굴을 상상해 봤어요. 가면 속에 숨은 눈동자를 제대로 볼 수 없어서 여전히 거북하고 불편했지만, 신비로운 검정 비단 테두리 장식을 한 가면 아래로 흐르던 눈물은 분명히 알아볼 수 있었어요.

그는 말없이 앞에 놓인 조그만 탁자를 가리켰어요. 그 전날 불안에 떨던 나를 앉히고 하프 연주를 들려주던 곳이었는데, 거기서 나는 가재와 헝가리산 포도주에 절인 닭 날개 요리를 먹었답니다. 그 포도주는 그가 직접 쾨니스베르크의 지하 저장고에서 가져왔다고 하더군요. 그런데 그는 아무것도 안 먹었어요. 그에게 어느 나라 사람이냐, '에릭'은 혹시 스칸디나비아식 이름이 아니냐고 물었죠. 하지만 그는 국적도, 이름도 없고 에릭이라는 이름도 그저 우연히 얻게 된 것에 불과하다고 대답했어요. 나는 다시 물었어요. 나를 진정 사랑한다면 지하 동굴에 강제로 가두는 것 말고 마음을 표현이 다른 방법이 많을 게 아니냐고요.

'이런 무덤 같은 곳에서 사랑을 하는 건 힘들어요'라고 했더니 '약속은 약속이니까요'라고 이상한 어조로 대답했답니다.

그런 뒤에 조용히 자리에서 일어나 자신의 거처를 구경시켜주겠노라며 손을 내밀더군요. 나는 움찔하고는 비명을 질렀어요. 그 손이 슬며시 닿는 순간에 마치 죽은 자의 손을 잡은 것처럼 오싹했거든요.

'아, 미안해요.' 그는 얼른 손을 거두고 낮은 소리로 중얼거리며 앞에 보이는 문을 열었어요.

'이곳은 내 방이에요. 아주 재미있는 곳인데 둘러보시겠어요?'

그가 권했고 나는 망설이지 않았어요. 태도와 말투를 볼 때 안심이 되는 데다 전혀 두려워할 필요가 없다는 느낌이 들었거든요.

하지만 방 안으로 들어서니까 마치 시체 안치실에 들어온 것 같았어요. 벽은 온통 검었고 장례식에나 어울릴 것 같은 휘장이 드리워져 있는 곳에는 뜻밖에도 미사곡의 악보가 넓게 펼쳐져 있었답니다. 방 한가운데에는 빨간 비단 커튼이 쳐진 닫집이 있고 그 아래에는 뚜껑이 열린 관 한 개가 놓여 있었어요. 나는 깜짝 놀라서 뒤로 물러설 수밖에 없었어요.

'내가 잠자는 곳이오. 살다 보면 영원한 것에 익숙해질 필요가 있다오.' 에릭이 아주 태연하게 말했어요.

너무 소름이 끼치고 놀라서 고개를 돌리니까 이번에는 불길한 벽면이 눈에 들어오더군요. 한쪽 벽면에는 온통 오르간이 차지하고 있고, 책상 위에는 붉은 잉크로 갈겨 쓴 악보책이 놓여 있더군요. 봐도 좋다는 허락을 얻어 첫 페이지를 살짝 열었더니 '위풍당당한 돈 후앙'이라는 제목이 써 있었어요.

'가끔 곡을 쓰기도 한답니다. 시작한 지 어느덧 20년이나 됐군. 이 곡을 끝내면 관 속으로 들어가서 다시 깨어나지 않을 예정이오.'

그가 말했어요. 그래서 내가 '그러면 가능한 한 천천히 작곡해야겠군요'라고 했더니 그는 '어떤 때는 보름 밤낮을 쉬지 않고 작곡을 하기도 했지. 그동안은 순전히 음악만을 생각하면서 사는 거요. 음악이 곧 내 양식인 셈이지. 그러고 나면 또 몇 년 휴식을 취하곤 하오.' 그랬어요.

'당신이 작곡한 〈위풍당당한 돈 후앙〉을 조금 들려주실 수 있어요?' 나는 그의 비위도 맞추고 시체 안치실 같은 방이 있는 불쾌한 기분을 줄여 보고 싶어서 말했죠. 그런데 그가 우울하게 말하는 거예요. '그런 부탁은 하지 말아 줘요. 내가 작곡한 〈돈 후앙〉은 시시한 연애 얘기, 술, 온갖 타락에 영감을 받아서 쓴 로렌조 다폰테의 희곡과는 전혀 상관없는 작품이오. 차라리 모차르트의 음악을 연주해 주겠소. 모차르트의 〈돈 후앙〉은 그대가 아름다운 눈물을 흘리게 만들고 순수한 생각을 갖게 할 거요. 하지만 내 〈돈 후앙〉은 벼락도 겁내지 않고 거세게 타오르는 불꽃과 같지. 그래서 그대를 온통 불길에 휩싸이게 만들 수도 있다오.'

우리는 원래 있던 방으로 다시 돌아갔는데 문득 방 안 어디에도 거울이 없다는 생각이 들더군요. 그 생각에 빠져 있는데 에릭이 피아노 앞에 앉더니 '크리스틴, 너무 강렬해서 가까이 다가오는 사람들을 모두 태워 버리는 그런 음악이 있소. 다행스럽게도 당신은 아직 그런 음악은 못 만나 봤을 거요. 그 음악을 듣게 된다면 그 화사한 혈색을 모두 잃어버리고 사람들은 당신을 못 알아볼지도 모르오. 오페라를 불러 봅시다, 크리스틴 다에 양.' 이러더군요. '오페라를 불러 봅시다, 크리스틴 다에 양!' 이러면서요. 꼭 욕이라도 하는 것 같았죠.

하지만 나는 그의 말투를 트집 잡을 여유도 없었어요. 우리는 곧바로 〈오셀로〉의 이중창을 불렀는데 그 유명한 재앙이 시작된 부분이었어요. 그가 나한테 데스데모나 역을 하라고 했고 나는 그때까지는 한 번도 느껴 본 적 없는 극도의 절망과 공포를 담아서 노래했어요. 그런 존재와 함께 노래를 부르려니까 내 존재가 없어지는 것 같았고 엄청난 두려움이 찾아오더군요. 마치 내가 재앙의 희생양이 된 것처럼 작가의 심정을 그대로 이해하고 노래할 수 있었죠. 에릭도 감탄을 했어요. 그도 당당한 목소리에 복수심에 사로잡힌 영혼을 강렬하게 노래했어요. 우리가 노래를 하는 동안 사랑과 질투, 증오가 폭죽처럼 터졌답니다. 에릭이 쓴 검은 가면은 마치 베니스의 무어인 가면인 것 같았어요. 그는 살아 있는 오셀로였답니다. 갑자기 그가 나를 쳐서 내가 쓰러질 거라는 생각이 들었지만 겁에 질린 데스데모나처럼 피하지 않고 서 있었어요. 오히려 열정 한가운데 있는 죽음의 매력에 이끌리듯 그에게 더 가까이 다가갔답니다. 그리고 그 손에 죽기 전에 마지막으로 황홀한 그의 모습을 보고 죽고 싶었던 데스데모나처럼 가면에 가려진 그의 얼굴을 보고 싶은 거예요. 영원한 예술의 열정이 그대로 새겨졌을 것 같은 그 얼굴을 말이죠……. 네, 다른 게 아니라 그 목소리의 얼굴이 보고 싶었던 거예요. 그래서 거의 본능적으로, 믿을 수 없게 재빠른 손길로 가면을 벗겨 버렸어요.

아, 그런데, 세상에……그런 일이! 그런 일이……!"

크리스틴은 말을 멈추고 두 손을 바르르 떨며 그 모습을 지워 버리고 싶은 듯했다. 조금 전 '에릭'이라는 이름이 허공에서 메아리쳤듯 이번에는 크리스틴이 두려움으로 외치던 마지막 소리가 울려 퍼졌다. 라울과 크리스틴은 점점 더 무서워지는 이야기 탓인지 더 바짝 붙어 앉아 차고 고요한 밤하늘에 반짝이는 별을 올려다보았다.

"크리스틴, 이렇게 아름답고 조용한 밤에 고통스러운 신음 소리가 느껴지는 게 이상하네요. 마치 밤이 우리와 함께 슬퍼하는 것만 같군요."

"라울, 이제 당신도 그 비밀을 알게 되겠죠. 그리고 당신도 나처럼 통탄하게 될 것을 예감하는 거예요."

크리스틴은 떨리는 손으로 그의 손을 잡으며 계속 이야기를 했다.

"아…… 그가 인간이 아닌 것 같은 고통과 분노로 울부짖는 걸 듣는 그 잠깐 사이에 나는 100년은 족히 늙어 버린 기분이 들었어요. 그 끔찍한 모습을 보고 입을 벌리고 있었지만 더 이상 소리도 못 지르겠더군요.

오, 라울! 어떻게 해야 그 흉측한 모습을 더 이상 안 볼 수 있을까요! 여전히 그의 절규가 들리는 것 같고 그의 얼굴이 사라지지도 않아요. 대체 어떻게 해야 그 모습을 잊을 수 있죠? 라울, 당신은 수 세기 동안 버려진 해골을 봤다고 했나요? 악몽을 꾼 게 아니라면 페로에서 그날 밤에 그의 해골을 보았노라고 했어요. 무도회에서 '붉은 죽음'이 돌아다니는 모습도 봤다고 했고요. 하지만 그 해골들이야 움직이지 않고 그저 굳어 버린 얼굴일 뿐이에요…….

그렇지만 상상해 봐요. 눈과 코에 뚫린 네 개의 구멍을 움직이면서 마치 악마처럼 분노하고 절규하는 죽음의 가면을 상상해 보세요. 그 텅 빈 눈구멍에는 눈길을 찾을 수가 없어요. 그의 이글대는 눈빛은 깊은 밤에만 볼 수 있다는 걸 나중에 알았어요. 나는 겁에 질려서 벽에 달라붙은 채 부들부들 떨기만 했어요. 그러자 그는 입술도 없는 그 입을 굳게 다물고 이를 갈면서 다가왔고 나는 무릎을 꿇었답니다. 그는 정신이 나가 버린 듯 횡설수설하며 악담을 내뱉었어요. 나는 그가 무슨 말을 하는 건지 알아들을 수 없었어요. 그는 몸을 숙이고 식식댔어요.

'봐! 이걸 원했지! 제대로 봐! 눈을 똑바로 뜨고 이 저주받은 모습을 좀 보란 말이야! 에릭의 얼굴을 보라고! 이 끔찍한 얼굴로 네 영혼을 사로잡아 봐! 이제 드디어 목소리의 얼굴을 보게 됐군! 내 목소리를 듣는 것만으로는 성에 차지 않았겠지. 내 얼굴이 어찌 생겼는지 궁금했을 거야. 여자들은 모두 궁금해서 견디기 어려운 모양이야.' 그는 같은 말을 반복하더니 웃기 시작했어요. '당신들 여자란 것들은 궁금해서 견디기 어려운 모양이야!'

그는 큰 소리로 웃으면서 말했는데 마치 끓어오르는 것처럼

거칠고 난폭한 웃음이었어요. 그러다가 다시 비아냥거리기도
했어요.

'이제 만족하는 건가? 이 정도면 준수한 거 아닌가? 여자들
이 내 얼굴을 보는 순간에 모두 내 여자가 되는 거야. 너도 마
찬가지야. 영원히 나만을 사랑하게 되는 거지. 난 돈 후앙 같은
그런 남자거든!' 그는 허리에 손을 얹고 어깨를 당당하게 펴더
니 그 끔찍한 얼굴을 흔들어 가면서 큰 소리로 말했어요. '나를
봐! 난 위풍당당한 돈 후앙이다!' 내가 고개를 돌리니까 그가
내게로 와서 거칠게 머리칼을 움켜쥐고는 억지로 자기를 보게
하더군요."

이때, 라울이 갑자기 그녀의 말을 막았다.

"그만해요. 제발! 내가 죽여 버리고 말 거예요! 맹세하지만
그를 죽이고 말 거야. 크리스틴, 그 지하 호수가 어디 있는 건지
제발 말해 줘요. 그는 내 손에 죽을 겁니다!"

"라울, 정말 알고 싶으면 조용히 하고 내 말을 들어 봐요."

"네……, 그럴게요. 당신이 왜, 또 어떻게 그곳으로 돌아간 건
지 말해 주세요! 크리스틴, 알려 줘요. 당신이 애써서 지키려는
그 비밀만 알면 돼요. 하지만 어찌 된 일이든 난 그놈을 죽여야
만 해요. 죽여 버릴 겁니다!"

"라울, 정말 알고 싶은 거라면 가만히 내 말을 들어 줘요. 그
는 내 머리채를 잡아서 흔들고…… 그런 다음에…… 아, 그다

음엔 더 끔찍했답니다!"

"어서 말해 봐요! 빨리!"

라울이 다그쳤다.

"그가…… 이러더군요. '왜, 내가 두려운가? 그럴 수도 있겠
군. 내가 아직 가면을 더 쓴 거라고 생각해? 그렇다면 이 얼굴
은 가면인가?' 그런 다음 갑자기 소리쳤어요. '아까처럼 벗겨
봐! 이리 와서 해 보라니까! 어서! 네 손으로 어서 벗겨 보라
니까!…… 손 이리 줘. 그 손으로 어서! 네 손으로 부족하면 내
손도 보태 주지. 우리 둘이 힘을 합해서 어디 한번 벗겨보자니
까!' 나는 그의 발밑에서 몸부림쳤지만 그가 내 손을 잡고는 놔
주질 않더군요. 라울…… 그는 내 손을 얼굴로 억지로 가져가
더니 그 끔찍한 죽음의 피부를 내 손톱으로 되는대로 막 쑤셨
어요. 그리고 화덕처럼 더운 입김이 쏟아지는 목구멍에서 악을
쓰는 소리가 들렸죠.

'이제 알겠나? 이제야 알겠지? 난 머리부터 발끝까지 온통
죽음이야. 너를 사랑하고 숭배하고 영원히 네 곁을 떠나지 않
을 내가 시체란 말이다! 크리스틴, 내 관을 좀 더 크게 만들어
야겠다. 우리의 이 사랑이 끝날 때를 대비해서……. 봐! 난 이
제 웃지 않고 이렇게 울고 있잖나! 크리스틴, 난 널 위해서 우
는 거야. 넌 내 가면을 벗겼고 그것 때문에 너는 영원히 내 곁을
떠날 수 없게 됐거든! 내가 잘생겼을 거라고 믿었다면 내게 다

시 돌아왔겠지만 이젠 흉측한 내 꼴을 봤으니 영원히 멀어지고 싶겠지. 그러니까 이젠 널 가둬야만 해! 그런데 도대체 내 모습이 왜 보고 싶었던 건가? 내 모습을 궁금해하다니……. 바보 같은 크리스틴……. 내 아버지도 내 얼굴을 본 적 없고 내 어머니도 얼굴을 보지 않으려고 가면을 처음 선물로 주었거늘…….'

그는 드디어 나를 놓아주고는 역겨운 딸꾹질을 해 가며 방 안을 왔다 갔다 했어요. 그러고 나서 마치 파충류처럼 기어서 문을 세게 닫고 자기 방으로 들어가 버렸답니다. 나는 혼자 남아서 혼란과 두려움 속에서 그의 모습을 다시 떠올렸고요. 폭풍우가 지나간 다음처럼 고요해지자 나는 그때서야 비로소 그의 가면을 벗긴 행동이 얼마나 끔찍한 결과를 가지고 온 건지 곰곰이 생각해 봤지요. 그 괴물이 마지막으로 했던 말을 생각해 보고 꽤나 심각한 상황이라는 걸 깨달았어요. 나는 스스로를 영원히 감옥에 가둔 거예요. 호기심 때문에 이런 일이 생긴 거죠.

돌이켜보면 그는 충분히 경고해 줬어요. 가면을 벗기지 않으면 어떤 위험도 생기지 않을 거라고 했었죠. 하지만 나는 그의 가면을 벗기고 만 거예요! 경솔한 내가 너무나 원망스러웠어요. 하지만 그 괴물의 말대로 했을 거라는 생각을 하자 너무 소름 끼쳤어요.

네, 얼굴을 안 봤다면 나는 분명히 그를 다시 찾아갔을 거예요. 그는 내 마음을 흔들었고 나는 그에게 관심도 있었고, 가면 아래로 흘러내리는 눈물을 본 다음에는 그를 동정했거든요. 그래서 다시 와 달라는 그의 간절한 부탁을 도저히 뿌리칠 수 없었죠. 전 은혜를 저버리는 사람은 아니거든요. 난 그에게 감사했어요. 그의 목소리 덕분에 내 열정이 되살아난 걸 잊을 수도 없었죠…… 난 그한테 돌아갔을 거예요. 그런데 이제는 그 지하 무덤에서 나갈 수만 있다면, 다시는 돌아오지 않겠노라고 생각했죠. 나 아닌 그 누구라도, 자신을 사랑하는 시체를 만나려고 무덤 속으로 걸어 들어가는 일은 안 할 테니까요.

제대로 보이는 것도 아니고 검고 퀭한 구멍으로 쏘아보던 그 눈빛, 그의 거친 열정이 얼마나 야만스러운지 실감했죠. 그러면서도 한편으로는 어떤 저항도 하지 못하는 나를 강제로 안지 않은 걸로 봐선 어떤 부분으로는 정말 천사일지도 모른다고 생각하기도 했어요. 신이 아름다운 모습을 빼앗아 버린 음악의 천사!

나는 나를 찾아온 비참한 운명을 생각하며 두려움에 떨었어요. 관이 놓여 있는 방문이 다시 열리고 가면을 벗은 괴물이 나타날지도 모른다는 생각에 두려워하며 내 불행한 삶을 마감해 줄 가위를 잡았어요. 그런데 바로 그때…… 소리가 들리는 거예요…….

그 순간, 에릭이 왜 자신의 작품을 말하면서 경멸감과 빈정거림을 보였는지 이해하기 시작했어요. 그때 제 귀에 들려온 음

255

악은 그 이전까지 내가 매혹당했던 음악들과는 완전히 다른 것이었어요. 그는 틀림없이 눈앞의 공포를 잊으려고 그 작품에 매달렸을 거예요. 아니면 조금 전의 끔찍한 상황을 덮고 싶어서 그런 건지도 모르죠. 그가 작곡한 〈위풍당당한 돈 후앙〉은 처음에는 비참하게 저주받은 에릭 자신의 처지를 울부짖는 듯 무시무시하고…… 깊고 커다란 흐느낌처럼 들렸어요. 불쌍한 에릭은 그 작품에 저주받은 자신의 불행을 쏟아부은 거예요…….

붉은 잉크로 쓰인 악보책을 다시 들여다봤을 때 실제로는 붉은 피로 쓰인 악보라는 걸 쉽게 알 수 있었답니다. 그 음악은 처절하고 눈물겨운 순교의 심연으로 나를 끌고 갔어요. 흉한 모습을 한 남자의 심연으로요. 지옥의 암벽에 흉측한 머리를 부딪히면서도 사람들의 시선을 피해 땅 밑으로 도망치는 에릭이 눈앞에 보이는 것만 같았죠. 그렇게 넋을 잃고 앉아서, 고통을 승화시킨 그의 음악을, 웅장한 화음이 엮어 내는 드라마를 들었답니다. 그런데 심연에서 끓어오르던 저음이 한데 모이더니 갑자기 엄청나게 높아지면서, 마치 태양을 향해 날아오르는 독수리처럼 위풍당당한 교향악이 세상을 태워 버릴 듯 울려 퍼졌지요.

그때 알았답니다. 드디어 작품이 완성된 것을, 사랑의 날개를 단 추악함이 아름다움을 정정당당하게 맞대면하게 된 것을. 나는 정신을 잃고 취해 버렸지요……. 에릭과 나를 가로막았던 문이 내 손에 의해 스르르 열렸답니다. 그는 내가 방으로 들어간 걸 알아차렸지만 감히 돌아보지는 못하더군요. 나는 나도 모르게 외쳤어요. '에릭, 두려워하지 말고 얼굴을 보여 줘요. 당신은 가장 큰 고통을 받고 있지만 가장 숭고한 사람이 틀림없어요. 이 순간 이후 내가 당신을 보고 떨게 된다면, 그건 당신의 천사 같은 목소리와 빛나는 재능 때문일 거예요.'

그러자 에릭이 천천히 고개를 돌렸는데, 그도 내 말을 믿었고 하나님 맙소사, 나도 내가 한 말을 모두 믿었어요. 그는 운명의 여신을 향해 기도하는 것처럼 두 팔을 벌리더니 내 앞에 무릎을 꿇고 사랑의 언어를 속삭였답니다. 죽음의 입에서 사랑의 언어가 쉬지 않고 흘러나왔는데 어느새 음악은 그쳤어요. 그는 내 옷자락을 잡고 있느라 내가 눈을 감고 있는 건 못 봤어요.

라울, 더 무슨 말이 필요할까요? 이젠 모두 아셨지요. 이 잔혹한 드라마를 말이에요. 내가 계속 거짓말을 했던 보름 동안 그는 다시 생기를 되찾았어요. 내가 한 거짓말들은 내가 그럴 수밖에 없게 만들었던 그 괴물만큼이나 끔찍했지만 그 거짓말들 덕분에 지금 내가 자유를 찾은 거예요.

나는 아예 그가 쓰고 있던 가면을 불태웠어요. 내 마음을 감쪽같이 숨기고는 아주 자연스레 행동했어요. 노래를 부르지 않을 때에도 그는 주인 곁을 맴도는 겁 많은 강아지나 충직한 노예처럼 내 주변을 서성거렸고 내 눈을 따랐어요. 그에게 점점 더 많은 믿음을 보여 주니까 나를 데리고 지옥의 기슭으로 산책을 가기도 하고 호수에 데려가서 배를 태워 주기도 했어요. 그리고 갇혀 있던 마지막 날이 되었을 때 지하 세계와 스크리브가의 경계인 철책을 넘게 해 주었어요. 그곳에서 미리 대기하고 있던 마차가 우리를 불로뉴 숲으로 데려다 주었답니다.

우리가 숲에서 당신을 마주친 그날 밤에 엄청난 비극이 일어날 수도 있었어요. 그는 당신한테 강한 질투를 느끼고 있었는데 내가 당신이 곧 북극으로 원정을 떠날 거라면서 그의 마음을 간신히 돌려 놓았거든요. 동정과 열정, 절망과 공포로 가득했던 보름간의 감금이 끝나고 나는 그에게 돌아오겠다고 했고 그는 그 말을 완전히 믿었어요."

"정말 당신은 그곳으로 돌아갔잖아요……."

라울이 한숨을 섞어 말했다.

"맞아요. 하지만 그곳으로 돌아간 이유는 그가 나를 풀어 주며 했던 은근한 협박 때문이 아니라 날 보내 주면서 가슴이 찢어질 듯 흐느껴 울던 모습 때문이었답니다."

크리스틴은 고개를 세차게 저었다.

"그와 영원히 헤어지려던 순간 흐느끼는 모습이 생각보다 더 그와 나를 강하게 묶어 준 거예요. 아, 불쌍한 에릭……가엾은 에릭……."

"크리스틴, 당신은 나를 사랑한다고 했잖아요. 하지만 자유를 찾은 지 며칠도 안 돼서 다시 그의 곁으로 돌아갔어요. 그 가면무도회를 잊은 건 아니죠?"

라울은 참다못해 벌떡 일어났다.

"네……. 그렇게 됐어요. 하지만 라울, 우리 두 사람 모두에게 위험한 일이었지만, 지난 며칠간 내가 누구랑 함께 있었는지 잘 아시잖아요……."

"그 며칠 동안에도 당신이 날 사랑하는 건지 정말 의심스러웠다고요!"

"아직도 의심하시나요, 라울? 그렇다면 내가 에릭과 함께 있는 동안 두려움이 점점 더 커졌다는 사실을 기억해 주세요. 그 시간들과 함께 나에 대한 그의 맹목적 사랑이 더 깊어졌거든요. 그는 나를 미치도록 사랑했지만, 나는 미칠 듯이 두려웠어요. 정말 무서웠다고요!"

"당신이 두려워하는 건 잘 알겠어요……. 하지만 정말로 나를 사랑하는 건가요? 가령 에릭이 잘생겼다고 해도 여전히 나를 사랑할 건가요, 크리스틴?"

"불행한 사람……. 왜 운명을 저울질하는 거예요? 왜 내 마음 깊이 묻어 둔 생각을 꺼내려고 하는 거죠?"

크리스틴은 자리에서 일어나서 라울의 머리를 감싸 안았다.

"이제 단 하루뿐입니다……. 당신을 사랑하지 않는다면 내 입술을 허락하는 일도 없겠죠. 이렇게 처음이자 마지막으로……."

라울은 다가오는 그녀의 입술을 가만히 받았다. 그런 뒤 밤 공기를 가르는 매서운 바람을 피해 마치 폭풍우라도 피하는 것처럼 서둘러서 그 자리를 떠났다. 그들이 다락방들이 붙어 있는 곳으로 숨어들기 전에 저 멀리 거대한 새가 이글거리는 눈빛으로 내려다보는 모습이 보였다. 아폴론 조각상의 칠현금 줄을 단단히 움켜쥔 검은 새의 모습이었다.

13

함정 애호가의 능숙한 솜씨

라울과 크리스틴은 멈추지 않고 계속 달렸다. 캄캄한 밤에만 볼 수 있는 그 불타는 눈빛을 봤던 오페라극장 지붕을 벗어나서 8층에서 멈추었다. 그날 저녁 공연이 없어 복도는 텅 빈 상태였다. 갑자기 이상한 형체가 그들 앞에 나타나 길을 막았다.

"안 됩니다. 이쪽으로는 안 돼요!"

그 형체는 무대 뒤로 이어지는 반대편 복도를 가리켰다. 라울은 무슨 일인지 알아보려고 멈추어 서려고 했다.

"어서! 서둘러요……!"

소매 없는 긴 외투를 입고 뾰족 모자를 쓴 희뿌연 형태가 급하게 명령하며 계속 한쪽 방향으로 이끌었다. 크리스틴도 라울에게 어서 가자고 재촉했다.

"그런데 저 사람은 대체 누굽니까? 갑자기 나타나서 왜 저러는 겁니까?"

라울이 크리스틴에게 물었다.

"바로 '페르시아인'이랍니다."

"여기서 뭘 하는 건데요?"

"그건 모르겠어요……. 항상 오페라극장 안을 저런 식으로 떠돌아다니거든요."

"크리스틴, 아까 그곳에서 무작정 도망친 것은 내겐 무척 수치스런 일입니다. 비록 당신이 잡아당겨서 그리 된 거지만 나는 평생 한 번도 도망친 적이 없단 말입니다."

라울이 흥분을 감추지 못하고 거칠게 말했다.

"우리가 지나친 망상에 빠져 헛것을 본 건지도 모르죠."

크리스틴은 차분해진 목소리로 대답했다.

"아폴론의 칠현금 위에 있던 게 정말 에릭이라면 브르타뉴 지방에서 벽에 올빼미를 걸어 두듯 그를 꼼짝 못하게 묶어서 못으로 박아 버렸을 거요."

"그러기 위해선 일단 아폴론 조각상 위까지 올라가야만 했을 거고, 그건 절대로 쉬운 일이 아니에요. 라울……."

"그 이글거리는 눈빛은 틀림없었어요."

"이제 당신도 나처럼 사방에서 그가 보이는 것처럼 느껴지나 보네요. 하지만 불타는 눈빛처럼 보이는 건 분명 칠현금 줄 사이로 반짝인 별빛이었을 거예요."

크리스틴은 계단을 따라 한 층을 더 내려갔고, 라울은 그녀를 따라가며 불만을 토했다.

"크리스틴, 그를 떠나겠다는 결심을 했다면 아무래도 지금 당장 떠나는 게 좋을 것 같습니다. 내일까지 기다릴 까닭이 없잖아요? 그가 오늘 저녁 우리가 했던 말들을 다 들었을지도 몰라요!"

"아니에요! 절대로 그럴 리가 없어요! 그는 〈위풍당당한 돈 후앙〉 작곡 때문에 우리한테 신경 쓸 여유가 없다고요!"

"하지만 그렇게 자꾸 뒤돌아보는 걸 보니 당신도 그걸 그리 믿는 건 아닌 것 같네요……."

"아무튼 우선 내 대기실로 가요!"

"그보다 오페라극장 밖에서 보는 게 좋겠어요."

"그건 안 돼요. 우리가 함께 도망치는 순간까지는 절대로 안 될 일이에요! 내가 약속을 안 지키면 우리한테 커다란 불행이 닥칠 거예요. 이곳에서만 당신을 만나겠다고 그와 약속했거든요."

"그가 그런 걸 허락했으니 다행이군요. 난 행복한 남자고요. 그런 상태에서도 나를 만나 소꿉놀이를 할 생각을 다 하고, 당신은 참 대담한 여자군요!"

"하지만 라울, 내가 당신과 만나는 건, 이 놀이는 그도 알아요……. 그는 나를 믿는다고 말했어요. 그리고 당신은 나를 사랑하지만 곧 떠나야 한다고도 했고요. 당신이 떠나기 전까지는 당신도 그 사람처럼 불행하다고 하더군요."

"그건 대체 무슨 뜻입니까?"

"그건 내가 물어보고 싶어요. 사랑이란 건 그렇게 불행한 건가요?"

"그래요, 크리스틴. 사랑하지만 상대방도 나를 사랑하지 않는다면 불행해지지요. 그럴 수밖에 없어요."

"그건 에릭의 경우에 해당하는 말이에요?"

"에릭하고 나, 모두에게 해당하는 말이지요……."

라울은 쓸쓸하고 절망적인 표정으로 고개를 저으며 말했다. 어느새 그들은 크리스틴의 대기실에 도착했다.

"극장 안에서 이곳 대기실이 가장 안전하다고 어떻게 믿죠? 벽에서 흘러나오는 그 목소리를 들은 적이 있으니 그도 우리가 하는 말을 쉽게 들을 수도 있잖아요!"

라울이 초조한 듯 말했다.

"그렇지 않아요. 그는 내게 다시는 대기실 벽에 숨지 않겠다고 약속했고, 난 그 말을 믿거든요. 이곳 대기실, 호숫가에 있는 그 거처에 딸린 방은 오직 나만을 위한 공간이에요. 그에게도 성지와 같은 셈이고요."

"크리스틴, 그런데 도대체 어떻게 이 방에서 슬그머니 복도로 빠져나갈 수 있었던 겁니까? 다시 한 번 보여 줄 수 있어요?"

"그건 위험해요, 라울! 거울을 통해 도망치는 대신에 오히려 호숫가로 날아가서 에릭의 도움을 청할 지경이 될지도 모르거든요."

"당신이 부르기만 하면 언제든 그가 듣는다는 말입니까?"

"내가 어디에서 부르든, 그는 내가 찾는 소리를 듣죠. 그가 그랬어요. 정말 놀라운 능력이죠. 라울, 에릭이 그저 재미 삼아 지하에 사는 평범한 남자라고 생각하는 건 안 돼요. 그는 보통 사람들이라면 불가능한 많은 것들을 할 수 있답니다. 살아 있는 사람들은 전혀 모르는 것들도 알고 있어요."

"잘 생각해요, 크리스틴. 지금 당신은 그를 또다시 전지전능한 유령으로 만드는 거예요."

"아니에요. 그는 유령이 아니지요! 굳이 따지자면 하늘과 땅, 두 곳에 모두 속하는 사람이에요."

"하늘과 땅 양쪽에 속하는 사람이라면……. 참 대단한 말이네요! 그런데 그런 존재한테서 도망치겠다고 결심했단 말입니까?"

라울이 비아냥거렸다.

"네, 내일 그럴 거예요."

"내가 왜 오늘 도망치기를 원하는 건지 말씀드릴까요?"

"네, 말해 주세요."

"내일이 되면 당신은 무엇을 어떻게 해야 좋을지 아무것도 결정할 수 없기 때문입니다."

"라울, 그래서 나를 강제로라도 데려가 달라고 부탁드렸잖아요. 모르시겠어요?"

"좋아요……. 그럼 내일 밤 자정 바로 이곳에서 만나기로 해요. 그때 반드시 당신 대기실로 오지요."

라울은 표정이 어두워졌다.

"무슨 일이 있어도 약속을 꼭 지키겠소. 그는 공연을 본 다음에 호숫가 식당에서 당신을 기다린다고 했지요?"

"네, 거기서 만날 약속을 해 놓았어요……."

"하지만 크리스틴, 이곳 대기실에서 '거울을 통해' 빠져나가지 못한다면 대체 어떤 방법으로 그의 거처까지 갈 생각이었나요?"

"곧장 호숫가로……."

"복잡한 지하를 몽땅 거쳐서 가겠단 말입니까? 무대장치 기술자들과 극장에서 일하는 사람들로 붐비는 계단과 복도를 지나간다고요? 그럼 당신이 사라졌다는 비밀이 대번에 알려지고 말 걸요. 최악의 경우는 호숫가로 향하는 당신 뒤를 수많은 사람들이 따라갈 수도 있다는 얘기예요."

크리스틴은 대답 대신 상자에서 커다란 열쇠를 꺼내 라울에게 보여 주었다.

"이게 뭡니까?"

"스크리브가의 지하 철창문 열쇠에요."

"이해가 되네요, 크리스틴. 호수로 곧장 통하는 열쇠나 매한 가지군요. 이 열쇠를 내게 주는 겁니까?"

그러자 크리스틴이 정색을 했다.

"그러면 안 돼요. 그건 그를 배신하는 거예요."

그 순간 크리스틴의 안색이 갑자기 변했다. 서늘한 죽음과도 같은 것이 그녀를 휘감았다. 라울은 그런 그녀의 얼굴을 걱정스럽게 바라보았다.

"아! 이럴 수가⋯⋯. 에릭! 에릭! 날 불쌍하게 여겨 주세요."

크리스틴이 소리쳤다.

"조용히! 그가 어디서든 듣는다고 했잖아요."

라울이 급하게 그녀를 막았지만 크리스틴은 이해하기 어려울 정도로 이상하게 변해 갔다. 그녀는 정신이 나간 사람처럼 말을 제대로 잇지 못하면서 손가락을 자꾸만 만졌다.

"아! 이럴 수가⋯⋯ 이럴 수가⋯⋯."

"무슨 일인데요? 왜 그러는 거예요?"

라울이 다그쳤다.

"반지⋯⋯."

"무슨 반지요? 크리스틴, 제발 정신 좀 차려요!"

"그가 준 금반지 말이에요⋯⋯."

"에릭이 당신에게 금반지를 주었어요?"

"라울, 당신도 이미 알고 있었던 거잖아요! 하지만 그 반지를 주면서 그가 한 얘기는 모르시겠죠. '자유를 돌려주지, 크리스틴. 하지만 이 반지를 항상 끼고 있어야 한다는 게 내 조건이오. 이 반지를 끼고 있는 한 어떤 위험에도 안전한 건 물론이고 난 여전히 당신 친구일 테지만 이 반지를 빼는 순간 당신은 불행해질 거고 난 복수를 하게 될 거요!' 그랬는데 그 반지가 없어졌어요……. 우린 불행해질 거예요, 라울……."

그들은 급하게 주변에 반지가 떨어져 있는지 찾아보았지만 헛수고였다. 크리스틴은 엄청난 불안에 휩싸였다.

"아폴론 조각상 아래서 키스할 때 손가락에서 빠져 아래로 미끄러진 것 같아요. 지금 당장 어떻게 찾아요? 라울, 어떤 불행이 찾아올까요? 우리 어서 도망치기로 해요!"

"지금 당장 도망칩시다."

라울이 다급하게 다시 한 번 말했다. 크리스틴은 함께 도망치겠다고 대답하려다 다시 망설였다. 라울이 기대한 것과는 달리 그녀의 눈빛이 흔들리다가 힘없는 대답이 돌아왔다.

"안 돼요. 내일까지 기다려야만 해요."

그리고 잃어버린 반지를 되찾으려는 것처럼, 반지가 저절로 다시 나타나기라도 기다리는 것처럼 계속 손가락을 매만지며 급히 자리를 떠났다. 그래서 라울도 복잡한 생각에 붙잡혀 일단은 집으로 돌아와야만 했다.

"그 사기꾼의 손아귀에서 못 구해 내면 그녀는 아마 미쳐 버릴지도 몰라. 꼭 구해 내고 말 테야!"

그는 침대에 몸을 던지며 큰 소리로 외쳤다. 불을 끄자 방 안은 칠흑처럼 어두워졌다. 라울은 에릭을 저주하면서 소리높이 외쳤다.

"사기꾼! 사기꾼! 사기꾼!"

그러다가 갑자기 기절할 듯 놀라며 몸을 일으켰다. 관자놀이에 식은땀이 주루룩 흘렀다. 불처럼 타오르는 두 눈이 침대 발치에서 보였다. 캄캄한 어둠 속에서 그 눈은 라울을 똑바로 쏘아보았다.

라울은 용감하긴 했지만 몸을 부들부들 떨지 않을 수가 없었다. 그는 떨리는 손을 겨우 내밀어 탁자 위 성냥을 더듬거려 순식간에 불을 켰지만 이글대는 눈동자는 이미 사라지고 없었다.

라울은 곰곰이 생각에 잠겼다.

'그 두 눈은 어둠 속에서만 보인다고 했지. 불을 켜서 눈은 사라졌지만 여전히 여기 어딘가 있을지도 몰라.'

그는 침대에서 일어나 최대한 차분하게 방 이곳저곳을 둘러보고 어린아이처럼 침대 밑을 들춰 보다가 어이가 없다는 생각이 들어 씁쓸하게 웃어 버렸다.

"도대체 뭘 믿는 거야? 이게 뭐하는 짓이람? 그런 동화 같은 이야기를 믿는다는 말이야? 어디까지가 현실이고 어디서부터 환상인 거지? 그녀는 대체 뭘 본 걸까? 아니면 뭘 봤다고 믿는 거야? 그리고 난 뭘 본 거지? 조금 전에 본 게 분명 이글거리는 그 눈빛이었나? 상상 속에서 본 건 아닐까? 이젠 아무것도 확신할 수 있는 게 없군……."

라울은 큰 소리로 외치다가 몸서리를 쳤다.

라울은 다시 잠자리에 들었고 어둠도 다시 찾아왔다. 그때, 이글거리는 눈동자가 다시 나타났다.

"이럴 수가……!"

라울은 허탈한 듯 신음을 흘렸다.

"네가 에릭인가? 인간인지 정령인지 천사인지는 모르겠지만 네가 바로 그 에릭인가?"

그는 이번에는 용기를 내어 힘껏 소리쳤다. 라울은 그가 에릭이라면 분명 발코니 방향 쪽에 있을 것이라 생각했다. 그는 자리에서 얼른 일어나 서랍장으로 가서 권총을 꺼내 들었다. 창문을 열어젖히니 밤공기가 무척 차가웠다. 발코니를 둘러보았지만 그저 차가운 바람만 스산하게 불고 아무도 없었다. 그는 방 안으로 다시 들어와 창문을 닫고 권총을 손이 닿는 테이블 위에 올려 두고는 추위에 진저리를 치며 다시 잠자리에 들었다.

정적과 어둠이 또다시 찾아왔다. 하지만 또 이글거리는 두 눈이 침대 발치에 보이는 것이었다. 두 눈은 침대와 유리창 사이에 있는 건지 아니면 유리창 바로 뒤에 있는 건지. 그렇다면 발코니에 떠 있는 건가?

라울은 궁금했다. 그 두 눈이 인간의 것이라면? 그는 이번에는 조용히 아주 침착하게 권총을 들어 목표물에 총구를 겨누었다. 두 개의 황금빛 별이 꿈쩍도 하지 않고 이상하게 그를 노려보며 총구 끝에 닿아 있었다.

라울은 두 개의 별 위쪽으로 겨누었다. 저 별빛이 인간의 눈동자라면 틀림없이 그 위에 이마가 있을 테고…… 그는 치밀하게 계산했다. 드디어 커다란 총성이 울리면서 평화롭게 잠든 집 안의 정적을 깨뜨렸다. 조금 후 놀라서 깨어난 사람들이 어지러운 발소리를 울리는 동안 라울은 침대에 그대로 앉은 채 여전히 시선을 고정시키고 총구를 겨누었다.

반짝이던 두 개의 별은 사라졌다. 불이 켜지고 방 안이 환해지자 사람들과 필립 백작이 놀라며 그에게 몰려왔다.

"무슨 일이냐, 라울?"

"악몽을 꿨나 봅니다…… 별 두 개가 잠을 방해해서 쏘아 버린 겁니다."

"그게 무슨 헛소리야? 라울, 몸이 아픈 거냐? 도대체 무슨 일이냐?"

백작은 걱정스러운 눈빛으로 그의 손에서 권총부터 빼앗았다.

"아니에요. 헛소리를 하는 게 아니라니까요. 이제는 형도, 다른 사람들도 모두 알게 될 거예요."

라울은 중얼거리며 일어나 실내복을 걸치고 실내화도 신고 하인한테 등불을 받아 창문을 열고 발코니로 나갔다. 창문에는 사람의 키 높이쯤에 총구멍이 두 개 뚫려 있었는데 그는 등불을 들어 발코니를 비추었다.

"여길 봐! 피야, 피! 여기, 그리고 저기에도 있군. 피! 다행이야! 피를 흘리는 유령이라면 그나마 덜 위험할 테니! 한번 붙어 볼 만하겠어!"

그는 비웃으며 등불을 비췄다.

"라울! 라울! 정신 차려, 라울!"

백작이 마치 위험한 몽유병을 앓는 동생을 깨우려는 듯 마구 흔들어대며 소리쳤다.

"형, 난 잠든 게 아니에요. 여기 핏자국이 안 보이세요? 나도 꿈을 꾸다가 별을 보고 총을 쐈다고 생각했지만 그건 에릭의 눈동자였던 거예요. 여기를 좀 보세요! 그의 핏자국이 남은 게 안 보이세요?"

라울이 거세게 대들었다.

"하지만 총을 쏜 게 잘못일지도 몰라요. 크리스틴은 절대로 용서하지 않겠지요……. 잠자기 전에 커튼을 쳤더라면 이런 일은 생기지 않았을지도 모르는데……."

라울은 갑자기 불안에 떨었다.

"아, 라울, 갑자기 미치기라도 한 거니? 정신 차려, 얘야! 제발……."

"미친 게 아니에요. 형도 나를 도와서 에릭을 좀 찾아 주세요! 피 흘리는 유령이라면 어딘가 숨었다가 쓰러져 있을 거예요!"

"맞아요, 주인님. 발코니에 핏자국이 있어요."

그때 하인이 끼어들었다.

등불을 높이 들어 발코니를 비춰 보니 모든 게 분명히 보였다. 핏자국은 발코니의 난간과 빗물받이 홈통을 따라 나 있었는데 계속 위쪽 방향을 따라 올라가 있었다.

"이런……. 고양이를 보고 쏜 모양이로군!"

백작이 말했다.

"그럴 리가 없어요. 그랬다면 불행한 일이죠."

라울의 빈정대는 소리가 백작에게는 더할 나위 없이 신랄하고 비통하게 들렸다.

"에릭이라면 어떤 것도 확실한 게 아니에요. 총을 맞은 건 에릭일까요, 고양이일까요? 유령이었을까요, 아니면 그림자였을까요? 몸뚱이였을까요? 아니에요! 이런 제길! 에릭이라면 그럴 수도 있을 거예요."

라울이 하는 얘기는 방 안에 있는 사람들에게 이상하게만 들렸을지 몰라도 그가 몰두하는 생각에 한해서는 매우 치밀하고 논리적이었다. 그리고 크리스틴 다에가 들려준 황당하고 기이하지만 한편으로는 있을 법도 한 이야기도 사실인 것으로 여겨졌다. 그러나 그가 앞뒤 없이 늘어놓은 이야기를 들은 사람들은 라울이 정신이상인 것으로 믿게 되었다. 필립 백작도 그렇게 생각했으며 나중에 경찰서장의 보고로 예심판사가 사건을 맡게 되었을 때도 같은 결론을 내리는 데 전혀 지장을 주지 않을 꼬투리가 되었다.

"에릭은 대체 누구란 말이냐?"

백작은 떨리는 동생이 손을 잡고 물었다.

"내 연적이지요! 안 죽었다면 정말 유감입니다……."

백작은 서둘러서 하인들에게 나가라고 손짓했다.

곧 두 사람만 남고 방문이 닫혔지만 하인들은 한동안 문밖에서 서성거리다 천천히 복도를 걸어가며 라울이 힘주어 외치는 소리를 들었다.

"오늘 밤에 내가 크리스틴 다에를 데려갈 겁니다."

나중에 이 말은 포르 예심판사에게 그대로 전해졌다. 그러나 두 형제 사이에 정확하게 어떤 말을 주고받았는지 아무도 알지 못했다.

하인들은 두 형제가 방에 틀어박혀 싸운 게 그날 밤이 처음은 아니라고 증언했다. 몇 번 벽 너머로 들리던 그들의 말다툼은 거의 모두 크리스틴 다에라는 여가수 때문이었다는 것이 그들의 증언이었다.

　필립 백작은 주로 서재에서 아침을 들었지만 그날은 하인에게 동생을 데려오라고 시켰다는데, 라울은 어둡고 조용한 모습으로 들어왔고 순식간에 다음과 같은 장면이 벌어졌다고 한다.

　백작: 읽어 봐!
　필립은 동생한테 〈에포크〉 신문을 내밀며 가십난에 난 기사를 가리킴. 자작은 할 수 없이 읽기 시작함.
　"도시 외곽에 큰 뉴스가 발생했다. 오페라 가수인 크리스틴 다에 양과 라울 드 샤니 자작이 결혼을 약속했다는 소식이 그것이다. 예비 신랑의 형인 필립 백작은 가문이 약속을 못 지키는 일이 처음으로 일어났다고 말했다는 소문이다. 크리스틴 다에를 자작이 그토록 사랑할 것인가? 동생이 '새로운 마르그리트'로 유명해진 크리스틴 다에의 손을 잡고 신성한 계단으로 향하는 것을 형 필립 백작이 어떤 방법으로 거부할 것인지 매우 흥미진진하게 지켜보고 있다. 형제간 우애가 꽤나 돈독한 것으로 알려져 있지만 우애가 사랑을 뛰어넘을 수 있다고 생각한다면 백작은 착각에 빠져 있는 것이다."
　백작(슬픈 표정을 하며): 라울, 넌 우리 가족을 웃음거리로 만들었구나. 그 여자가 유령 이야기로 너를 완전히 미치게 만든 거야!

(자작은 크리스틴 다에가 해 준 이야기를 이미 백작에게 털어놓은 상태였음)

자작: 이제 형에게 영원한 작별 인사를 해야겠군요.

백작: 그게 진심이니? 정말 오늘 밤 그녀와 함께 떠나겠다고? (자작은 대답이 없었음) 진짜 그런 어리석은 짓을 하겠다는 건 아니지? (자작은 아무 대답을 하지 않음) 난 널 막을 수 있다!

자작: 그럼 안녕히. (자작은 방을 나감)

이 장면은 백작이 손수 예심판사에게 진술한 내용 그대로다. 백작은 그날 저녁, 오페라극장에서 크리스틴이 사라지기 몇 분 전부터 다시는 동생을 만나지 못하게 된다.

그날 하루 종일, 라울은 크리스틴을 데려올 준비로 바빴다. 말과 마차, 마부, 식량, 여행 가방과 필요한 돈 그리고 지도 등. 유령을 따돌리기 위해서 기차는 피하기로 했다. 이 모든 준비는 밤 9시가 되어서야 끝났다.

커튼으로 창문을 가린 독일형 마차가 로통드 옆에 대기했는데 두 필의 말이 끄는 마차로 마부는 두꺼운 목도리를 둘러서 누군지 알아보기 힘들었다. 그 마차 앞에는 이미 다른 마차 세대가 서 있었다. 나중에 예심에서 나온 진술에 따르면 그 세 대의 마차는 갑자기 파리로 돌아온 카를로타와 소렐리 양의 마차, 맨 앞에 있던 건 필립 드 샤니 백작의 마차였다. 가장 나중에 도착한 독일형 마차에서는 내리는 이가 없었다. 마부는 그저 자리를 지켰는데 나머지 마부들도 마찬가지였다.

한편, 커다란 검정 외투와 검정 펠트 장식 모자를 쓴 그림자가 로통드와 대기 중인 마차 사이 인도를 걸어가고 있었다. 그 그림자는 독일형 마차에 특히 신경을 쓰는 것 같았는데, 마부와 말에게 가까이 다가와 신중하게 살피고 말없이 사라졌다. 나중에 예심판사는 그가 바로 샤니 자작일 것이라 추측했다. 하지만 내 판단으로는 샤니 자작은 평상시에 높은 모자를 잘 쓰고 다녔기 때문에 그때 그 그림자는 그가 아니라 모든 걸 꿰뚫고 있는 유령이었을 것이다.

그날은 〈파우스트〉 공연이 있었다. 무대는 화려하게 장식되고 관객들은 나름대로 멋지게 차려입고 왔다. 당시만 해도 극장 회원권을 가진 사람들은 자리를 다른 이에게 빌려 주는 경우가 없었으며 정계나 재계 인사, 또는 낯선 이와 지정석에 함께 앉는다거나 양보하는 일도 없었다. 하지만 오늘날에는 어떤 후작의 지정석에서 소금에 전 정육점 주인과 그의 가족들이 앉아 공연을 보는 경우가 흔하다. 예전 같으면 상상도 못 할 일이다. 오페라극장의 박스석은 음악을 사랑하는 사교계 인물들을 만나고 그들을 지켜볼 수 있는 살롱 구실을 하는 곳이었기 때문이다.

오페라극장에 모인 이들은 자주 만나는 사이가 아니어도 상대방이 누군지 정도는 다들 알고 있었다. 그렇게 사람들은 서로 이름과 얼굴을 아는 상태인지라 특히 샤니 백작을 모르는 사람은 거의 없었다.

〈에포크〉신문에 실린 기사는 이미 사람들 사이에 퍼져 있었다. 그래서 사람들은 아무 일 없다는 듯 혼자 앉아 있는 샤니 드 필립 백작을 흘깃 보곤 했다. 특히 부인들이 관심을 보였는데 그들은 부채를 부치면서 자작이 나타나지 않을 것을 두고 수군거렸다. 그래서인지 크리스틴 다에가 무대에 등장했을 때 관객들은 굉장히 냉담한 반응을 보였다. 지위가 높은 관객들은 감히 오르지 못할 나무를 올려다 본 여가수를 고운 눈으로 봐 줄 수가 없었던 것이다.

싸늘한 객석 분위기를 눈치챈 디바 크리스틴은 상당히 곤혹스러웠다. 자작의 사랑 얘기를 알고 있는 몇몇 단골들은 마르그리트의 대사를 들으면서 알 것 같다는 미소를 짓기도 했다. 크리스틴이 "그분이 누군지 알고 싶어라. 지체 높으신 분일까 이름은 무엇일까" 하고 노래를 불렀을 때는 짓궂게도 필립 드 샤니의 박스석을 힐끔힐끔 쳐다보기도 했다.

하지만 막상 백작은 턱을 괸 채 사람들 시선에는 신경을 쓰지 않는 것처럼 보였다. 시선은 무대에 고정된 것으로 보였으나 제대로 보고 있기나 한 것인지는 확실하지 않았다. 그는 모든 일에 초연한 사람처럼 보였다.

크리스틴은 점점 더 자신감을 잃어 갔고, 곧 무시무시한 일이 닥쳐올 것만 같은 생각에 온몸이 부들부들 떨렸다. 상대역인 카롤루스 폰타는 그녀가 아픈 것은 아닐까, 정원 장면은 마무리할 수 있을까 걱정되었다. 무언가 잘못되고 있다는 것을 알아차린 객석에서도 바로 이 장면에서 카를로타가 두꺼비처럼 '꾸엑' 소리를 내고 결국 가수로서의 화려한 이력을 끝냈다는 것을 떠올렸다.

바로 그때 카를로타가 맞은편 박스석에 요란하게 등장했다. 가엾은 크리스틴은 한때 라이벌이던 그녀가 갑자기 나타나자 자극을 받았다. 크리스틴은 그녀가 자신을 비웃는다고 느꼈고, 그 때문에 오히려 큰 용기를 낼 수 있었다. 그녀는 모든 것을 잊고 공연을 성공적으로 끝내기로 결심했다. 음악이 아닌 모든 것들을 마음속에서 몰아내며 몰입했다.

그 순간부터 크리스틴은 온 힘을 다해 노래를 불렀다. 지금까지 노래했던 것들을 뛰어넘기 위해 노력했고 결국 그 경지에 도달했다. 그녀가 천사들에게 호소하는 마지막 장면에서 지상에서 벗어나 천천히 하늘로 오르는 대목에 이르자, 관객들은 마치 자신들의 어깨에 날개가 돋아나 하늘로 올라가는 것 같은 황홀함을 느꼈다. 그때 원형으로 돌아가는 객석 중간에 앉아 있던 한 남자는 자신도 하늘로 올라가는 것 같은 동작으로 여배우를 똑바로 바라본 채 자리에서 일어섰다!

라울이었다.

순수한 천사들이시여! 눈부신 천사들이시여!
순수한 천사들이시여! 눈부신 천사들이시여!

크리스틴의 어깨 위로 흘러내린 머리카락이 후광인 듯 빛났
다. 그녀는 두 팔을 넓게 벌려 뻗으면서 마지막 힘을 불어넣어
노래하고 부르짖었다.

내 영혼을 하늘로 데려가 주오!

그때 갑자기 극장 안의 모든 조명이 꺼지고 온통 암흑천지가
되었다. 곧 조명이 다시 환하게 들어왔기 때문에 당황한 사람
들이 소리를 지를 시간적인 여유는 없었다.

그런데 크리스틴 다에가 어디론가 사라져 버리고 없었다. 도
대체 어찌 된 영문인지, 관객들은 서로 멍하게 바라보았다. 웅
성거림은 점점 더 커졌다. 무대에서 노래하던 가수들도 관객들
만큼이나 놀랄 수밖에 없었다. 극장 관계자들은 조금 전까지
크리스틴 다에가 열창을 하던 무대로 달려 나왔다. 공연은 중
단되었고, 무대와 객석은 혼란에 빠졌다.

도대체 어디로 간 걸까? 크리스틴은 어디로 가 버렸지? 카롤

루스 폰타의 품에 안긴 채 수많은 관객들의 열렬한 환호를 받던 그녀는 갑자기 어디로 사라졌을까? 그녀의 아름다운 노래에 감명받은 천사들이 정말 그녀의 영혼과 육체를 거둬 하늘로 데려간 것일까?

객석 한가운데 서 있던 라울이 놀라서 비명을 질렀고, 필립 백작도 그 자리에서 벌떡 일어났다. 사람들은 무대와 필립 백작, 라울을 번갈아 보며 그날 아침 〈에포크〉지에 실린 기사와 정말 연관이 있는 것인지 궁금해했다. 라울은 급히 자리를 떠났다. 필립 백작도 박스석에서 사라졌다. 무대는 막이 내렸다. 관객들은 입구로 몰려 나가거나 극장의 발표를 기다리면서 혼란에 빠져 있었다. 모두들 어찌 된 일인지 추측해 보느라 정신이 없었다. 몇몇은 "무대 밑바닥으로 떨어졌을 거야!"라고 했으며, 또 어떤 이들은 "무대 뒤 배경막에 휘말렸을 거야. 새로 온 무대 감독이 도안한 장치 때문에 희생된 거지"라고 말했다. 또 "이건 누군가 고의로 꾸민 짓이야. 하필 불이 나가는 순간 갑자기 사라진 것만 봐도 알 수 있잖아!" 이런 말을 하는 이도 있었다.

그렇게 모두들 서로 다른 말들을 지껄여 댔다.

결국 다시 막이 올라 카롤루스 폰타가 오케스트라 악장의 자리까지 걸어 나온 뒤에 심각하고 슬픈 목소리로 공고를 알렸다.

"신사 숙녀 여러분, 방금 보신 것처럼 도저히 납득할 수 없는 사건이 생겨서 우리를 불안에 떨게 만들었습니다. 저와 함께 노래하던 크리스틴 다에 양이 이해할 수 없는 방법으로 우리 눈앞에서 감쪽같이 사라졌습니다!"

14
이상한 안전핀

무대는 수많은 사람들로 가득 찼다. 오페라 가수들, 무용수들, 무대 기술자들, 단역배우들, 합창단원들, 객석 회원들까지 한데 모여 이리저리 떠밀리면서 큰 소리로 외치거나 질문을 해 댔다. "그녀는 어떻게 된 겁니까?" "혹시 정말로 하늘나라로 올라간 겁니까?" "샤니 자작이 그녀를 납치한 겁니다!" "아니, 필립 백작이 한 짓입니다!" "카를로타가 한 짓이오. 분명 그녀가 꾸민 짓이야!" "아니에요! 유령이 한 짓이에요!"

무대 바닥과 뚜껑을 자세히 살펴봤지만 안전사고는 아닌 것으로 드러나 몇 명은 안도의 한숨을 쉬기도 했다.

그런가 하면 난리를 피우는 사람들 틈에 끼어서 무척이나 실망한 표정으로 속삭이는 세 사람이 보였다. 합창단장인 가브리엘, 행정관 메르시에, 극장장 비서인 레미가 그들이었다. 소도구들이 산더미처럼 쌓여 있는, 무대에서 무도회장으로 이어지는 넓은 복도 모퉁이에 모여 한참 동안 대화를 나누었다.

"노크를 계속했지만 아무런 대답도 없었어요! 아마 집무실에는 없는 것 같은데. 하긴 그들이 열쇠를 갖고 있으니까 다른 사람들은 어떻게 된 일인지 알 수가 없죠."

극장장 비서 레미가 두 극장장에 대해서 이야기했다. 극장장들은 막간을 이용해 무슨 일이 있어도 방해하지 말라고 비서에게 당부를 해 두었던 것이다.

"집무실에는 아무도 없는 것 같았어요."

레미가 또 말했다.

"아무튼 무대 한가운데서 노래하는 여가수를 납치하는 건 불가능해요!"

가브리엘이 목소리를 높였다.

"문밖에서 소리라도 쳐 본 거요?"

메르시에가 레미에게 물었다.

"다시 한 번 가 봐야겠어요!"

레미는 어두운 복도를 지나 극장장 집무실로 서둘러 발걸음을 옮겼다. 그때 복도에서 무대감독이 걸어왔다.

"안녕하십니까, 메르시에 씨. 두 분은 여기서 뭘 하고 계십니까? 행정관님은 저랑 가 주셔야겠습니다."

"경찰서장이 올 때가지는 아무것도 하고 싶지도 않고 알고 싶지도 않소. 미프르와 씨한테 사람을 보내 연락을 취했으니 그가 오면 얘기합시다."

메르시에가 무대감독의 말을 거절해 버렸다.

"지금 당장 조명 장치 쪽으로 가 주시지요."

무대감독이 다시 한 번 설득했다.

"경찰서장이 오기 전에는 안 된다고 했잖소!"

"제가 이미 다녀왔습니다만……."

"그래요? 무슨 일이라도 있었습니까?"

"아니에요, 아무도 없더군요. 분명히 아무도 없는 걸 확인했습니다. 아무도!"

"그럼, 나더러 어쩌라는 거요?"

"그게 말이죠…… 혹시……. 오르간 옆에 누군가 있었다면 왜 갑자기 조명이 꺼진 건지 설명할 수 있지 않을까요? 헌데 모클레르가 안 보이는 거예요. 무슨 말인지 아시겠어요?"

무대감독은 약간 짜증스럽게 머리를 긁적거렸다. 모클레르는 조명 장치를 담당하는 조명 감독으로 오페라극장의 밤과 낮을 마음대로 바꿀 수 있는 사람이었다.

"모클레르가 안 보여요? 그럼 그 사람 조수들은 있었나요?"

메르시에가 그때서야 놀란 표정으로 물었다.

"모클레르나 조수들이나 모두 안 보였어요! 조명을 맡은 사람들이 몽땅 사라졌어요! 크리스틴만 사라진 게 아닌 것 같다니까요! 뭔가 알 수 없는 음모가 있는 게 분명해요. 그리고 극장장 두 분도 안 계시지요? 아무튼, 일단 조명 장치에 사람들이 접근하지 못하도록 조취를 취했고 소방관도 불렀습니다."

"잘하셨소. 정말 잘했어요. 그럼 이제 경찰서장을 기다리는 일만 남았군요."

무대감독은 어깨를 으쓱하더니 극장이 발칵 뒤집혔는데도 구석에서 몸만 사리고 있는 겁쟁이들을 거칠게 욕해 대며 걸어갔다.

하지만 적어도 가브리엘과 메르시에는 자기 뜻으로 조용히 있는 게 아니었다. 그저 언행을 조심하면서 가만히 있으라는 지시 때문이었다. 어떤 일이 생겨도 극장장을 방해하지 말라는 명령이었다. 레미는 그들의 지시를 어기려 했지만 결국 소용이 없었다.

그때 극장장 집무실에 갔던 레미가 겁에 질린 모습으로 돌아왔다.

"극장장한테는 말씀을 드린 거요?"

메르시에가 레미에게 다그치듯 물었다.

"몽샤르맹 씨가 결국 문을 열었는데 눈을 부라리며 쳐다보는 모습이 마치 한 대 칠 것처럼 보였어요. 아무 말도 못하고 머뭇대는데 글쎄 그가 안전핀이 있느냐고 큰 소리로 묻더군요. 제가 없다고 하니까 그럼 방해하지 말고 당장 나가 버리라고 하더군요! 그런 와중에도 서둘러서 극장이 발칵 뒤집힌 일을 설명하려니까 '안전핀! 지금 당장 안전핀이나 구해 갖고 와!' 이렇게 소리 질렀어요. 어찌나 크게 소리를 지르던지 집무실 사환이 깜짝 놀라서 안전핀 하나를 갖고 왔답니다. 몽샤르맹 씨는 그 안전핀을 받아들고는 내 앞에서 문을 꽝 닫아 버렸어요."

"그럼 크리스틴 다에가 사라졌다는 말은요?"

"극장장님이 어떤 상태였는지 봤다면 이런 말씀 안 하셨을걸요? 거품을 물고 난리였다니까요. 머릿속엔 안전핀 생각밖에는 없는 것 같았고 누구라도 그걸 안 갖고 오면 당장 기절이라도 할 것 같아 보이더군요. 아무리 생각해도 정말 이상해요. 석연치 않아요. 극장장님 두 분 모두 정신이 나갔나 봐요. 이런 식으로는 안 돼요. 더는 못 버티겠어요! 내가 이런 대우를 받아야한다니!"

비서 레미는 기분이 찜찜하고 못마땅한 표정을 지었다.

"아무래도 그 오페라 유령이 다시 나타난 모양입니다……."

갑자기 가브리엘이 한숨을 쉬며 말했다.

레미는 코웃음을 쳤다. 메르시에도 속마음을 털어놓고 싶은 눈치였지만 가브리엘의 눈빛을 본 다음 아무 말도 하지 않았다.

메르시에는 시간이 갈수록 책임감도 가중되는 것을 느꼈다.

"아무리 생각해 봐도 내가 직접 나서야 할 것 같습니다."

극장장들이 아무리 해도 안 나타나자 결단을 내렸다.

"잘 생각해 보세요. 그들이 집무실에서 꼼짝도 안 하는 건 필시 무슨 이유가 있을 겁니다. 오페라의 유령은 결코 만만한 상대가 아니에요……."

가르리엘이 진지하고 어두운 표정으로 그를 막으며 말했다.

"그래도 어쩔 수 없어요. 내가 나서야겠어요! 경찰에 알려야 한다고 오래전부터 말했었는데……."

"뭐요? 경찰한테 어떤 얘기를 한단 말입니까? 가브리엘, 당신도 입 다물고 아무 말씀도 안 하실 겁니까? 뭔가 알고 있는 게 틀림없네요. 자꾸 두 분만 알고 나만 따돌리면 나도 두 분 모두 정신 나간 거라고 외치고 다닐 겁니다. 정말이에요! 뭐, 모두 미친 거나 다름없죠!"

레미가 따졌다.

"뭘 우리끼리만 알고 있다는 겁니까? 도대체 무슨 말을 하시는 건가요?"

가브리엘은 눈만 껌뻑거리며 비서 레미가 무례한 말을 하는 걸 이해하기 힘들다는 표정을 지었다.

"리샤르와 몽샤르맹 극장장은 오늘 저녁 공연 막간부터 벌써 이상했다고요."

가브리엘의 질문에 레미는 얼굴빛까지 바뀌며 화를 냈다.

"나는 눈치 못 챘는데……."

가브리엘이 걱정스런 표정을 지었다.

"그걸 눈치채지 못한 사람은 당신뿐일 거요! 정말 내가 아무 것도 모른다고 생각하시는 거예요? 중앙은행장 파과비즈 씨도 모르셨을까요? 라 보르드리 대사도 눈 감은 장님인 줄 아시는 겁니까? 모든 회원 관객들이 두 극장장의 태도를 이상하게 생각했는데도 합창단장인 당신만 그걸 몰랐단 말씀이세요?"

"극장장 두 분이 어쨌는데요?"

가브리엘이 덤덤하게 물었다.

"그분들이 어쨌냐고요? 당신도 잘 아시잖아요! 메르시에 씨와 그 모습을 지켜보지 않으셨어요? 그 모습을 보고 안 웃은 사람은 두 분밖에 없었다고요!"

"대체 무슨 말을 하시는 건지…… 저는 모르겠어요."

가브리엘은 냉담한 태도로 손을 들었다가 힘없이 다시 내렸는데 관심 없다는 표현이었다.

"더구나 이건 또 무슨 일이랍니까? 극장장님이 이젠 사람들이 가까이 가는 것조차 막고 있으니 말입니다!"

레미가 말을 계속했다.

"뭐요? 극장장님이 아무도 접근하지 말라고 했다는 겁니까?"

"손도 대지 말라고 하셨다니까요!"

"그게 정말이에요? 그럼 정말 이상하군요……."

"이제야 겨우 알아들으신 겁니까? 게다가 극장장님 두 분은 뒷걸음질치고 계시다고요."

"뒷걸음질이라뇨? 극장장님께서 뒤로 걷고 계시다니, 그렇게 걷는 생물은 가재뿐인데요……."

"가브리엘, 농담하지 마세요. 그럴 때가 아니라니까요!"

"농담 아닙니다."

가브리엘은 교황이라도 된 것처럼 진지한 표정으로 대답했다.

"가브리엘, 자꾸 이러지 말고 제발 설명해 주세요. 당신은 극장장님들과 그나마 친분이 있지 않습니까? 정원 장면의 막간 때, 제가 리샤르 극장장에게 악수를 청하면서 다가갔더니, 몽샤르맹 극장장이 가로막으며 나직하게 다그치더군요. '저리 비키시오. 물러서요! 리샤르 씨에게 손도 대지 마시오!' 내가 무슨 전염병자라도 되는 것처럼 말했다니까요."

"그럴 리가요……."

"그게 끝이 아닙니다! 잠시 후 라 보르드리 대사가 리샤르 극장장에게 다가갔는데 갑자기 몽샤르맹 극장장이 튀어나와 끼어들며 소리쳤어요. '대사님, 부탁이니 제발 리샤르 극장장에게 손대지 마세요!'라고 했다니까요."

"정말 이상한 일이네……. 그동안 리샤르 씨는 뭘 하고 있었는데요?"

"어떻게 했는지는 당신도 봤잖아요? 무척 어색하게 몸을 반바퀴 돌리고는 아무도 없는 곳에 대고 인사를 했잖아요! 그러고 나서 뒷걸음질 쳤고요."

"뒷걸음질을?"

"몽샤르맹 씨도 리샤르 씨를 따라 얼른 반 바퀴를 돌고는 똑같이 뒷걸음질을 치는 거예요! 그렇게 둘이서 집무실 계단까지 계속 뒷걸음질로 갔어요. 그렇게 행동하는 걸 보고, 누가 제정신이라고 하겠습니까?"

"흠…… 혹시 자신도 없으면서 발레 동작을 흉내 냈던 건 아닐까요?"

"농담할 때가 아니죠, 가브리엘. 메르시에와 당신도 책임져야 할 게 있다는 걸 잊지 마세요!"

심각한 상황인데 가브리엘이 실없는 농담을 하자, 레미는 화가 나서 얼굴을 잔뜩 찌푸리며 가브리엘의 귀에 대고 버럭 소리를 질렀다.

"그게 무슨 뜻입니까?"

가브리엘이 어이없다는 듯 물었다.

"오늘 밤 갑자기 사라진 사람은 크리스틴 다에 양만이 아니에요……."

"아, 이런……."

"한숨만 쉬고 있을 때가 아니에요. 방금 전에 지리 부인이 내려왔을 때, 메르시에 씨가 그녀의 손을 잡고 급하게 사라졌잖아요? 어디로, 왜 간 건지 설명을 좀 해 주시지요!"

"그래요? 난 못 봤는데……."

가브리엘이 말했다.

"당신도 분명히 봤습니다, 가브리엘. 그들을 따라서 메르시에 씨 사무실까지 가셨잖습니까? 그 후로 당신과 메르시에 씨는 봤는데, 지리 부인은 어디로 간 건지 안 보이는 게 너무 이상해요."

"하, 그럼 우리가 그녀를 어찌했다는 말이오?"

"모르긴 몰라도 그녀를 감금했을 수도 있지요. 사무실 앞을 지나갈 때 무슨 소리가 들렸는지 아세요? '강도다! 강도야!'라고 외치는 소리가 들렸어요. 대체 무슨 영문인지 모르겠다니까요."

이렇게 이상한 대화가 이어질 때, 메르시에가 숨을 몰아쉬면서 돌아왔다.

"정말 믿을 수가 없어요! 문에 대고 '중요한 일이니 문 좀 열어 주십시오. 메르시에입니다.' 하고 소리쳤는데, 건너편에서 발소리가 들리고 문이 열리더니 몽샤르맹 씨가 나타났어요. 창백한 얼굴로 무슨 일이냐고 묻기에, 크리스틴 다에 양이 납치되었다고 대답했어요. 그랬더니 그가 뭐라고 했는지 아십니까? '오히려 그녀한테는 다행이네.' 그러고 나서 손에 이걸 쥐어 주고 문을 쾅 닫아 버렸습니다."

메르시에가 손을 펼쳐 보이자 가브리엘과 레미가 놀란 눈으로 들여다보았다.

"이건 안전핀이잖아요?"

레미가 말했다.

"정말 이상한 일입니다."

가브리엘이 몸서리치며 조용히 말했다.

그때 갑자기 어떤 목소리가 들려오자 세 사람은 동시에 뒤돌아봤다.

"실례합니다만, 크리스틴 다에 양이 어디 있는지 알려 주실 수 있나요?"

그 새삼스러운 질문을 듣고 세 사람은 심각한 상황이었지만 자칫 웃음을 터뜨릴 뻔했다. 그러나 그렇게 물어본 주인공이 당장이라도 죽어 버릴 것처럼 고통스러운 얼굴이어서 동정심이 앞섰다. 그 질문을 던진 사람은 다름 아닌 라울 드 샤니였다……

15
크리스틴! 크리스틴!

크리스틴 다에가 마법에 걸린 것처럼 갑작스레 사라진 다음 라울은 에릭에 대한 생각이 가장 먼저 떠올랐다. 라울은 이제 음악의 천사 에릭이 스스로 만든 악마의 왕국 같은 오페라극장에서 초자연적인 힘을 발휘할 수 있다는 것을 더는 의심하지 않았다.

크리스틴이 사라진 직후 라울은 절망과 사랑의 광기에 휩싸인 채 무대 위로 뛰어 올라갔다.

"크리스틴! 크리스틴!"

그녀의 이름을 부르면, 흰 옷을 입고 천사들을 향해 노래하다가 괴물에게 끌려간 크리스틴이 어둠 속에서 금방이라도 대답할 것만 같았다.

"크리스틴! 크리스틴!"

라울이 계속 그녀의 이름을 부르자 바닥에서 문득 여자의 비명이 나무를 뚫고 들려오는 것만 같았다. 라울은 몸을 바짝 엎드려 귀를 기울였다가 정신 나간 사람처럼 무대를 이리저리 헤매고 다녔다. 아, 내려가야 한다! 모든 것이 완전히 막히고 봉인된 저 어둠 속으로 내려가야 한다!

이토록 대수롭지 않아 보이는 나무판자 아래 그런 엄청난 심연이 있을 거라고 누가 감히 상상할 수 있을까! 발밑에서 삐걱거리던 나무판자는 텅 빈, 거대한 지하 공간을 끊임없이 울렸을 텐데 오늘 밤에는 나무판자가 더 단단한 듯했고 꿈쩍하지 않을 듯 완강해 보였다. 무대 아래로 내려가는 계단마저도 출입을 허락하지 않을 것 같았다.

"크리스틴! 크리스틴!"

무대 위에 있던 사람들은 가엾은 라울을 비웃으며 밀고 지나가고 조롱하면서, 그가 연인 때문에 정신이 나갔다고 수군거렸다.

에릭은 자신만이 알고 있는 그 비밀 통로를 통해 지옥의 호수를 거쳐, 루이 필리프 시대풍의 음산한 거처까지 순수한 그녀를 또 얼마나 거칠게 끌고 간 걸까?

"크리스틴! 크리스틴! 어서 대답해 봐요! 아직 살아 있긴 한가요, 크리스틴? 그 흉악한 괴물에게 끌려가느라 너무 두려워서 마지막 숨을 내쉰 건 아니겠지요?"

갖가지 끔찍한 생각들이 마치 날카로운 칼날처럼 라울의 뇌리를 스쳐 지나갔다.

에릭이 비밀을 모두 알아낸 게 틀림없었다. 크리스틴에게 배신당한 것을 눈치챘을 테니, 남은 건 오직 복수! 오만한 자리에서 추락한 음악의 천사가 감히 못 할 일이 뭐가 있을까? 크리스틴은 전지전능한 괴물의 품속으로 영영 사라져 버린 것일까?

라울은 지난밤 발코니에 나타났던 황금빛 별을 떠올려 봤다. 하찮은 무기로 대체 무슨 짓을 했단 말인가?

마치 별이나 고양이 눈처럼 어둠 속에서 눈동자가 유난히 확장되어 빛나는 사람들이 가끔씩 있기는 하다. 색소결핍증 환자들의 눈동자는 낮에는 토끼 눈 같지만 밤이 되면 고양이 눈처럼 변하는 것처럼. 그렇다! 라울의 총에 맞은 건 분명 에릭이었다! 그런데 에릭은 총을 맞고도 안 죽었단 말인가? 그렇다면 에릭은 수직으로 뻗은 빗물받이 홈통을 타고서 고양이나 탈옥수처럼 하늘로 날아간 것일까? 에릭은 라울을 결정적으로 해칠 방법만을 생각하고 있다가 갑작스레 총상을 입고, 간신히 목숨을 구한 뒤에 가엾은 크리스틴을 납치해 제물로 삼은 것이다.

라울은 크리스틴의 대기실로 달려가면서 스스로를 괴롭히는 잔인한 생각들을 떠올렸다.

"크리스틴! 크리스틴!"

문을 벌컥 열어젖히자 함께 도망칠 때 입으려던 크리스틴의 옷가지들이 가구 위에 흐트러져 있었다. 라울의 뺨에 쓰디쓴 눈물이 흘러내렸다. 아, 왜 좀 더 일찍 도망치려고 하지 않았던 걸까? 왜 그렇게 미루기만 했을까? 재앙이 닥쳐올 걸 알면서도 왜 함께 유희를 즐기고 있었을까? 그녀는 왜 에릭이 불쌍하다고 하면서 망설였을까? 왜 하필 악마를 향해 마지막 천상의 노래를 불렀을까?

　순수한 천사들이여! 눈부신 천사들이여!
　내 영혼을 하늘로 데려가 다오!

　라울은 저주와 맹세를 되풀이하며 흐느끼다가, 언젠가 눈앞에서 크리스틴을 어둠의 세계로 활짝 열어 데려갔던 그 거울을 더듬더듬 만져 보았다. 이리저리 눌러 보고 어루만지고 두드려도 봤지만, 그 거울은 오직 에릭한테만 열리는 것 같았다. 어떤 동작을 해 보면 소용이 있을까? 어떤 말을 해야 거울이 열릴까? 문득 어린 시절에 사람의 말을 알아듣고 복종하는 물건이 있다는 이야기를 들었던 기억이 났다.

　라울의 머릿속에 생각이 갑자기 떠올랐다. '스크리브가로 난 철창문……. 호수에서 스크리브가로 바로 연결되는 지하 통로…….' 맞다. 크리스틴은 분명히 그렇게 얘기했다. 크리스틴이 보여 주었던 열쇠는 상자 속에 없었지만, 라울은 바로 스크리브가로 달려갔다.

바깥으로 나온 그는 떨리는 손으로 울퉁불퉁하게 포석이 놓인 길을 더듬으며 입구를 찾아 헤맸다……. 그러다가 쇠창살이 손에 닿았는데…… 여긴가, 아니면 저긴가……. 도대체 어디 일까? 혹시 이게 지하실의 환기창이 아닐까? 아무리 눈을 크게 뜨고 들여다봐도 쇠창살 사이로 보이는 것은 캄캄한 어둠뿐이었다. 아무리 귀를 기울여 봐도 침묵만이 무겁게 흘렀다. 어느새 건물을 한 바퀴 다 돌았지만 쇠창살만 끝없이 연결되어 있었다. 그때 행정관 사무실로 들어가는 입구가 눈에 띄었다!

라울은 수위에게 달려갔다.

"혹시 쇠창살 문이 어디 있는지 아시나요? 스크리브가로 난, 호수로 통하는 문인데요. 오페라극장 지하에 있는 호수 말입니다."

"오페라극장 지하에 호수가 있다는 건 알지만 어떻게 가는지는 모릅니다. 한 번도 안 가 봤거든요."

"그럼 스크리브가는요? 스크리브가는 어떻게 갑니까! 그곳에도 한 번도 가 본 적이 없나요?"

그러자 수위가 웃음을 터뜨렸다. 가까이에 있는 스크리브가를 안 가 봤다는 것은 말도 안 되는 얘기였다. 라울은 울먹거리며 얼른 자리를 피했다. 그는 이리저리 돌아다니며 계단을 오르내리고 여러 사무실을 지나 건물을 온통 헤집다가, 결국 다시 무대 위로 돌아왔다.

라울은 숨이 차서 무대 위에 위태롭게 서 있었다. 심장이 금방이라도 터질 것처럼 정신없이 뛰었다. 혹시 크리스틴 다에가 돌아온 것은 아닐까? 그는 주위에 모여 있는 사람들을 붙들고 다짜고짜 물었다.

"실례합니다만, 혹시 크리스틴 다에 양을 못 보셨습니까?"

모두들 무슨 까닭인지, 대답은 하지 않고 그를 보고 웃기만 했다.

바로 그때, 무대 위가 다시 시끌시끌하더니 한 남자가 검은 제복을 입은 사람들에게 호위를 받으며 나타났다. 그는 무척 침착해 보였고, 호감형 얼굴에 장밋빛 혈색이 도는 뺨, 얌전하게 정리한 곱슬머리, 빛나는 푸른 눈동자를 가지고 있었다.

"당신 질문에 대답해 줄 수 있을 경찰서장 미프르와 씨입니다."

행정관 메르시에는 그를 샤니 자작에게 소개했다.

"샤니 자작이시군요. 만나 뵙게 돼서 반갑습니다! 괜찮으시다면 잠시 저와 함께 가실까요……. 그런데 극장장님들은 지금 어디 계십니까?"

경찰서장 미프르와는 반갑게 인사를 건넸다. 행정관이 대답을 안 하자 비서 레미는 극장장 두 분이 모두 집무실에 있는데 사건에 대해서는 아무것도 모른다고 대답했다.

"그럴 리가……. 집무실로 가 봅시다!"

미프르와가 집무실로 향하자 점점 더 많은 사람들이 그 뒤를 따라갔다. 메르시에는 그 틈에 가브리엘에게 열쇠를 몰래 넘겨 주었다.

"일이 점점 더 꼬이네요……. 어서 가서 지리 부인 숨통 좀 틔게 해 주시오."

열쇠를 받아 든 가브리엘이 멀어져 가고 곧 모두들 집무실 문 앞에 다다랐지만 이번에는 메르시에가 아무리 간청해도 문이 열리지 않았다.

"법의 이름으로 명령하겠소! 어서 문을 여시오!"

결국 미프르와가 단호하고 걱정 어린 목소리로 말하자 살며시 문이 열렸다. 사람들이 서둘러 몰려 들어갔다.

"에릭의 비밀은 어느 누구와도 상관없는 겁니다!"

라울이 맨 마지막으로 집무실 안으로 들어가려는 순간에, 어떤 손이 그의 어깨를 잡고 속삭였다. 깜짝 놀라 돌아보자, 그의 어깨를 잡았던 손가락은 흑단 빛이 도는 혈색, 비취색 눈동자, 챙 없는 모자를 쓴 누군가의 입술에 살며시 닿아 조용히 하라는 표시를 하고 있었다……. 그는 바로 페르시아인이었다!

그 수수께끼 같은 인물은 조심스런 동작을 취했지만 라울이 뭔가 질문을 하려 하자 고개 숙여 인사하고는 멀리 사라져 버렸다.

16
지리 부인의 고백

경찰서장 미프르와를 따라 극장장 집무실로 들어가기 전에, 독자 여러분에게 한 가지 양해를 구한다. 레미와 행정관 메르시에가 들어갔다가 아무것도 얻지 못하고 돌아간 그 집무실 안에서 리샤르와 몽샤르맹 씨가 무엇을 하고 있었는지, 왜 그곳에 틀어박혀 있었던 것인지 아직 밝히지 않았는데 그 속사정을 자세히 털어놓는 것은 이야기꾼으로서의 내 의무이기도 하다.

두 극장장의 기분이 나빠졌다는 얘기는 이미 앞서 한 적이 있다. 또한 그 이유가 샹들리에가 추락한 때문만은 아닐 것이라는 암시도 했었다.

두 극장장으로서는 영원히 숨기고 싶은 사실이겠지만, 유령이 2만 프랑을 받기 위해 조용히 찾아왔었다는 사실을 이제는 얘기해야 할 것 같다. 그들은 눈물을 흘리며 애원하기도 했고 이를 갈며 협박하기도 했지만 그 일은 아주 간단히 처리되었던 것이다!

어느 날 아침, 극장장 책상 위에 깔끔한 편지 봉투가 하나 놓여 있었는데, '오페라의 유령 앞'이라고 적힌 봉투 안에는 오페라의 유령이 직접 쓴 다음과 같은 메모가 들어 있었다. '계약서의 규정 조항을 실행할 시간이오. 이 봉투 안에 천 프랑짜리 지폐 스무 장을 넣고 인장으로 밀봉한 후 지리 부인에게 전하시오. 그다음은 그녀가 알아서 할 것이오.'

두 극장장은 두말도 않고 일을 진행했다. 항상 열쇠를 잠그고 다니면서 철저한 보안을 유지해 온 사무실에 어떻게 이런 악마적인 전갈이 도착할 수 있었던 것인지 따져 물어 시간을 낭비하지도 않았다. 그저 수수께끼 같은 음악의 거장인 유령에게 한 방 먹일 수 있는 좋은 기회가 생겼다고 생각했을 뿐이다.

그들은 가브리엘과 메르시에게 비밀에 부칠 것을 명하고, 천 프랑짜리 지폐 스무 장을 봉투에 넣어 복직한 지리 부인에게 아무런 설명도 추궁도 하지 않고 전해 주었다. 지리 부인도 전혀 놀라는 기색이라곤 없이 사뭇 당연하다는 듯 자연스럽게 봉투를 받았다. 그 이후 사람들이 그녀를 주시한 것은 다시 설명할 필요도 없을 것이다. 그녀는 즉시 오페라의 유령이 앉은 박스석 작은 탁자 위에 봉투를 조심스레 내려놓았다. 두 극장장과 가브리엘 그리고 메르시에는 공연이 진행되는 동안 각자 숨어서 단 한순간도 놓치지 않고 그 봉투를 지켜보았다. 그들은 공연이 끝나서 관객들이 다 나가고 지리 부인도 퇴근한 다음에도 여전히 숨어서 봉투를 지켜봐야 했다. 그런데 봉투를 열어 보았을 때는, 봉인도 뜯기지 않은 처음 그대로였다.

하지만 얼핏 보기에는 그대로 있는 것 같았던 봉투에는 스무 장의 지폐는 어느새 사라지고 대신 스무 장의 카드가 들어 있었다. 분노가 치밀기도 했지만 섬뜩하고 또 놀라운 일이었다!

"로베르 우댕* 뺨치네!"

가브리엘이 카드에 그려진 그림을 보며 놀라 소리쳤다.

"하지만 출연료는 더 비싼 셈이잖아?"

리샤르가 대꾸했다.

그때 몽샤르맹은 경찰서장을 부르자고 말했지만 리샤르가 반대했다. 그에게 다른 계획이 있는 게 분명했다.

"오히려 웃음거리만 될 걸세! 파리 시민들이 모두 우리를 비웃지 않겠나? 이번 판에는 오페라의 유령이 승리한 셈 치자고……. 하지만 두 번째 판은 쉽게 내줄 수 없지."

다음 달 월급을 마음에 두고 한 말이었다.

어쨌든 그들은 오페라의 유령에게 보기 좋게 당했고, 이후

---

* 19세기를 풍미한 전설적인 마술사

몇 주 동안 모멸감과 압박을 느껴야 했다. 그때 바로 경찰서장에게 알리지 않았던 것은 여전히 전임 극장장들이 악의적인 장난을 치고 있을지도 모른다는 생각도 들었고, 모든 진상을 알아내기 전까지는 섣불리 다른 사람들에게 알리지 않는 게 좋겠다는 판단을 한 탓이었다. 그러나 리샤르보다는 상상력이 풍부한 몽샤르맹은 의구심이 생겼다. 어쨌든 두 사람은 지리 부인을 계속 감시하면서, 사건의 추이를 숨죽이고 지켜보았다.

"만약 지리 부인이 공범자라면, 이미 우리가 알아채기도 전에 지폐를 가져갔을 걸세⋯⋯. 하지만 내가 볼 때 저 여자는 그냥 멍청한 여편네야."

"이번 사건에 연루된 사람들 가운데 멍청이가 한둘인가⋯⋯."

몽샤르맹이 대꾸했다.

"그리 될 걸 어찌 알았겠나? 하지만 걱정 말게. 다음번에는 두 눈 똑바로 뜨고 있을 테니."

리샤르가 한숨을 지으며 목소리를 낮추어 말했다.

그러다가 다음 지불 기한이 돌아왔는데, 그게 또 하필이면 크리스틴 다에가 실종된 바로 그날이었다.

그날 아침, 어김없이 지난번과 마찬가지로 지불 날짜를 알리는 유령의 편지가 도착했다. '지난번에는 아주 잘했더군. 아주 좋았소! 이번에도 지난번처럼 하시오. 봉투에 2만 프랑을 넣어 지리 부인에게 맡겨 놓으시오.'

유령이 쓴 메모가 편지 봉투 안에 들어 있었다. 이제 명령대로 그 봉투를 채우기만 되었다. 그날 공연이 시작되기 30분 전까지 봉투를 채우고 일을 끝내야 했다.

이어지는 다음 상황은, 그 유명한 〈파우스트〉 공연을 시작하기 30분 전, 극장장들이 틀어박혀 있던 집무실에서 일어난 일이다.

리샤르는 먼저 몽샤르맹에게 봉투를 보여 준 다음 그 앞에서 천 프랑짜리 지폐 스무 장을 세어 봉투 안에 밀어 넣었다. 그러나 이번에는 봉인은 하지 않은 상태였다.

"지리 부인을 불러오게!"

곧 지리 부인이 공손한 태도로 들어왔다. 그녀는 여전히 적갈색과 자홍색 장식이 있는 검은 호박단 드레스를 입고 검은 깃털 장식 모자를 쓰고 있었다.

"안녕하세요, 극장장님. 봉투 때문에 부르신 거죠?"

기분이 좋아 보이는 부인이 극장장에게 말했다.

"그렇다오, 지리 부인. 봉투 때문에 부른 거지만 부탁이 하나 더 있다오."

리샤르가 매우 다정한 태도로 그녀를 대했다.

"뭐든 말씀만 하십시오. 분부대로 하겠습니다. 뭘 부탁하시려고요?"

"우선 질문을 한 가지 하겠소, 부인."

"물어보세요, 극장장님. 어떤 질문이든 대답할 준비가 되어 있으니까요."

"유령과는 여전히 좋은 관계를 유지하고 있는 거요?"

"그럼요. 더할 나위 없이 좋습니다, 극장장님."

"아, 그렇다면 다행이군······. 그럼 지리 부인. 우리끼리 얘기지만, 당신 설마 바보는 아니겠지?"

리샤르는 중대한 비밀을 다루는 것처럼 자못 심각한 어조로 바꾸어 말했다.

"극장장님!"

지리 부인이 발끈 화를 내는 바람에 모자의 깃털 장식이 크게 흔들렸다.

"어떻게 그런 말씀을 하실 수 있죠? 전 늘 정직하고 성실하게 살아왔습니다!"

"좋아요, 그럼 어디 터놓고 얘기해 봐요. 유령 이야기는 말도 안 되는 농담인 거죠, 그렇죠? 우리끼리 하는 말이지만 이 정도면 충분히 오랫동안 즐긴 것 같거든요······."

지리 부인은 그들이 마치 중국말로 떠들어 대기라도 하는 양 멍하게 쳐다보았다.

"그게 무슨 말씀이신가요······. 저는 이해가 안 되는군요. 좀 알아들을 수 있게 설명을 해 주시죠."

그녀는 걱정스러운 표정으로 리샤르의 책상 앞으로 천천히 다가가 곤란하다는 듯 말했다.

"흠…… 잘 알아들었을 텐데? 또 그래야만 하고 말이오! 우선 그의 이름부터 말해 주시지."

"누구를 말씀하시는 건가요?"

"당신과 공모한 그자 말이오. 지리 부인. 그 유령!"

"제가 유령과 공모를요? 제가요? 대체 누구와 공모했다는 겁니까?"

"당신은 그가 원하는 건 뭐든 해 주고 있잖소."

"그건 별로 성가신 일도 아닌 걸요."

"그에게서 꼬박꼬박 팁도 받지 않소?"

"제가 딱히 요구한 적은 없습니다."

"그럼 한 번 봉투를 갖다 주면 얼마를 받는 거요?"

"10프랑이요."

"저런! 금액이 너무 적군."

"그게 어쨌다는 말씀이세요?"

"나중에 말해 주지. 지리 부인, 우선 당신이 왜 그 유령에게 온갖 정성을 다하는 건지 그 특별한 이유를 좀 알고 싶군. 당신이 동전이나 10프랑 정도에 우정과 헌신을 내다 팔 사람은 아니지 않소?"

"물론, 그렇죠. 사실입니다. 그렇게 궁금하시다면, 제가 유령에게 정성을 다하는 이유를 말씀드릴 수도 있지요. 극장장님,

부끄러울 게 하나도 없어요! 오히려 그 반대죠."

"그렇겠지요, 지리 부인."

"하지만…… 내가 이런 이야기를 하는 걸 유령이 별로 좋아하지는 않을 겁니다."

"아, 그래요?"

리샤르는 빈정거리는 말투였다.

"그리고 그건 순전히 제 개인적인 이유 때문이기도 하답니다. 어느 날 5번 박스석에서 제 앞으로 온 편지를 한 장 발견했어요. 붉은 잉크로 쓴 짧은 쪽지였는데 극장장님, 그걸 다시 읽을 필요도 없어요. 모두 외우고 있거든요. 아마 제가 100년을 더 산다 해도 그걸 잊지는 못할 겁니다."

지리 부인은 이어서 편지 내용을 힘차고 감동적으로 외우기 시작했다.

"부인, 1825년, 수석 무용수였던 마드모아젤 메네트리에는 퀴시 후작 부인이 됨. 1832년, 무희였던 마드모아젤 마리 타글리오니는 질베르 데 브와장 백작 부인이 됨. 1846년, 무희였던 라 소타 양은 스페인 왕의 동생과 결혼. 1847년, 무희였던 롤라 몽테스는 루이 드 바비에르 왕과 내연의 관계에 있다가 란스펠트 백작 부인으로 추대되었음. 1848년, 무희였던 마드모아젤 마리아는 에르메빌 남작 부인이 됨. 1870년, 무희였던 테레즈 에슬레는 포르투칼 왕의 남동생인 돈 페르난도와 결혼……."

리샤르와 몽샤르맹은 지리 부인이 신이 나서 열거하는 해괴한 결혼행진곡을 꾹 참고 들었다. 그녀는 점점 더 흥분하더니 몸을 똑바로 세우고, 마치 신전에 올라 영감을 받은 무녀처럼 들뜬 표정으로 마지막 예언을 대담하고 우렁차게 외쳤다.

"1885년, 메그 지리는 여제가 될 것이다."

온 힘을 다 뺀 지리 부인은 의자에 털썩 주저앉으며 힘없이 뇌까렸다.

"……그리고 편지 겉에는 '오페라의 유령'이라고 적혀 있었지요. 오페라의 유령에 대한 소문들은 이미 알고 있었지만 별로 안 믿었거든요. 하지만 그가 내 귀여운 딸 메그가 여제가 될 거라고 알려 준 다음부터 그를 완전히 믿게 된 겁니다."

사실 지리 부인의 흥분한 표정이나 태도 등을 굳이 자세히 설명하지 않더라도, '유령'과 '여제'라는 두 단어 사이에는 별로 연관성이 없다는 것을 쉽게 짐작할 수 있을 것이다. 하지만 기상천외한 방법으로 이 꼭두각시를 조종한 사람은 누구일까? 도대체 누구란 말인가?

"그 이후로 본 적도 없고 그만이 당신에게 이야기했는데 당신은 그가 했던 말을 모두 믿고 따랐단 말이오?"

몽샤르맹이 물었다.

"네, 그럼요. 우선 메그가 수석 무용수가 된 것도 모두 그 덕분이라고 믿고 있답니다. 언젠가 제가 유령에게 이렇게 말했거든요. '1885년에 여제가 되기 위해서는 시간을 낭비할 수 없어요. 메그는 당장 수석 무용수가 되어야 해요!' 그러자 그가 알겠노라고 대답했어요. 그리고 나서 폴리니 씨에게 한마디 했을 뿐인데, 제 소원이 그대로 이루어졌다니까요!"

"그럼 폴리니도 유령을 만났단 말이오?"

"저보다 자주는 아니겠지만, 유령의 목소리는 분명히 들었을 거예요. 전에 말씀드렸듯이 유령이 귓속말을 하니까 그가 얼굴이 창백해져서 5번 박스석에서 뛰쳐나왔어요!"

"말도 안 되는······."

몽샤르맹이 한숨을 쉬었다.

"유령과 폴리니 씨 사이에 비밀이 있었던 것 같았어요. 폴리니 씨는 유령이 요구하는 건 다 들어주었죠. 유령의 말을 절대 거절하지 못했어요."

"들었나, 리샤르? 폴리니가 유령의 청을 절대로 거절하지 않았다는군."

"그래, 나도 똑똑히 들었네. 그럼 폴리니는 유령의 친구, 지리 부인은 폴리니와 친구라. 자, 이제 윤곽이 거의 드러나는군······."

리샤르가 분명한 어조로 말했다.

"하지만 난 폴리니에게는 관심이 없어. 내가 관심 있는 유일한 사람은······ 바로 지리 부인이야! 지리 부인, 당신은 이 봉투 안에 뭐가 들어 있는지 알고 있는 거요?"

그가 무례하고 거칠게 말했다.

"당치도 않아요! 그걸 제가 어떻게 알겠어요?"

지리 부인이 놀란 표정으로 대답했다.

"그럼, 보시구려!"

"천 프랑짜리 지폐가 가득 들어 있네요!"

지리 부인은 언짢은 마음으로 봉투 안을 슬그머니 들여다보고, 다시 생기 있는 모습으로 외쳤다.

"그렇소, 지리 부인. 천 프랑 지폐요……. 이제 분명히 알았소?"

"예, 극장장님. 하지만 저는…… 맹세하지만……."

"맹세 따위는 하지 마시오. 지리 부인! 이제 당신을 부른 또 다른 이유를 말해 주지. 지금 당신을 체포하겠소!"

그 순간, 지리 부인의 모자에 달린 물음표처럼 보이던 깃털 장식이 느낌표로 변하는 듯 보였다. 그녀의 틀어 올린 머리 위에 쓰고 있던 모자도 금세 떨어질 듯 위태롭게 흔들렸다. 평상시에도 지리 부인이 놀람과 분노, 반감과 두려움 등 불편한 감정을 느끼면 발레 동작처럼 기이하고 발작적인 동작으로 튀어 나오곤 했다. 이번에도 역시 그녀가 극장장 코앞까지 다가가는 바람에 극장장은 앉았던 의자를 뒤로 물려야 했다.

"나를 체포한다고요?"

지리 부인은 세 개밖에 안 남은 이를 리샤르 씨에게 쏟아 낼 것처럼, 놀란 입을 벌린 채 달려들었다. 리샤르 씨는 뒤로 물러서지도 않고 꿈쩍도 하지 않았다.

"지리 부인, 당신을 절도 혐의로 체포하는 바입니다."

그는 손가락을 위협적으로 세워 들고 5번 박스석 안내원인 지리 부인을 가리켰다.

"다시 한 번 말씀해 보시죠!"

지리 부인은 몽샤르맹이 말릴 새도 없이 리샤르의 뺨을 후려쳤다. 그런데 리샤르 씨의 따귀를 때린 것은 지리 부인의 불같은 손바닥이 아니라 모든 난리 법석의 원인이 된 바로 그 마법의 봉투였다! 봉투 안에 든 지폐 다발이 마치 커다란 나비 떼인 양 공중으로 휘날렸다.

두 극장장은 동시에 소리를 지르고 같은 생각을 하다가 무릎을 꿇고 바닥에 뒹구는 지폐를 서둘러 주웠다.

"아직 진짜 지폐인 거지?"

몽샤르맹이 초조하게 물었다.

"진짜 지폐 맞지?"

리샤르도 다급하게 숨을 몰아쉬며 말했다.

"그래, 아직 진짜 지폐가 맞네!"

지리 부인은 세 개의 이 사이로 침을 튀기며 그 둘을 내려다보며 서 있었는데, 그들이 왜 자신을 체포하려는 것인지 도무지 알 수가 없었다.

"내가 훔쳤다고요? 내가?"

지리 부인은 숨도 제대로 못 쉬면서 소리를 질렀다.

"이보세요, 리샤르 극장장님! 2만 프랑이 어디로 갔는지는 저보다 극장장님이 더 잘 아실 텐데요."

그녀가 갑자기 리샤르에게 몸을 바짝 숙이며 말했다.

"내가? 내가 그걸 어찌 안단 말이오?"

리샤르가 놀란 표정으로 되물었다.

"그건 또 무슨 말입니까? 지리 부인, 무슨 근거로 2만 프랑이 어디로 갔는지 리샤르 씨가 당신보다 더 잘 알고 있다는 겁니까?"

몽샤르맹은 심각하고 걱정스러운 표정으로 지리 부인이 설명하기를 기다렸다. 몽샤르맹의 날카로운 시선에 얼굴이 붉게 변한 리샤르는 지리 부인의 손을 잡고 세차게 흔들었다.

"2만 프랑의 행방을 어떻게 내가 당신보다 더 안다는 거요?"

그의 목소리는 요란하게 울렸지만 점점 더 형편없이 갈라졌다.

"그야 돈뭉치가 당신 주머니 속으로 들어간 걸 아니까요!"

지리 부인은 마치 용서하지 못할 악마라도 보는 것처럼 리샤르를 노려보았다. 이번에는 리샤르가 아연실색할 차례였다. 뜻밖의 대답을 들은 데다가, 이미 자신을 의심스러운 눈으로 힐

끔거리는 몽샤르맹의 태도에 입장이 점점 더 난처했다. 게다가 모함을 당할수록 차분함과 의연함이 필요한 법인데 그것마저 잃고 말았다.

결백한 수많은 사람들이 마음의 평정을 지키지 못해 결국 일을 억울하게 망치는 경우는 허다하다. 무방비 상태에서 어떤 도발을 만났을 때 적절한 대응을 못한 채, 갑자기 얼굴이 하얗게 질리거나 붉게 변하거나, 망설이거나 뻣뻣하게 대하거나, 망가지거나 대들거나, 말해야 할 때 아무 말도 하지 않거나 아무 말도 하지 말아야 할 때 말하거나, 흥분해야 할 때 지나치게 냉정하거나, 냉정해야 할 때 식은땀을 흘리는 식이다. 그러다가 결국 누명을 쓰기도 하고 갑자기 죄를 자백하는 일도 벌어진다…….

분노를 참지 못해 지리 부인을 향해 달려드는 리샤르 씨를 몽샤르맹이 겨우 막았다.

"지리 부인, 어떻게 내 동료인 리샤르 씨가 2만 프랑을 주머니에 넣었다고 의심하는 건지 어디 차분하게 말해 주시겠소?"

몽샤르맹이 한껏 부드럽게 물었다.

"난 그렇게 말하지 않았어요! 리샤르 씨 주머니에 2만 프랑을 집어넣은 사람은 바로 나예요!"

그러고 나서 그녀는 낮은 목소리로 덧붙여 중얼거렸다.

"안됐지만 그게 사실입니다……. 아, 유령이 나를 용서해 줘야 하는데."

리샤르는 고래고래 소리를 지르려다가, 단호하고 엄숙한 몽샤르맹을 보고 입을 꽉 다물었다.

"그만! 그만! 우선 부인 설명부터 들어 보도록 하자고. 내가 직접 물어볼 것도 있고."

그러고 나서 덧붙여 말했다.

"자네가 그렇게 경악하는 것도 좀 이상해. 이제야 수수께끼가 모두 풀릴 것 같구먼…… 자네는 불같이 화를 내지만 내가 보기엔 상황이 무척 재미있게 흘러가는걸?"

지리 부인은 고개를 빳빳하게 세웠고 순교자처럼 신념이 가득한 당당한 얼굴에서는 빛이 나기까지 했다.

"제가 리샤르 씨 주머니 속에 넣은 봉투 안에 2만 프랑이 들어 있었다고 말씀했는데…… 다시 한 번 분명히 말씀드리지만, 그건 모릅니다. 그 안에 무엇이 들었는지는 몰랐어요. 리샤르 씨도 마찬가지일 겁니다."

"뭐? 나도 전혀 모른다고? 당신이 내 주머니에 2만 프랑을 넣었는데 나는 아무것도 몰랐다? 이제 좀 안심이 되는군요. 부인."

리샤르가 갑자기 요란스레 말했고 몽샤르맹은 비위가 상한다는 표정을 지었다.

"예, 사실입니다…… 우리 두 사람은 어떻게 된 건지는 모릅니다. 하지만 리샤르 극장장님은 나중에라도 알았겠지요."

몽샤르맹이 곁에 없었더라면, 리샤르는 당장 지리 부인을 아작아작 씹어 삼켜 버렸을 것이다.

　"그럼, 리샤르 주머니에 넣은 봉투는 어떤 거였소? 우리가 당신에게 건네주고 당신이 5번 박스석으로 가져가 테이블 위에 두었던 그 봉투 안에만 2만 프랑이 들어 있었는데…… 그 봉투가 아닌 다른 거였다는 말이오?"

　"죄송합니다! 극장장님 주머니에 넣었던 봉투는 바로 극장장님이 제게 건네준 봉투였어요. 그리고 유령이 건네준 똑같은 봉투를 소매 안에 넣어 두었다가 박스석에 놓은 거고요."

　그러면서 지리 부인은 똑같은 서명이 적힌, 2만 프랑이 든 봉투와 똑같은 봉투를 소매에서 꺼냈다. 두 극장장이 그 봉투를 얼른 낚아챘는데 얼핏 봐도 그들의 인장이 찍혀 있었고 봉투 안에는 한 달 전 그들을 깜짝 놀라게 했던 스무 장의 카드가 들어 있었다.

　"이렇게 간단할 수가!"

　리샤르가 말했다.

　"정말 이렇게 간단할 수가!"

　몽샤르맹은 더없이 근엄하게 맞장구쳤다.

　"가장 훌륭한 마술은 가장 간단하다고 하더니…… 공모자 한 사람만으로 충분했던 거야!"

　리샤르가 말했다.

"그렇지. 이런 노파 한 사람이면 되지."

몽샤르맹이 맞장구를 쳤다. 그는 마치 최면을 거는 것처럼 지리 부인을 뚫어져라 쏘아보았다.

"유령이 봉투를 미리 준비해서 우리가 준 것과 바꿔치기 했다는 말이오? 리샤르 호주머니에 봉투를 넣으라고 그자가 시켰단 말이오?"

"네, 그가 그랬어요……."

"그렇다면 부인, 우리에게 그 화려한 솜씨를 좀 보여 주시겠소? 자, 여기 봉투가 있으니 우리가 아무것도 모른다고 생각하고 다시 한 번 보여 주시오."

"그렇게 하죠, 극장장님."

지리 부인은 2만 프랑이 든 봉투를 들고 문을 나서려는 순간, 두 극장장은 허둥지둥 그녀를 막아섰다.

"아, 아니오! 그게 아니지! 또다시 그런 일이 생겨서는 안 되고 말고! 그 정도면 충분히 잘 봤소. 처음부터 시작하자는 게 아니오!"

"죄송합니다. 극장장님이 아무것도 모르는 걸로 생각하라고 하셔서……. 정말 모른다고 생각하고 이 봉투를 들고 나갈 참이었어요."

지리 부인은 민망한 듯 변명했다.

"그렇게 그냥 나가 버리면 봉투는 내 주머니에 어떻게 넣을 거요?"

리샤르가 따져 묻자, 몽샤르맹은 바로 눈총을 주면서도 한쪽 눈으로 그를 지켜보고 다른 쪽 눈으로는 지리 부인을 감시했다. 두 사람을 동시에 쳐다보는 게 어려웠지만, 이번 기회에 모든 진상을 파헤치겠다고 결심한 듯 보였다.

"극장장님이 전혀 예상치 못할 때 넣어야죠. 잘 아시겠지만, 저는 저녁 내내 무대 뒤를 돌아다니고 가끔 내 딸을 만나러 무도회장에 가기도 한답니다. 잠깐 쉬는 시간에 딸아이에게 실내화나 향수를 갖다 주기도 하거든요. 쉽게 말하면…… 제가 원하면 어디든지 돌아다닐 수 있다는 뜻이에요. 회원 관객들도 마주치기도 하고, 극장장님과도 언제 어디서든 마주치기도 하지요. 극장 안에는 정말 많은 사람들이 있어요. 그때 극장장님 뒤를 따라가서 이렇게, 슬쩍, 몰래…… 봉투를 밀어 넣는 거죠. 가능하면 사람이 북적일 때 하는 거예요. 별로 어려운 일은 아니랍니다!"

"간단하지! 아무렴, 간단하고말고!"

리샤르는 말과는 달리 눈에서 번개를 쏘는 주피터처럼 두 눈을 부라리며 맞장구를 쳤다.

"어려운 일이 아닐 거요. 하지만 거짓 증언한 죄로 당신을 지금 당장 체포해야겠소! 이 늙은 마녀 같으니라구!"

"무슨 이유로요?"

지리 부인은 여전히 품위를 지키는 태도로 세 개의 이를 드러내며 따져 물었다.

"그날 저녁 내내 우리는 5번 박스석과 당신이 테이블 위에 둔 가짜 봉투를 감시했단 말이오. 무도회장 근처는 가지도 않았단 말이오……."

"하지만 극장장님, 제가 그 봉투를 집어넣은 건 그날 저녁이 아니에요. 보자르의 사무차장이 오신 날 저녁이었는데……."

"아, 이제야 기억나네. 이제 알겠군……. 그날 저녁 사무차장이 무대 뒤에 들르셨어. 나를 좀 보자고 해서 즉시 무도회장으로 내려갔고…… 사무차장과 비서실장이 함께 서 있는 계단을 내려가다가 문득 인기척이 느껴져서 뒤돌아보니 마침 당신이 내 뒤를 지나가고 있었지. 거의 옷깃을 스치며 지나갔는데, 내 뒤에는 당신 말곤 아무도 없었단 말이야. 맞아, 이제 정확히 기억나는군!"

리샤르가 갑자기 그녀의 말을 막았다.

"네, 그렇게 된 거랍니다, 극장장님. 극장장님 주머니에 봉투를 넣은 다음이었어요. 아주 쉽게 제 실력을 발휘할 수 있었죠."

지리 부인은 그렇게 말하며 자신의 솜씨를 보여 주기로 했다. 그녀가 리샤르 뒤에서 잽싸게 해치우는 것을 본 몽샤르맹은 바로 눈앞에서 벌어지는 광경에 어리둥절했다. 그녀가 순식간에 리샤르 뒷주머니에 감쪽같이 봉투를 밀어 넣은 것이었다.

"이럴 수가! 오페라의 유령이 절대 만만한 상대가 아니었어! 문제는 2만 프랑을 주는 사람과 그것을 받는 자 사이에 어떤 위험 요소도 없게 만드는 거였어. 내가 알아차리지 못하도록 감쪽같이 내 호주머니에서 그 봉투를 가져가는 게 제일 좋은 방법이었겠지! 나는 주머니 속에 그 돈 봉투가 있을 거라고는 상상도 못했으니까……. 정말 대단하군!"

리샤르는 어이없다는 듯한 표정으로 외쳤다.

"맞아, 정말 대단해. 하지만 리샤르, 2만 프랑 가운데 만 프랑은 내가 낸 걸세. 그런데 그자는 왜 하필 자네 호주머니에 봉투를 넣고 나한테는 아무것도 안 넣었을까?"

옆에서 마찬가지로 멍하니 있던 몽샤르맹이 한술 더 뜨며 거들었다.

17
이상한 안전핀의 정체

몽샤르맹의 마지막 말에는 동료에 대해 서서히 싹트기 시작한 의혹이 뻔히 드러나 있었다. 두 사람 사이에 곧 시끄러운 말다툼이 생겼지만, 리샤르는 결국 사건의 진상을 밝히고 둘 모두를 희롱한 진범을 잡기 위해 몽샤르맹에게 모든 것을 일임하고 도와주기로 타협했다.

이제 독자 여러분과 함께 〈파우스트〉의 정원 장면으로 가 볼 차례다. 비서 레미가 두 극장장의 희한한 태도를 목격했던 그 대목인데, 그들이 대극장의 극장장으로서의 위엄과는 거리가 먼 너무나 기괴한 행동을 한 이유를 알게 된다면, 분명 독자 여러분은 어이가 없을 것이다.

방금 드러난 사실을 보면, 리샤르와 몽샤르맹이 해야 할 일은 정해진 것이나 다름없었다. 첫째, 리샤르는 2만 프랑이 사라진 그날 저녁과 똑같은 태도를 다시 해 봐야 했다. 두 번째, 몽샤르맹은 지리 부인이 2만 프랑을 넣기로 되어 있는 리샤르의 주머니에서 단 1초도 눈을 떼면 안 된다.

따라서 리샤르는 사무차장에게 인사했던 바로 그 거기에 서 있어야 했고, 몽샤르맹은 그로부터 몇 발자국 떨어진 곳에서 눈을 크게 뜨고 주시하며 기다려야만 했다.

그리고 뒤이어 지리 부인이 리샤르의 옷깃을 스쳐 지나가며 2만 프랑이 든 봉투를 뒷주머니에 밀어 넣고 사라진다……. 혹은 강제로 사라지게 해야 할 것이다. 장면을 연출하기 직전 몽샤르맹은 메르시에를 따로 불러, 지리 부인을 극장장 집무실에 당분간 붙들어 두도록 지시했다. 그렇게 되면 지리 부인이 혹시 오페라의 유령과 접촉해 내통할 수는 없을 것이다. 지리 부인은 두 눈만 껌뻑거리다가 엉겁결에 집무실에 갇혔고, 경찰서장이 다가오는 발소리가 복도에서 들려오자 체포당하는 것인 줄 알고 한숨을 내쉬었다.

그동안 리샤르는 줄곧 허리를 굽혀 인사를 하거나, 보자르 사무차장에게 했던 것처럼 뒷걸음질하며 물러나는 등 그때 했던 행동을 다시 해 보고 있었다. 다만, 실제로는 극장장 리샤르 앞에는 보자르의 사무차장과 같은 고관대작이 없었다는 것이 문제였다. 정말로 사무차장이 앞에 있었다면 그의 행동이 예의 바르고 자연스러워 보였겠지만 아무도 없는 곳에 고개를 숙이는 리샤르의 모습은 웃기기만 했다. 리샤르는 허공에 고개를 숙이고 넙죽 인사하며 계속해서 뒷걸음질로 계단을 올랐다. 몇 발자국 뒤에 서 있던 몽샤르맹도 똑같이 그의 행동을 따라 했다. 몽샤르맹은 갑작스레 다가온 레미를 밀치고, 라보르드리 대사와 중앙은행 총재에게 '제발 리샤르의 몸에 손도 대지 말라'고 부탁하기도 했다.

"아마 대사나 중앙은행 총재 혹은 비서 레미의 짓일 거야."

2만 프랑이 사라진 직후 리샤르가 호들갑스럽게 말했지만, 몽샤르맹은 대수롭게 생각하지 않았다.

지리 부인이 스쳐 지나간 다음에는 그날 극장 건물 안에서 누구와도 마주치지 않았다는 점을 리샤르 자신도 인정했다. 그러므로 오늘 똑같은 행동을 반복했을 때 어느 누구도 마주치지 않을 것이다.

리샤르는 분명 고개 숙여 공손하게 인사하고 나서 집무실 복도까지 뒷걸음질로 걸어왔다. 몽샤르맹이 항상 그 뒤를 파악하며 따랐기 때문에 앞에서 오는 모든 걸 주의 깊게 살필 수 있었다.

다시 한 번, 두 극장장이 뒷걸음질하는 독특한 산책 모습은 사람들의 시선을 끌었다. 리샤르와 몽샤르맹에게는 다행스럽게도, 오페라극장의 어린 무희들은 지붕 밑 작은 방에 있었기 때문에 그 우스꽝스러운 광경을 보지 못했다. 아마도 그들이 그 모습을 보았다면 배꼽을 잡고 웃었을 것이다.

그러나 두 극장장은 머릿속은 온통 2만 프랑에 대한 생각뿐이었다.

"내 몸에 손을 댄 사람은 아무도 없어. 이제 자네도 저만치 떨어져서 내가 집무실 문까지 가는 걸 지켜보게. 사람들의 시선을 끌지 않으면서 우리가 해야 할 일을 해내야 하니 말일세."

어두컴컴한 집무실 복도에 도착한 리샤르가 몽샤르맹에게 목소리를 낮추어 말했다.

"그건 안 되지, 리샤르."

몽샤르맹은 단호하게 거절했다.

"자네가 앞서서 가면 내가 바로 뒤에 붙어서 따라갈 걸세. 자네 뒤에서 한 발짝도 더는 떨어질 수 없네."

"하지만 이런 상황에서는 아무도 2만 프랑을 훔쳐 갈 수 없을 거라니까!"

리샤르가 버럭 소리를 질렀다.

"내가 바라는 게 바로 그거야!"

몽샤르맹도 지지 않고 맞섰다.

"지금 우리가 하는 행동은 도대체가 앞뒤가 안 맞아."

"우리는 그저 지난번과 똑같이 하는 것뿐일세. 지난번에는 저 복도 구석에서 무대에서 금방 나온 자네와 만났어. 그리고 바로 뒤에서 자네를 따라갔었고 말이야."

"맞아, 정확해."

리샤르는 고개를 거세게 가로저으며 별수 없이 몽샤르맹이 하자는 대로 따랐다.

잠시 후, 두 사람은 극장장 집무실 안에 틀어박혀 꼼짝도 하지 않고 몽샤르맹이 열쇠를 주머니 안에 넣어 두었다.

"지난번에도 이렇게 집무실 안에 갇혀 있었어……. 자네가 집으로 돌아가기 전까지."

"맞아, 그때는 아무도 우리를 방해한 사람이 없었어!"

"그래, 아무도 없었지."

"그럼 극장에서 집으로 가는 길에 도둑맞았다는 얘긴데……."

리샤르가 기억을 더듬으며 말했다.

"아니야, 그건 불가능하네."

몽샤르맹이 어느 때보다도 날카로운 목소리로 그의 말을 막았다.

"내 마차에 태워 데려다 주었거든. 2만 프랑은 자네 집에서 도둑맞은 게 분명하네!"

몽샤르맹의 추리는 그곳까지 계속 이어졌다.

"그럴 리가 없네! 내 집 하인들이 그런 짓을 했을 리가 없어!"

리샤르가 강하게 반박했다.

"혹시 누군가 그런 짓을 했다면 벌써 사라지고 없겠지."

몽샤르맹은 어깨를 으쓱하면서 자세한 것은 모르겠다는 표정을 지었다. 그러자 리샤르는 그의 태도를 더는 참지 못했다.

"몽샤르맹, 이제 그만 좀 해."

"리샤르, 자네가 지나친 거야."

"감히 나를 의심한다는 소린가?"

"그래, 하지만 농담 삼아 그런 거라네."

"2만 프랑을 농담거리로 삼는 사람은 없지!"

"나도 그렇게 생각한다네."

몽샤르맹은 보란 듯이 신문을 펼쳐 놓고 읽기 시작했다.

"이제 어찌할 셈인가? 신문이나 읽고 있겠다는 건가?"

"그럴 참이네. 자네를 집에 데려다 주기 전까지는!"

"지난번처럼 말인가?"

"그래, 지난번과 똑같이!"

리샤르는 몽샤르맹이 들고 있던 신문을 낚아챘다. 몽샤르맹은 다른 때보다 화를 내며 신경질적으로 자리에서 일어섰다. 리샤르는 팔짱을 낀 채 오만과 멸시에 가득 담아 그를 똑바로 쳐다보았다.

"몽샤르맹, 생각해 보게나. 만약 지난번처럼 자네와 머리를 맞대고 시간만 보내다가 자네가 나를 집까지 바래다 주고 지난번처럼 서로 헤어진 이후에 내 주머니에 들어있던 2만 프랑이 사라진다면……."

"자네, 무슨 생각을 하는 건가?"

몽샤르맹은 얼굴이 벌겋게 되어 물었다.

"내 생각에는 지난번처럼 자네가 원해서 굳이 내 뒤에 한 발짝도 떨어지지 않고 바짝 붙어 있었다면, 게다가 지난번처럼 누구와도 마주치지 않았는데 2만 프랑이 사라져 버렸다면……그 돈이 자네 주머니에 있을 가능성도 있다는 말일세."

리샤르의 이야기를 들은 몽샤르맹은 놀라서 펄쩍 뛰었다.

"안전핀!"

"갑자기 안전핀은 왜 찾나?"

"안전핀을 자네에게 부착해야겠어! 안전핀, 안전핀 어딨나?"

"나에게 안전핀을 꽂겠다고?"

"그렇다네. 2만 프랑이 든 자네 호주머니를 안전핀으로 아예 꿰매려는 거야. 그렇게 해 두면 여기서 집으로 가는 길이든, 집 안에서든, 누군가 주머니에 손을 대면 금방 알아챌 것 아닌가? 리샤르, 자네가 이제는 나를 의심하다니 너무하군. 안전핀만 있으면 돼. 안전핀!"

그래서 바로 그때 몽샤르맹이 문을 열고 안전핀을 달라고 소리 질렀던 것이다.

물론 독자 여러분이 앞서 보신 것처럼, 레미는 몽샤르맹이 외치는 소리에 깜짝 놀라 황망한 표정으로 서 있었고, 사환이 급히 몽샤르맹에게 안전핀을 가져다 주었다.

집무실 안에서 펼쳐진 그다음 장면은 다음과 같다.

몽샤르맹은 문을 닫고는 리샤르 등 뒤로 가서 무릎을 꿇고 몸을 낮추었다.

"2만 프랑은 여전히 있는 거지?"

"그렇겠지."

리샤르가 말했다.

"당연히 진짜 지폐 다발이 들어 있겠지?"

몽샤르맹은 이번에는 절대 당하지 않겠다는 결의로 가득 찼다.

"확인해 봐. 나는 이제 그 봉투에 손도 대고 싶지 않으니까."

리샤르가 몸서리치며 말했다. 몽샤르맹은 떨리는 손으로 리샤르의 주머니에서 자주 확인해 보기 위해 봉인을 하지 않은 봉투를 꺼냈다. 다행스럽게도, 지폐가 여전히 들어 있는 것을 확인하고는 봉투를 다시 주머니에 넣고 정성스레 안전핀을 부착했다. 몽샤르맹은 그 후로도 리샤르의 주머니에서 눈을 떼지 않았고, 리샤르는 책상 앞에 앉아 꼼짝도 하지 않았다.

"조금만 더 참아, 리샤르. 이제 몇 분밖에 안 남았어. 곧 자정을 알리는 종이 울릴 걸세. 지난번에도 자정을 알리는 소리를 들으며 집으로 갔거든."

"잠자코 기다릴 테니 걱정 말게."

시간은 느릿느릿하고, 은밀하게, 숨이 막힐 듯 흘러갔다.

"이러다가는 결국 유령의 존재를 믿게 될 것 같군. 이유는 모르겠지만 이 방 분위기가 왠지 불안하고 불편한 거 같은데?"

리샤르는 애써 웃음을 지으려 했다.

"맞아……. 정말 그런 느낌이 강하게 드는군."

몽샤르맹이 중얼거렸다.

"유령이라!"

리샤르는 보이지 않는 누군가가 듣기라도 하는 것처럼 조심스럽게 목소리를 낮췄다.

"지난번에 이 탁자를 세 번 두드리고 봉투를 두고 간 게 정말 그 유령이라면…… 5번 박스석에서 말을 하고, 조제프 뷔케의 목숨을 빼앗고, 샹들리에를 떨어뜨리고, 우리 돈을 훔친 게 정말 유령이라면! 결국 유령밖에 없다는 건가? 여기에는 이렇게 자네하고 나, 둘 빼고는 아무도 없는데 돈이 사라진다면 결국 유령을 믿어야 한다는 말이야?"

바로 그 순간에 벽난로 위에 걸린 시계가 자정을 알리는 종소리를 울렸다.

두 극장장은 소름이 끼쳤다. 원인 모를 두려움이 다가왔고 그 두려움을 떨쳐 버리려 했지만 소용없는 짓이었다. 열두 번의 종소리가 그들 귀에 분명하게 들려왔다. 종소리가 끝나자, 두 극장장은 한숨을 내쉬면서 자리에서 일어났다.

"이제 그만 가 보세."

몽샤르맹이 집무실을 나가자 리샤르도 뒤를 따랐다.

"나가기 전에 주머니를 확인해 보는 건 어떨까?"

"당연하지. 어서 살펴보게!"

리샤르는 호주머니를 더듬는 몽샤르맹에게 말했다.

"안전핀은 잘 붙어 있군."

"자네가 말한 것처럼 이제 감쪽같이 우리 돈을 훔칠 수는 없다니까."

"안전핀은 느껴지는데 지폐 다발은 없는 것 같은데."

하지만 여전히 주머니를 만지고 있던 몽샤르맹이 놀라 소리질렀다.

"설마! 지금 그런 농담할 때가 아닐세, 몽샤르맹."

"자네가 직접 만져 보라니까."

리샤르는 대번에 옷을 벗고 둘이 함께 주머니를 확인해 봤지만 이미 텅 빈 상태였다. 더 이상한 건 안전핀은 그대로 붙어 있다는 사실이었다.

리샤르와 몽샤르맹은 얼굴이 하얗게 질렸다. 마법이 분명했다.

"유령 짓이야."

몽샤르맹이 넋을 잃고 중얼거렸지만 리샤르는 갑자기 동료한테 달려들었다.

"내 주머니에 손댄 건 자네밖에 없어! 내 돈 2만 프랑 내놓게! 내놓으란 말이야!"

"영혼을 걸고 맹세하지만 난 정말……."

몽샤르맹은 금방 기절이라도 할 것처럼 말했다.

그때, 문을 두드리는 소리가 들렸다. 몽샤르맹은 아무 생각도 없이 문 쪽으로 다가가 문을 열었는데 자기 앞에 서 있는 사람이 메르시에인지도 모르는 것 같았다. 그는 상대방이 하는 말을 못 알아듣고 횡설수설하다가, 아무 쓸모가 없어진 안전핀을 부지배인 손에 쥐어 주었다.

18
경찰서장의 수사

경찰서장이 극장장 집무실로 들이닥치면서 처음 질문한 것은 크리스틴 다에가 어디 있느냐는 것이었다.

"크리스틴 다에는 여기 없습니까?"

앞에 말한 것처럼 경찰서장 뒤로도 많은 사람들이 얼굴에 궁금증을 드러내면서 따라 들어왔다.

"크리스틴 다에? 여기에는 없소이다. 그런데 왜 그러는 거요?"

리샤르가 물었다.

몽샤르맹은 한마디도 할 수 없을 만큼 지쳐 있었다. 그는 리샤르보다 정신적으로 훨씬 힘든 상태였다. 동료의 의심에서 벗어나기 힘든 상태였고, 유사 이래 인간의 마음을 계속 불안에 떨게 한 미지의 존재가 자신의 운명을 휘두르게 된 것 같았기 때문이었다.

"서장님, 왜 그런 질문을 하시는 겁니까? 크리스틴 다에가 극장에 없나요? 왜 저를 부르신 겁니까?"

경찰서장을 둘러싼 많은 이들이 노골적인 침묵을 지키고 있는 게 리샤르는 오히려 부담스러웠다.

"크리스틴 다에 양을 빨리 찾아야 하기 때문이죠, 극장장님."

"뭐라 하셨습니까? 찾아야 한다니, 어디로 사라졌다는 말씀이십니까?"

리샤르가 영문을 몰라 물었다.

"그렇습니다. 그것도 공연을 하다가 갑자기 사라졌습니다!"

"공연을 하다가요? 그것 참 이상한 일이군요!"

"네, 하지만 그녀가 사라진 걸 당신들이 모른다는 것도 이상하군요."

"네……. 어떻게 그런 일이……. 이 무슨 날벼락이람! 당장 해고 조치를 취해야겠군요."

리샤르는 얼굴을 만지면서 중얼거렸다. 그러면서 자기도 모르게 콧수염을 몇 개 뽑았다.

"도대체 꿈을 꾸는 것도 아니고…… 공연 도중에 갑자기 사라졌다는 겁니까?"

"그렇습니다. 감옥 안에 갇힌 채 천사들에게 하늘로 데려가 달라고 기도하는 장면에서였답니다. 천사들이 데려간 모양입니다."

"저는 확신합니다!"

그 순간에 한 남자가 외쳤다.

모든 사람들이 고개를 돌려 대답 소리가 들린 곳을 바라보았다.

"확신해요!"

창백한 얼굴을 한 라울이 몸을 떨며 다시 한 번 강조했다.

"뭘 확신하십니까?"

미프르와가 청년에게 물었다.

"천사가 크리스틴 다에를 데려갔다고 확신하죠. 경찰서장님, 그 천사 이름도 말씀드릴 수 있다니까요…….'

"샤니 자작님, 크리스틴 다에가 천사에 의해서, 그것도 오페라극장의 천사에 의해 납치당한 게 확실하다는 겁니까?"

라울은 대답을 하기 전에 주변을 둘러보았다. 분명히 누군가를 찾는 것 같았다. 지금 라울은 약혼녀를 구하기 위해서 급하게 경찰의 도움을 청해야 하는 상황이었는데 조금 전 신중하라고 충고했던 낯선 사람이 자꾸만 머릿속에 떠올랐다. 하지만 그의 모습은 보이지 않았다. 그렇다면…… 그는 역시 말을 해야만 했다! 하지만 라울은 호기심이 가득한 표정으로 둘러선 사람들 앞에서 잘 설명할 수 있을지 확신이 안 섰다.

"그렇습니다. 오페라극장의 천사한테 납치당했습니다…….

그가 어디 살고 있는지 알긴 하지만 둘이 조용히 말씀드리겠습니다."

그가 망설이면서 미프르와 씨에게 대답했다.

"알겠소."

경찰서장은 라울을 옆에 앉히고 두 극장장을 제외한 모든 이들을 밖으로 내보냈다.

"경찰서장님, 그의 이름은 에릭입니다. 그는 이 오페라극장에 살고 있는데 '음악의 천사'로 불립니다."

라울은 어느 때보다 단호하게 말했다.

음악의 천사라니! 음악의 천사라는 말에 경찰서장은 호기심이 생겼다.

"극장장님, 오페라극장에 그런 천사가 있습니까?"

경찰서장 미프르와는 극장장들을 쳐다보았다. 리샤르와 몽샤르맹은 웃지도 않고 고개를 가로저었다.

"저분들도 오페라의 유령에 대해서는 들어 보셨을 겁니다. 오페라의 유령과 음악의 천사가 같은 인물이라는 사실을 저분들도 아셔야겠네요. 그리고 그의 진짜 이름은 에릭입니다."

라울이 경찰서장에게 말했다. 경찰서장은 자리에서 일어나 라울을 주의 깊게 바라보았다.

"실례입니다만, 우리 사법부를 조롱하실 생각은 아니시지요?"

"그럴 리가요! 역시 제 말을 안 믿으시는군요?"

라울은 괴로워하며 항의했다.

"알았소. 알았으니 오페라의 유령에 대한 얘기를 들려주실 거요? 어디 들어 봅시다."

"분명히 저분들도 오페라의 유령에 대한 건 충분히 아실 겁니다."

"두 분 극장장님, 샤니 자작의 말씀이 사실인가요? 두 분도 꽤 잘 아시는 것 같은데……."

경찰서장이 극장장에게 물었다.

"아닙니다. 경찰서장님, 우리는 전혀 모릅니다. 실은 우리도 그에 대해 알고 싶소이다. 바로 오늘 저녁에 그 유령이 우리한테 2만 프랑을 훔쳐 갔거든요."

리샤르는 조금 전 뽑은 콧수염을 움켜쥐고 자리에서 일어서며 말했다. 리샤르는 몽샤르맹을 쏘아보았는데 마치 '당장 2만 프랑을 내놓지 않으면 모든 걸 폭로할 거야!' 하는 표정이었다. 그러자 동료의 마음을 눈치챈 몽샤르맹은 '하, 그러셔? 그럼 해 보시지! 당장 말하라고!' 이렇게 대꾸하는 것 같았다.

미프르와는 그런 두 극장장과 라울을 번갈아 보면서 자신만 따로 떨어진 느낌을 받았다.

"흠……. 하루저녁에 여가수도 납치하고 2만 프랑도 훔치고. 꽤 바쁘신 유령인가 보군요. 자, 그럼 질문들을 하나하나 짚어

볼까요? 우선 여가수가 사라진 문제부터 해결하고 2만 프랑 도난 사건을 알아보기로 합시다. 샤니 자작님, 좀 더 진지하게 의논해 봅시다. 크리스틴 다에 양이 에릭이라는 사람한테 납치를 당했다고요? 그럼 그 에릭이라는 자를 직접 만나 본 적 있습니까? 잘 아십니까?"

그는 머리를 쓸어 넘기며 말했다.

"네, 서장님!"

"어디에서 만나셨나요?"

"묘지에서 봤습니다."

경찰서장 미프르와는 자리에서 벌떡 일어나 라울을 더 자세히 들여다보기 시작했다.

"물론이지요…… 당연히 그러시겠지요! 유령은 주로 묘지 같은 장소에서 만나게 되죠. 그래, 무슨 일로 가셨나요?"

"물론 제 대답이 이상하게 들릴 줄 압니다. 그래서 저를 어찌 생각하실지도 잘 압니다. 하지만 제발, 제가 제정신이라는 걸 믿어 주시기 바랍니다. 세상에서 제게 가장 소중한 여인과 친애하는 형의 안위까지 걸린 문제란 말입니다. 시간이 급하고 일분일초가 아까운 상황인지라 간단히 말씀드려야 합니다만 불행하게, 지금 이 이상한 얘기를 하지 않으면 나중에는 저도 결코 안 믿으시겠지요. 서장님, 이제 제가 오페라의 유령에 대해 아는 이야기를 모두 말씀드리겠습니다. 아, 생각해 보니 그다지 아는 것도 없군요."

"아무튼 얼른 얘기해 보십시오! 어서!"

리샤르와 몽샤르맹이 갑자기 깊은 관심을 보였다. 그들은 자신들을 농락한 유령의 정체를 알 수 있을 것 같아 희망을 가졌지만 곧 샤니 자작이 완전히 미쳐 버린 것이라는 슬픈 결론을 내릴 수밖에 없었다. 페로-귀렉에서의 이야기, 해골 이야기, 신들린 바이올린 연주 따위의 이야기들은 사랑에 빠진 정신병자가 아니라면 만들어 낼 수 없는 비현실적이면서도 황당한 이야기였다.

경찰서장 미프르와마저도 극장장의 의견과 같은 듯했다. 그가 직접 막으려 했지만 갑작스러운 상황이 벌어져 샤니 자작의 횡설수설은 자연스럽게 중단되었다. 갑자기 문이 활짝 열리면서 헐렁한 검정 프록코트를 입고 높은 모자를 깊이 눌러 쓴, 이상하게 생긴 남자가 들어온 것이다. 그는 곧장 경찰서장에게 달려가 귀에 대고 낮게 말했는데, 급한 용무로 방금 도착한 형사인 것처럼 보였다.

경찰서장 미프르와는 형사에게 이야기를 들으면서도 라울에게서 눈을 떼지 않았다.

"샤니 자작님, 유령에 대한 이야기는 그 정도면 됐습니다. 괜찮으시면 이제부터는 당신에 대한 이야기를 하고 싶은데요……. 오늘 저녁 크리스틴 다에 양과 함께 떠나기로 하셨다면서요?"

마침내 그가 라울에게 말했다.

"네, 맞습니다."

"극장을 아예 떠나기로 하신 겁니까?"

"네, 맞습니다."

"모든 준비는 다 된 상태고요?"

"네, 맞습니다."

"두 분은 마차를 타고 여기까지 왔고, 마차꾼한테도 미리 말해 둔 상태고……, 여정도 미리 계획한 상태고, 기착지마다 새로운 말도 준비하셨고요?"

"맞습니다, 서장님."

"당신이 타고 온 마차는 로통드 옆에 서 있고 당신 지시를 기다리던 중이고요, 그렇죠?"

"네, 맞습니다."

"당신 마차 옆에 다른 마차 세 대가 있다는 사실은 알았습니까?"

"신경 쓰지 않아서 미처 몰랐습니다."

"그것은 극장 안에 마차를 델 장소를 찾지 못한 소렐리 양, 카를로타 양 그리고 당신의 형인 샤니 백작 마차입니다."

"……그럴 수도 있겠군요."

"당신 마차, 소렐리 양, 카를로타 양 마차는 아직까지 로통드

옆길에 그대로 세워져 있는 게 확실합니다만…… 샤니 백작 마차가 없더군요!"

"그건 상관없는 일입니다, 경찰서장님."

"글쎄요, 그게 아닌 것 같습니다. 백작께서는 당신과 크리스틴 다에 양의 결혼을 반대하지 않았나요?"

"그건 가족 간의 문제일 뿐입니다."

"정확히 대답을 안 하시니 백작님이 반대한 걸로 알겠습니다. 당신이 크리스틴 다에 양을 데리고 멀리 떠나려 했던 것도, 형이 꾸미고 있을지 모르는 일을 피하려던 거겠지요. 샤니 자작님, 형인 백작님이 당신보다 조금 더 빨랐다고 말씀드려야 할 것 같네요. 크리스틴 다에 양을 납치한 사람은 바로 백작님입니다!"

생각지도 않은 말을 들은 라울은 가슴에 손을 얹으며 신음했다.

"그럴 리가……. 확실한 겁니까?"

"나중에 밝혀지겠지만, 누군가와 공모해서 크리스틴 다에 양이 실종된 다음에 바로 백작님이 얼른 마차를 타고 파리 시내를 미친 듯이 가로질러 갔다는군요."

"파리 시내를 가로지르다니, 그게 무슨 말입니까?"

라울이 가엾은 표정으로 물었다.

"파리를 벗어났다는 뜻입니다……."

"파리를 벗어나요? 어디를 따라서요?"

"브뤼셀 도로를 따라서 간 것 같습니다."

"아……."

라울이 신음 소리를 냈다.

"그럼, 지금이라도 따라잡을 수 있겠군요."

라울은 말을 마치자마자 부리나케 집무실 밖으로 뛰쳐나갔다.

"그녀를 찾으면 우리에게 데려와 주셔야 합니다!"

뛰어나가는 라울의 등 뒤에 대고 경찰서장이 힘찬 목소리로 소리쳤다. 그런 다음 주변 사람들을 둘러보며 말을 이었다.

"자, 어떤가요? 음악의 천사에 대한 정보보다 더 낫지 않나요?"

사람들은 어리둥절한 듯 경찰서장을 쳐다보았고, 그는 간단히 경찰학 강의를 읊어 댔다.

"실은 샤니 백작이 실제로 크리스틴 다에 양을 납치했는지는 나도 잘 모릅니다. 나도 굉장히 궁금한 데다가, 그걸 샤니 백작보다 더 제대로 밝힐 수 있는 사람은 현재로는 아무도 없는 것 같습니다. 지금쯤 그는 있는 힘을 다해서 거의 날 듯이 형을 뒤쫓을 테니 나를 대신해서 수사하는 것과 같습니다. 훌륭한 조수인 셈이죠! 사람들은 경찰의 수사 방식이 굉장히 복잡할 거라고 생각하지만 이거야말로 간단하기 짝이 없는 방법입니다.

경찰이 아닌 사람에게 경찰 수사를 돕도록 만드는 겁니다!"

그러나 샤니 자작이 2층 복도에서 멈춰 선 걸 알았다면, 이렇게도 기세등등했던 경찰서장도 그리 마음에 들지 않았을 것이다. 궁금해 하던 사람들이 모두 사라진 2층 복도는 텅 비었다.

라울의 앞을 막은 건 분명 커다란 사람 그림자였다.

"샤니 씨, 어디를 그리 급하게 가는 겁니까?"

그림자가 음울하게 물었다.

라울이 급하게 고개를 돌려 쳐다보니, 그림자는 예전에 봤던 아스트라칸 모직으로 만든 챙 없는 모자를 쓰고 있었다. 라울이 걸음을 멈추었다.

"이번에도 당신이군요!"

라울이 낮고 가냘프게 떨리는 목소리로 말했다.

"당신은 에릭의 비밀을 모두 알고 있으면서 나한테는 아무 말도 하지 말라고 하는데…… 당신은 대체 누구요?"

"아시겠지만, 난 페르시아인입니다."

그림자가 중얼거렸다.

19
샤니 자작과 페르시아인

그 순간 라울은 어느 날 저녁 공연을 보다가 형이 들려준 이야기가 떠올랐다. 사람들이 페르시아인이라고 부르는 그에 대해서는 알려진 바가 거의 없고 리볼리가의 작은 아파트에 살고 있다는 사실만 확실한 정도였다.

"샤니 자작, 혹시 에릭에 대한 비밀을 누설한 건 아니겠지요?"

흑단빛 피부에 비취색 눈동자, 아스트라칸 모직 모자를 쓴 그는 라울을 향해 몸을 깊이 숙이며 말했다.

"내가 왜 그 괴물의 비밀을 밝히는 걸 꺼려야 한다는 말입니까? 그와 친구라도 된다는 말씀이십니까?"

라울은 소리치며 귀찮다는 듯 손을 휘저었다.

"에릭의 비밀을 폭로하지 않기를 바라는 건 그의 비밀이 곧 크리스틴의 비밀이라 그렇습니다! 에릭의 비밀을 말하는 건 크리스틴의 비밀을 말해 버리는 것과 같습니다."

"그렇군요. 당신은 내 관심사들을 퍽 잘 알고 있는 것 같지만, 지금 당신 이야기를 들을 시간은 없어요!"

"그러니까 한번 묻겠습니다…… 샤니 씨, 어디를 그리 급하게 가시는 겁니까?"

"짐작을 못 하시겠습니까? 크리스틴 다에를 구하러 가는 길이지요!"

"그렇다면 여기 그냥 계십시오. 다에 양은 여기 있습니다."

"에릭과 함께 말입니까?"

"그렇습니다. 에릭과 함께."

"그걸 어떻게 아시는 겁니까?"

"나도 공연을 보고 있었거든요…… 그만한 사건을 일으킬 사람은 에릭뿐입니다."

페르시아인은 길게 한숨을 내쉬었다.

"그 괴물의 손을 봤습니다."

"그럼, 그와 잘 아는 사이입니까?"

페르시아인은 아무 대답도 안 했지만 라울은 그가 다시 한숨을 쉬는 소리를 분명하게 들었다.

"당신이 왜 그러는지는 모르겠지만…… 나를 위해, 아니 크리스틴 다에를 위해 뭔가 해 주실 수 있는 겁니까?"

"샤니 씨, 그래서 이렇게 말을 걸어서 당신을 막고 있는 겁니다."

"그렇다면 어떻게 해 주실 건가요?"

"크리스틴을 따라가 보십시오. 그리고 에릭 뒤를 밟으시라는 겁니다."

"오늘 저녁도 그리 해 봤습니다만 소용이 없었습니다. 하지만 당신이 도와준다면 목숨이라도 바치겠소. 그리고 한 가지 더, 저희 형인 필립 백작이 크리스틴 다에를 납치했다고 금방 경찰서장에게 들었습니다."

"샤니 씨, 나는 그리 생각하지 않습니다."

"그렇지요? 그럴 리가 없는 거죠?"

"글쎄요……. 가능한지는 모르겠지만 납치라는 것에는 어떤 고유한 방법이 필요한 겁니다. 그렇지만 제가 보기엔 필립 백작은 그런 허황된 짓을 할 사람이 아닌 것 같습니다."

"당신 말을 들으니 정신이 번쩍 드는군요! 나는 제정신이 아니었나 봅니다. 바보였소! 어서 서둘러 갑시다. 빨리! 당신에게 모든 걸 다 맡기겠습니다. 당신이 나를 믿어 주는데, 내가 당신을 믿고 의지하지 않을 까닭이 없지요. 내가 에릭이라는 이름을 말할 때 비웃지 않은 사람은 당신 말고는 없습니다."

라울은 그렇게 말하면서 열에 들뜬 손으로 페르시아인의 손을 덥석 잡았다. 얼음처럼 차가웠다.

"잠시 조용히 해 보시오!"

페르시아인은 갑자기 걸음을 멈추고 극장의 벽이나 먼 복도에서 소리가 들려오기라도 한 듯 귀를 기울였다. 아주 작은 소리도 놓치지 않으려는 듯했다.

"에릭이라는 이름은 이제 더는 부르지 말고 '그'라고 부릅시다. 그래야 그의 관심을 가능한 대로 피할 수 있을 테니 말이오."

"그가 우리 곁에 가까이 있다는 말씀이십니까?"

"그럴 수 있습니다. 어떤 가능성도 배제시키면 안 되죠. 만약 지금 이곳에 있는 거라면, 호숫가 거처에 납치한 포로와 함께 있을 겁니다."

"당신도 거길 아는군요?"

"만약 거기 없다면, 벽 안이나 마룻바닥 아래, 혹은 천장 위, 그 어디라도 있을 수 있어요. 이 자물통에 눈이 달렸을 수도 있고 대들보에 귀가 달렸을 수도 있지요!"

페르시아인은 발소리를 죽이고 라울에게도 계속 주의를 주면서 통로 안으로 들어섰다. 라울이 크리스틴과 함께 극장의 미로를 다녔을 때도 못 보았던 새로운 곳이었다.

"제발 이런 때에는 다리우스가 와 주면 좋으련만."

"다리우스가 누굽니까?"

페르시아인이 혼잣말처럼 내뱉는 것도 놓치지 않은 라울이 바삐 걸으면서 물었다.

"내 하인이라오……."

그들은 불빛이 흐려져 한적하고 넓은 방 한가운데 도착했다.

"경찰서장에게는 뭐라고 한 겁니까?"

어둑어둑한 방 안에 들어선 페르시아인은 라울이 알아듣기 힘들 정도로 낮게 말했다.

"크리스틴 다에를 납치한 자가 바로 오페라의 유령이란 이름으로 더 유명한 음악의 천사라고 했습니다. 그리고 그의 이름은……."

"쉿! 이름은 절대 부르지 마시오. 경찰서장은 당신이 하는 말을 순순히 그대로 믿는 눈치였소?"

"아니요!"

"당신이 실은 중요한 이야기를 했다는 사실을 전혀 알아차리는 기색이 없던가요?"

"네."

"혹시 당신을 제정신이 아니라고 생각하는 것 같던가요?"

"네……."

"천만다행이군요!"

페르시아인이 이번에는 안도의 한숨을 내쉬었다.

그런 뒤에 두 사람은 다시 걸음을 재촉하더니 달리기 시작했다. 라울은 처음 보는 계단을 여러 번 오르고 내리고 한 후에 두 사람은 어떤 문 앞에 도착했다.

페르시아인은 조끼 주머니에서 열쇠를 꺼내더니 주저 없이 문을 열었다. 라울처럼 페르시아인도 옷을 갖추어 입었는데, 라울이 평범한 모자를 쓴 데 반해서, 이미 말했던 것처럼 페르시아인은 독특하게도 아스트라칸 모직의 챙 없는 모자를 쓰고 있었다. 공연을 볼 때는 평범한 실크 햇을 쓰는 게 통상적인 관례였지만, 외국인들에게는 다양한 종류의 모자가 허용되었다. 영국인들에게는 여행용 챙 모자, 페르시아인들에게는 아스트라칸 모직 모자 같은 것들이 자유롭게 허락되었다. 그런데 페르시아인이 문득 말을 꺼냈다.

"우리가 가야 할 길에는 당신이 쓴 모자가 조금 거추장스러울 것 같으니 대기실에 두고 가는 게 좋을 것 같습니다."

"어느 대기실을 말씀하시는 겁니까?"

"당연히 크리스틴의 대기실이지요!"

페르시아인은 방금 연 문으로 라울을 들여보냈는데 바로 맞은편에 크리스틴의 대기실이 보였다! 그는 대기실 문을 두드리기 전 곰곰이 생각하며 걸었던 바로 그 복도 끝에 서 있었다.

"오페라극장 구석구석을 잘 알고 계시네요."

"'그'보다는 못하지요."

페르시아인은 낮은 목소리로 겸손하게 대답하며 라울을 대기실 안으로 밀어 넣었다. 대기실은 예전 상태 그대로였다.

페르시아인은 대기실 문을 잠그고, 대기실과 잡동사니 보관용 캐비닛을 구분하는 얇은 판자로 다가가 한참 동안 귀를 기울인 뒤에 갑자기 큰 소리로 기침을 했다. 그러자 캐비닛에서 부스럭거리는 소리가 들렸고, 잠시 후 대기실 문을 두드리는 소리가 들렸다.

"어서 들어오게나!"

페르시아인이 외쳤다. 그러자 페르시아인처럼 아스트라칸 모자를 쓰고 긴 망토를 걸친 남자가 들어왔다. 그는 고개 숙여 페르시아인에게 인사한 다음, 망토 안에서 화려하게 세공된 상자를 꺼내 화장대 위에 내려놓고 조용히 다시 문 쪽으로 물러났다.

"아무에게도 들키지 않았을 테지, 다리우스?"

"네, 주인님."

"나갈 때도 들키지 않도록 조심하게나!"

하인은 복도를 주의 깊게 둘러보고는 재빠르게 방을 빠져나갔다.

"사람들이 이곳으로 들이닥칠지도 모른다는 생각이 드네요. 경찰서장이 급히 이곳을 수색하러 올지도 모릅니다."

라울이 말했다.

"걱정해야 할 건 경찰서장이 아니에요……."

페르시아인이 상자를 열자 그 안에는 화려한 장식이 된 권총 두 자루가 들어 있었다.

"크리스틴 다에가 납치된 바로 다음에, 하인을 시켜 이 권총을 가져오라고 했습니다. 오래전부터 사용하던 건데 이보다 더 좋은 방법은 없을 겁니다."

"결투라도 하겠다는 말씀이십니까?"

라울은 난데없이 나타난 권총을 보고 깜짝 놀라 당황해서 말했다.

"네……. 우리는 결국 결투를 하겠지요. 아주 멋진 결투가 될 겁니다."

권총을 이리저리 살펴보던 페르시아인이 다시 라울에게 권총을 겨누며 말했다.

"다만 이번 결투에서 우리 두 사람은 한 명을 상대로 싸우게 될 겁니다. 그래도 준비를 철저히 해야 합니다. 분명하게 밝혀두지만, 우리 상대는 상상할 수 있는 범위에서 가장 강력한 존재입니다. 당신은 크리스틴 다에를 사랑하지요, 그렇지요?"

"물론이죠! 하지만 당신은 그런 것도 아니면서 왜 이렇게 위험을 무릅쓰는 건지 말씀해 주시지요. 아마 에릭을 미워하는 것 같은데. 어떤 사적인 원한이라도 있는 겁니까?"

"그렇지 않습니다……. 나는 그를 미워하지 않아요."

페르시아인이 슬픈 표정으로 말했다.

"그를 미워했다면 오래전에 그는 내게 고통을 주는 일을 하지 못했을 겁니다."

"예전에 그가 해를 끼친 적이 있었던 겁니까?"

"그가 나에게 한 행동은 모두 다 용서했습니다."

"당신이 그자에 대해 하는 얘기를 듣고 있으면, 참 이상하네요. 그를 괴물로 여기고 그가 저지른 나쁜 짓을 비난하지만 내가 크리스틴한테 느끼는 애틋한 연민을 닮은, 그런 감정이 느껴집니다."

페르시아인은 아무런 대답도 하지 않다가 등받이 없는 의자를 대형 거울 맞은편에 있는 벽에 갖다 놓고 그 위에 올라가 뭔가를 찾는 듯 벽에 코를 바짝 댔다.

"뭘 하는 겁니까? 이제 그만 가죠."

라울이 참다못해서 조바심을 냈다.

"어디로 간다는 말이오."

페르시아인이 고개도 돌리지 않고 말했다.

"물론 괴물한테 가는 거죠! 그의 거처로 얼른 갑시다. 당신한테 방법이 있다고 하셨잖습니까?"

"지금 찾고 있잖소!"

페르시아인은 벽에 코를 바짝 갖다 대고 온 벽면에 대고 쿵쿵거리며 더듬고 있었다.

"아, 여기로군!"

그는 손가락을 머리 위로 들고 벽지 한구석을 꾹 눌렀다. 그러고는 가볍게 몸을 돌리더니 의자에서 뛰어내렸다.

"이제 얼마 후면 우리는 거기로 가고 있을 겁니다."

페르시아인은 대기실을 가로질러 대형 거울 앞으로 다가갔다.

"아니…… 아직 말을 안 듣는군……."

그가 낮은 목소리로 중얼거렸다.

"아, 그러니까 크리스틴이 한 것처럼 거울을 통해 나가려는 거군요!"

라울이 무릎을 치며 말하자 페르시아인의 눈이 커졌다.

"아니, 크리스틴이 거울을 통해서 나갔다는 걸 어떻게 아는 거요?"

"두 눈으로 똑똑히 봤습니다. 분장실 커튼 뒤에 숨어서 봤는데 그녀가 거울을 통해서, 아니 거울 속으로 홀연 사라지더군요."

"그래서 어떻게 했소?"

"내 감각이 이상한 게 아닌가 했지요. 제정신이 아니거나 꿈을 꾸는 거라고 생각했어요."

"유령이 새롭게 만들어 낸 환상이라고 할 수도 있겠죠!"

페르시아인이 계속해서 거울을 더듬으며 비아냥거렸다.

"우리가 차라리 진짜 유령을 상대하는 거라면 얼마나 좋겠소. 그렇다면 상자 안에 든 권총 같은 건 안 써도 될 텐데……. 자, 이제 그만 모자를 벗고 옷섶은 단단히 당기고, 깃을 바짝 세우시오. 되도록 우리 모습을 감추어야 합니다."

그는 잠시 말을 멈추고 거울을 손으로 힘껏 눌렀다.

"대기실 안에서 용수철을 눌러 추를 작동시키는 건 시간이
조금 걸립니다. 벽 뒤에서 직접 추를 작동시키면 금방이지만요.
자, 이제 순식간에 거울이 돌아가고 통로가 열릴 겁니다."

"축을 중심으로 저 벽면 전체를 번쩍 들어 올릴 수 있는 추
말입니다. 설마 정말 마법으로 벽이 저절로 움직인 거라고 믿
는 건 아니죠?"

페르시아인은 한 손으로 라울을 자신 쪽으로 끌어당기고, 권
총을 든 다른 손으로는 여전히 거울을 눌렀다.

"이제 조금만 기다리시오! 집중하고 있으면 잠시 후에 보게
될 거요. 거울이 몇 밀리미터 올라갈 테고 거의 동시에 왼쪽에
서 오른쪽으로 몇 밀리미터 정도 움직일 겁니다. 그렇게 되면
축 위로 올라가 회전하게 되는 겁니다. 추가 어떻게 작용하는
지는 전혀 모르지만 어린아이라도 손가락으로 큰 집채를 회전
시킬 수 있어요. 벽이 아무리 무겁다고 해도 균형만 잘 맞추면
거의 무게가 느껴지지 않거든요."

"그런데 아직 안 돌잖아요……."

라울이 조바심을 내면서 다그쳤다.

"차분하게 좀 기다려요. 시간이 조금 걸리는 거라니까요. 아
마도 장치에 녹이 슬어서 더 이상 작동하지 않을 수도 있어

요……. 아니면 다른 문제가 있나……?"

페르시아인이 이마를 찌푸렸다.

"무슨 문제가 생겼습니까?"

라울이 불안해하며 물었다.

"혹시 그가 추를 매단 줄을 끊어 버렸으면 시스템 자체가 아예 작동하지 않게 되지요."

"왜요? 그는 우리가 이곳을 통해 호수로 간다고는 생각도 못할 텐데요……."

"아니오! 짐작을 했을지도 모릅니다. 내가 이 시스템을 알고 있다는 걸 그가 알고 있거든요."

"그가 당신한테 보여 준 겁니까?"

"아닙니다. 그가 수수께끼처럼 사라지는 걸 보고 그동안 끈질기게 추적하고 뒤를 밟아서 알아낸 겁니다. 이건 이 세상에 존재하는 수많은 비밀의 문 가운데 가장 간단한 것이라오. 테베의 궁전에 있는 100개의 문이나 페르시아 하그마타나 왕좌에 자리한 비밀의 홀, 델포이의 삼각대가 놓인 방의 장치와 같은 겁니다."

"하지만 이것 보세요. 아직 돌지 않아요! 아, 크리스틴……
크리스틴……."

"우리가 할 수 있는 최선을 다하는 거예요. 그렇지만 그는 첫 단계부터 우리를 좌절하게 만들 수도 있어요!"

페르시아인은 안절부절못하는 라울을 꾸짖는 듯 차갑게 말했다.

"그가 이 벽을 마음대로 주무를 수 있다는 말씀입니까?"

"그는 극장의 벽과 문, 무대 바닥 문도 마음대로 주무를 수 있어요. 그래서 우리들 사이에서는 그를 '함정 애호가'라고 부르기도 합니다."

"크리스틴도 그 함정에 대한 얘기를 한 적이 있지만 여전히 이해가 가질 않는군요. 도대체 왜 벽이 그에게만 복종하는 겁니까? 그가 이 문을 만들기라도 했다는 말씀입니까?"

"바로 그렇습니다, 샤니 씨."

라울은 어리둥절했다. 페르시아인이 조용히 하라는 손짓을 하면서 거울을 가리켰다. 순간, 거울이 미세하게 떨리는 게 보이는 것 같았다. 거울에 비친 두 사람의 모습이 잠시 흔들리다가 다시 움직이지 않았다.

"전혀 꼼짝도 하지 않는군요. 다른 길로 가야겠습니다!"

"오늘 저녁에는 다른 방법이 없습니다. 이제 정신 똑바로 차리고 총 쏠 준비나 하시지요."

페르시아인은 어린 애처럼 다그치는 라울을 향해서 어두운 목소리로 단호하게 말했다. 페르시아인은 거울을 향해 총을 겨누었고 라울도 따라 했다. 그런데 페르시아인이 라울의 손을 가슴으로 당겼을 때 갑자기 눈부시게 밝은 빛이 쏟아지면서 거울이 회전했다! 거울이 돌자 각각의 구획으로 나뉜 문이 탁 트인 공간으로 열렸다. 거울은 계속 돌고 페르시아인과 라울은 감당하기 힘든 속도로 움직이다가 눈부시게 밝은 곳에서 갑자기 칠흑 같은 어둠 속으로 던져졌다.

20
오페라극장의 지하 세계

"총을 쏠 준비를 하시오!"

페르시아인이 재빨리 라울에게 지시를 내렸다.

그들 뒤로 벽이 한 차례 돌더니 다시 천천히 닫혔다. 두 사람은 잠시 동안 숨을 고르면서 꼼짝도 안 하고 서 있었다. 캄캄한 어둠 속에는 무거운 침묵만이 흘렀다.

조금 뒤에 페르시아인이 다시 움직이기로 작정했는지 그가 무릎을 꿇고 손으로 주변을 더듬는 소리가 들렸다.

그때 갑자기 라울 앞으로 희미한 불빛이 비치면서 어둠이 서서히 밝아 오기 시작했다. 라울은 적의 탐색을 피하려는 듯 본능적으로 뒤로 물러섰다. 하지만 그 불빛을 비춘 사람은 바로 페르시아인이었기 때문에 그를 따라갔다. 접시 위로 조그만 붉은 불빛이 벽 아래위를 훑으면서 여기저기 지나갔다. 내벽 오른쪽은 하나의 벽면이었고 왼쪽은 벽체들이 아래위 여러 층으로 나뉘어 있었다. 라울은 크리스틴이 음악의 천사가 내는 목소리를 처음으로 따라갔을 때도 이곳을 지나갔으리라는 생각이 들었다. 또한 에릭도 이 벽을 자유자재로 넘나들며 순수한 크리스틴의 마음을 홀렸을 것이다. 이 길은 유령이 직접 만든 것이라고 했던 페르시아인의 말이 떠올랐다. 나중에 알게 된 사실이지만, 에릭은 오랫동안 혼자서만 알게 될 비밀 통로를 발견했다. 그 통로는 파리 코뮌 때 간수들이 지하에 만들어 놓은 감옥으로, 죄수들을 수송하는 통로였다. 혁명 때 3월 18일 이후, 국민군이 모든 지상의 건물을 장악했다. 건물 꼭대기는 전국 각지로 보낼 선언문을 실어 나를 열기구들이 이륙하는 장소가 되었고, 건물 지하는 국가 감옥으로 썼던 것이다.

페르시아인은 무릎을 꿇고 전등불을 바닥에 내려놓았다. 그는 판자 안쪽에서 나는 소리에 귀를 기울이더니 갑자기 손으로 불빛을 가렸다. 달칵거리는 어떤 소리가 났고, 통로 판자벽 너머로 아주 희미한 불빛이 보였는데 오페라극장 지하에서 창문 하나가 열리는 듯했다. 라울은 페르시아인의 모습을 볼 수는 없었지만 옆에서 나직한 한숨을 쉬는 건 들을 수가 있었다.

"나를 따라서 이리로 와요! 그리고 내가 하는 대로 따라해요."

라울은 빛이 보이는 쪽으로 갔다. 그러자 페르시아인이 무릎을 꿇고 두 손으로 구멍 틀을 잡은 뒤 지하에서 새어 나오는 빛을 향해 미끄러져 들어가는 모습이 보였다. 입에는 권총을 물고 있었다.

이상한 것은 자작이 어느샌가 그를 전적으로 신뢰하기 시작했다는 것이다. 그에 대해 아는 것도 없었고 그가 하는 말이나 제안하는 행동들이 모두 이상한 것 투성이었지만 그는 이 절대적인 순간에 페르시아인이 자신과 함께 에릭에 대항해 싸워 줄 것을 믿었다. 그가 그 괴물에 대해 이야기하는 태도와 감정은 더할 수 없을 정도로 진지했고, 라울에게도 많은 관심을 갖고 있는 게 분명했다. 혹시 페르시아인이 라울을 해칠 계획이 있었다면 그에게 권총을 쥐어 주지도 않았을 것이다. 지금은 무엇보다 크리스틴 곁으로 급히 달려가야만 했다. 라울에게는 다른 선택을 할 여지가 없었다. 페르시아인을 믿지 못하고 크리스틴을 구하러 가는 걸 망설였다면, 그는 분명히 스스로를 용서할 수 없는 겁쟁이라고 생각했을 것이다.

라울은 그를 쫓아 무릎을 꿇고 문에 매달렸는데 '손을 놓으라'는 소리가 들렸고, 라울은 페르시아인의 두 팔에 안겨 떨어졌다. 페르시아인은 그에게 엎드리라고 하고는 위에 있는 바닥문을 닫고 바로 그의 옆에 몸을 바싹 붙이고 엎드렸다. 자작이 뭔가 물어보려 하자 페르시아인은 조용히 하라는 신호를 보냈다. 그 순간 어떤 목소리가 들렸다. 날카롭게 질문을 퍼붓던 경찰서장 미프르와였다.

라울과 페르시아인은 벽체 뒤로 감쪽같이 몸을 숨겼다. 그들 옆에는 작은 방으로 이어지는 비좁은 계단이 있었고, 방 안에서 경찰서장이 쉼 없이 왔다 갔다 하면서 누군가에게 질문을 해 대는 소리가 끊임없이 들려왔다.

주변을 비추는 불빛은 약했지만, 위쪽 통로를 가득 메운 칠흑 같은 암흑에서 빠져나온 라울은 사물을 구분하기가 그리 어렵지 않았다.

라울은 벽체 너머로 보이는 광경을 보고 입을 다물지 못했다. 시체 세 구였다.

한 사람은 경찰서장의 목소리가 들려오는 방문 앞 좁은 층계참에, 나머지 둘은 두 팔로 가슴을 감싸고 계단 밑에 굴러 떨어져 그대로 널브러져 있었다. 라울이 벽체 너머로 손가락을 찔러 넣어 보자 손 하나가 만져졌다.

"조용히! 그자가 한 짓이오."

페르시아인이 다시 숨을 죽이고 말했다. 그 역시 상황을 목격했으며, 이 한마디로 모든 것을 설명하는 것 같았다.

경찰서장의 목소리가 더 또렷하게 들려왔다. 그는 조명 장치의 문제점을 추궁하는 중이었고 무대감독이 답변했다. 경찰서장이 조명 장치를 살피고 있는 모양이었다. 사람들이 그 이름을 듣고 떠올리는 것과는 달리, 오페라극장에 설치된 '오르간 조명 장치'는 음악과는 전혀 상관이 없었다.

당시 전기는 특수한 효과나 신호음을 위해 극히 제한적으로만 사용되었다. 큰 건물과 무대 조명에는 주로 수소 가스를 사용하곤 했다. 수소 가스 양을 조절해서 밝기와 다양한 장식 효과를 조정했는데, 그 특별한 장치가 오르간의 관처럼 생긴 탓에 오르간이라는 이름이 붙은 것이었다.

조명 담당자는 오르간 옆 좌석에 앉아 기술자들에게 지시를 내리고 조명을 감독하는 일을 했다. 공연이 있을 때마다 그곳에 앉아 있던 조명 담당자는 실종된 모클레르였는데, 사건이 일어났을 때 당연히 자리에 있어야 할 모클레르와 부하 기술자들은 거기에 없었다.

"모클레르! 모클레르!"

무대감독의 목소리가 지하에 울려 퍼졌지만 모클레르는 대답을 하지 않았다.

이미 말한 대로, 작은 통로에 있는 문을 열면 지하 2층으로 통하는 계단이 나오는데 경찰서장이 그 문을 힘껏 밀었지만 꼼짝도 하지 않았다.

"무대감독! 문이 왜 안 열리는 거요?"

그때 무대감독이 있는 힘을 다해서 어깨로 밀었더니 안에서 시체가 나왔다! 경악스런 비명이 이어졌다.

"모클레르!"

오르간을 살펴려고 경찰서장을 따라 내려온 사람들 얼굴이 흑빛이 되었다.

"불쌍한 사람 같으니! 이렇게 죽어 있는걸……."

무대감독이 신음 소리를 냈다. 그러나 웬만한 일에는 눈 하나 깜짝하지 않는 경찰서장은 이미 시신을 꼼꼼하게 살피고 있었다.

"아니요. 이들은 죽은 게 아니고 정신 못 차리게 취해서 곯아떨어졌소."

"이런 일은 처음이에요."

무대감독이 고개를 갸웃거리며 모클레르를 내려다보았다.

"……누군가 마취제를 먹인 걸 수도 있소."

미프르와는 몸을 일으켜 층계를 내려가면서 큰 소리로 외쳤다.

"저길 보시오!"

계단 아래에 두 사람이 쓰러진 게 붉은 불빛에 희미하게 보였다. 무대감독은 그들이 모클레르 밑에서 일하던 부하 직원이라 했고 미프르와는 계단을 내려가 확인을 했다.

"흠……. 매우 깊이 잠이 들었군요. 아무래도 이상하군. 누군가가 끼어든 게 분명해…… 그자는 납치범을 도왔을 겁니다. 하지만 무대 위에서 노래를 부르던 여자를 해치려 하다니! 범인이 어려운 범행을 즐기는 모양인데, 나도 잘 모르겠소. 극장 전속 의사를 좀 불러다 주시오."

미프르와는 아무래도 이상하다면서 계속 중얼댔다. 그는 몸을 돌려 작은 방 안으로 들어가 누군가에게 말을 했지만 라울과 페르시아인은 그가 누구와 말하고 있는 것인지 볼 수 없었다.

"이 상황에 대해 어떻게 생각하십니까? 아무 의견도 내놓지 않은 건 당신들뿐이오. 어떤 생각이나 궁리가 있을 게 아니오?"

바로 그때 층계 위로 두 극장장의 얼굴이 라울과 페르시아인에게도 보였다. 층계 위에는 그들 모습 말고는 아무것도 보이지 않았다.

"경찰서장님, 이곳에서 일어난 일은 우리가 도저히 설명하기 어려운 것입니다."

몽샤르맹의 목소리가 들렸고 두 사람은 이내 모습이 보이지 않았다.

"그런 말은 나도 하겠소."

"모클레르가 극장에서 잠든 건 처음 있는 일이 아닙니다. 그가 코담배를 옆에 두고 오르간 옆에서 자는 걸 본 적이 있거든요."

경찰서장이 빈정대자, 오른손으로 턱을 괴고 생각에 잠겨 있던 무대감독이 말했다.

"오래전 일이오?"

심한 근시인 미프르와가 코걸이 안경을 세심하게 닦으면서 물었다.

"아닙니다. 그리 오래되지 않았어요. 아, 바로 그날 저녁이네요. 유명한 '꾸엑' 사건이 있었던 날 밤입니다."

"카를로타가 '꾸엑' 소리를 낸 그날 저녁 말입니까?"

경찰서장은 깨끗하게 닦은 코안경을 다시 걸쳐 쓰고 무대감독의 생각을 꿰뚫어보기라도 할 것처럼 똑바로 쳐다보았다.

"모클레르가 코담배를 즐겨 피우는 모양입니다."

"네, 대단한 코담배 애호가랍니다."

"나도 마찬가지입니다."

미프르와가 주머니에 담뱃갑을 넣으며 말했다.

라울과 페르시아인은 예상하지 못한 곳에서 세 사람이 쓰러져 있는 모습을 목격했다. 무대 기술자들이 그들을 옮겼으며, 경찰서장과 그곳에 있던 사람들은 계단을 올라갔다. 모두 사라진 뒤에도 한동안 그들의 발소리가 무대 바닥 위에서 울렸다.

두 사람만 남았을 때, 페르시아인은 그제야 라울에게 일어나도 좋다는 몸짓을 해 보였다. 그러나 라울이 총을 겨누지 않자 그는 앞으로는 어떤 일이 있어도 총을 겨누는 자세를 하라고 주의를 주었다.

"하지만 이래 봤자 괜히 팔만 아픈 거 아닙니까? 이러면 막상 총을 쐈을 때 맞히지 못할 겁니다."

라울이 낮은 목소리로 불평을 하자 페르시아인이 짧게 대꾸했다.

"그럼, 팔을 바꾸어 드시오."

"왼손으로는 총을 못 쏩니다."

"왼손이냐 오른손이냐는 중요하지 않소. 아무 팔이나 반쯤 구부리고 권총을 들고 있으면 되는 거요! 금방이라도 방아쇠를 당길 것처럼 말이오! 권총을 주머니에 넣은 채로도 괜찮다는 말이오."

페르시아인이 이상한 소리를 했다.

라울은 도대체 그가 무슨 말을 하는 건지 알아들을 수가 없었다. 페르시아인은 상관하지 않고 덧붙였다.

"내가 시키는 대로 하지 않으면 나도 당신을 상대해 주지 않겠소. 이건 목숨이 달린 일이란 말이오. 이제 조용히 입 다물고 나를 따라오기나 해요."

어느덧 두 사람은 지하 2층에 도착했다. 유리병 안에 든 촛불 몇 개만 초라하게 불을 밝히고 있을 뿐 마술 상자처럼 신기하고 흥미로운 오페라극장 지하는 어두웠다.

다섯 개 층으로 만들어진 오페라극장 지하는 어마어마한 암흑의 세계였다. 각 층마다 무대의 모든 것과 바닥 문, 빗장 등이 재현되어 있었고, 바닥에 깔린 레일을 통해서 무대 배경을 옮길 수 있게 만들어졌다. 천장을 가로지르는 골조들이 무대의 개폐 장치를 지탱했고, 주철이나 돌로 만든 기둥은 온갖 조명 효과와 다른 특수 효과를 가능하게 만들었다. 쇠로 만든 걸쇠가 필요에 따라 장치를 고정하는 역할을 하는가 하면, 권양기와 실린더, 균형을 맞추는 추 등이 지하 여기저기에 골고루 배치되어 있었다. 그것은 커다란 무대 장식품을 옮기거나 장면을 바꾸거나 요정이 갑자기 사라지는 장면을 연출할 때 사용하는 것이었다. 가르니에가 설계한 이 오페라극장에 대한 흥미로운 연구 결과에 따르면 허약한 사람을 멋진 기사로 만들거나, 끔찍한 추녀를 요정으로 만드는 것은 오페라 무대가 아니라 바로 무대 밑 지하 세계라는 것이다. 무대 밑 세계는 사탄이 나타났다가 사라지기도 하고 지옥의 불빛이 솟아오르면서 동시에 악마의 합창이 울려 퍼지기도 하는 곳이다. 거기다 수많은 유령들이 마치 제 집처럼 지하 세계를 헤매고 돌아다닌다.

라울은 페르시아인이 시키는 대로 총을 겨누는 자세로 그를 따라갔다. 이젠 왜 그런 자세가 필요한 건지 이해하려고 하지도 않았다. 그를 따르는 것 말고는 다른 수가 없다고 생각한 모양이었다.

하기야 이런 미로 속에서 그와 함께 있지 않았더라면 대체 어떻게 되었을까……. 아마 발걸음을 내디딜 때마다 가로목과 밧줄 꾸러미에 걸려 넘어지거나 거대한 거미줄 같은 구조물에 갇혀 빠져나올 엄두를 못 냈을 것이다.

앞에 펼쳐진 밧줄과 구조물을 겨우 지나도 언제 발밑에서 덜커덩 열리는 구멍에 빠져 깊은 심연으로 굴러떨어질지 알 수 없었다.

그들은 아래로, 더 아래로 계속 하염없이 내려갔고 마침내 3층에 도착했다. 멀리서 비치는 희미한 불빛으로 간신히 앞이 보였다.

아래로 내려갈수록 페르시아인은 더 조심스럽게 행동했다. 그는 계속 라울을 돌아보며 아까 강조했던 총 쏘는 자세를 취하라는 지시를 했다. 그는 권총을 들지 않은 손으로도 마치 무기를 발사할 것 같은 자세를 취했다.

그때, 갑자기 큰 소리가 들려 두 사람은 그 자리에 우뚝 멈춰섰다. 위에서 누군가 고래고래 소리를 지르고 있었다.

"문을 여닫는 담당자들은 모두 무대 위로 올라오시오!"

경찰서장이었다.

사람들의 발소리로 시끌벅적했고 어둠 속에서도 다양한 그림자들이 스쳐 지나가는 것이 느껴졌다. 페르시아인은 무대를 지탱하는 커다란 기둥 뒤로 라울을 끌어당겼다. 순식간에 나이많은 노동자들, 낡은 오페라 무대 장식품들이 그들 주변을 스쳐 지나갔다. 어떤 사람들은 겨우 발걸음을 옮겼고 어떤 사람들은 습관이 된 듯 허리를 굽히고 엉거주춤한 자세로 손을 내밀어서 닫아야 할 문을 찾기도 했다.

한때 무대장치의 담당자로 일했지만 나이가 들고 기력이 쇠한 그들을 불쌍히 여긴 극장 측이 극장 지하와 지상에 있는 문을 여닫는 일을 계속 할 수 있도록 배려해 준 것이었다. 그들은 무대 위아래를 끊임없이 왔다 갔다 하면서 문을 여닫았다. 그들 모두는 이제 세상을 뜨고 없는데 '바람을 통하게 하는 사냥꾼'이라 불리기도 했다. 바람이 무대 밑 어디에서 올라오든지 간에 오페라 가수의 목소리에는 좋지 않았다.

페르시아인과 라울은 신경 쓰이는 사람들이 모두 가 버리자 마음속으로 쾌재를 불렀다. 문을 여닫는 일을 하는 사람들이 오페라극장 지하에서 할 일 없이, 혹은 일이 있어서 마지못해 머물 경우 성가신 일이 생길 위험이 높았다. 그들과 불필요하게 충돌하거나 자고 있는 그들을 깨우게 될 수도 있었다. 그러나 미프르와 경찰서장이 그들을 떠들썩하게 집합시켰기 때문에 라울과 페르시아인은 그들과 마주칠 일이 없어져 버렸다.

그러나 두 사람만 남을 수 있는 시간은 그리 오래 지속되지 않았다. 문을 여닫는 기술자들이 올라갔던 바로 그 통로를 통해서 어두운 그림자들이 내려오고 있었다. 그들이 각자 손에 든 램프를 아래위로 높이 움직이며 주변을 둘러보는 것으로 봐서는 뭔가, 혹은 누군가를 찾는 모양이었다.

"젠장, 저들이 뭘 찾는 건지는 몰라도 이러다간 발각되기 쉽겠군! 어서 여기서 도망칩시다. 팔을 들어 항상 총을 쏘는 자세를 하는 거 잊지 마시오. 팔을 구부리시오……. 그리고 곧 결투를 하려는 것처럼, 내가 '발사'라고 하면 손을 눈높이까지 올리시오. 권총은 주머니에 넣어 두시고, 얼른 갑시다……."

그들은 지하 4층까지 내려갔다.

"눈높이까지 높이 올리는 자세에 목숨이 달렸소! 자, 이쪽으로 와요."

그들은 지하 5층에 도착했다.

"아마 대단한 결투가 벌어질 거요. 멋진 승부가 될 겁니다."

페르시아인은 지하 5층에 도착하자 길게 한숨을 내쉬었다. 조금 전 지하 3층에 갇혔을 때보다는 훨씬 덜 위험한 것 같았지만 그들은 여전히 손을 눈높이까지 올린 상태였다.

라울은 생각할수록 놀랍기만 했다. 권총은 주머니에 그냥 넣어 두고 '발사'라고 외치면 금방이라도 결투가 가능할 것 같은 자세로 팔을 들어 올리고 있는 이 상황이 매우 어색하고 이상했다. 라울은 나중에 이 부분에 대해 이렇게 말했다.

"그가 내게 했던 말이 기억나는군요. 그는 자신이 믿고 확신하는 건 권총밖에 없다고 했어요."

그렇다면 논리적으로 당연히 이런 질문이 떠오른다. '사용하지도 않을 권총을 확신하다니, 그건 무슨 뜻인가?' 하지만 페르시아인은 라울이 더 이상 추궁할 기회를 주지 않고 제자리를 지키라고만 하고는 조금 전 내려왔던 계단을 올라갔다가 바로 되돌아왔다.*

"우리가 어리석었어요. 램프를 든 사람들은 순찰 중인 소방관*

들이에요. 곧 사라질 겁니다."

페르시아인이 안도하며 한숨을 쉬었다. 그들은 적어도 5분 동안 결투 자세를 취한 채 꼼짝하지 않았다. 드디어 소방관들의 발소리가 안 들리게 되자 페르시아인은 라울을 이끌고 방금 내려왔던 계단을 따라 올라갔다. 하지만 또 갑자기 걸음을 멈추고 라울에게 움직이지 말라는 신호를 했다.

그들 앞에 놓인 것은 캄캄한 어둠뿐이었다.

"엎드려요!"

페르시아인이 낮게 소리쳤고, 두 사람은 얼른 바닥에 엎드렸는데 다급한 상황인 모양이었다. 이번에는 램프를 들지 않은 그림자가 그들 곁을 닿을락 말락 스치면서 어둠 속으로 사라졌다. 그가 입은 망토 자락이 휘날리며 만들어 낸 바람이 얼굴에 느껴질 정도였다.

두 사람은 그림자의 머리에서 발끝까지 덮은 긴 망토 자락을 알아볼 수 있었다. 머리에는 검정색 펠트 모자를 쓰고 있었다. 그림자는 벽을 스치면서, 모퉁이를 돌 때는 발로 벽을 건드리면서 지나갔다.

---

* 당시에는 오페라극장에 공연이 있든 없든 소방관들에게 극장 안전을 책임질 의무가 있었으나 나중에는 사라지게 된다. 페드로 가일라르는 "경험이 부족한 소방관들이 오페라극장 지하에 불씨를 남겨 두었기 때문입니다"라고 설명했다. (원주)

"휴, 간신히 위험을 피했군. 나와도 잘 아는 사이인데 두 번이나 나를 극장장 집무실로 데려간 적이 있다오."

페르시아인이 말했다.

"오페라극장 치안을 담당하는 경찰입니까?"

라울이 물었다.

"그보다 더 지독한 놈들입니다."

페르시아인은 그렇게만 대답하고는 더 이상 설명은 해 주지 않았다.*

"혹시 '그'가 아닐까요?"

"아닐 거요. 그가 뒤에서 몰래 오는 게 아닌 한은 그 황금빛 눈동자를 분명히 볼 수 있으니 말이오! 밤이니 틀림없이 황금빛 눈을 볼 수 있을 거요. 그나마 다행이지요. 하지만 그가 뒤에서 다가온다면 우리는 죽은 거나 다름없소. 팔을 눈높이까지

---

* 페르시아인과 마찬가지로, 나도 그 그림자에 대한 다른 설명은 하지 않기로 하겠다. 실화를 근거로 하는 이 이야기가 계속되는 동안 때때로 일어나는 불가능해 보이는 일들조차 실은 정상적인 설명이 가능하다. 하지만 다소 비정상적으로 보일지라도 페르시아인이 "그보다 더 지독한 놈들입니다"라고 말한 부분의 의도까지는 설명하지 않을 작정이다. 독자 여러분도 짐작하겠지만 나는 흥미진진한 그림자의 존재에 대해 비밀을 지키기로 전직 오페라극장장 페드로 가일라르와 약속했다. 긴 망토 자락을 휘날리는 그 그림자는 오페라극장 지하를 배회하다가 사람들에게 필요한 조치를 취하곤 한다. 예를 들어 갈라쇼가 있는 저녁에는 분수에 넘치는 행동을 하는 자들을 응징하는 따위다. 그것은 국가에서 공인한 제재라는 것을 밝히며 이쯤에서 말을 줄이겠다. (원주)

들고 방아쇠를 당기는 자세를 취하지 않는다면 말이오."

그때였다. 페르시아인이 말을 끝내기도 전에 그들 앞에 기이한 형체가 나타났다. 무시무시한 황금빛 눈동자는 물론이고 온통 눈부시게 빛나면서 불처럼 타오르는 얼굴 전체가 한꺼번에 보였다. 그렇다! 몸통은 없이 불타는 얼굴만 사람 키 높이에서 그들을 향해 다가오고 있었다. 그 얼굴 전체에 불꽃이 이글댔다. 어둠 속에서 떠다니는 사람 얼굴 모양이 혼자서 저절로 타오르는 것처럼 보였다.

"저건 처음 보는 거로군…… 소방대장이 미친 게 아니었어. 그가 정확히 본 거야. 저 불꽃은 뭘까?"

페르시아인이 신음과도 같은 혼잣말을 중얼거렸다.

"조심해요! 조심! 손을 눈높이까지 꼭 올리시오!"

그가 라울에게 다급하게 외쳤다.

몸통은 없고 지옥의 불길처럼 너울거리는 얼굴은 사람 키 높이에서 둥둥 뜬 모양새로 놀라움에 빠진 그들에게 계속 다가왔다.

"뒤나 옆에서 우리를 덮치려고 그가 저 얼굴을 보낸 걸 겁니다. 도무지 종잡을 수가 없는 존재라서…… 그가 사용하는 방법 대부분은 파악하고 있긴 하지만 저건 처음이오. 얼른 도망칩시다! 침착하게, 손은 눈높이로 들고, 침착해야……."

두 사람은 앞에 보이는 긴 지하 통로로 도망쳤다. 몇 초밖에 달리지 않았건만 마치 몇 분이라도 지난 것처럼 숨이 막혀 마침내 그 자리에 멈춰 섰다.

"그가 이곳을 통해 다니는 경우는 거의 없는데……. 이곳은 호수로도, 호숫가에 있는 그의 거처로도 통하지 않습니다. 아무래도 우리가 뒤쫓는 걸 알아챈 모양이오. 간섭하지 않고 더 이상 상관하지 않겠노라고 약속했지만……."

페르시아인이 헐떡이며 말했다. 그가 뒤돌아보았고 라울도 자연스레 고개를 돌렸는데 불타는 얼굴이 여전히 뒤를 따라오고 있었다. 거의 닿을 지경이라 두 사람은 있는 힘을 다해 또다시 달렸다.

동시에 무슨 소리인지 알아들을 수 없는 기괴한 소음이 들려왔다. 그들은 그 소리가 불타는 얼굴과 함께 다가온다는 것을 충분히 알 수 있었다. 이를 가는 것처럼 들리기도 했고, 삐걱대는 소리 같기도 했다. 마치 수많은 손톱이 동시에 칠판을 긁어 대는 것처럼 끔찍했다.

두 사람은 계속 뒷걸음질을 쳤지만 불타는 얼굴은 더 가까이 다가왔다. 이제는 얼굴 특징도 분간해 낼 수 있었다. 앞을 응시하는 둥근 눈, 약간 비뚤어진 코, 아래로 반원을 그리며 늘어진 입술, 핏빛 달덩이를 보는 것 같은 눈동자, 얼굴 모양.

그 붉은 두 눈은 지탱할 몸통도 없는데 어떻게 이곳 어둠 속으로 들어올 수 있었던 것일까? 그리고 똑바로 앞만 응시하면서 어떻게 저리 빨리 달릴 수 있는 것일까? 그리고 이를 가는 것 같고 삐걱대는 것 같기도 한 저 끔찍한 소리는 어디에서 나오는 것일까? 둥둥 뜬 채로 다가오는 저 얼굴, 무시무시한 소리……

그 순간, 페르시아인과 라울은 더 이상 물러서지 못한 채 벽에 몸을 붙였다. 끔찍한 소리를 내는 저 알 수 없는 불타는 얼굴이 무슨 짓을 할지 알 수 없었다. 얼굴이 가까워질수록 소음은 더 커지고 더 끔찍하게 들렸다. 마치 어두운 심연 속에서 수많은 소음들이 한데 모아진 느낌이었다.

불타는 얼굴은 참기 어려운 소음을 내면서 점점 더 가까이 다가왔고 사람 눈높이까지 이르렀다. 벽에 붙어 서 있는 그들은 소음이 어디서 오는 건지 알아채고 온 머리카락이 곤두섰다. 마치 모래를 적시면서 한없이 밀려오는 파도처럼, 알 수 없는 검은 알갱이들이 불꽃 아래에서 몰려오고 있었다.

곧, 검은 물결은 걷잡을 수 없는 지경으로 그들 다리 사이를 스쳐 지났고 라울과 페르시아인은 두려움과 놀라움을 더 이상 참기 어려워 고통스럽게 소리를 질렀다.

팔을 눈높이까지 드는 자세를 유지하는 것도 더는 불가능해졌다. 다리 사이로 기어오르는 검은 물결을 밀어내는 일이 더 급했기 때문이다. 그 안에는 짐승의 발과 발톱, 날카로운 이빨들이 가득했다.

그렇다. 라울과 페르시아인은 소방대장 파팽이 왜 기절했는지 이제야 분명하게 알 것 같았다.

"움직이지 마시오! 멈춰! 그리고 절대로 나를 따라오지 마시오. 나는 쥐 잡는 사람이오. 쥐를 몰고 조용히 지나가도록 놔두시오!"

그 순간, 불타는 얼굴이 비명을 지르는 그들에게 외쳤다. 그 말을 남긴 불타는 얼굴이 어둠 속으로 사라졌다. 그런데 앞에 보이는 복도에는 지금까지와는 다르게 불이 환하게 밝혀졌다. 쥐 잡는 남자가 램프를 높게 들어 복도를 비쳤기 때문이었다. 조금 전에는 앞에 몰고 가는 쥐들을 놀라게 하지 않으려고 램프를 얼굴 가까이에 댔고, 지금은 걸음을 재촉하기 위해 램프를 내려 불꽃을 올리고 앞에 보이는 복도를 비춘 것이었다. 수많은 쥐들이 찍찍거리고 요란스런 소리를 내면서 물결처럼 멀어져 갔다.

위기를 모면하고 공포에서 해방된 페르시아인과 라울은 아직도 몸을 떨며 기운을 추스르고 숨을 몰아쉬었다.

"언젠가 에릭이 쥐 잡는 사람에 대해 얘기한 게 기억이 나는군요. 하지만 어떻게 생긴 자인지 말해 주지는 않았소. 아직까지 한 번도 마주치지 않았다는 게 오히려 이상하군요. 난 그 괴물이 나타난 거라고 생각했소. 하기야 그는 이 구역에는 절대로 얼씬도 하지 않습니다만!"

"그럼, 이곳은 호수에서 멀리 떨어진 곳입니까? 언제 호수에 도착할까요? 얼른 호수로 가죠! 어서요! 호수에 도착하면 그녀 이름을 크게 부를 겁니다. 크리스틴은 우리 목소리를 듣겠죠. '그'도 역시 우리 목소리를 들을 거고요. 그리고 당신과 아는 사이니까 그와 어떻게든 대화해 보기로 합시다."

라울이 땀을 닦으며 말했다.

"이런, 이런……. 우리는 호수를 통해서 가지 않을 거요."

"왜요?"

"그가 매우 철저한 방어를 하고 있기 때문이오. 이미 방어벽이 많습니다. 나도 그의 거처는커녕 호수 기슭에도 발 디뎌 본 적이 없다오. 우선 호수부터 건너야 하는데, 무척이나 보안이 잘되어 있거든요. 전직 무대감독이나 문을 여닫는 기술자들 가운데 호수를 건너려다 실종된 사람들도 있다고 하더군요. 아주 끔찍한 일입니다……. 괴물이 나를 알아보고 구해 주지 않았다면 나도 시체가 되어 여기에 머물렀을 텐데. 한 가지 충고하지요. 절대 호수 근처에는 가지 마시오. 무엇보다, 호수 아래쪽에서 사람을 유혹하는 요정의 소리가 들리면 얼른 귀를 막아야 하오."

"그렇다면 대체 이곳까지 왜 온 겁니까?"

라울은 화를 참지 못하고 열에 들떠서 물었다.

"크리스틴을 위해 할 수 있는 게 아무것도 없다면 차라리 나도 그녀를 위해 죽어 버리겠소. 내버려 둬요!"

"크리스틴 다에를 구할 방법은 딱 한 가지요. 에릭에게 들키지 않고 그의 거처로 가는 거지요."

페르시아인은 라울을 달래려고 애썼다.

"과연 그럴 수 있을까요? 가능한가요?"

"가망이 없다면 여기로 당신과 오지도 않았을 거요."

"그렇다면 호수를 지나지 않고 대체 어디를 통해서 그의 거처로 간단 말입니까?"

"조금 전에 생각지도 않게 나왔던 지하 3층을 통해 갈 수 있어요. 이제 그곳으로 되돌아 갈 겁니다."

페르시아인이 갑자기 목소리를 낮추었다.

"정확한 장소를 말해 드리지요. 그곳은 무대 벽면과 〈라호르의 왕〉의 장식 사이, 조제프 뷔페가 죽은 바로 거기요."

"아, 목매달고 죽은 채 발견된 무대감독 말이지요?"

"그렇소! 하지만 밧줄은 발견되지 않았소. 자, 용기를 내서 당장 갑시다. 그리고 팔을 들어 다시 자세를 취해야 합니다. 그런데…… 여긴 대체 어딜까……?"

페르시아인은 램프를 다시 밝혀야 했다. 양쪽으로 갈라지는 두 개의 넓은 복도로 빛을 비춰 보니 천장이 엄청나게 높아 보였다.

"물을 저장해 두는 곳에 온 것 같네요. 난방장치에서 나오는 불기운이 전혀 느껴지지 않습니다."

페르시아인은 걸어가다가 갑자기 하수를 처리하는 사람들과 부딪히기라도 할까 봐 걸음을 멈추기도 하면서 앞장섰다. 드디어 두 사람은 지하 화덕의 화기를 가려야 할 지점에 이르렀다. 그곳에서 라울은 크리스틴이 처음 지하에 끌려 왔을 때 언뜻 보고 기겁했다던 악마의 두상을 알아보았다.

그렇게 두 사람은 무대 밑의 거대한 공간으로 천천히 돌아갔다.

수도 파리 근방에 15미터짜리 깊은 지하수 층을 판 것이라면 두 사람은 바닥 깊은 수조에 들어간 것과 마찬가지였다. 그곳에서 얼마나 많은 물을 퍼냈는지는 말할 필요도 없을 것이다. 루브르 궁전을 모두 덮을 한 면적에 노트르담 사탑의 1.5배 높이 공간은 충분히 될 것 같았다.

"내가 틀린 게 아니라면, 이것이 호숫가 거처 벽일 겁니다."

페르시아인은 내벽 한 부분을 슬며시 만지며 말했다. 그는 그 부분을 손으로 몇 번 두드렸는데 여기서 독자들에게 이 수조 같은 공간이 어떻게 만들어진 건지 설명하고 지나가야겠다.

구조물을 둘러싸고 있는 물은 극장 무대장치를 지탱하는 벽과 직접적으로 맞닿아서는 안 된다. 골조들, 목공품들, 자물쇠 장치들, 그림들이 습기 차지 않게 보존해야 하기 때문이다. 건축가는 결국 수조 같은 건물 부분을 이중으로 만들어야 했던 것이다.

이렇게 이중으로 만드는 작업에만 꼬박 1년이 걸렸다. 페르시아인이 라울에게 거처에 속한 부분이라고 했던 벽은 이중벽의 안쪽이었다. 이 건축 기법에 대해 잘 아는 사람이라면, 페르시아인이 벽을 두드린 것은 에릭의 거처가 안쪽 벽에 있음을 가리키는 것이라는 것을 알아챘을 것이다. 몇 미터에 이르는 두께의 시멘트로 만든 벽과 또 다른 벽체 사이의 이중벽 사이에 그가 거주하는 곳이 있다는 뜻이었다.

라울은 페르시아인의 말을 듣자 벽에 몸을 붙이고 귀를 기울였지만 아무 소리도 들리지 않았다. 그저 극장 위에서 울려 대는 발소리가 무대 밑 뚜껑을 통해 들려왔다. 페르시아인은 다시 램프를 켰다.

"조심하시오! 손을 들어 올리고! 이제 그의 거처로 잠입할 테니 조용히 따라오시오!"

그는 방금 전 내려왔던 좁은 계단으로 라울을 이끌었다. 그들은 어둠 속에서 아무 말도 하지 않고 한 계단씩 올라갔고 다시 지하 3층에 도착했다.

페르시아인은 라울에게 무릎을 꿇으라는 신호를 보냈고 둘은 무릎을 꿇고 한 손은 눈높이로 유지한 채 남은 한쪽 팔과 무릎으로 기어 반대편 구석의 내벽면까지 다가갔다. 그곳에는 〈라호르의 왕〉의 무대 장식으로 쓰였다가 버려진 그림이 있었다. 그 그림과 옆 기둥 사이에 시체가 놓여 있었다. 어느 날 목을 매달고 발견된 조제프 뷔케의 시체…….

페르시아인은 무릎을 꿇고 멈추어 서서 뭔가에 귀를 기울였다.

순간 그는 머뭇대며 라울을 한 번 쳐다보고 지하 2층을 올려다보았다. 그곳에서 판자 두 개 사이로 약하게 비치는 그 불빛이 거슬린 모양이었다. 결국 그는 고개를 한 번 끄덕이며 결심했다.

그는 〈라호르의 왕〉 무대 장식과 기둥 사이로 미끄러져 들어갔다. 라울도 주저하지 않고 그를 따랐다.

그런 뒤 페르시아인은 한 팔로 벽면을 더듬어 크리스틴의 대기실에서 그랬던 것처럼 이번에도 내벽을 힘껏 지그시 눌렀다. 그러자 돌덩이 몇 개가 삐걱대며 움직이더니 금세 벽에 구멍이 생겼다!

페르시아인은 주머니에서 권총을 꺼내 라울에게도 그리 하라 이르고는 재빨리 장전했다. 강인한 페르시아인은 여전히 무릎을 꿇고 방금 돌덩이가 빠지면서 난 구멍으로 기어 들어갔다. 라울은 마음 같아서는 먼저 들어가고 싶었지만 결국 순순히 뒤를 따라 들어갔다.

구멍은 매우 좁았다. 페르시아인은 구멍 안으로 들어가자마자 갑자기 멈췄다. 주변 돌을 더듬는 소리가 들렸다. 그는 구멍 밖으로 나와 램프를 켜고 몸을 앞으로 기울여 주변을 살피고는 다시 불을 끄고 라울에게 속삭였다.

"여기서부터 몇 미터 아래로 뛰어내려야 하는데, 아무 소리도 내면 안 됩니다. 신발을 벗어야겠어요."

페르시아인이 한숨을 쉬며 말하고는 먼저 신발을 벗고 라울에게 건네주었다.

"나오는 길에 다시 신을 수 있게 구멍 밖 벽 쪽으로 던져 두십시오."*

페르시아인은 앞으로 조금 움직이다가 여전히 무릎을 꿇은 채 갑자기 몸을 돌려 라울에게 바짝 다가왔다.

"나는 이제 돌 귀퉁이에 잠시 매달렸다가 그의 거처로 뛰어내릴 겁니다. 당신도 똑같이 따라하시면 됩니다. 내가 밑에서 받을 테니 걱정은 안 하셔도 됩니다."

페르시아인은 곧 뛰어내렸고 그가 밑으로 떨어지는 소리가 들렸다. 그 소리 때문에 행여나 에릭에게 들킬까 걱정스러워서 라울은 온몸에 소름이 끼쳤다.

그러나 라울을 더 걱정스럽게 만든 건 그 소리 자체가 아니고 오히려 그 소리 이외에는 아무런 소리도 들리지 않는다는 사실이었다. 도대체 어떻게 된 일이지? 페르시아인의 말에 따

---

* 하지만 나중에 페르시아인이 남긴 서류에 따르면, 조제프 뷔케의 시체가 발견된 지점에 두었던 신발 두 켤레는 찾을 수 없었다고 한다. 아마 무대장치 기술자나 문을 여닫는 일을 하는 사람들이 가져간 듯하다. (원주)

르면 그들은 벽을 뚫고 호숫가에 있는 그의 거처로 들어왔다. 하지만 크리스틴의 목소리도, 외치는 소리도 들리지 않았다. 그를 부르는 소리나 비명, 신음 소리도 전혀 들리지 않았다. 아, 혹시 너무 늦게 온 걸까?

라울은 무릎을 꿇고 기어가서 거친 돌 가장자리를 붙들고 밑으로 몸을 던졌다. 그러자 아래쪽에서 기다리던 페르시아인이 말했던 것처럼 그를 받아 주었다.

"나요! 조용히!"

주변을 둘러보니 칠흑 같은 어둠만이 주변을 감싸고 있었다. 그렇게 무거운 침묵은 여태까지 겪어 보지 못했다. 라울은 이를 악물면서 답답한 마음을 이겨냈다. 비명을 참으려고 손톱을 물어뜯어야만 했다.

"크리스틴! 내가 왔어요. 들리면, 살아 있다면 대답을 좀 해 봐요. 크리스틴!"

페르시아인은 다시 램프를 켜서 머리 위로 들어 벽을 비추고 방금 들어온 구멍을 찾아봤지만 더 이상 구멍은 보이지 않았다.

"제기랄, 구멍이 닫힌 모양이군."

그는 램프를 바닥 아래까지 내리더니 빛이 닿는 바닥에서 무슨 밧줄 같은 것을 주웠다가 놀라서 다시 던져 버렸다.

"펀자브의 올가미로군!"

"그게 뭡니까?"

라울이 물었다.

"조제프 뷔케의 목을 매달았던 바로 그 밧줄 말이오."

페르시아인이 떨리는 목소리로 말했다.

그는 다시 걱정스러운 표정으로 램프를 벽 여기저기를 비추었다. 빛이 닿으니 이상하게도 아직도 잎이 생생하게 살아 있는 나무 한 그루가 보였다. 나뭇가지는 벽까지 높이 올라가 천장까지 끝없이 이어진 것이 보였다.

램프가 워낙 작아 나무 전체를 비추기는 어려웠지만 나뭇가지 일부를 보고 잎사귀만을 비춰 볼 수 있었는데 한쪽 면은 아무것도 보이지 않고 불빛이 반사되었다. 라울은 텅 빈 부분과 빛이 반사되는 면을 더듬어 만져 보았다.

"맙소사! 이건 거울이군."

"맞아요, 거울이군요. 우리는 고문실로 떨어진 게 틀림없어요."

페르시아인은 권총을 든 손으로 이마의 땀을 훔치며 다급하게 중얼거렸다.

21

페르시아인의 고난

페르시아인의 이야기 Ⅰ

페르시아인은 그날 밤까지 호수를 통해 괴물의 거처로 들어가려고 몇 번이고 노력했지만 아무 소용없었다고 말했다. 지하 3층에서 입구는 어찌 찾아낸 것인지, 결국에 어떻게 샤니 자작과 함께 유령의 악마적인 상상력으로 꽉 차 있는 고문실에 들어가게 된 것인지를 증언했다. 나중에 자세히 얘기하겠지만 그는 우리에게 남긴 문서에 그 내용을 모두 적었으며, 나는 한 글자도 빼거나 더하는 일 없이 독자들에게 그대로 전하려고 한다. 페르시아인이 라울과 함께 곤경에 빠지기 전까지, 호숫가 주변에서 겪은 모험에 대해 입 다물고 있으면 안 된다고 판단했기 때문이다. 하지만 고문실에서 벌어진 본격적인 일에 대해서는 당분간 미룰 예정이며, 페르시아인의 이상한 태도와 중요한 상황을 먼저 설명한 후에 고문실 상황을 이야기하는 것이 도움이 될 것이라 판단했기 때문이다. 다음은 페르시아인이 기록한 이야기 전문이다.

호숫가 집 안으로 들어간 것은 그때가 처음이었다. 우리는 에릭을 주로 '함정 애호가'라 지칭했는데 나는 그에게 그 신비스러운 집을 보여 달라고 몇 번이나 부탁했지만 소용없는 일이었다. 그는 한사코 내 부탁을 거절했다. 나는 그의 비밀과 속임수에 대해 알아내려고 애썼고 큰 대가를 치렀지만 그의 허락을 구하는 것은 끝내 실패했다. 에릭을 오페라극장에서 다시 만났을 때 그는 그곳에 거처를 정한 듯했다. 그 후로 계속 그를 세심히 살펴보다가 그가 지하 통로를 통해 호숫가 기슭으로 가는 것을 발견했다. 그는 자신이 미행당한다는 사실을 모르고 작은 배에 올라 맞은편 벽을 향해 노를 저었다. 하지만 주변 어둠이 너무 짙어서 벽의 어느 지점에서 문을 여는 것인지 구분하기 어려웠다. 나는 작은 배를 타고 에릭이 사라진 지점을 향해 노를 저었는데 단순한 호기심 이외에도 그가 했던 말을 하나하나 되새기는 동안 머릿속에 떠오른 무시무시한 생각 때문이기도 했다. 바로 그때, 나는 호숫가를 지키는 요정과 만났는데, 그 요정은 호숫가를 지나는 사람들을 홀리는 마력을 갖고 있었다. 호수가 기슭을 출발하자마자 침묵이 사라지면서 노랫소리 같은 바람이 일었다. 사람이 호흡하는 소리 같기도 하고 음악 소리처럼 들리기도 했다. 그 소리는 호수에서부터 서서히 올라와 순식간에 내 주위를 감쌌다. 나는 이내 마음이 편안해졌다. 그 깊고 부드러운 소리가 어디서 나오는 것인지 찾으려고 몸을 굽혀 호수를 들여다보았다. 그것은 분명 사람의 목소리였다……. 그 목소리는 바로 옆에서 들리는 듯했다. 나는 몸을 앞으로, 점점 더 앞으로 숙였다. 호수에는 적막이 흘렀고, 스크리브가 지하 환기창을 통해 들어온 달빛이 검은 수면을 비추었다. 윙윙대는 소리가 들려서 귀를 문질렀지만 귓속에는 아무것도 없었다. 그 소리는 나를 이끌어 가는, 노래를 부르는 것 같은 숨결이었다.

만일 내가 미신을 믿는 사람이거나 옛날이야기에 쉽게 미혹되는 사람이라면 그 소리의 주인공이 호숫가 집으로 가는 사람들을 유혹하는 요정이라고 믿었을 것이다. 하지만 다행스럽게도 나는 환상적인 것을 좋아해서 그 내막을 속속들이 파헤쳐야 속이 시원해지는 국민성을 물려받았다. 더구나 옛이야기에 대한 연구도 많이 했기 때문에 간단한 속임수를 가지고도 사람들의 상상력을 혼란에 빠뜨릴 수 있다는 것을 이미 잘 알고 있었다.

나는 에릭이 새롭게 고안해 낸 속임수를 보고 있노라고 생각했다. 하지만 이번에 새로 만든 기술은 꽤나 훌륭해서 그 술책의 이면을 알고 싶다는 마음보다는 그 마력에 풍덩 빠져 보고 싶은 충동이 일었다.

나는 배가 뒤집힐 정도로 몸을 앞으로 숙이고 또 숙였다. 그
때 갑자기, 수면에서 괴물 같은 두 팔이 솟구쳐 내 목을 우악스
럽게 잡고 저항할 수 없는 강한 힘으로 끌어당겼다. 아마 그때
내가 비명조차 지르지 못했다면, 그리고 에릭이 내 비명 소리
를 듣지 못했다면 나는 분명히 정신을 잃었을 것이다.

역시 그 모든 것은 에릭의 짓이었다. 그는 나를 물에 빠뜨리
고는 어째서인지 기슭까지 데려다 주었다.

"자네가 얼마나 경솔한 짓을 했는지 돌아보게나."

기슭에 도착하자 그는 물을 뚝뚝 흘리면서 내 앞에 섰다.

"왜 내 거처에 들어오려는 건가? 자네를 부른 적 없네. 내
겐 자네도, 세상 누구도 필요하지 않네. 이렇게 견딜 수 없는
지경에 빠뜨리려고 나를 구해 준 건가? 아무리 큰 은혜를 베
푼 자네라도 에릭은 기억하지 못할 거야. 자네는 에릭을 막을
수 없고 그도 자기 자신을 못 막는다네."

그가 말하는 동안 나는 어떤 속임수를 써서 그 요정을 만든
것인지 궁금했다. 그는 항상 내 호기심을 자극하는 진정한 의
미의 괴물이었다. 나는 페르시아에서 그의 행동거지를 모두 봐
왔기 때문에 잘 알고 있었다. 그는 과시욕, 허영심이 많았고 어
린애 같은 면을 자주 드러내곤 했다. 그는 세상 사람들을 깜짝
놀라게 만들고 자신의 천재성을 증명해 보이는 것을 무엇보다

즐기고 좋아했다.

그는 큰 소리로 웃으며 긴 갈대 줄기 하나를 보여 주었다.

"이건 누워서 떡 먹기지! 이것만 있으면 물속에서 숨 쉬고 노래도 부를 수 있다네. 통킹의 해적들에게 배운 건데 강바닥에서 몇 시간이나 숨을 수 있는 기술일세."

"그 기술 때문에 까딱 잘못하다간 죽을 뻔했네. 자넨 이미 다른 사람들 목숨을 빼앗았겠지……."

나는 안도의 한숨을 쉬며 심각하게 말했다.

그는 대답도 하지 않고는 어린애처럼 위협적인 몸짓으로 내 앞을 막아섰다.

"약속한 거 안 잊었지, 에릭? 이젠 나쁜 짓은 더 이상 안 되네."

나는 그의 태도에 아랑곳하지 않고 당당하게 말했다.

"내가 나쁜 짓을 저질렀나?"

그가 갑자기 다정스레 말했다.

"불쌍한 사람 같으니라고……. '마젠데란의 장밋빛 시절'을 잊었나?"

"응……. 모두 잊었네."

그가 갑자기 침울하게 말했다.

"하지만 그땐 왕비님을 무척 즐겁게 해 드리긴 했지."

"이젠 모두 지난 과거일 뿐이니 현재를 생각해야 하네. 자네는 내게 현재를 빚진 걸세. 내가 자네를 구하지 않았다면 지금 이렇게 살아 숨 쉬지도 못했을 테니 말일세. 에릭, 내가 자네를 구해 주었다는 걸 다시 한 번 기억해 두게."

나는 이야기가 반전되는 기회를 틈타 조금 전부터 하고 싶었던 얘기를 슬며시 꺼냈다.

"에릭, 이젠 맹세해 주게."

"내가 맹세를 지키지 않는다는 건 자네도 잘 알잖아? 맹세란 바보들을 끌어들일 때나 쓰는 방법일세!"

"나에게만 말해 줄 수 없나?"

"뭘?"

"샹들리에! 그 샹들리에 말일세."

"뭐? 샹들리에?"

"뭘 얘기하는 건지 알잖아……."

"아, 샹들리에 말이군."

그는 빈정거리듯 말했다.

"분명히 말해 두지만, 샹들리에는 내가 한 짓이 아닐세. 그저, 아주 오래된 샹들리에였을 뿐이야. 이미 너무 낡은 거였다네."

에릭은 웃을 때면 그 몰골이 더 흉측해졌는데 그가 음산하게 웃으면서 배에 올라타는 것을 보니 온몸에 저절로 소름이 끼쳤다.

"친애하는 다로가 나리*, 샹들리에가 아주 오래되어 너무 고물이 된 거라 떨어진 걸세. 저절로, 쿵! 요란한 소리를 내면서 말이지. 내가 충고 하나 할까? 어서 가서 몸을 안 말리면 감기에 걸릴 걸세. 그리고 다시는 내 배에 올라타지 말고 내 거처 주위에도 얼씬하면 안 되네. 내가 항상 집에 붙어 있는 것도 아니니. 내가 자넬 위해 추도 미사를 드리는 슬픈 일이 생기지 않길 바라네."

그는 그렇게 빈정대며 배의 후미에 서서 노를 저어 멀어졌다. 점점 더 희미해지는 그의 모습은 황금빛 눈빛을 가진 치명적인 암초 같아 보였다. 드디어 그는 어두운 호수 속으로 사라져 더 이상 보이지 않았다.

그날 이후로 나는 그의 거처를 통해 호수로 가는 것을 포기했다. 내가 거처를 알아냈다는 사실을 눈치챈 그가 호수 경비를 더 강화했으리란 것은 불 보듯 뻔했다. 하지만 에릭이 지하 3층에서 사라지는 것을 몇 번 봤기 때문에 포기하지 않고 다른 길을 찾기로 했다. 오페라극장에 정착한 그를 다시 만난 뒤로 끔찍한 망상의 공포에서 단 하루도 벗어나기 어려웠다. 그 두려움은 나와 직접 관련된 것이 아니라, 그가 나 아닌 다른 이들에게 나쁜 짓을 저지를 수도 있다는 것에 대한 두려움이었다.**

어떤 치명적인 사건이 일어났을 때 사람들이 '유령의 짓이

---

* 페르시아 국가 경찰의 총지휘자다.

다'라고 하는 것처럼 나는 나도 모르는 사이에 '에릭의 짓일 거야……'라고 중얼거리게 될 것이다. 하지만 나는 다른 사람들처럼 차마 웃으며 말하기는 힘들었다. 가엾은 사람들……. 유령이 진짜로 살과 뼈를 가진 존재라는 것을 안다면, 덧없는 그림자 이상의 끔찍한 존재라는 것을 안다면, 그들은 감히 그렇게 웃지는 못할 것이다. 에릭이 오페라극장에서처럼 연병장에서도 일을 저지를 수 있다는 것을 그들이 안다면…… 내 머릿속에 이렇게 생생히 남아 있는 기억을 헤집어 볼 수 있다면…….

나는 더 이상 살아 있는 느낌을 가질 수 없었다. 마지못해 숨을 쉬고 있는 것 같았다. 에릭은 자신이 예전과 다른 모습으로 바뀐 데다가 점잖은 인간이 되었다고 말했다. 그리고 있는 그대로의 모습으로 사랑받는다는 말도 했다. 그 말을 들었을 때 내 마음은 온갖 감정들로 복잡했다. 괴물의 모습을 떠올리는 순간 온몸에 소름이 돋았다. 그는 끔찍한 외모로 사람들에게 외면당했으며, 그 때문에 타인에 대한 도리를 지킬 필요 따위는 없다고 믿는 듯했다. 그가 사랑에 빠졌다는 말을 듣자 나는

** 페르시아인은 에릭의 운명에도 관심을 갖고 있었는데, 테헤란 정부가 에릭의 생존 사실을 알게 될 경우, 전직 다로가에게 주는 얼마 안 되는 연금조차 더 이상 받을 수 없다는 것을 알고 있었기 때문이다. 게다가 페르시아인은 고결하고 자비로운 심성의 인물이었기 때문에 다른 사람들에게 닥칠 재앙을 걱정했다는 것에 수긍이 간다. 이 사건에서 그가 보여 준 행동만으로도 그 부분은 충분히 입증된다고 하겠다. (원주)

정신이 아득해졌다. 현기증까지 났다. 평소처럼 잘난 척하면서 연애담을 늘어놓는 모습을 보고 있자니, 왠지 그의 들뜬 사랑 때문에 다른 사람들이 재앙을 맞이할 것 같다는 생각이 들어서 오싹하기까지 했다. 나는 에릭이 느끼는 고통이 얼마나 끔찍한 지 잘 알고 있었기 때문에, 그가 희미하게, 마치 재앙을 예고하는 듯한 말투로 했던 이야기가 머릿속을 맴돌았다.

한편으로 괴물과 크리스틴 사이에 이상하고 독특한 정신적인 거래가 이루어진다는 것을 알아차린 나는 크리스틴의 대기실에 숨어서 음악 수업을 훔쳐보았다. 은밀하게 진행되는 수업 동안 크리스틴은 황홀경에 빠져들었지만, 천둥처럼 웅장한 음성이었다가 천사처럼 부드러운 목소리를 낼 수 있는 에릭의 능력이 그의 추한 모습까지 잊어버리게 만들지는 못할 것 같았다. 크리스틴이 그를 실제로 본 적이 없다는 것을 알고 나서야 나는 그 상황이 이해되었다. 에릭에게 배운 기술을 기억해 내면서 기회를 봐서 크리스틴의 대기실로 들어갔다. 그가 벽을 축으로 이용해서 거울을 회전시키는 방법, 속이 텅 빈 벽돌을 통해 자신의 목소리를 바로 옆에서 들리는 것처럼 하는 방법을 알아내는 것은 쉬웠다. 그곳에서 나는 지하의 샘과 코뮌 가담자들의 감옥으로 이어지는 통로를 알아냈으며, 에릭이 무대 바로 밑으로 들어갈 수 있었던 통로도 발견했다.

며칠 뒤 나는 에릭과 크리스틴이 함께 있는 것을 발견하고는 깜짝 놀랐다. 에릭은 물이 흐르는 샘 옆에서 목을 숙이며 기절한 크리스틴의 이마를 적셔 주고 있었다. 그 옆에는 도둑맞은 백마 세자르가 서 있었다. 그런데 그때, 나는 그만 그에게 내 모습을 들키고 말았다. 그 황금빛 눈동자에서 불꽃이 튀더니 나는 한마디 말을 뱉을 새도 없이 이마를 정통으로 얻어맞고 기절했다. 정신이 들었을 때는 이미 에릭과 크리스틴, 백마까지 사라지고 없었다. 불쌍한 크리스틴이 그의 호숫가 근처에 갇혀 있는 것이 분명했다. 너무나 위험한 일이었지만 나는 주저하지 않고 호숫가로 되돌아가서 하루 동안 제방에 숨어서 그가 나타날 것을 기다렸다. 분명 그가 식량을 구하러 나올 것이라 짐작했기 때문이다. 여기서 한 가지 말해 둘 것이 있는데, 그는 파리 시내에 모습을 드러내거나 사람들 앞에 나설 때는 꼭 콧수염이 달린 종이 코를 붙인다는 것이다. 그렇다고 해도 그의 모습은 여전히 끔찍하기 때문에 지나는 사람들은 그를 보며, '저기 봐, 상이군인이 지나가는군.' 하고 수군거렸다.

괴물은 그곳을 '지옥의 호수'라고 자조하며 부르기도 했다. 나는 호숫가 기슭을 떠나지 않고 계속 매복하고 있었다. 그러다 기다림에 지쳐 지하 3층에 있는 다른 문을 통해 나간 것은 아닐까 하고 생각하고 있을 때 마침 어둠 속에서 물결이 일렁이는 소리가 들려왔다. 빛나는 두 눈동자가 번쩍하더니 에릭이 배에서 내려 나를 향해 다가왔다.

"하루 종일 기다리다니 정말 귀찮군. 이렇게 하면 재앙이 닥칠 거라고 분명히 말했을 텐데. 모두 자네가 자초한 일일세. 이제는 더 이상 참을 수가 없군. 자네는 나를 감시한다고 생각하겠지만 오히려 내가 자네를 뒤쫓고 있다네. 자네가 나에 대해 어디까지 알고 있는지 잘 알고 있네. 어제 샘이 흐르던 곳에서는 용서해 줬지. 하지만 이건 너무 경솔한 짓이야. 내가 무슨 말을 하는 건지 다시 생각해 보게."

그는 엄청나게 화를 냈다. 마치 바다표범처럼 거칠게 숨을 내쉬고는 자신의 생각을 다시 한 번 말해 주었다.

"마지막으로 한 번 더 말하지. 자네는 펠트 모자를 쓴 자한테 잡혀서 극장장 집무실에게 끌려가는 경솔한 실수를 두 번이나 저질렀네. 그자는 자네가 극장 지하에서 뭘 하는지도 모르고 그저 자네가 한량처럼 할 일 없이 배회하고 다닌다고 생각한 거겠지. 알고 있겠지만, 나는 어디에도 있네. 그때 극장장 집무실 안에도 있었지. 자네가 계속 이런 식으로 경솔하게 굴면 그들은 자네가 왜 이곳을 돌아다니는 건지 꼬치꼬치 묻겠지. 그러면 자네가 에릭을 찾는다는 것도 알게 될 거고, 결국 호숫가 저택도 발각될 테고……. 그리 되면 정말 유감일 거야. 더는 안 되지!"

그는 다시 한 번 숨을 거칠게 쉬었다.

"내 비밀이 나 혼자만의 것으로 남지 않는 한, 사람들에게 좋지 않은 일이 생길 거야. 바보 멍청이는 아닐 테니, 이제 더는 말 않겠네. 무슨 말인지 알아들었으면 좋겠군."

그는 내 대답을 기다리며 배 뒷전에 앉아 나무 바닥을 발꿈치로 가볍게 두드렸다.

"이곳에 에릭을 찾으러 온 게 아니야!"

내 대답은 간단했다.

"그럼 누굴?"

"자네도 잘 알 걸세. ……크리스틴 다에를 찾으러 온 거야."

"나는 내 집에서 그녀와 만날 약속을 했었네. 나는 내 모습 그대로 사랑받고 있다네."

"그건 사실이 아니야. 자네는 그녀를 납치하고 감금하고 있는 거야."

"내가 내 모습 그래도 사랑받고 있다는 걸 증명하면 이 일에 더 이상 간섭하지 않겠다고 약속하겠나?"

"좋아, 약속하겠네."

나는 주저 없이 말했다. 괴물에게 그런 일이 절대 불가능하리라 확신하고 있었기 때문이다.

"그럼 모든 일이 간단해졌군! 크리스틴 다에는 이곳을 나갔다가 원할 때 다시 되돌아올 걸세. 그녀가 바라는 일이거든. 그녀는 내 모습 그대로 나를 사랑한다네."

"절대로 돌아오지 않을 걸세. 하지만 자네에게는 우선 그녀를 여기서 내보내 줄 의무가 있다는 걸 잊지 말게."

"의무? 멍청한 친구로군! 그건 내 자유의지일세. 내 자유의
지로 떠나게 하면 그녀는 곧 되돌아올 거야. 아무튼 그녀는 나
를 사랑하고 있으니 말일세. 그리고 우리는 결국 결혼하게 될
거야. 마들렌 성당에서 식을 올릴 예정이네. 결혼 미사곡도 완
성되었지. 입당송인 '키리에'를 들어볼 텐가?"

그는 뱃전에 앉아 뒤꿈치로 박자를 맞추면서 '키리에'를 불
렀다.

"자네는 우리 결혼식을 볼 수 있을 거야."

"크리스틴 다에가 호숫가 집에서 나와 그녀의 의지로 되돌아
오는 걸 보면 자네 말을 믿기로 하지."

나는 그렇게 결론지었다.

"그렇다면 자네는 내 일에 더 이상 간섭하지 않을 텐가? 오
늘 밤에 보게 될 거야. 가면무도회에 오게. 크리스틴과 함께 갈
건데 대기실에 숨어 있으면 크리스틴이 지하를 통해서 호숫가
거처로 오려는 모습을 보게 될 걸세."

"……알겠네."

사실, 가능할 수도 있을 것 같다는 생각이 들었다. 사랑이라
는 마법에 빠지면 아무리 아름다운 여인이라도 흉물스러운 야
수를 사랑할 수 있기 때문이다. 게다가 아름다운 음악으로 여
자를 매혹시키는 오페라의 유령에, 상대가 뛰어난 재능을 가진

여가수라면 그 가능성은 더 높아질 수 있는 것이다.

"이제 그만 가 보게. 나는 먹을 걸 구하러 가야겠네."

나는 크리스틴 다에를 걱정하면서 자리를 떠났지만 마음 깊은 곳에는 더 큰 걱정이 있었다. 그한테 경솔하다는 지적을 받고나서 마음이 굉장히 불편해진 것이다.

"이 모든 것들은 나중에 어떤 식으로 끝이 날까?"

나는 혼잣말을 했다.

나는 일종의 숙명론자로 많은 사람들을 위협하는 괴물에게 생명을 주었다는 책임감만으로도 마음속 괴로움이 쉼 없이 계속되었다.

놀랍게도, 그가 장담한 대로 모든 일이 진행되었다. 크리스틴 다에는 유령의 집을 나온 이후에 강요 없이 다시 그곳으로 돌아왔다. 머릿속으로는 그녀에게서 신경을 끊어야겠다고 생각했지만 마음속으로는 에릭과 관련된 문제를 지우기가 어려웠다. 아무튼 나는 그 뒤로 더는 경솔한 행동을 하지 않았고, 호수 근처나 코뮌 병사들이 다니던 길에는 얼씬도 하지 않았다. 그렇지만 지하 3층에 있는 비밀의 문에 대한 생각은 여전히 머릿속을 맴돌아, 낮 시간에는 비어 있는 그곳을 가끔 방황하거나 〈라호르의 왕〉 장식 뒤에 오랫동안 숨어 있기도 했다. 더 이상 공연도 하지 않는 〈라호르의 왕〉의 장식을 아직도 그곳에 놓아두는 이유도 알 수 없었다. 그러나 오랜 기다림에는 보상이 뒤

따르는 법이다. 어느 날, 우연히 괴물이 무릎을 꿇은 채 기어 나오는 것을 볼 수 있었다. 나를 보지 못하는 게 분명했다. 그는 장식품과 기둥 사이로 들어가더니 벽까지 기어갔다. 약간 떨어진 거리에 있었지만 그가 돌덩이를 움직여 통로를 여는 걸 똑똑히 보았다. 그가 통로로 사라지자 돌덩이도 다시 닫혔다. 드디어 괴물의 비밀을 알아냈으니 그 방식으로 그의 거처에 갈 수 있게 된 것이다!

30분 정도 충분히 기다린 다음에 그가 했던 그대로 따라했더니, 역시 같은 일이 벌어졌다. 하지만 에릭이 집에 있다는 것을 알기 때문에 그 통로로 직접 갈 수는 없었다. 다른 한편으로, 에릭에게 들킬지도 모른다는 생각을 하자 자연스레 조제프 뷔케의 죽음이 떠올랐다. 만약 내가 그런 모습으로 발견된다면 많은 사람들의 입방아에 오르내릴 것이 뻔하므로, 우선 그 자리를 피했다. 페르시아에 살 때처럼 늘 철저한 습관을 유지하고 있었던 탓에 돌덩이는 원래 자리에 고스란히 끼워 맞추었다.

이 글을 읽는 사람은 내가 에릭과 크리스틴 다에의 연애 이야기에 굉장히 관심이 많다고 생각할 수도 있다. 하지만 그건 짓궂은 호기심 때문이 아니라 이미 말했던 것처럼 머릿속을 떠나지 않는 두려움 때문이었다. '에릭이, 자신이 있는 모습 그대로 사랑받는 게 아니라는 것을 깨닫는다면 무슨 일이 일어날지도 모른다.'

조심스럽게 실수하지 않으려고 애를 쓰면서 오페라극장을 배회하다가 나는 우연히 슬픈 사랑의 진실을 알게 되었다. 괴물은 공포심을 불러일으켜서 크리스틴의 정신을 빼앗았지만, 그녀의 진정한 마음은 라울 드 샤니에게 향해 있었던 것이다. 크리스틴과 라울은 마치 어린아이처럼 아무것도 모른 채 천진하게 오페라극장의 지붕을 뛰어다녔고, 누군가가 그들을 뒤쫓고 있다는 의심조차 하지 않았다. 그때 나는 괴물을 죽이고 나서 모든 것을 법의 손에 맡기겠다고 결심했다.

　그러나 에릭은 더 이상 모습을 드러내지 않았고, 그를 처리하겠다는 내 의지도 더불어 희미해져 갔다. 이제 내가 무엇을 계획했는지 알려야겠다. 나는 괴물이 질투심에 사로잡혀 집을 비운 사이에 위험스러운 호수가 아닌, 지하 3층의 통로를 통해 그의 거처로 충분히 갈 수 있을 것이라고 생각했다. 거기에서 어떤 일이 일어나고 있는지를 정확하게 알고 싶었다.

　어느 날, 기다리다 지쳐서 돌덩이를 밀었는데 말할 수 없이 아름다운 음악 소리가 들려왔다. 괴물이 거처의 문을 활짝 열어 놓은 채 '위풍당당한 돈 후앙'을 연주하는 중이었다. 나는 그 음악이 그가 평생 심혈을 기울여 작곡한 곡이라는 사실도 이미 알고 있었다.

　나는 어두운 통로 안에서 꼼짝도 하지 않고 서 있었다. 그가 갑자기 연주를 멈추고 마치 미친 사람처럼 거처 안을 왔다 갔다 하더니, 큰 소리로 이렇게 외쳤다.

"그전에 이걸 완성해야 해! 반드시, 반드시 완성해야 해!"

그 말을 듣고 나는 무척 불안해졌다. 음악이 다시 들려와 돌덩이를 제자리에 끼워 넣었는데도, 깊은 호수에서 요정의 노랫소리가 들리는 것처럼 희미한 음악 소리가 땅속 깊은 곳에서 올라오는 게 느껴졌다.

조제프 뷔케가 죽었을 때 무대장치 기술자들이 시체 주변에서 장송곡 같은 노랫소리가 들렸다고 말했는데, 다른 사람들은 그들이 하는 이야기에 콧방귀를 뀌었다. 크리스틴 다에가 실종되었던 날, 나는 늦은 저녁이 되어서야 극장에 도착했고 그 소식을 듣자마자 온몸이 부들부들 떨렸다. 정말이지 끔찍한 하루였다. 그날 아침 크리스틴 다에와 샤니 자작의 결혼 기사를 읽은 다음부터, 괴물의 존재를 세상에 알리는 편이 나을지도 모른다는 생각에 끊임없이 시달렸지만 곧 냉정하게 이성을 되찾았다. 그렇게 한다면 재앙을 재촉하는 일이 될 거라는 결론을 내렸다. 오페라극장 뒤에 마차를 대면서 아직도 서 있는 마차를 보고 깜짝 놀랐다.

그러나 대부분의 동방인들처럼 나는 숙명론자인지라 그 어떤 일도 맞서겠다는 각오를 하고 극장 안으로 들어갔다. 크리스틴 다에가 감옥 장면에서 노래를 부르다가 납치된 사건은 모두를 놀라게 했지만, 내가 볼 때는 그저 준비가 잘된 범행이었다.

그녀를 사라지게 한 사람은 마술의 왕인 에릭이 분명했고, 나는 크리스틴과 모든 사람들이 이제 모두 끝장났다고 생각했다. 그래서 그곳에 모인 모든 사람들에게 목숨을 구하고 싶으면 당장 극장을 떠나라고 소리칠까 말까 한참을 망설였다. 그러나 오히려 그들은 나를 미친 사람으로 취급할 것 같아 이내 마음을 접었다. 사람들을 모두 극장 밖으로 내보내려고 '불이야!'라고 외치면, 오히려 나 때문에 큰 재앙이 일어날 수도 있는 것이다. 또 사람들이 목숨을 구하기 위해 서둘러 뛰쳐나오다가 넘어지면 그것 역시 큰 문제가 될 것이다. 하지만 더 이상 지체할 수도 없었다. 에릭은 포로한테 온 정신을 쏟고 있을 테니 시기상으로도 내게 더 유리하고 기회도 더 많이 있을 것 같았다.

그래서 지하 3층 통로를 통해 가기로 한 계획에 실의에 빠진 자작을 합류시켜 주기로 한 것이다. 내 말 한마디만 듣고도 전적으로 나를 신뢰하는 모습에 깊은 감동을 받았다.

내 하인인 다리우스는 지시한 대로 권총 두 자루가 든 상자를 들고 크리스틴 다에의 대기실로 찾아왔다. 나는 자작에게 권총을 건네주고 에릭이 벽 뒤에서 우리를 기다릴지도 모르니 나처럼 발사 준비를 해 두라고 말해 주었다. 우리는 코뮌 병사들의 통로와 무대 바닥 문을 통과해서 지하로 내려갔다.

권총을 보자마자 결투하러 가는 것이냐고 자작이 묻기에 멋진 결투가 될 것이라고 대답은 했지만, '결투'라니! 그에게 제대로 설명할 시간이 없었다. 자작은 용감한 청년이었지만, 맞서 싸울 상대방에 대해서는 아는 것이 하나도 없었다. 아니, 어쩌면 차라리 모르는 게 다행이었다.

젊은 피가 들끓어 흥분해서 결투에 나서는 싸움꾼과 천재적인 마술사가 대결하는 모습이 비교 가능한 것일까? 내가 맞서 싸워야 할 상대는 스스로 원할 때만 모습을 드러내고, 그렇지 않을 때는 전지전능한 존재였다. 그리고 어둠속에서도 모든 걸 볼 수 있는 그는 기묘한 지식과 상상력, 섬세한 기술을 가지고 사람의 눈과 귀를 멀게 만들 수 있었다. 환영이 가득 차 있는 오페라극장 지하에서, 자연의 모든 힘을 사용할 수 있는 그를 상대해야 한다는 사실은 상상만으로도 몸이 부들부들 떨릴 지경이었다.

지하 5층에서 지상 25층에 이르는 오페라극장 안에서, 빈정대고, 증오하고, 때때로 다른 이의 주머니를 털고, 목숨을 빼앗기도 하는 잔인한 마술사가 활보할 때, 사람들에게 무슨 일이 일어날지 상상해 보라. 그가 페르시아 궁전에 회전하는 함정을 얼마나 많이 파 놓았는지 모른다. 그러니 수많은 함정이 도사리고 있는 오페라극장에서 그 '함정 애호가'와 과연 맞서 싸우는 게 가능할까.

나는 그가 호숫가 거처에서 기절해 있을 크리스틴 다에를 지키느라 떠나지 않기를 바랐다. 그러나 그가 펀자브의 올가미를 움켜쥐고 우리 주변을 돌아다니고 있다는 사실을 깨닫자 두려움이 몰려왔다. 그는 이 세상 누구보다도 펀자브의 올가미를 능숙하게 다룰 줄 아는 마술의 제왕이자 교살의 제왕이기도 했다. 그가 직접 만든 악마적 궁전인 '마젠데란의 장밋빛 시절'에서 어린 왕비를 즐겁게 해 주는 일을 그만두었을 때, 왕비는 이제 반대로 두려움에 떨게 만드는 놀이를 보여 달라고 요구했고 그때 그가 가장 즐겨 사용한 도구가 바로 펀자브의 올가미였다. 에릭은 인도에 머무는 동안 놀랄 만큼 능숙하게 교살하는 방법을 익혔다. 그는 긴 창과 커다란 검으로 무장한 전사, 혹은 대개 사형 언도를 받은 자와 경기장 안에 함께 갇혔는데, 에릭은 펀자브의 올가미 말고는 아무것도 갖고 있지 않았다. 마침내 전사가 최후의 일격을 가하려는 순간 그보다 앞서 올가미가 바람을 가르며 날아가는 소리가 들렸다. 눈 깜짝할 사이에, 가늘지만 엄청나게 질긴 올가미가 상대방 전사의 목을 조르면 창문 안에서 내다보던 왕비와 하녀들은 환호와 박수를 보냈다.

어린 왕비도 펀자브의 올가미를 던지는 방법을 배웠으며 몇몇 하녀와 손님들을 실수로 죽이는 일도 생겼다. 아무튼 '마젠데란의 장밋빛 시절'에 대한 이야기는 이제 그만하기로 하자.

샤니 자작을 오페라극장 지하로 데려왔으니 우리를 항상 위협하는 교살의 위험을 경고하고 대비할 필요가 있었다. 지하로 내려온 이후에 권총은 아무런 도움이 되지 못했다. 우리가 코 뮌 병사의 길에 들어섰을 때, 그의 모습이 어디에도 보이지 않 았다는 얘기는 그가 마음만 먹으면 우리를 언제든지 교살할 수 있다는 의미였다.

이런 상황을 자작에게 자세하게 설명할 시간이 없었다. 설사 그럴 시간이 있다고 해도 괴물이 어둠 속에서 언제고 바람을 가르며 펀자브의 올가미를 던질지 모른다는 것을 설명하려면, 하기도 전에 지치게 될 것 같았다. 상황을 복잡하게 만들 필요 가 없었기에 나는 샤니 자작에게 항상 팔을 눈높이로 들고 '발 사'라는 신호를 기다려야 한다고 말해 두었다. 그런 자세라면 아무리 잔혹한 교살자라도 펀자브의 올가미를 던져 상대방의 목을 정확하게 엮기는 불가능하기 때문이다. 올가미를 던져도 팔이나 손이 함께 묶이게 되니까 그만큼 쉽게 풀 수도 있을 것 이다.

자작과 나는 많은 난관을 거쳐 지하 3층에 있는 〈라호르의 왕〉 무대 장식과 기둥 사이에 도착했다. 처음에는 경찰서장과 문을 여닫는 기술자들, 소방관들을 피해 다녔고, 처음으로 쥐 잡는 사람과 부딪히기도 했으며, 펠트 모자를 쓴 남자의 눈에 띌까 봐 두려워 숨기도 했다. 나는 돌덩이를 건드려 오페라극 장의 이중벽 안에 지어진 에릭의 거처 안으로 들어갔다. 그곳 은 세상에서 가장 깊은 침묵이 흐르는 곳이었다. 에릭은 오페라극장의 설계자인 필립 가르니에의 석공 담당자 중에서 가장 최고의 기술을 가졌는데 파리 코뮌 시절 공사가 잠시 중단된 기간에 오직 혼자서 그 거처를 만든 것이다.

나는 에릭에 대해 모든 것을 알고 있다. 그는 그 기간 동안 자기가 만든 모든 기술들을 언젠가는 흐뭇하게 만져 볼 것을 기대했을 것이다. 그의 거처로 들어가는 것은 성공했으나 긴장을 늦추기는 일렀다. 그가 마젠데란의 궁전에서도 몇 개의 거처를 만든 사실을 알고 있다. 그는 당당하고 품격 높은 건축물에서, 말할 때마다 메아리가 울리기 때문에 한마디도 입을 열 수 없는 악마적인 방에 이르기까지 많은 공간들을 만들었다. 그곳에서 얼마나 많은 가족들에게 참극이 일어났으며 괴물이 설치한 함정에 빠져서 얼마나 많은 피비린내 나는 비극이 생겼는지 일일이 헤아리기 힘들 지경이다. 그가 속임수를 쓴 궁전 안으로 들어서면 사람들은 자신이 정확히 어디에 있는 건지 알지 못했다. 그가 창조한 수많은 놀라운 작품 가운데 가장 신비롭고 가장 끔찍하고 가장 위험한 곳은 바로 고문실이었다. 어린 왕비가 부르주아들을 괴롭힐 때만 빼고는 대개 일반 사형수들을 그곳으로 보내곤 했다. 나는 '마젠데란의 장밋빛 시절'에서 가장 끔찍한 상상력을 재현한 곳이 바로 고문실이라고 생각한다. 고문실에 들어와서 더 이상 고문을 견딜 수 없는 지경이 되면 펀자브의 올가미가 강철로 만든 나무 옆에 놓여 있었는데 스스로 목숨을 끊으라는 의미였다.

　나와 샤니 자작이 괴물의 거처로 들어오자마자 처음 떨어진 곳이 다름 아닌 '마젠데란의 장밋빛 시절'을 그대로 재현한 그 고문실이라는 걸 깨달았을 때 온몸에 소름이 돋았다.

　혹시 나타날까 봐 두려워하던 펀자브의 올가미가 지금 내 발치에 놓여 있었다. 그것은 조제프 뷔케가 목을 맨 그 밧줄이 틀림없었다. 아마 어느 저녁 그 무대장치 기술자는 에릭이 지하 3층에서 돌덩이를 작동시키는 걸 보고 호기심을 이기지 못해 그 통로로 들어갔다가 고문실로 떨어졌고, 그곳에서 목을 맸을 것이다. 에릭이 그 시신을 끌고 나와 〈라호르의 왕〉 무대 장식 옆에 걸어 놓는 모습이 직접 보는 것처럼 상상이 됐다. 그는 사람들에게 미신적인 두려움과 공포를 불러일으키면 자신의 거처를 숨기고 보호하는 데 도움이 된다고 생각했을 것이다.

　하지만 에릭은 생각을 거듭한 끝에 펀자브의 올가미를 다시 가져간 것이 분명했다. 그 올가미는 특이하게도 고양이의 창자를 꼬아 만든 것이라 예심판사의 관심을 끌지도 모른다고 염려한 것이다. 조제프 뷔케의 목을 맨 밧줄이 슬그머니 사라진 이유가 바로 그것이었다.

　그런데 바로 그 올가미를 고문실 내 발치에서 보게 되다니! 나는 소심한 편은 아니었지만 나도 모르게 이마에서 식은땀이 흘러내렸다. 그 악명 높은 방 내벽을 비추는 램프도 내 손안에서 심하게 떨리는 바람에 샤니 백작도 낌새를 알아채고 불안해했다.

"대체 무슨 일입니까?"

나는 급히 조용히 하라는 신호를 보냈다. 우리가 고문실에 떨어졌다는 사실을 괴물이 눈치채지 못하기를 바랐다. 그렇지만 그런 희망도 곧 사라졌다. 문득 지하 3층 통로 바로 옆에 만들어 둔 고문실은 호숫가 거처를 보호하기 위한 자동 장치일 것이라는 생각이 들었다.·

그렇다, 고문실 장치는 아마도 자동으로 작동될 텐데 어떻게 하면 작동하기 시작하는 걸까? 나는 자작에게 절대로 움직이지 말라고 당부했다. 무거운 침묵이 주변을 휩싸고 돌았다.

고문실 전경이 램프 불빛을 받아 어둠 속에서 서서히 드러났다. 내가 기억하고 있는 모습 그대로였다.

22
고문실에서
페르시아인의 이야기 Ⅱ

　우리는 완벽한 육각형 모양으로 된 작은 방 한가운데 있었다. 여섯 개의 벽면 위에서부터 아래까지 거울이 붙어 있었고, 덧댄 표시가 나는 구석에는 각각의 실린더를 중심으로 회전할 수 있게 설계되어 있었다. 맞다. 구석에 놓인 강철로 만든 나무도 분명히 본 적이 있다. 나뭇가지를 강철로 만든 그 나무는 목을 매다는 데 쓰도록 고안된 장치였다.

　나는 자작의 팔을 붙들었다. 그는 금방이라도 크리스틴의 이름을 부를 것처럼 온몸을 부들부들 떨었다. 그가 과연 잘 버틸 수 있을지 걱정되었다.

　그때 갑자기 왼쪽에서 어떤 소리가 들렸다. 바로 옆에 붙은 방문이 열렸다 다시 닫히는 소리가 들리고 잠시 후에 긴 한숨

소리가 이어졌다. 나는 샤니 자작의 팔을 세게 붙들었다.

"결정할 것이냐, 포기할 것이냐! 결혼 미사로 할까 추도 미사로 할까 둘 중 하나로 결정해야 해!"

괴물의 목소리임을 분명히 알 수 있었다.

다시 한 번 긴 한숨 소리가 들렸고 그 뒤로 침묵이 이어졌다. 괴물은 우리가 자신의 거처로 들어온 것을 모르고 있다는 게 분명했다. 우리 존재를 알았다면 그렇게 목소리를 들려주는 일은 없었을 것이다. 고문실을 내다볼 수 있는, 눈에 보이지 않는 창문만 닫아 두었어도 우리가 그 목소리를 듣는 일은 없었을 것이다.

다른 무엇보다, 그가 우리 존재를 알아챘다면 즉시 고문을 시작했을 것이다. 그러므로 아직은 우리가 에릭보다 유리한 입장에 있었다. 우리가 바로 곁에 있지만 그는 눈치채지 못했기 때문이다.

중요한 것은 우리가 가까이 있다는 사실을 그에게 절대로 알리면 안 된다는 사실이었다. 벽 너머로 계속 신음 소리가 들려왔기 때문에 샤니 백작이 크리스틴 다에를 구하러 간다고 나설까 봐 무척 걱정스러웠다. 다시 에릭의 목소리가 들려왔다.

"추도 미사는 전혀 즐겁지 않을 테지만 결혼 미사는 환상적일 거야. 이제 결정을 내려야 하니까 내가 뭘 원하는지 그걸 알아야 해! 계속 이렇게 살 수는 없어. 땅속 깊은 곳에서 두더지처럼 사는 건 더 이상 안 돼! 〈위풍당당한 돈 후앙〉도 끝마쳤으니까 나도 이제 다른 사람들처럼 살 거야. 다른 사람들처럼 일요일이 되면 아내와 함께 산책도 가야지. 다른 사람들처럼 평범해 보이는 가면도 새로 만들었잖아. 이제 어느 누구도 뒤돌아보는 일이 없겠지. 당신은 세상에서 가장 행복한 아내가 될 테지. 우리 두 사람은 죽을 때까지 둘이서, 서로를 위한 노래만 부를 거야. 울고 있군. 눈물을 흘리면서 나를 두려워하고 있어. 난 그렇게 나쁜 사람이 아니야. 나를 사랑해 줘. 사랑만 받는다면 나도 좋은 사람이 될 수 있다는 걸 알게 될 거야. 사랑해 주면 나는 양처럼 온순해질 테고 뭐든 당신이 원하는 대로 할 수 있을 거야."

에릭이 사랑을 구하는 한숨 소리가 깊어 갈수록 신음 소리도 더 크게 들려왔다. 그렇게 절망에 가득 찬 신음 소리는 처음 들어 보았다. 샤니 자작과 나는 그 끔찍한 신음 소리 역시 에릭의 목소리라는 것을 뒤늦게 깨달았다. 크리스틴은 우리가 있는 벽 너머 어딘가에서 공포에 질린 채 아무 말도 못하고 괴물과 함께 있을 게 뻔했다. 기운이 다 빠져 울지도 못하고 무릎을 꿇은 채.

신음 소리가 마치 드넓은 바다처럼 깊고 넓고 웅장하게 울려 퍼졌다.

"당신은 나를 사랑하지 않는군! 당신은 나를 사랑하지 않는 거야! 당신은 나를 사랑하지 않아!"

에릭은 절절한 마음을 토해 내며 부르짖었다.

"왜 눈물을 흘리는 거지? 내 마음을 아프게 하고 있다는 걸 안다는 거야?"

에릭은 다소 누그러진 모양이었다.

침묵이 계속되었다. 그렇게 조용해질 때마다 우리는 희망이 생겼다. 에릭이 크리스틴을 남겨 두고 나갔을지도 모른다는 생각이 들었기 때문이었다.

우리는 괴물이 모르게 우리가 있다는 사실을 크리스틴에게 알릴 방법에 골몰했다. 고문실을 벗어나려면 안쪽에서 크리스틴이 문을 열어 주는 방법밖에 없었다. 우리는 우리를 둘러싼 거울 벽 어느 곳에 출구가 있는 건지 도저히 알 방법이 없었다.

그때 갑자기 초인종 소리가 울리며 침묵을 깨뜨렸다. 벽 저편에서 우당탕 뛰는 소리와 함께 천둥 같은 에릭의 음산한 목소리가 빈정거리는 게 들렸다.

"초인종 소리가 들리는군. 누가 여기까지 힘들게도 찾아온 모양이야. 누가 우리를 방해하러 왔을까? 잠시 기다려. 사이렌 요정에게 문을 열어 주라고 해야겠군."

멀어지는 발소리가 들리고 문이 닫히는 소리도 들렸다. 그가 어떤 끔찍한 계획을 준비하고 있을지 생각해 볼 겨를이 없었다. 괴물이 외출하는 건 나쁜 일을 저지르기 위한 것임을 잠시 잊고 있었다. 나는 단 한 가지 크리스틴이 벽 너머에 혼자일 거라는 생각에만 몰두했다.

"크리스틴! 크리스틴!"

샤니 자작은 이미 그녀를 목 놓아 부르고 있었다.

바로 옆방에서 하는 얘기가 들린다면, 그쪽에서도 우리 소리를 들을 수 있을 것이다. 그렇지만 자작이 몇 번이나 외쳤건만 크리스틴의 대답은 들리지 않았다.

"꿈을 꾸고 있는 거야……."

잠시 후 아주 희미하게 그녀의 목소리가 들렸다.

"크리스틴! 크리스틴! 나 라울입니다."

대답이 없었다.

"크리스틴! 대답해 봐요. 혼자 있는 거라면 제발 대답 좀 해요."

그러자 라울의 이름을 중얼거리는 크리스틴의 목소리가 들렸다.

"네, 맞아요! 라울이에요! 꿈을 꾸는 게 아니에요. 크리스틴, 힘을 내요! 당신을 구하러 우리가 왔어요. 하지만 침착해야 합니다. 괴물이 오는 소리가 들리면 우리한테 꼭 알려 줘야 해요."

"라울! 라울……."

크리스틴은 꿈을 꾸는 게 아니라는 걸 확인하듯이 몇 번이나 중얼거렸다. 그녀는 곧 라울이 에릭의 거처에 대한 비밀을 아는 헌신적인 친구도 함께 온 것을 알게 되었다.

그녀는 우리가 도착했다는 소식을 듣고 대단히 기뻐했지만 이내 더 큰 두려움이 밀려오는 모양이었다. 크리스틴은 우리가 숨어 있다는 걸 괴물이 알아챌까 봐 두려워하면서 당장 이곳을 떠나라고 라울에게 애원했다. 에릭이 이번에 그를 찾아낸다면 망설이지도 않고 바로 죽일 게 분명했기 때문이었다. 그리고 크리스틴은 에릭이 제정신이 아니라면서, 시장과 마들렌 성당 주임신부 앞에서 결혼 서약을 하지 않으면 세상 모든 사람을 죽이고 자살하겠다고 한 얘기를 들려주었다. 에릭은 그녀에게 내일 밤 11시까지 생각할 시간을 주었으며 결혼 미사와 추도 미사 가운데 하나를 선택할 마지막 기회라고 했다는 걸 알려 주었다.

에릭이 한 말 가운데 크리스틴은 이해할 수 없는 게 있다고 했다. '예 혹은 아니요. 아니요라고 대답하면 모든 사람을 죽이고 매장할 거야!'

하지만 나는 바로 이해가 됐다. 염려하던 바로 그 생각이었기 때문이다.

"에릭이 어디 있는지 아십니까?"

내가 크리스틴에게 묻자 그녀는 에릭이 거처에서 나갔을 거라고 대답해 주었다.

"확실합니까?"

"그렇지는 않아요. 저는 지금 묶여 있어서 꼼짝도 할 수 없거든요."

그 말을 듣고 나와 샤니 자작은 화가 나서 한숨을 쉬었다. 우리 세 사람이 안전하려면 그녀가 자유롭게 움직일 수 있어야 하기 때문이었다.

"아, 그녀에게 가려면 도대체 어떻게 해야 할까?"

"어디 있어요?"

다시 크리스틴 목소리가 들려왔다.

"이 방에는 문이 두 개밖에 없어요. 지난번에 말한 것처럼, 하나는 루이 필리프풍이고 에릭이 드나드는 문은 그가 내 앞에서 단 한 번도 여닫은 적이 없어요. 고문실로 이어지는 굉장히 위험한 문이라고 절대 손도 대면 안 된다고 했거든요."

"크리스틴, 우리가 있는 곳이 바로 그 문 뒤예요."

"그럼, 고문실에 계신 건가요?"

"네, 하지만 문이 보이질 않아요."

"아, 저기까지 기어갈 수 있다면……. 내가 문을 두드리면 위치를 알 수 있는데……."

"자물쇠로 잠그는 문인가요?"

내가 물었다.

"네, 맞아요."

그렇다면 한쪽에서 자물쇠로 연다고 해도, 우리가 있는 반대편에서는 용수철과 균형추 장치로 열릴 수도 있겠다는 생각이 들었지만 그 장치를 찾아내는 일은 결코 쉽지 않을 것이다.

"아가씨, 우리에게 반드시 문을 열어 주셔야 합니다."

"하지만 어떻게 해요?

불쌍한 그녀가 말했고, 묶여 있는 곳에서 움직여 보려고 몸부림치는 소리가 안타깝게 들려왔다.

"힘으로는 안 될 겁니다. 그 문에 맞는 열쇠가 필요해요."

"열쇠가 어디 있는지는 알아요. 하지만 이렇게 묶여 있어서 손을 쓸 수가 없어요."

크리스틴은 몸부림을 치다 기운이 다 빠진 모양이었다. 그녀가 흐느끼는 소리가 들려왔다.

"열쇠는 어디 있습니까?"

내가 다시 물었다. 시간이 없으니 샤니 자작에게는 모든 것을 내게 맡기고 조용히 하고 있으라고 전했다.

"방에 놓인 오르간 옆에 있는데 손대지 말라고 했던 청동 열쇠랑 함께 있어요. 조그만 가죽 가방에 들어 있었는데 그 사람은 그걸 '삶과 죽음의 가방'이라고 불렀어요. 라울! 라울…… 어서 도망쳐요. 이곳은 수수께끼 같고 이상하고 끔찍해요. 에릭은 이제 완전히 미쳐 버릴 거예요. 당신이 고문실에 있다니! 들어왔던 곳으로 얼른 빠져 나가세요! 제발! 고문실이라고 이름 붙인 걸 보면 분명 그럴 만한 이유가 있을 거라고요."

"크리스틴! 우리는 함께 못 나가면 여기서 함께 죽을 거예요."

라울이 말했다.

"이곳에서 나가려면 정신을 똑바로 차려요."

나는 한숨을 내쉬며 샤니 자작에게 말했다.

"우선 냉정을 잃지 말아야 합니다. 그런데 아가씨, 당신은 왜 묶여 있습니까? 에릭은 당신이 빠져나가지 못한다는 걸 알 텐데요."

"자살하려고 했거든요. 그날 저녁, 괴물은 나에게 클로로포름 반병을 억지로 먹여서 기절시키고 자신의 거처로 데려왔어요. 그런 뒤 은행에 다녀오겠다고 나갔는데 그가 되돌아 왔을 때 내 얼굴이 온통 피투성이였거든요. 자살하려고 계속 벽에 힘껏 이마를 부딪혔어요."

"크리스틴!"

라울이 흐느끼기 시작했다.

"그래서 나를 묶어 둔 거예요. 내일 밤 11시가 되면 비로소 죽을 수 있어요."

벽을 사이에 두고 오간 대화는 지금 글로 옮기는 것보다 더 자주 끊겼고 더 조심스레 이어지곤 했다. 갑자기 뭔가 삐걱대는 소리가 들린다거나 발소리나 웅얼거리는 소리가 들렸기 때문인데, 그때마다 그녀는 "아니에요. 아니에요. 그가 아니에요. 그는 외출했답니다. 호숫가 벽이 닫히는 소리는 분명히 구분할 수 있거든요." 이렇게 말하곤 했다.

"아가씨, 당신을 묶은 건 괴물이니 그자가 풀 수밖에 없어요. 그러려면 연극을 좀 해야겠군요. 그자가 당신을 사랑한다는 걸 잊지 마시오."

나는 단호하게 말했다.

"차라리 그 사실을 잊을 수 있는 방법을 알려 주세요."

"그를 웃는 낯으로 맞으려면 그 사실을 분명하게 기억하셔야 합니다. 피를 흘린 곳에서 통증이 느껴진다고 하세요. 묶인 자리가 아프다고 풀어 달라고 애원하세요."

그때 크리스틴이 목소리를 낮추며 말했다.

"쉿! 호숫가 벽면에서 소리가 났어요. 그가 분명해요! 얼른 달아나세요. 얼른요!"

"도망치려고 해도 그럴 수 없습니다. 우린 지금 고문실에 있다니까요."

나는 크리스틴에게 상황을 분명하게 알려 주었다.

크리스틴은 목소리를 낮추어 우리에게 조용히 하라고 말했다. 우리는 모두 입을 다물었다. 무거운 발소리가 벽 뒤에서 천천히 다가오더니, 바닥을 스치는 무거운 소리가 들려왔다. 그런 뒤 깊은 한숨 소리와 겁에 질린 크리스틴의 비명 소리가 들려왔다.

"이런 얼굴을 보여서 미안하오. 난 괜찮은데 이건 내 잘못이 아니라 다른 사람 잘못이란 말이오. 왜 초인종을 눌러서 시간을 물어보는지 알 수가 없군. 이젠 어느 누구한테도 시간 따위는 물어보지 못하겠지. 아무튼 그건 요정이 잘못한 거라니까."

에릭이 그녀에게 말했다. 또다시 영혼 깊은 곳에서부터 울려 나오는 것 같은 한숨 소리가 들렸다.

"크리스틴, 왜 우는 거요?"

"몸이 아파요, 에릭."

"내가 두려워 우는 건 줄 알았소."

"에릭, 이 끈 좀 풀어 주세요. 어차피 이곳에 갇혀 있잖아요."

"자살을 하려고 했잖소."

"내일 밤 11시까지 시간을 주셨잖아요, 에릭."

바닥을 스치는 발소리가 계속 들려왔다.

"아무튼 우리는 함께 죽을 처지고, 나도 당신만큼이나 다급한 마음이라오. 이해하겠지만, 이젠 이렇게 사는 것도 지겹구려. 풀어 줄 테니 이제 움직이지 말아요. 당신이 '아니요'라고 한마디만 하면 모든 게 끝나는 겁니다. 그리고 모든 사람들도 끝장이 날 테고 말이오. 당신 말이 옳아요. 뭣하러 내일 밤 11시까지 기다리겠소? 그리 하는 게 더 멋지기 때문이오. 난 격식을 차리거나 겉치레 따위는 질색이라오. 인생에서는 자기 자신만 생각하면 되는 거요. 자신의 죽음 말이오. 나머지는 그저 피상적인 겉치레일 뿐이오. 여기, 내가 비에 흠뻑 젖은 게 보이시오? 내가 괜히 외출해서 생긴 일이오. 바깥 날씨가 아주 엉망이라오.

그건 그렇고, 크리스틴, 내가 헛것을 본 것 같아요. 요정의 집 초인종을 눌렀다면 호수 밑바닥에서 눌렀을 텐데, 그가 누구랑 많이 닮았단 말이지……. 자, 이리 돌아봐요. 풀어 주니 좀 괜찮소? 저런, 손목이 많이 아팠던 모양이오. 크리스틴, 죽음에나 어울리는 상처로군. 죽음이라는 말이 나왔으니 말인데, 내가 죽음을 위해 추모 미사 노래를 불러 주지."

이런 끔찍한 얘기를 들으며 무서운 예감이 드는 걸 막기가 힘들었다. 나 역시 괴물의 집 초인종을 전혀 알지 못하는 상태에서 한 번 누른 적이 있었다. 그리고 결국 마치 경고를 하는 것처럼 초인종에 흐르는 전류가 몸에 흘러들어 깜짝 놀랐었는데. 검은 잉크처럼 시커먼 수면 위로 떠다니던 팔 두 개가 떠올랐다. 이번에는 또 어떤 불행한 사람이 호수 위를 떠다니고 있을까?

그런 희생자를 생각해 보니 크리스틴을 앞세운 괴물 녀석의 계획이 진행되고 있는 것을 그냥 볼 수가 없었다.

"크리스틴을 묶었던 줄은 풀어졌는데 그럼 저 추모 미사곡은 누구를 위한 걸까요?"

샤니 자작이 마법 같은 말을 속삭였다.

장엄하면서도 분노로 가득 찬 음악으로 호숫가 집 전체가 흔들리는 것 같았다. 땅속 깊은 심연까지 떨리는 듯했다. 우리는 크리스틴 다에가 우리를 구하기 위해 어떤 계략을 쓰고 연기를 할지 귀 기울였지만 그저 추모 미사곡만 들려왔다. 그건 오히려 저주받은 자를 위한 노래, 땅속에서 울려 퍼지는 악마의 춤곡처럼 음산하기가 이루 말할 수 없었다.

그때 문득, 에릭이 예전에 불렀던 '디에스 이레'*가 모두를 폭풍우처럼 휘감았던 기억이 떠올랐다. 당시 우리 주변에 천둥이 치고 번개가 번쩍거렸다. 그가 노래를 부르면, 마젠데란의 궁전에 장식되어 있던 인두수신(人頭獸身)의 조각상까지도 노래를 부를 것만 같았다. 하지만 그때도 노래를 저렇게 부르지는 않았다. 아니다. 저렇게 부른 것은 한 번도 없었다. 그때의 그는 천둥이 울려 퍼지듯 장엄하게 불렀었다.

갑자기 노랫소리, 오르간 소리가 동시에 끊어졌다. 벽에 귀를 대고 있던 샤니 자작과 나는 깜짝 놀라 뒤로 물러났다.

"지금, 내 가방 갖고 뭘 하는 거지?"

갑자기 강철처럼 변한 목소리로 에릭이 한마디씩 음절을 끊어 가며 또박또박 말했다.

---

* 분노의 날이라는 뜻의 라틴어로 진혼 미사곡 중 속창을 이르는 말이다.

23
고문이 시작되다
페르시아인의 이야기 Ⅲ

"지금 내 가방 가지고 뭘 하는 거냐고 물었잖아?"

에릭은 화난 목소리로 다시 한 번 물어보았다.

크리스틴 다에는 어떻게든 두려움과 공포에 맞서 우리보다 더 의연하게 대처해야만 했다.

"가방을 가져오라고 날 풀어 준 게 아니었어요?"

크리스틴의 다급한 발소리가 들려왔다. 그녀는 마치 숨을 곳을 찾기라도 하듯 루이 필리프풍의 방을 가로질러 우리가 있는 벽 쪽으로 급히 달려왔다.

"그런데 왜 도망을 치는 거지? 그게 생사가 걸린 가방이라는 걸 몰라서 그러나? 이리 주지 그래?"

그녀를 뒤따라오는 에릭의 거친 목소리가 들렸다.

"에릭, 내 말 좀 들어 보세요. 이제 우리가 함께 살 텐데, 그게 무슨 뜻이에요? 당신 건 모두 내 것이라는 뜻이잖아요."

크리스틴이 한숨을 내쉬며 말했지만 목소리가 너무 떨려서 듣기 애처로울 정도였다. 그녀는 남아 있는 마지막 힘을 모두 짜내서 두려움을 이겨 내려고 기를 쓰는 것 같았다. 하지만 이를 덜덜 떨면서 겨우겨우 말을 이어 가는 어린아이 같은 모습으로는 저 괴물을 속이기 힘들었다.

"그 안에는 열쇠 두 개가 있지. 그걸로 뭘 하려는 건가?"

"당신이 항상 내게 숨기는 그 방을 둘러보고 싶어서요. 여자들은 호기심이 강하잖아요."

크리스틴이 일부러 쾌활한 척했지만 어색하고 가식적인 태도로 에릭의 의심이 더 커진 것 같았다.

"나는 호기심 많은 여자들은 정말 질색이라고. 당신도 〈푸른 수염〉 얘기는 잘 알겠지? 자, 가방 이리 줘, 이 앙큼한 아가씨 같으니라고! 그 안에 든 열쇠를 내려놓으라고!"

크리스틴이 고통스러운 신음을 내는 동안 그는 비아냥거리고는 가방을 낚아채 갔다.

바로 그 순간 자작이 참다못해 화가 나서 소리를 질렀고, 나는 미처 그의 입을 막지 못했다.

"이게 무슨 소리야? 크리스틴, 당신도 들었지?"

괴물이 말했다.

"아니요, 아니에요. 아무 소리도 못 들었어요."

가엾은 크리스틴이 대답했다.

"누군가 소리를 지른 것 같은데?"

"소리를 질러요? 에릭, 당신 제정신이 아닌가 봐요. 이렇게 외딴곳에서 누가 소리를 지르겠어요? 당신이 아프게 해서 내가 소리를 질렀던 거예요. 난 아무 소리도 못 들었어요."

"당신이 말하는 걸 좀 봐……. 떨고 있군! 흥분도 했고, 거짓말을 하는 게 분명해. 누군가가 틀림없이 소리를 질렀어. 고문실에 누군가 있군. 분명해. 아, 이제야 알겠어……."

"에릭, 거긴 아무도 없다니까요."

"이제 알겠어……."

"아마 당신 약혼자겠지……."

"내게 약혼자는 없어요. 당신도 잘 아시잖아요."

그러자 에릭이 본격적으로 비웃기 시작했다.

"그걸 알아내는 거야 어렵지 않아……. 크리스틴, 내 사랑. 저 고문실에서 무슨 일이 벌어지는지 알고 싶다면 문을 열 필요도 없다오. 보고 싶소? 누군가 있다면, 정말 저 안에 있는 거라면, 천장 가까이 있는 보이지 않는 창문에서 빛이 들어올 거요. 검은 커튼을 닫고 이곳 불을 끄기만 하면 된다니까. 자, 이제 됐군. 이제 곧 당신의 남편이 될 사람과 함께 있으니 어두워도 무섭지 않을 거요."

"아니에요, 무서워요! 나는 밤이 무섭단 말이에요. 당신은 날 마치 어린애 취급하면서 저 고문실에 대해 겁을 줬잖아요. 네, 그래요! 그래서 호기심이 생겼어요. 하지만 이젠 고문실 따위는 관심 없어졌어요."

크리스틴의 고통스러운 목소리가 들려왔다.

마침내 내가 두려워하던 일이 시작되었다. 갑자기 빛이 쏟아져 들어오더니 우리가 있던 벽 뒤쪽이 환하게 빛났다. 예상하지 못한 일이 일어나자 샤니 자작이 깜짝 놀라 비틀거렸다. 그리고 바로 옆 벽에서는 분노에 가득 찬 에릭의 목소리가 터져나왔다.

"저것 좀 보라지! 누군가 있다고 했잖소! 저 창문 보여? 빛이 가득 들어오는 저 높은 창문 말이오. 이 벽 뒤에 있는 사람에겐 저 창문은 안 보여. 자, 당신이 사다리 위로 올라가 보구려. 당신이 항상 물어보던 저 사다리는 바로 창문을 통해 고문실을 들여다보기 위한 거니까. 이제 알겠나? 호기심 많은 아가씨!"

"저 안에서 어떤 고문을 하는 거예요? 에릭, 이번에는 어떤 일로 날 겁줄 건가요? 날 사랑한다면 어서 말해 줘요. 아무런 고문도 안 하시는 거죠? 어린애들을 겁주기 위해 꾸며 낸 얘기죠?"

"사랑하는 크리스틴, 사다리를 타고 창문으로 올라가 보면 알 거 아니오."

눈앞에 펼쳐진 광경에 넋이 나가다시피 한 자작에겐 크리스틴이 하는 말도 제대로 안 들리는 것 같았다. 하지만 '마젠데란의 장밋빛 시절'의 작은 창문을 통해 이런 광경을 수없이 봐 온 나는 옆방에서 들려오는 소리에만 정신을 집중하고 해결 방법을 찾으려고 궁리하고 있었다.

"자, 어서 창문으로 내다보란 말이야! 그래야 그의 가짜 코가 어떻게 생겼는지 나중에 말해 줄 거 아니오."

벽에 사다리를 세우는 소리가 들렸다.

"어서 올라가시오. 아니, 크리스틴, 내가 올라가는 게 좋겠군."

"아니에요. 내가 올라갈게요."

"사랑스런 크리스틴, 귀엽기도 하지. 내 나이를 생각해서 직접 가 준다니 착하기도 하구려. 사람들은 코가 있다는 게 얼마나 행복한지 모른단 말이야. 진짜 자기 코가 있다는 게 얼마나 행복한지 몰라. 그렇다면 고문실을 배회하는 일도 없을 텐데."

그때 우리 머리 위에서 소리가 들렸다.

"여긴 아무도 없어요."

"그래? 정말 아무도 없는 게 확실해?"

"네, 그럼요. 정말이고말고요. 아무도 없어요."

"그렇다면 다행이군. 크리스틴, 그곳엔 아무도 없으니 기분이 나빠질 것도 없겠군. 자, 이제 이리로 내려와. 그런데 고문실 풍경은 어땠소?"

"네, 아주 좋군요."

"그래? 그렇다면 다행이오. 이 집에서 그런 풍경을 볼 수 있다는 건 근사한 일 아니오?"

"네…… 그레뱅 박물관을 보는 것 같았어요. 그런데 에릭, 내게 겁을 주곤 했는데, 저 안은 고문하는 곳이 아니네요."

"아무도 없는데 겁먹을 필요가 있나."

"에릭, 당신이 직접 저 방을 만든 건가요? 정말 아름다워요. 당신은 정말 대단한 예술가예요."

"맞아. 그 방면에서는 내가 최고지."

"그런데 왜 저 방을 고문실이라고 부르는 건데요?"

"아, 그거야 간단하지. 우선 그 방에 뭐가 보이나?"

"숲이요."

"숲 안에는 뭐가 있소?"

"나무들이요."

"나무 안에는?"

"새들이 보여요."

"새가 보인다……."

"아니네요. 새는 안 보이는 것 같아요."

"그럼 뭐가 보이나? 잘 찾아보지. 나뭇가지들이 보일 거야! 그럼 나뭇가지 안에는 뭐가 보이나? 바로 교수대야. 그래서 숲으로 가득 찬 방을 고문실이라고 부르는 거요. 그냥 말이 그렇다는 것이고 일종의 농담이지. 난 다른 사람들과 말하는 방식이 약간 다르니까. 난 뭐든 어느 정도는 달라. 하지만 이제 그런 것도 모두 지겹군. 정말이지 지겨워! 내 집에 숲을 만들어 놓은 것도 지겹고, 고문실도 지겹다고. 사기꾼처럼 이중벽에 갇혀 사는 것도 정말 지겨워…….. 보통 사람들처럼 문과 창문이 있는 조용하고 평범한 집에서 정숙한 아내와 함께 살고 싶어! 크리스틴, 당신은 내 말을 이해할 수 있을 거야. 이제 이런 이상한 말을 되풀이할 필요도 없지. 보통 사람들처럼 일요일이면 단 하나뿐인 사랑하는 여자와 함께 산책하고, 일주일 내내 그녀를 웃게 만들고 싶어. 당신은 나와 함께라면 싫증나지 않을 거요. 내 가방 안에 카드 말고도 보여 줄 게 엄청나게 많다오. 카드 묘기 보고 싶지 않소? 그럼 내일 밤 11시까지 기다리는 시간도 금방 지나갈 거요.

　사랑하는 크리스틴, 내 말 듣고 있는 거요? 당신은 이제 나를 밀어내지 않는군. 나를 사랑하는 건가? 아니, 그렇지 않지만 그건 아무 상관없지. 앞으로는 사랑하게 될 거니까. 예전에는 내 얼굴을 알고 나서 가면조차 똑바로 보지 못했지. 그런데 지금은 가면 뒤 얼굴을 잊어버리고 이렇게 똑바로 쳐다보고 있잖소. 사람이란 원하기만 하면 무엇이든 익숙해지는 법이거든. 정말 마음으로 원하기만 하면 말이오. 결혼 전에는 서로 사랑하지 않던 사이라도 나중에는 서로 사랑하게 되는 법이지. 아, 내가 지금 무슨 말을 하고 있담…….. 아무튼 당신은 나와 함께하면 즐거울 거요. 나 같은 사람은 세상에 없지. 우리 결혼을 허락할 신께 맹세하지만 나처럼 복화술을 잘하는 사람은 없다오. 난 세상에서 제일가는 복화술사일 거야. 당신 웃는구먼……. 내말을 안 믿는 것 같은데 어디 한 번 잘 들어 보라니까!"

사실, 불쌍한 괴물 에릭은 세계 제일가는 복화술사였다. 그는 복화술 이야기로 크리스틴이 더 이상 고문실에 관심을 갖지 않도록 갖은 애를 썼지만 어리석은 일이었다. 크리스틴은 벽 너머 우리들 생각으로 머릿속이 가득 찼을 것이다.

"저 작은 창문의 불 좀 꺼 주세요. 부탁이에요, 에릭."

그녀는 너무나 부드럽고 간절하게 부탁했다.

그녀는 괴물이 위협적으로 말했던, 창문에 비친 불빛이 끔찍한 기능을 한다는 것을 알아차린 듯했다. 그 순간 그녀에게 안심이 된 유일한 게 있다면 우리 두 사람이 뜨거운 열을 받으면서도 아직 제대로 버티고 있다는 것뿐이었다. 창문을 비추는 불이 꺼진다면 그녀는 조금 더 안심할 수 있을 것이다.

괴물은 이미 복화술로 이야기를 신나게 하는 중이었다.

"자, 이제 가면을 아주 조금만 벗어 보지. 내 입술 보여? 입술은 전혀 움직이지 않고 입도 다물었지만 내 목소리는 분명하게 들을 수 있을 거야. 배 속으로 말하는 건데 아주 자연스럽게 들리지. 이게 복화술이야. 내 목소리를 들어 봐. 내 목소리가 어디로 가길 원하나? 오른쪽 귀? 아니면 왼쪽 귀? 아니면 테이블이

나 벽난로 위에 흑단 상자 속으로 할까? 아, 놀랐나? 내 목소리는 벽난로 위 흑단 상자 속으로 들어갔지. 멀리 있는 게 좋아, 가까이 있는 게 좋아? 낭랑한 게 좋은가, 날카로운 걸 원하나? 아니면 코맹맹이 소리? 내 목소리는 어디든 움직여 다녀. 벽난로 위 흑단 상자에 귀를 기울이고 잘 들어 봐. 목소리가 뭐라고 하는지 들어 보라고. '여기 전갈을 뒤집어 볼까?' 그다음에 상자를 닫고 왼쪽 상자에서 무슨 소리가 들리는지 잘 들어 봐. '메뚜기를 뒤집을까?' 다시 상자를 닫고 이번에는 가죽 가방을 열어 보자고. 그 가방은 뭐라고 할까? '나는 생사가 걸린 가방입니다.' 다시 가방이 닫히는 거야. 그다음엔 카를로타의 목구멍 안으로 들어갔지. 황금과 크리스털로 장식한 카를로타의 목 안으로 가는 거야. '나는 두꺼비 선생이야. 내 노래를 들어 봐. 외로운 목소리가 들릴 거야. 꾸엑…… 이 목소리는 꾸엑…….' 가방도 철컥 닫아 버린 다음에 오페라의 유령이 앉는 의자 위에 올라갔네. '카를로타 양이 오늘 밤 노래하면 샹들리에가 떨어질 거야.' 그리고 그 가방도 닫아 버리자고. 크리스틴, 그렇다면 에릭의 목소리는 과연 어디에 있는 걸까? 잘 들어 봐, 크리스틴, 내 사랑……. 내 목소리는 바로 고문실 뒤에 있는 거야. 잘 들어 봐. 고문실에서 들리는 게 바로 내 목소리야. 내가 뭐라 하는지 잘 들어 봐. '제 코를 가지고 있는 분, 가짜 코가 아닌 진짜 코를 가진 자가 고문실에 들어와 방황하다니, 그들에게 재앙이 일어날 것이다! 하하하하!"

그는 말 그대로 저주받은 목소리로 복화술을 보여 주었고 그 목소리는 사방을 돌아다녔다. 눈에 보이지 않는 창문도 넘나들었고, 벽을 넘어서는가 하면, 우리 주변을 돌고 우리 사이를 헤엄쳐 다니기도 했다. 에릭의 목소리는 사방에서 우리한테 말을 걸었다. 우리는 그에게 달려들 듯 덤볐는데 어느샌가 벽 뒤로 사라져 버리고 메아리만 남았다.

그런 뒤에는 더 이상 아무 소리도 들리지 않았다. 잠시 후에 크리스틴의 목소리가 들려왔다.

"에릭! 에릭! 당신 목소리를 들으니 너무 피곤하군요. 부탁이니 그만해 주세요. 이곳은 좀 더운 것 같지 않아요?"

"맞아요. 열기를 견딜 수가 없군."

에릭이 대답했다.

"이게 어떻게 된 일인가요? 벽이 불타는 것처럼 너무 뜨겁군요."

걱정스러운 크리스틴의 목소리가 들려왔다.

"설명해 주지. 옆에 있는 숲 때문에 벽이 뜨거운 거요."

"숲 때문이라니요? 그게 무슨 말이에요?"

"옆에 있는 숲이 '콩고의 밀림'이라는 걸 몰랐단 말이오?"

괴물이 큰 소리로 웃었다. 우리는 크리스틴의 애원이 가득 담긴 외침을 분간하기가 어려웠다. 샤니 자작은 미친 사람처럼 소리를 지르며 벽을 두드렸는데 나는 더 이상 그를 말릴 수가 없었다. 우리에게 괴물의 웃음소리밖에 안 들린 것처럼 괴물도 자신의 웃음소리밖에 들리지 않았을 것이다. 그런 뒤 싸우는 소리가 들리고 누군가가 바닥에 쓰러져 질질 끌려가는 소리가 들렸다. 문 닫히는 소리가 뒤를 이었고 더는 아무 소리도 들려 오지 않았다. 콩고의 밀림 한가운데서 정오의 타오르는 침묵만 우리를 감싸 돌았다.

24

둥근 통 삽니다!

페르시아인의 이야기 IV

이미 말했지만 샤니 자작과 내가 갇힌 방은 전면이 거울로 이루어진 육각형 방이었다. 최근 몇몇 전시회에서 볼 수 있었던 그런 모양의 방에는 대개가 '신기루의 방'이라든가 '환영의 궁전'이라는 이름이 붙곤 했지만 그런 유의 방을 제일 처음 만든 사람은 에릭이었다. 나는 그가 '마젠데란의 장밋빛 시절'에 그런 방을 만드는 것을 두 눈으로 직접 보았다. 예를 들어서 수 많은 회랑을 갖춘 궁정을 갖고 싶으면 방 한구석에 회랑을 놓고 그럴듯한 적당한 장식을 두면 되는 식이다. 방의 넓이가 거울 효과를 통해 육각형으로 넓어지고 각 면에서 다시 무한대로 넓어지기 때문이다. 에릭이 어린 왕비를 즐겁게 해 주려고 만든 그 장식은 '무한한 신전'이 되었지만 어린 왕비가 어린아이 같은 환영에 싫증을 내는 바람에 에릭이 형태를 바꾸어 고문실로 만들었다. 그는 모서리에 건축적인 모티브를 넣지 않고 강철로 만든 나무를 설치했는데 잎사귀까지 달려 실물처럼 보이는 나무는 왜 강철로 만든 것일까? 그 이유는 고문실에서 수감자들의 갖가지 광기 어린 공격에 견뎌 낼 수 있을 만큼 단단해야 했기 때문이다. 그 장식은 각 모서리에 설치된 실린더가 자동으로 돌아가면 순간적으로 두 개의 다른 장식품으로 변했다. 실린더는 삼등분으로 나뉘고 서로 각을 이루면서 거울 면을 아우르게 되는데 그렇게 나타나는 장식 모티브가 차례대로 거울에 비쳤다.

이 이상한 방 벽에는 강철 나무 말고는 아무 장식도 없이 전체가 거울에 둘러싸여 있었다. 수감자들은 맨발, 맨손으로 고문실에 갇히지만 거울은 그들이 아무리 몸부림쳐도 깨지지 않을 만큼 충분히 두꺼워야 했다.

고문실 안에 가구는 전혀 없고 천장은 밝게 빛났다. 전기 난방장치 때문에 벽의 온도는 원하는 대로 조정이 가능했고, 마음대로 방 분위기를 바꿀 수도 있었다.

초록색을 칠한 나뭇가지, 정오의 태양이 내리쬐는 열대 밀림이 우거진 고문실의 초자연적인 고안품을 자세하게 열거하는 것은 사람들의 의심을 없애기 위한 것이었다. 그렇지 않으면 '그 사람 미쳤군!' '거짓말 하는 거야' '우리를 바보로 알고 있군!' 따위로 말할 것이다. *

그렇지 않고 내가 '지하로 내려가니 정오의 태양이 내리쬐는 열대의 밀림이 우거져 있었다'고 한다면 이런 충격적인 효과를 얻지 못했을 것이다. 하지만 나는 그런 효과는 별로 관심이 없다. 내가 원하는 건, 이 글을 써서 이 나라의 안전을 위협했던 모험과 관련해 샤니 자작과 내게 어떤 일들이 있었는지를 자세히 알리는 것뿐이다.

그럼 다시 이야기로 되돌아가 보자.

천장에 빛이 들어오고 우리 주변 숲이 밝아지자, 샤니 자작은 예상했던 것보다 훨씬 더 놀라는 것 같았다. 나무줄기와 가지가 끊임없이 자라는 걸 본 자작은 끔찍한 마비 상태에 빠졌다. 그는 손으로 이마를 감싸고 망상을 쫓아내려고 애썼고 일부러 두 눈을 크게 뜨고 현실 감각을 잃지 않으려고 노력했다. 그래서 순간적으로 소리에 집중해야 한다는 사실을 잊어버렸다.

나는 숲이 우거지는 것도 별로 놀랍지 않았다. 그저 옆방에서 들리는 소리에 계속 관심을 쏟았다. 이미 알고 있는 숲보다는 거울에 더 신경이 쓰였는데 문득 거울이 깨진 모습을 발견했다.

그렇다, 거울에는 상처가 있었다. 누군가가 절대 깨지지 않을 것처럼 강해 보이는 거울을 공격했던 게 분명했고, 그렇다면

---

* 페르시아인이 이 이야기를 썼던 당시는 이야기를 믿지 못하는 사람들을 염두에 둔 것으로, 요즘 같은 시대에는 다소 불필요한 걱정이다. (원주)

누군가는 이 방에 들어왔던 게 틀림없었다. 그 불쌍한 사람은 '마젠데란의 장밋빛 시절'의 사형수처럼 맨발, 맨손은 아니었겠지만 이 '죽음의 환영'인 고문실에 떨어진 뒤 분노에 떨면서 거울을 내리친 것이다. 하지만 고통스러워하는 그 모습은 약간의 흠집만 내고 만 거울에 그대로 비쳐서 끊임없이 지긋지긋한 환영들을 만들어 냈을 것이다. 결국 자신의 목숨을 스스로 끊게 되는 운명에 처했을 때도, 목맨 사람의 수많은 형상이 거울에 비쳐서 흔들리며 저승길에 길동무가 되어 주었을 것이다.

그렇다, 조제프 뷔케는 그런 식으로 저승길로 갔을 것이다. 그러면 우리도 그렇게 가고 마는 걸까? 나는 그렇게 생각하지 않았다. 우리에겐 아직 시간이 조금 더 있었고, 조제프 뷔케와는 다르게 그 시간을 유용하게 사용할 줄 알기 때문이었다.

그리고 나는 에릭의 속임수를 많이 배우지 않았나? 그걸 지금 사용하지 않으면 앞으로는 그런 기회가 영원히 오지 않을 것이다.

우선, 나는 우리가 이 방으로 들어왔던 길을 되돌아갈 생각이 전혀 없었다. 통로를 막고 있는 그 돌멩이가 다시 작동한 가능성은 전혀 없었다. 너무 높은 곳에서 고문실로 뛰어내린 것이라서 다른 방법이 없었다. 어떤 방법으로도 그곳까지 올라갈 수는 없었다. 가구도 없고 나뭇가지는 손에 닿지도 않았으며 자작의 어깨 위로 올라가 인간 사다리를 만든다 해도 닿지 않을 높이였다.

그러므로 가능한 출구는 단 하나. 에릭과 크리스틴 다에가 있는, 루이 필리프풍의 방으로 이어지는 문으로 나가는 방법이었다. 하지만 그 문은 크리스틴이 있는 곳에서는 당연히 알아볼 수 있는 평범한 문이었지만 우리가 있는 곳에서는 전혀 보이지 않았다. 그러므로 어디 있는지 알 수 없는 문을 열어야만 했다. 결코 쉽지 않은 문제였다.

우리에게 아무 희망도 없다는 생각을 할 무렵, 괴물이 크리스틴을 루이 필리프풍의 방 바깥으로 끌고 가는 소리가 들렸다. 우리를 고문하는 데 방해가 되지 않게 하려는 의도 같았다. 나는 그 틈을 타서 그 문이 어디 있는지 알아내야겠다고 결심했다.

그러나 그 결심을 실행에 옮기기 전에 우선, 실성한 사람처럼 앞뒤가 안 맞는 소리를 지르면서 고문실 안을 돌아다니는 샤니 자작을 진정시키는 일이 남았다. 그는 크리스틴과 에릭의 짧은 대화를 엿듣고는 극도로 흥분한 탓에 감정을 통제하지 못했다. 거기에 마법처럼 변하는 숲과 뜨거운 열기가 내리쬐자 샤니 자작은 광분에 가까운 정신 상태를 보인 것이다. 아무리 달래도 진정시키는 방법이 없었다.

그는 이유도 없이 서성거렸으며 존재하지도 않는 공간을 향해서 달려가기도 하고, 수평선을 향해 걷는다면서 몇 걸음 가지도 못하고 이내 벽에 이마를 부딪히기도 했다.

그러면서도 계속 크리스틴의 이름을 외쳤고, 권총을 휘두르며 음악의 천사에게 결투를 신청하는 듯 온 힘을 다해 괴물을 부르거나, 괴물이 만든 걸작품인 환영의 숲에 저주를 퍼붓기도 했다. 그가 그렇게 미쳐 날뛰는 것은 갑작스런 고문을 받은 사람에게서 흔히 나타나는 증상과도 같았다. 나는 불쌍한 자작을 달래기 위해 온갖 방법을 다 동원했다. 그의 손가락을 펴서 거울과 강철 나무를 만져 보게 했고, 우리를 둘러싼 허상에 현혹되면 안 된다고 끊임없이 다그쳤다.

"우리는 지금 방에 갇혀 있는 것뿐입니다! 그것도 아주 작은 방에요. 쉬지 않고 그 생각을 되뇌어야 합니다. 문만 발견하면 이곳에서 나갈 수 있습니다. 그러니 어서 문을 찾도록 합시다!"

그리고 그가 미친 사람처럼 고함을 지르지도 않고 서성이지도 않으면 한 시간 안에 문을 찾을 수 있을 것이라고 약속했다.

그렇지만 그는 마치 숲속의 풀밭에 있는 것처럼 바닥에 누워 자신은 아무것도 할 수 없으니 내가 문을 찾는 것을 기다리기만 하겠다고 분명히 말했다. 그런 뒤에 덧붙일 것이 또 있는 것 같은 표정을 짓더니 경치가 아주 훌륭하다고 중얼댔다. 역시 고문의 결과가 나타나는 모양이었다.

나는 숲에 대한 것은 완전히 잊어버리고 거울을 손으로 더듬으면서 약한 부분이 만져지는지 촉감에 신경을 집중시켰다. 에릭의 함정과 문의 작동법을 볼 때 바로 그런 지점을 눌러야 문이 열리리라는 것은 기정사실이었다. 그런 지점은 작은 콩 크기로 거울에 나 있고는 했는데 그 밑에 문을 열 수 있는 비밀 스위치가 숨겨진 경우가 많았다. 나는 찾고 또 찾았다. 손이 닿는 한 높은 데까지 샅샅이 찾아봤다. 에릭은 나와 비슷한 키였으므로 더 높은 곳에 장치를 부착할 리는 없다는 생각이 들었다. 그것은 비록 가설에 불과했지만 내 유일한 희망이기도 했다. 나는 거울 여섯 면을 모두 더듬어 보고 조심스럽게 바닥까지 차례대로 조사하기로 결심했다.

매우 신중하게 조사하면서도 단 1분의 시간이라도 아끼는 게 매우 중요했다. 방 안의 열기가 점점 더해지면서 우리 두 사람 모두 말 그대로 불타는 숲에서 천천히, 요리처럼 익어 갈 것 같기 때문이었다.

30분 동안 거울 세 면을 마저 조사했을 때 자작이 다시 비명을 질러 댔다.

"숨 막혀요. 거울에서 지옥의 화염이 뿜어져 나오는군요. 용수철 장치를 정말 찾을 수 있을까요? 이러다가 이곳에서 고기처럼 바싹하게 구워지겠어요……."

하지만 그의 이야기를 들으니 마음이 한결 가벼워졌다. 그가 숲에 대해 한마디도 하지 않는 것을 보니 고문에 계속 견딜 것 같은 희망이 생겼다.

"그나마 다행인 건 괴물이 크리스틴에게 내일 밤 11시까지 시간을 준 겁니다. 문을 못 찾아서 이곳에서 나가지 못한다면 우린 그녀보다 조금 일찍 죽겠군요. 그럼 에릭이 우리 모두를 위해 죽음의 추도 미사도 치르고 말이죠……."

그가 덧붙여 말했다. 말을 마친 그가 뜨거운 공기를 들이마셨는데 금방이라도 정신을 잃고 기절하는 줄 알았다.

나로서는 자작과는 달리, 죽음을 순순히 받아들일 절박한 이유가 없었기에 용기를 북돋아 줄 몇 마디 말을 건네곤 다시 거울로 돌아왔다. 한데 이런! 그와 이야기를 나누면서 몇 걸음을 옮긴 게 치명적인 실수였다! 환영의 숲이 워낙 복잡하게 뒤엉켜 있으니 조금 전까지 어디를 더듬어 조사했는지 분간하기가 어려웠다. 할 수 없이 처음부터 다시 시작해야 할 것 같았다. 나도 이제 한탄을 내뱉었고 자작은 내 반응을 본 뒤 모든 상황이 이해되는 것 같았다.

"우리는 이 숲에서 절대로 못 빠져나갈 겁니다……."

자작이 신음을 뱉으며 말했다.

그의 절망감은 점점 더 깊어졌다. 그 때문에 방 안에 거울이 있다는 생각은 잊어버리고 또다시 열대우림에 갇혀 있다는 망상이 굳어지는 것 같았다.

다시 원점으로 돌아가 거울을 더듬어 찾는 수밖에 없었다. 이제 열기가 나를 휘감았다. 아무것도 찾을 수 없었기 때문인지 방 안 공기가 점점 더 뜨겁게 느껴졌다.

옆방에서는 아무 소리도 들려오지 않았다. 침묵이 이어졌으며 우리는 여전히 숲속에 갇혀 있었다. 출구나 나침반, 안내인, 아무것도 없이 숲속에 버려졌다. 아무도 우리를 구하러 오지 않거나 용수철 장치를 못 찾을 경우 무슨 일이 닥칠지는 불 보듯 뻔했다. 장치를 찾아야 했는데 온통 나뭇가지만 보였다. 앞에는 곧게 뻗은 나뭇가지, 머리 위로도 아름다운 나뭇가지들이 휘감겨 있었다. 그런데 왜 그늘은 전혀 없을까……. 맞다, 우리는 머리 위로 태양이 내리쬐는 적도 부근, 콩고 열대우림 한가운데 있는 것이니 그늘이 없는 게 당연했다…….

샤니 자작과 나는 옷을 여러 번 입었다 벗었다를 반복했다. 옷 때문에 더 덥기도 했지만 반대로 옷이 열기를 막아 주는 역할을 하는 것 같았다.

나는 정신을 차리려고 안간힘을 썼지만, 샤니는 완전히 넋이 나간 상태였다. 그는 이미 3일 밤낮 동안 크리스틴을 찾아 헤맸다고 말했다. 이따금 나무줄기 뒤에서 지나가는 그녀를 언뜻 보았노라고 눈물을 글썽이며 그녀의 이름을 애처롭게 부르기도 했다.

"크리스틴! 크리스틴! 왜 내게서 도망칩니까? 나를 사랑하지 않나요? 우리는 결혼을 약속한 사이잖아요? 크리스틴, 제발 멈춰 서요. 난 너무 지쳤단 말입니다. 날 불쌍히 여겨 제발 멈춰요.

당신과 멀리 떨어져 이렇게 숲속에서 죽어 가고 있답니다……"

그런 다음에 그는 경련을 일으켰다.

"목말라 죽을 것 같아……!"

그건 나 역시 마찬가지였다. 목구멍이 갈라져 타들어 가는 것 같았지만 바닥에 거의 쓰러질 지경이 되어도 용수철 장치를 찾는 일을 포기하지 않고 계속 찾아다녔다. 눈에 보이지 않는 문을 열어 줄 용수철 장치를 찾아 헤맸다. 숲속에 갇혔다는 건 저녁이 다가올수록 더 위험해진다는 뜻이었다. 이미 어둠이 우리를 둘러싸기 시작했고 황혼도 없이 적도 지방처럼 바로 어둠이 몰려왔다.

적도 지방의 숲에서 밤을 보내는 것은 무척 위험했다. 굶주린 맹수를 내칠 만한 불빛도 없을 땐 더욱 그렇다. 나는 용수철 장치를 찾는 것을 잠시 중단하고 가지를 꺾어 불을 피우기 위해 나무로 다가갔다. 하지만 거울에 이마를 부딪힌 다음에야 겨우 나뭇가지의 환영으로 가득 찬 방에 있다는 걸 기억해 냈다.

밤이 되었지만 진짜 숲과는 달리 숲의 열기가 가시지 않고 오히려 방은 푸른 달빛을 받아 더 뜨거워져 실내 온도가 계속 올라갔다. 나는 샤니 자작에게 권총을 든 채 절대 자리를 뜨지 말라는 지시를 하고 용수철 장치를 계속 찾아다녔다.

갑자기 몇 발자국 떨어진 곳에서 사자가 울부짖는 소리가 들려왔다. 귀청이 떨어질 만큼 큰 소리였다.

"바로 근처예요. 안 보이세요? 저 나무 건너편에 저 덤불 속이에요. 다시 한 번 더 소리를 내면 방아쇠를 당겨 버릴 겁니다."

자작이 목소리를 낮춰 말했다.

그러자 사자의 포효가 더 커졌다. 자작은 방아쇠를 당겼지만 사자가 맞을 리 없었다. 다만 거울이 깨졌을 뿐인데 그 사실조차 다음 날 새벽이 되어서야 알게 되었다……. 밤사이 우리는 먼 길을 걸어가야만 했다. 우리 앞에 모래와 돌멩이, 바위뿐인 황량한 사막이 펼쳐져 있었다. 그런 사막에 떨어지기 위해서 숲을 빠져나오려고 애를 썼다는 게 후회가 될 지경이었다. 나는 용수철 장치를 찾는 데 지쳐 그만 자작 옆에 드러누워 버렸다.

사실 나는 밤새 사자 외에 다른 맹수를 만나지 않았다는 게 내심 놀라웠고, 자작에게도 그 사실을 말해 주었다. 대개 사자를 만나면 다음에는 표범을 만나고, 그다음에는 체체파리가 윙윙거리며 나타나는 게 순서였기 때문이다. 그런 효과를 내는 건 무척 쉬웠다. 나는 사막을 건너기 전 누워서 자작에게 에릭이 한쪽에만 당나귀 가죽을 댄 북으로 사자 소리를 낸 게 틀림없다고 설명해 주었다. 한쪽에만 가죽을 대고 그 위에 짐승의 창자로 만든 줄이 연결되어 있는데 그 가운데 같은 종류의 줄을 연결해 북을 가로지르며 묶는 식이었다. 에릭은 송진을 바른 장갑으로 그 줄을 문지른 것이었다. 그 문지르는 방법을 바꾸기만 하면 표범이 되기도 하고, 체체파리의 소리를 낼 수도 있었다.

에릭이 바로 옆방에서 그런 속임수를 쓰고 있다는 생각이 들자 차라리 그와 협상하는 게 낫겠다 싶었다. 어차피 급습하려던 계획은 포기해야 했으니까 이제는 고문실 밖으로 나갈 방법을 생각해야만 했다.

"에릭, 에릭!"

나는 소리 높여 그의 이름을 불렀다. 사막 너머 멀리까지 외쳐 보았지만 아무런 대답도 들리지 않았다. 주변에는 침묵만이 가득했고 거대한 사막은 끝도 없이 펼쳐져 있었다. 이 막막한 사막에서 우리 운명은 어떻게 되는 것일까?

우리는 더위와 배고픔, 갈증으로 죽어 가고 있었다. 특히 목이 말라서 죽을 지경이었다. 문득 샤니 자작이 팔꿈치를 받치고 몸을 살짝 일으키더니 수평선을 가리켰는데 마치 오아시스를 발견한 듯했다!

맞다, 저 멀리 사막 대신 오아시스가 보였다. 물이 있는 오아시스, 거울처럼 투명한 물, 강철 나무를 비추는 물……. 그것마저 신기루였다. 나는 곧 정신을 차렸다. 누구라도 속아 넘어갈 신기루였지만 이성을 되찾고, 물을 탐하지 않으려고 애를 썼다. 강철 나무를 비추는 물을 먹으려고 하면 결국 머리를 거울에 부딪힐 테고, 남은 건 강철 나무에 목을 매는 것 말고는 아무것도 없다는 것을 알았기 때문이다.

"저건 신기루요! 물이 아니야! 저것 역시 거울의 속임수라니까⋯⋯."

나는 샤니 자작에게 소리쳤다. 그러자 그는 오히려 거울의 속임수, 문을 여는 용수철 장치, 회전문, 신기루 궁전 같은 건 모두 잊어버리라고 고래고래 소리를 질러 댔다. 저렇게 아름다운 나무들에 둘러싸인 물이 진짜가 아니라고 한다면 내가 정신이 나갔거나 장님이라면서 흥분했다. 그리고 사막도 숲도 진짜라고 소리치며 세계 여러 나라를 여행했기 때문에 그런 속임수는 자신한테 통하지 않노라고 으름장을 놓았다.

"물⋯⋯ 물⋯⋯."

그는 이렇게 중얼대며 기어갔는데 마치 물을 마시는 것처럼 입을 벌렸고 나도 역시 마찬가지로 힘없이 입을 벌리고 있었다.

물이 우리 눈에 보였을 뿐 아니라 물 흐르는 소리도 어디선가 들려왔다. 졸졸 흐르는 소리, 첨벙첨벙 튀는 소리⋯⋯. 그런데 저 물 튀는 소리는 어떻게 내는 거지? 간단하다. 혀를 움직이는 것이다. 혀를 입술 밖으로 살짝 내밀면 물 튀는 소리를 낼 수 있다⋯⋯.

무엇보다 가장 견디기 힘든 것은 비가 전혀 내리지 않는데 빗소리가 들리는 것이었다. 그건 정말 악마가 만들어 냈을 것이다. 너무나 악마적인 착상이 아닌가! 나는 에릭이 어떻게 그

소리를 내는 것인지 역시 잘 알고 있었다. 좁고 긴 상자에 나무와 금속판을 끼워 넣고 그 안에 자갈을 넣으면 자갈이 떨어지면서 칸막이와 부딪히기도 하고 튀어 오르기도 하면서 빗방울 떨어지는 소리가 나는 것이다. 샤니 자작과 나는 혀를 내밀고 물가로 엉금엉금 기어갔다. 비록 환영일지라도 눈과 귀로는 물을 만끽할 수 있었지만 혀는 바짝 타들어 갔다.

드디어 거울 앞에 도착한 샤니 자작과 나는 미친 듯이 게걸스럽게 거울을 핥았다. 혀에 와 닿는 거울은 뜨거웠다. 우리는 다급하게 숨을 몰아쉬고 바닥을 뒹굴었다. 샤니 자작은 권총을 관자놀이에 갖다 댔으며 나는 발치에 놓인 펀자브의 올가미를 쳐다보았다…….

나는 이 세 번째 속임수를 보며 왜 강철 나무가 눈에 들어온 것인지 깨달았다. 강철 나무는 그 자리에서 내가 목을 매기만을 기다린 것이다…….

펀자브의 올가미를 쳐다보던 나는 문득 옆에 놓인 무언가를 발견하고 소스라치게 놀라서 소리를 질렀다. 자살을 하려던 자작은 이미 크리스틴에게 인사를 하며 중얼거리는 중이었다. 나는 그의 팔을 붙잡아 권총을 빼앗고 방금 목격한 뭔가를 향해 무릎으로 기어갔다.

펀자브의 올가미 바로 옆에 바닥 틈으로 조그마한 검은 못이 특별한 용도도 없이 박혀 있는 것이 아닌가! 이제야 겨우 용수철 장치를 발견한 것이다! 문을 열 용수철, 자유를 줄 용수철, 우리를 에릭한테 데려다 줄 용수철 장치였다.

나는 못을 더듬으며 샤니 자작을 보고 환하게 웃어 보였다. 검은 못을 누르자 반응이 나타나기 시작했는데 막상 열린 것은 벽 쪽 문이 아니라 바닥 쪽이었다. 커다란 검은 구멍으로부터 시원한 바람이 불어왔다. 우리는 샘물에 머리를 담그는 것처럼 어둠 속으로 몸을 굽혀 서늘한 어둠 속에 머리를 담그고 시원한 공기를 한껏 들이마셨다.

우리는 몸을 더 깊이 숙여 보았다. 바닥으로 난 이 문 안쪽에는 무엇이 기다리고 있을까? 혹시 저 안에 물이 있는 건 아닐까, 마실 수 있는 그런 물······.

팔을 길게 뻗어 보았더니 돌 하나가 만져졌고 이어 계단이 보였다. 지하로 내려가는 어두운 계단. 자작은 벌써부터 그 구멍으로 몸을 던지려고 들었다. 물을 발견하지 못하더라도 대신 거울 방의 뜨거운 빛만을 피할 수 있을 것 같았다.

괴물이 또 다른 속임수를 쓰는 건 아닌가 해서 나는 일단 자작을 말렸다. 램프에 불을 붙인 후 내가 조심스럽게 앞장을 섰다. 깊은 어둠 속으로 빙글빙글 돌아가면서 계단이 뻗어 있었고 우리는 계단의 서늘함과 어둠을 즐기기까지 했다. 그 시원한 공기는 에릭이 만들었을 환풍창에서 나오는 게 아니라, 우리가 있는 높이에서 습기를 머금고 있는 촉촉한 진짜 흙에서 스며 나오는 듯했다. 그렇다면 호숫가 바로 근처에 있는 건지도 모를 일이었다.

드디어 맨 마지막 계단에 다다랐고 우리는 서서히 어둠에 익숙해졌다. 둥근 모양의 희미한 형태 정도를 어느 정도 분간할수 있게 되었다. 나는 램프를 들어서 멀리까지 비추어 보았다. 그 둥근 형태들은 수많은 통이었다. 거기는 에릭의 지하 저장고였다! 그는 이곳에 포도주와 함께 마실 물도 두었을지 모른다. 에릭이 엄청난 포도주 애호가라는 사실은 이미 알고 있었다. 아, 무엇보다 드디어 마실 것을 찾았다는 게 감격스러웠다.

"둥근 통이야! 통이야! 통이 이렇게나 많다니……."

샤니는 둥근 통을 만지며 계속 중얼댔다. 우리를 가운데에두고 양쪽으로 둥근 통이 두 줄씩 줄지어 늘어서 있었다. 다소작은 크기였는데 아마 호숫가 거처로 옮기기에 편리하도록 일부러 고른 듯했다.

우리는 둥근 통을 차례로 살피며 에릭이 사용했을지도 모를깔때기를 찾아보았지만 둥근 통은 모두 정교하게 봉인된 상태였다.

우리는 그중에 하나를 들어 올려 안이 꽉 찬 건지 확인하고무릎을 꿇은 채 지니고 있던 칼로 마개를 열었다. 바로 그 순간에 파리 거리에서 자주 듣던 익숙하고 단조로운 노래가 아주멀리서 희미하게 들려왔다.

"둥근 통 사요! 둥근 통 삽니다! 내다 팔 통 없으십니까?"

내 손은 꼼짝도 하지 않은 채 마개 위에 멈췄고 샤니 자작도 가만히 앉아 귀를 기울였다.

"이상하네요. 마치 둥근 통이 노래를 부르는 것 같습니다 ……."

자작이 낮게 말했다.

노랫소리는 점점 더 멀어져서 희미하게 들리다가 다시 시작됐다.

"둥근 통 사요! 둥근 통 삽니다! 내다 팔 통 없으십니까?"

"노랫소리가 통 속으로 멀어지는 게 분명합니다."

우리는 자리에서 일어나 통을 뒤집어 여기저기를 살펴보았다.

"통 안에서 들리는 거예요. 통 안에서요!"

샤니 자작이 말했다.

그러다가 갑자기 아무 소리도 들려오지 않았다. 우리는 감각과 이성이 마비돼서 헛것을 들은 거라고 짐작하고 다시 마개를 따기 시작했다. 샤니 자작이 있는 힘을 다해 두 손으로 통 밑 부분을 잡았고 내가 마개를 힘껏 뽑았다.

"이게 뭐야? 물이 아니잖아……."

자작이 깜짝 놀라며 소리쳤다. 자작은 두 손을 램프 가까이 댔고 나는 몸을 숙이고 그의 손을 들여다보았다. 그리고 그와 동시에, 나는 램프를 가능한 한 멀리 던져 버려야만 했다. 램프 불빛이 꺼지고 사방은 다시 어두워졌다.

샤니 자작의 두 손바닥 위에 놓인 건 바로 화약 가루였다!

25

전갈을 뒤집을 것인가? 메뚜기를 뒤집을 것인가?

페르시아인의 마지막 이야기

지하 저장고 밑바닥까지 가서야 내가 그렇게 걱정하던 끔찍한 결말을 내 두 눈으로 똑똑하게 확인할 수 있었다. 그가 사람들을 모두 죽여 버리겠노라 위협한 것은 거짓이 아니었다. 그는 사람들 곁을 떠나 지하 어두운 곳에서 짐승처럼 피난처를 짓고 지상의 사람들이 그곳으로 내려와 자신을 귀찮게 하면 주저하지 않고 자신을 포함한 모든 사람들을 파멸시킬 재앙을 일으키겠노라 결심했던 것이다.

우리는 과거의 고통과 현재의 괴로움 따위는 다 잊어버렸다. 자살을 시도하려던 우리가 처한 황당한 상황은 앞으로 일어날지 모르는 일에 비하면 아무것도 아닌 일이었다. 우리는 괴물이 전하려고 하는 것을 모두 이해할 수 있었다. 그가 크리스틴 다에에게 했던 모든 이야기들, '예 혹은 아니요. 아니요라고 대답하면 모든 사람들이 죽어 땅에 묻힐 거야'라고 했던 말의 의미도 알게 되었다. 그렇다. 오페라극장이 무너지고 모든 사람들은 그 아래 파묻혀 죽게 될 것이다……. 세상을 떠나는 기념으로 삼기에 이보다 더 악마적인 범죄 행위가 또 있을까? 아직도 하늘 아래 살아 있는 무시무시한 괴물이 사랑에 대해 복수를 하려고 이런 재앙을 차분히도 준비했다니! '내일 밤 11시가 마지막 기회'라던 그는 이미 시간까지 정확히 계산해 놓았다. 밤 11시는 화려하게 축제를 즐길 시간이자, 화려한 음악의 전당인 오페라극장에 수많은 인파가 몰릴 시간이었다. 이보다 아름다운 죽음의 행렬이 또 있을까? 내일 밤 11시, 가장 화려한 옷을 차려입고 더할 나위 없이 아름다운 보석으로 치장한 고귀한 신분을 가진 사람들은 하나둘씩 무덤으로 들어오게 되는 것이다. 크리스틴 다에가, '아니요'라고 대답하면 우리 모두는 화려한 죽음을 맞게 된다. 내일 밤 11시, 크리스틴은 결국 '아니요'라는 대답을 할 수밖에 없을 것이다. 살아 있는 시체와 결혼을 하는 것보다 차라리 죽음, 그 본질과 하나가 되는 선택을 하는 게 나을지 모른다. 그녀는 자신의 대답 한마디에 수많은 사람들의 운명까지 걸려 있다는 것을 결코 알지 못할 것이다. 내일 밤 11시…….

우리는 화약 가루를 피해서 어둠 속을 달려 계단을 찾았다.

거울 방에서 내려온 문이 머리 높이 있어 계단을 찾는 게 쉽지 않았다. 우리는 내일 밤 11시를 다시 한 번 중얼거렸다.

결국 계단을 찾았고 첫발을 딛는 순간 끔찍한 생각이 떠올랐다.

'지금 몇 시지?'

아, 지금은 몇 시인 걸까? 내일 밤 11시라고 했으니, 이미 오늘이 되었을 것이다. 과연 누가 우리한테 시간을 가르쳐 줄 수 있을까? 우리가 이 지옥에 갇힌 게 벌써 며칠, 아니 몇 주, 혹은 몇 년이나 된 것 같았다. 태초부터 이곳에 갇힌 것 같기도 했다. 한순간에 굉음과 함께 모든 것이 폭발해 버릴 수도 있을 것이다. 무슨 소리가 들렸나? 맙소사, 저기 구석…… 어떤 기계 소리처럼……. 그리고 저 빛은 기계가 폭발하면서 내는 빛인가? 굉음이 울리고 나면 이미 모든 것이 끝난다. 단 한 번으로도. 쾅!

샤니 자작과 나는 이성을 잃고 마치 미친 사람처럼 소리를 질렀다. 참을 수 없는 공포가 덮쳐 왔다. 우리는 급히 계단을 올라갔다. 저 위 바닥 문은 아마 닫혔을 것이다. 문이 닫혀서 이렇게 어두운 게 분명하군! 아, 이 어둠 속에서 얼른 나가야 해! 밝게 빛나는 거울의 방으로라도 다시 올라가야 한다고!

하지만 계단을 올라가자 바닥 문은 그대로 열려 있었다. 다만 거울의 방도 지하 저장고처럼 컴컴했다. 계산 따위는 필요 없이 우리는 지하 저장고에서 나와 화약 가루로부터 우리를 지켜 줄 고문실로 다시 들어갔다. 지금은 과연 몇 시나 됐을까? 소리를 지르고 사람들 이름을 불러 댔다. 샤니 자작은 온 힘을 다해 크리스틴을 부르고, 나는 에릭을 불렀다. 내가 그의 생명을 구해 주었던 것을 상기시켰다. 하지만 아무 대답도 들리지 않았다. 오로지 절망과 공포만 되돌아올 뿐이었다. 도대체 지금은 몇 시일까? 내일 밤 11시가 곧 되는 것은 아닐까? 우리는 머리를 맞대고 여기서 보낸 시간을 계산해 보려 애썼지만 도저히 알아낼 방법이 없었다. 죽기 전에 바늘이 움직이는 시계를 한 번만이라도 볼 수 있다면 얼마나 좋을까……. 내 손목시계는 이미 오래전에 멈췄지만 샤니 자작의 시계는……? 그는 오페라극장으로 오기 전 옷을 차려입을 때 시계태엽을 감았다고 했다. 우리는 그 사실을 떠올리면서 아직 치명적인, 절체절명의 시간에 도달한 것은 아니라는 희망을 조심스럽게 가졌다.

하지만 바닥 문은 다시 닫으려는 노력에도 꼼짝도 하지 않았다. 그 밑에서 어떤 소리가 들려올 때마다 우리는 불안감에 떨었다. 도대체 몇 시지? 이제는 성냥도 떨어져서 시계를 확인할 방법도 없었다. 샤니 자작은 시계 유리판을 깨고 손으로 바늘 위치를 알아보자고 했다. 그가 시계 유리판을 깨는 동안 침묵이 흘렀고 그는 조용히 시곗바늘을 손으로 확인했다. 시계 맨 위에 있는 작은 고리를 기준점으로 삼고, 그 벌어진 간격으로 봤을 때 11시쯤 된 것이라는 추측을 할 수 있었다.

우리가 그렇게 두려움에 떨며 기다리던 11시는 이미 지나 버렸다. 하지만 만약 낮 11시라고 한다면 이제 열두 시간 정도가 남은 것이었다.

그때 옆방에서 무슨 소리가 들리는가 싶어서 나는 입술에 손을 대고 샤니 자작에게 조용히 하라는 신호를 보냈다. 내 판단이 옳았다. 문 열리는 소리가 들려왔고 서둘러 움직이는 발소리와 벽을 두드리며 외치는 소리도 들렸다.

"라울! 라울!"

크리스틴이었다. 이제 우린 벽을 사이에 두고 서로 소리를 질러 댔다. 크리스틴은 라울이 살아 있다는 것이 꿈만 같다면서 흐느껴 울었다. 그동안 괴물이 그녀를 괴롭히며 '예'라는 대답을 기다리며 온갖 헛소리를 지껄였어도 자신은 끝내 거절했다고 울먹이며 말했다. 그리고 고문실로 데려가 주면 '예'라는 대답을 해 주겠다는 크리스틴의 약속에 완강하게 버티며 모든 인간을 죽여 버리겠다는 위협을 했다고 전했다. 그렇게 오랫동안 실랑이를 벌이며 지옥 같은 시간을 보내고 그는 마지막으로 잘 생각해 보라면서 방금 밖으로 나갔다고 했다.

"크리스틴, 지금 몇 시입니까?"

내가 다급하게 물었다.

"11시 5분 전이에요."

"11시? 오전, 오후 어느 쪽이오?"

"사느냐 죽느냐를 결정해야 하는 그 11시요. 그가 다시 한 번 그렇게 강조하고 나가 버렸어요. 그가 횡설수설하면서 가면을 벗었는데 황금빛 눈동자가 번들거리고……. 아, 정말 너무나 끔찍했어요……. 그러면서 그가 소리 내어 웃었어요. 마치 술 취한 악마 같았어요. '이제 5분 남았군. 당신이 정숙한 여자라는 걸 아니까 혼자 두는 거요. 소심한 여자들처럼 당신이 얼굴을 붉히고 내게 '예'라고 대답하는 건 듣고 싶지 않군.' 이러더군요. 진짜 술 취한 악마가 따로 없었어요. 그러고는 생사가 걸렸다는 그 가방을 꺼내면서 말했어요. '자, 봐. 이건 벽난로 위에 있는 흑단 상자를 여는 청동 열쇠지. 그 가운데 하나는 전갈이, 다른 하나에는 메뚜기가 들어 있어. 일본산 청동으로 만든 곤충들인데 내가 이 방에 되돌아왔을 때 당신이 전갈을 원래 있던 위치에서 뒤집어 놓으면 '예'라는 대답이고, 그렇게 되면 이 방이 신방이 되는 셈이야. 만약 메뚜기를 뒤집어 놓으면 '아니요'라는 대답이고, 그렇게 되면 이 방은 죽음의 방이 되는 거야……' 그러면서 계속 술 취한 악마처럼 웃었어요. 나는 무릎을 꿇고 고문실 열쇠만 주면 영원히 그의 아내가 되겠다고 했죠. 그랬더니 그는 열쇠는 더 이상 필요 없으니까 호수에 던져 버리겠노라고 했어요. 그러면서 다시 술 취한 악마처럼 웃었고요. 그는 신사라면 정숙한 여자를 배려하는 법이라며 5분 후에 다시 오겠다고 하곤 나갔어요. 그런 뒤에 멀리서 소리쳤어요. '메뚜기는 조심해야 돼. 녀석을 뒤집으려고 하면 펄쩍 뛰어올라. 아주 귀엽게 펄쩍!' 나는 이 대목에서 크리스틴이 했던 이야기와 말투, 비명 소리, 한숨까지 그대로 옮기려고 노력하고 있다. 그녀 역시 지난 하루 동안 인간이 경험할 수 있는 고통의 저 밑바닥까지 내려가 봤을 테고, 아마 우리보다 더 고통스러웠을 것을 짐작할 수 있었기 때문이다. 그녀는 그러면서도 계속 말을 끊으며 라울에게 괜찮으냐고 물었다. 그리고 지금은 차갑게 식어 버린 벽이 전에 왜 그리 뜨거웠는지 이유가 궁금하다고 했다. 그러는 동안 오 분의 시간이 흘렀고 내 머릿속에서는 전갈과 메뚜기가 서로 시끄럽게 긁으며 싸워댔다.

나는 메뚜기가 뛰어오르면 많은 사람들 역시 함께 깜짝 놀라 뛰어다닐 것이라고 추측해 볼 정도로 의식은 아직도 또렷했다. 지하 저장고에 잇는 화약 가루를 폭발시킬 전기 장치가 메뚜기에 연결된 것이 틀림없었다. 크리스틴의 목소리를 들은 샤니 자작은 다시 제정신을 찾은 듯, 우리 세 세람은 물론이고 오페라극장 전체가 얼마나 위험한 상황인지를 그녀에게 설명해 주었다. 고민할 것도 없이 당장 전갈을 뒤집으라는 말도 빼놓지 않았다.

에릭에게 '예'라고 대답하는 징표인 전갈이 닥쳐올 재앙을 막을, 유일한 열쇠, 유일한 방법이었다.

"어서요, 크리스틴, 내 사랑하는 사람……."

라울이 그녀에게 간절하게 말했다.

하지만 그녀는 대답을 하지 않았고 침묵만 계속됐다.

"크리스틴, 내 말 들립니까?"

나는 두려움으로 떨며 소리쳤다.

"전갈 옆에 있어요……."

"잠깐만 아직 건드리지 마세요."

그때 문득, 어떤 생각이 머릿속을 스쳤다. 나는 에릭이 어떤 인간인지 잘 알고 있다. 그 괴물은 이번에도 반드시 크리스틴을 기만했을 것이다. 아마 전갈이야말로 모든 걸 파괴시킬 열쇠일지도 모른다. 벌써 5분이 지났는데 그가 돌아오지 않는 이유는 뭘까? 어딘가 숨어서 거대한 폭발이 일어나길 기다리고 있을 것이다. 그가 바라는 건 오직 그것뿐이다. 사실, 그는 크리스틴이 진정으로 자신의 아내가 될 것이라고는 생각하지 않았을 것이다. 그렇지 않다면 왜 돌아오지 않겠는가! 절대로 전갈을 건드리면 안 된다!

"그예요! 소리가 들려요! 그가 오고 있다니까요!"

크리스틴이 낮은 목소리로 외쳤다.

사실이었다. 그가 돌아왔다. 루이 필리프풍의 방 안으로 들어오는 발소리가 들려왔다. 그는 크리스틴에게 되돌아왔으면서도 말 한마디 하지 않았다.

"에릭! 날세! 내 목소리 알아듣겠나?"

나는 목소리를 높여 그를 불렀다. 그러자 그는 무척이나 평온하고 차분하게 대답했다.

"아직 안 죽었나? 그렇다면 조용히 입 다물고 있게."

나는 그의 말을 막으려 했지만 벽 너머로 들리는 차가운 대답에 가만히 있어야만 했다.

"한마디만 더 하면 모두 날려 버리지!"

그런 뒤에 갑자기 침착하게 크리스틴에게 말을 걸었다.

"이제 당신과 얘기를 나눌 차례군요. 크리스틴, 전갈에 손을 안 댔네요. 그리고 메뚜기에도. 하지만 너무 늦은 건 아닙니다. 난 열쇠가 없어도 상자를 열 수 있어요. 그래서 사람들이 나더러 '함정 전문가'라고 부른답니다. 나는 원하는 건 무엇이건 언제든지 열고 닫는 게 가능하거든요. 자, 이 조그만 흑단 상자를 열어 볼 테니 잘 봐요……. 아주 정교하게 만들어진 귀여운 곤충들입니다. 겉으로 보기엔 사람을 공격할 것 같지 않지만 항상 그런 건 아니에요. 메뚜기를 뒤집으면 우리 모두 펄쩍 뛰어오를 거예요. 파리의 일부를 폭발시킬 화약이 바로 우리 발아래 있거든요. 하지만 전갈을 뒤집으면 화약은 물에 젖어 버립니다. 지금쯤 오페라극장에서 보잘것없는 작품에 환호하는 수많은 파리 시민들을 위해 멋진 선물을 할까요? 당신의 아름다운 두 손으로 그들에게 삶이라는 최고의 선물을 주는 셈입니다. 당신이 전갈을 뒤집게 되면…… 우리는 기분 좋게 결혼식을 올리게 되는 겁니다."

에릭은 그윽한 목소리로 말했다. 잠시 말을 끊었다가 다시 말을 시작했다.

"지금부터 2분 뒤에 전갈을 뒤집어야 합니다. 내게 아주 멋진 손목시계가 있어요."

에릭이 시간을 확인하는 모양이었다.

"그렇지 않으면 내가 메뚜기를 직접 뒤집을 겁니다. 그러면 메뚜기가 아주 귀엽게 펄쩍 뛰어오를 겁니다!"

그 어느 때보다 침묵이 끔찍하게 여겨졌다. 에릭이 저렇게 평온하고 고요하고 나른하게 이야기하는 건 어떤 짓도 저지를 수 있다거나, 그의 귀에 거슬리는 말 한마디만 들어도 걷잡을 수 없는 일이 닥칠 수 있다는 두 가지 의미였다. 샤니 자작은 이제 기도밖에 구원할 방법이 없다고 여겼는지 무릎을 꿇고 기도를 했다. 나는 심장이 터질 것만 같아서 두 손으로 누르고 다가오는 두려움을 억눌렀다. 크리스틴이 머릿속으로 무슨 생각을 할지, 전갈을 뒤집기 전에 얼마나 망설일지를 잘 알고 있고 공감이 되었기 때문이다. 하지만 전갈이 모든 사람들을 튀어 오르게 하면? 에릭이 우리 모두를 자신과 함께 묻어 버리기로 작정한 것이라면?

"2분이 지났어요. 크리스틴, 이제 당신과 영원한 이별을 해야겠군요. 자, 잘 가라, 메뚜기야……. 이제 모든 게 튀어 오를 거요."

천사처럼 은은하고 부드럽게 에릭이 말했다.

"에릭! 당신이 지독한 사랑을 걸고 맹세해 주세요. 전갈을 뒤집어야 한다고……."

크리스틴이 에릭의 손을 덥석 잡으면서 말했다.

"그래요. 그렇게 해야 우리가 결혼식을 올리지요."

"당신은 벌써 알고 있었던 거야. 우리 모두 폭발해 버릴 거라는 걸!"

"어린애처럼 순진한 크리스틴……. 전갈을 뒤집으면 무도회장의 문이 열리는 거지! 하지만 이제 시간이 지났군. 당신은 전갈을 뒤집는 걸 원치 않아. 이제 메뚜기는 내게 맡……."

"에릭!"

"이미 늦었다고!"

샤니 자작은 계속 기도에 열중했다. 그 순간에 크리스틴이 외치는 소리가 들려왔다.

"에릭! 전갈을 뒤집었어요."

아, 그 순간이 얼마나 끔찍하고 길고 또 두려웠던가! 우리는 그저 가만히 기다리고만 있었다. 엄청난 굉음이 울리고 난 뒤 오페라극장은 폐허로 변할 테고 우리는 형체도 알아볼 수 없게 변할 것이다.

발밑에 활짝 열린 시커먼 심연 속에서 공포의 마지막을 장식

할 전주곡이 될 삐걱대는 소리가 들리고…… 퓨즈가 타들어 가는 듯 쉬익거리는 소리도 곧 이어 들려올 것이다.

처음에는 그 소리가 아주 작고 희미했지만 점점 더 크게…… 더 크게 확장되는 것이었다! 귀를 기울여라! 귀를 기울여라! 수많은 사람들과 함께 심장을 부여잡고 터질 폭발을 기다려라! 하지만 그건 분명 퓨즈가 타들어 가는 소리가 아니었다. 혹 물이 흐르는 소리인가? 바닥 문에서 들려오는 소리였다. 바닥 문에서 들려왔다. 귀를 기울여라! 귀를 기울여라! 이제는 물이 철철 흘러넘치는 소리가 들렸다. 바닥 문, 분명히 바닥 문에서 들려왔다. 그런 다음에 굉장히 신선한 기운이 갑작스럽게 솟구쳐 밀려왔다. 엄청난 공포로 잊었던 갈증이 물소리를 듣고는 다시 되살아났다. 물소리는 점점 더 크게 들렸다. 물! 그건 분명히 물이었다! 지하 저장고에 있던, 화약이 가득 든 둥근 통 위로 물이 차올랐다. 우리는 그곳으로 내려가서 턱까지 차오르는 물을 지하에 넘쳐흐르는 그 많은 물들을 다 마실 듯이 벌컥벌컥 마셨다.

갈증이 해소될 때까지 물을 마시고 컴컴한 계단을 다시 올랐다. 물에 잠긴 게 분명한 화약 가루가 둥둥 떠다녔다. 엄청난 양의 물이 차올랐다. 호숫가 거처에선 물을 조심하지 않았지만 이렇게 차오른다면 지하 저장고가 모두 물에 잠길 것 같았다.

물은 멈출 줄 모르고 계속 차올랐다. 우리가 지하 저장고에서 나온 뒤에도 계속 차올랐다. 지하 저장고에서 올라온 물은 바닥 문 위로 넘쳤고, 이렇게 계속된다면 호숫가 거처 모두 물에 잠길 것이다. 거울의 방은 이미 작은 호수가 되었고 물은 우리 두 사람 발목 근처까지 차올랐다. 어디선가 계속 물이 콸콸 쏟아졌다. 에릭이 수도꼭지를 잠가야만 했다.

"에릭! 에릭! 이 정도면 화약 가루는 충분이 물에 잠겼네. 수도꼭지를 잠가야 해! 얼른 전갈을 제자리에 돌려놓고!"

나는 그에게 소리쳤다. 하지만 그는 대답하지 않았다. 차오르는 물소리 외에는 아무 소리도 들리지 않았다. 이제 물은 종아리까지 닿았다.

"크리스틴! 크리스틴! 물이 올라와요. 벌써 무릎까지 올라왔어요."

샤니 자작이 온 힘을 다해 소리 질렀다. 하지만 크리스틴도 대답하지 않았다. 그저 끝없이 차오르는 물소리뿐이었다.

옆방에는 크리스틴도 에릭도 없었다. 수도꼭지를 잠글 사람도, 전갈을 제자리에 돌려놓을 사람도 없었다.

이제 우리는 칠흑 같은 어둠 속에서 끊임없이 뿜어져 올라오는 얼음처럼 차가운 물과 싸우는 수밖에 없었다. 샤니 자작과 나는 에릭과 크리스틴을 힘껏 불렀다.

우리는 발을 동시에 헛디뎌 물속에서 한 바퀴 빙그르르 돌았는데, 어떤 거대한 힘이 물 전체를 회전시키며 소용돌이치게 만드는 느낌이 들었다. 우리는 목만 내놓고 물에 휩쓸려 벽에 부딪히며 정신없이 맴돌았다.

타 죽을 고비를 겨우 넘긴 고문실에서 이제는 물에 잠겨 죽을 고비를 맞는 건가? 이런 경험은 처음이었다. 에릭은 '마젠테 란의 장밋빛 시절'에서도 보이지 않는 작은 창문으로 이런 광경을 보여 주지 않았다.

"에릭! 에릭! 난 자네 목숨을 구했네. 그걸 잊지 말게나. 자넨 곧 죽을 운명을 가진 사형수였다고! 내가 살 길을 열어 준 거잖나. 에릭! 에릭!"

나는 목청껏 그를 불렀다.

우리는 빙빙 돌며 물 위를 떠다녔다. 그때 갑자기 강철 나뭇가지가 손에 잡혔다! 나는 샤니 자작을 소리쳐 불렀고 우리는 그 나뭇가지에 안간힘을 써서 매달렸다.

물은 계속 소용돌이치면서 차올랐다. 강철 나뭇가지와 거울방 높은 천장까지는 사뭇 넓은 공간이 있었지만 결국 어느 정도까지 차오르면 물은 멈추고 말 것이다. 자, 이제 멈췄나. 아니, 아직이다. 강철 나무도 물에 잠기면서 우리는 두려움에 떨며 힘껏 헤엄쳤다. 우리는 검은 물에 잠겨 팔을 버둥거렸는데 물 위에 떠 있었지만 숨 쉬는 게 매우 힘들었다. 우리는 숨을 쉴 수 있는 통풍구를 찾아서 돌고 또 돌고 했다. 마침내 통풍구를 만나 우리는 번갈아 입을 대고 숨을 쉬었다. 하지만 온몸에서 힘이 빠져나갔고 나는 벽을 붙들기 위해 정신없이 몸부림 쳤다. 거울 방 벽면은 미끄러웠다. 우리는 계속 돌고 또 돌았고 서서히 물에 잠기기 시작했다. 애써 에릭과 크리스틴을 부르면 서……. 그다음엔 물에 잠기는 꼬로록 소리가 들린 게 마지막 기억이었다. 정신을 잃기 전에 노랫소리를 들은 것도 같았다.

"둥근 통 사요! 둥근 통 삽니다! 내다 팔 통 없으십니까?"

26
유령의 최후

페르시아인이 내게 남긴 글은 여기까지가 전부다. 분명 모두 죽음을 맞을 상황이었지만 크리스틴의 숭고한 헌신 덕분에 샤니 자작과 페르시아인은 목숨을 구했다. 그 후의 이야기도 역시 페르시아인에게 들은 것이라는 것을 미리 밝혀 둔다.

내가 그를 만나러 갔을 때 그는 여전히 튈르리 공원 앞 리볼리가의 작은 아파트에 살고 있었다. 병색이 짙어 보였지만 전기 작가로서 숨은 진실을 밝혀내려는 내 열정을 높이 산 그는 이 믿을 수 없는 이야기를 되살리기로 마음먹었다. 나이 든 충복 다리우스가 나를 그의 곁에 안내해 주었다. 페르시아인은 공원이 내려다보이는 창가에 안락의자를 놓고 그 위에 앉아 나를 맞아 주었다. 그는 젊은 시절 건장한 골격이 아직도 희미하게 남은 상체를 일으켰다. 눈은 여전히 밝게 빛났지만 얼굴은 지친 기색이 가득했다. 깨끗하게 밀어 버린 머리에 늘 그렇듯 챙 없는 아스트라칸 모직 모자를 쓰고 있었다. 소박하고 품이 넉넉한 외투를 입고 있었는데, 자기도 모르게 엄지손가락으로 외투 소맷부리를 빙글빙글 돌리곤 했다. 습관이 된 것 같았다. 하지만 정신은 무척 맑아 보였다.

그는 지난날 괴로웠던 경험을 떠올릴 때마다 열이 올라 이 기이한 이야기의 놀라운 결말을 얘기해 줄 때도 중간에 잠깐씩 말을 끊고 쉬어야만 했다. 때로는 내 질문에 대답하는 데 오랜 시간이 필요하기도 했다. 기억을 떠올리면서 정신이 맑아져서 무시무시했던 에릭이나 샤니 자작과 함께 호숫가 거처에서 겪은 끔찍한 기억들을 되살려 생생하게 들려주고는 했다.

그 물난리를 겪은 다음에 루이 필리프풍의 어둑한 방에서 눈을 떴을 때 이야기를 해 주면서 그는 온몸을 부들부들 떨었다. 그는 내게 들려주려고 기록한 그 끔찍한 모험담을 다음과 같이 정리해 주었다.

눈을 떴을 때, 페르시아인은 침대 위에, 샤니 자작은 거울 달린 옷장 옆 소파 위에 누워 있었다. 그리고 천사와 악마가 그들을 내려다보고 있었다……

고문실이 환영과 신기루로 가득 차 있었듯, 이 조용한 방의 부르주아적 세공품들은 악몽을 두려워하는 소심한 자를 홀리기 위해 의도적으로 고안한 듯 보였다. 배 모양을 한 침대, 윤기가 흐르는 마호가니 의자들, 서랍장과 구리로 만든 그릇들, 안락의자 등받이에 놓인 손뜨개 사각 레이스, 벽난로 위에 놓인 작은 상자와 추시계, 선반 위 소라 껍질, 붉은 바늘꽂이, 배 모양 자개 장식품, 커다란 타조 알……. 이 모든 것이 작은 원탁 위에 놓인 희미한 램프 불빛에 비쳤다. 오페라극장 지하에 있는, 싸구려 같은 가구들은 평범한 사람들의 머릿속을 당혹스럽게 만드는 묘한 구석이 있었다.

그리고 말끔하게 정돈된 작은 방 한가운데 가면을 쓴 남자의 그림자가 단정하고 심심한 실내 풍경과 묘하게 대비되면서 더욱 섬뜩하게 보였다. 그 그림자는 페르시아인의 귀에 대고 낮게 속삭였다.

"이제 좀 정신이 드나. 방 안에 가구 보이나? 불쌍한 내 어머니가 남겨 주신 것들일세."

그런 뒤 그림자는 몇 마디 더 했지만 페르시아인은 내용이 정확하게 기억나지 않는다고 말했다. 하지만 루이 필리프풍의 방에 있는 동안 말하는 사람은 오직 에릭뿐이었다는 것은 정확한 사실이라고 했다. 크리스틴은 말 한마디 없이 마치 침묵을 맹세한 수녀처럼 고요하게 서 있었다. 그녀가 찻잔을 내오자 가면을 쓴 남자가 그것을 페르시아인에게 주었다. 샤니 자작은 여전히 잠에서 깨어나지 못하고 있었다.

"그는 곧 깨어날 테니 걱정 말게. 잠을 자고 있는 것이니 깨우지 않는 게 좋네……."

에릭은 페르시아인의 페르시아인 찻잔에 럼주를 약간 붓고 자작을 가리키며 말했다.

에릭이 잠시 방을 나가자, 페르시아인은 몸을 일으키고 주변을 둘러보았다. 그러자 벽난로 구석에 앉은 크리스틴 다에의 윤곽이 보였다. 그는 그녀의 이름을 부르며 말을 걸었지만 너무 피곤해서 그만 베개에 고개를 떨어뜨리고 말았다. 크리스틴은 조용히 그에게 다가와 이마에 손을 얹었다가 다시 멀어졌다. 그녀가 멀어지는 모습을 보고 페르시아인은 그녀가 곤히 잠든 자작에게는 눈길 한 번 던지지 않는다는 것을 알아챘다. 그녀는 벽난로 구석에 놓인 안락의자로 돌아가 침묵을 맹세한 수녀처럼 가만히 앉았다.

조금 뒤 돌아온 에릭은 가져온 작은 플라스크 병을 벽난로 위에 올려놓았다. 그런 뒤 페르시아인의 머리맡에 앉아 맥을 짚더니 샤니 자작을 깨우지 않기 위한 이유였는지, 최대한 목소리를 낮춰 말했다.

"이제 두 사람 모두 살아났네. 조금 있다가 내가 지상으로 인도해 주겠네. 그래야 내 아내가 기뻐할 테니……."

말을 마치고 그는 자리에서 일어나 일말의 망설임도 없이 사라져 버렸다.

페르시아인은 램프 불빛에 비친 크리스틴 다에의 옆모습을 바라보았다. 그녀는 작은 책을 읽고 있었는데 대부분 종교 관련 책들이 그렇듯 옆면이 금박 처리된 것이었다. 조금 전 에릭이 자연스럽게 속삭이던 말이 그의 귓속에 떠돌았다. '그래야 내 아내가 기뻐할 테니⋯⋯.'

페르시아인은 부드럽고 희미하게 크리스틴을 불렀지만 그녀는 책에 빠져 그의 목소리를 전혀 듣지 못했다.

곧 에릭이 되돌아와 자신의 아내나 어느 누구에게도 말을 걸지 말라고 페르시아인에게 당부했다. 그렇게 될 경우 모든 사람의 건강에 해가 되기 때문이라는 이유였다.

바로 그때부터 페르시아인의 머릿속에는 에릭의 검은 그림자와 크리스틴의 하얀 윤곽이 조용히 방 안을 돌아다니다가 가끔 샤니 자작을 내려다보던 그 모습이 잊히지 않게 되었다. 페르시아인은 극도로 허약한 상태라 아주 작은 소음, 거울이 달린 옷장 문을 여닫는 그런 소리에도 두통이 심해지곤 했다고 말해 주었다. 잠시 후, 그는 샤니 자작처럼 깊은 잠에 빠져들었다.

다시 눈을 떴을 때, 그는 자신의 집에서 충직한 하인 다리우스의 간호를 받고 있었다. 다리우스는 간밤에 아파트 문 앞에서 그를 발견했노라고 알려 주었다. 모르는 사람이 데려다 준 것 같았는데 집을 떠나기 전에 초인종을 누르는 배려까지 잊지 않은 세심한 사람이었노라고 전해주었다.

페르시아인은 기운을 차리자마자 필립 백작 집에 사람을 보내 자작의 안부를 묻게 했다. 그런데 놀랍게도 자작은 아직 행방불명 상태이며 백작은 세상을 떠났다는 소식을 듣게 됐다. 그의 시체는 스크리브가 근처, 오페라극장 호숫가에서 발견되었다고 했다. 페르시아인은 거울의 방 건너편에서 들려오던 추도 미사곡이 떠올랐다. 어떤 일이 있었는지, 누가 그런 짓을 한 것인지 의심할 여지가 없었다. 그는 에릭을 잘 알고 있었기 때문에 사건을 재구성하는 것이 어렵지 않았다. 동생이 크리스틴을 납치했다고 생각한 필립 백작은 동생이 도망가려던 브뤼셀가로 서둘러 따라갔다. 두 사람을 못 만난 백작은 오페라극장으로 되돌아왔고 문득 동생이 말도 안 되는 연적에 대해 했던 말을 떠올렸고, 동생이 극장 지하로 가려고 노력했다는 것 그리고 크리스틴의 대기실에서 권총 상자 옆에 모자를 두고 사라졌다는 사실을 알게 되었다. 동생이 미친 게 틀림없다고 확신한 백작은 스스로 지하 미궁 속으로 들어간 것이다. 페르시아인에게는 이 모든 상황이 눈앞에 보이는 것 같았다. 그는 요정의 노랫소리에 현혹되어 정신을 잃었을 테고 호수를 지키는 관리인과 부딪혔을 것이다.

페르시아인은 더 이상 망설일 수 없었다. 새로운 소식에 충격을 받자 자작과 크리스틴의 운명에 대해 알지 못하는 상태로는 견딜 수가 없어졌다. 그간의 모든 일들을 사법기관에 알리기로 결심했다. 그는 그길로 사건을 맡은 예심판사 포르의 집으로 찾아가 문을 두드렸다. 지극히 회의적이며 세속적인 데다가, 사무적인 예심 판사가 페르시아인이 하는 말을 믿을 리가 없었다. 그는 페르시아인을 미친 사람 취급했다.

예심판사가 자신의 말을 믿지 않자 페르시아인은 좌절한 끝에 그 경험담을 글로 기록하기 시작했다. 사법기관에서 자신의 목격담을 원한 건 아니지만, 신문사는 혹시 다를 수도 있겠다는 생각 때문이었다. 앞에서 독자 여러분이 읽은 글의 끝 부분을 페르시아인이 수정하던 어느 날 저녁, 어떤 낯선 사람이 찾아왔다. 그는 하인 다리우스에게 자신의 이름을 밝히거나 얼굴을 보여 줄 수도 없고, 전직 다로가인 페르시아인을 못 만나면 절대로 가지 않겠다고 버틴다고 했다.

그 이상한 방문객이 누군지 짐작한 페르시아인은 안으로 모시라고 다리우스에게 지시를 내렸다. 예상대로 그 방문객은 오페라의 유령, 에릭이었다. 그는 몹시 피곤해 보였다. 금방이라도 쓰러질 듯 벽에 기대 서 있었다. 모자를 벗자 창백한 이마가 드러났지만 나머지 얼굴은 당연히 가면으로 모두 가렸다.

"당신은 필립 백작을 살해했더군. 그 동생과 크리스틴은 대체 어떻게 한 건가?"

페르시아인은 그 앞에 나서며 쏘아붙였다.

에릭은 비틀거리며 한동안 말이 없다가 안락의자까지 겨우 걸어가더니 쓰러지면서 한숨을 내쉬었다.

"다로가, 필립 백작 얘기는 하지 말게……. 내가 집에서 나왔을 때…… 그는 이미…… 이미 죽어 있었네……. 요정이 노래를 불렀고…… 사고가 일어났던 거지……. 그건 사고였다네……. 너무 슬프고 끔찍한 사고……. 그는 너무 쉽게 호수에 빠진 거라네……."

"거짓말하지 말게!"

페르시아인이 소리쳤다.

"내가 여기 온 건 필립 백작 이야기를 하려는 게 아니라네. 내가…… 곧 죽을 거라는 걸 알려 주려 온 걸세."

에릭은 고개를 숙인 채 말을 이었다.

"샤니 자작과 크리스틴은 어디 있나?"

"난 곧 죽을 거야."

"샤니 자작과 크리스틴은 어디 있냐고?"

"사랑…… 난 사랑 때문에 죽는다네. 결국 이렇게 됐군……. 난 그녀를 정말 사랑했지. 지금도 여전히 그녀를 사랑하기에 이렇게 죽어 가는 거라네. 그녀가 영원히 사랑하는 이를 위해서 내게 키스를 허락했을 때, 그녀가 얼마나 아름다웠던지……. 내겐 난생 처음이었어. 처음이었지. 난 처음으로 살아 있는 여자에게 키스해 봤어……. 산 채로 말이지. 그녀는 무척 아름다왔다네."

페르시아인은 자리에서 벌떡 일어나 에릭의 팔을 붙들고는 흔들어댔다.

"그녀가 죽었는지 살았는지 어서 말하게!"

"도대체 내게 왜 이러는 건가? 난 곧 죽는대두……. 내가 키스했을 때 그녀는 분명 살아 있었다네."

에릭은 남은 힘을 짜내 대답했다.

"그럼…… 지금은 죽었다는 건가?"

"내가 그녀의 이마에 입 맞출 때, 그녀는 내 입술이 다가가는데도 물러서지 않더군. 정말이지 정숙한 여인이었어. 그녀는 아마 죽지는 않았을 걸세. 내겐 아무 상관도 없지만. 맞아. 절대안 죽었지! 어느 누구도 그녀의 머리카락 한 올이라도 건드리면 안 되네. 자네의 목숨을 구해 준 사람은 바로 용감하고 정숙한 그녀일세. 난 자네를 구하기 위해 동전 몇 닢도 안 줬을 텐데. 도대체 왜 그자하고 그곳에 온 건가? 자네는 그때 거기서 죽었어야 했어. 크리스틴은 그 청년을 살려 달라고 애원했지만 나는 그녀가 전갈을 뒤집었으니 내가 그녀의 남편이라고 했네. 남편은 두 명이 아니고 한 명만으로 충분하니 말일세. 그리고 자네는 존재하지도 않았지. 다시 한 번 말하지만 자네는 애초부터 존재하지 않았다고. 자네는 그 청년과 함께 죽을 몸이었네!

다로가, 내 말 잘 들어. 자네와 자작이 물난리를 치르면서 고

473

래고래 소리를 지르니까 크리스틴이 내게 다가와 커다란 푸른 눈동자로 바라보며 맹세했다네. 그를 구해 주면 내 신부가 되어 준다고 말일세. 그때까지, 난 그녀의 눈빛 속에서 항상 죽은 여인을 봐 왔는데, 그녀의 눈빛 속에 살아 있는 여자가 있더군. 그게 처음이었네. 그녀는 사랑하는 이를 생각하면서 진심으로 말한 거야. 절대로 자살을 기도하지도 않겠다고 했네. 나는 고개를 끄덕였지. 그래서 곧바로 물을 호수로 되돌려 보냈고 자네를 구한 거지. 결국 거래는 그렇게 성립된 거야. 난 자네를 지상으로 끌어올려 집으로 데려다 주었다네. 자네와 그 청년을 루이 필리프풍의 방에서 내보낸 다음 난 혼자 방으로 되돌아왔지."

"샤니 자작은 어떻게 됐나?"

페르시아인이 에릭의 말을 자르며 물었다.

"나는 그를 곧바로 집으로 되돌려 보낼 생각은 없었어. 그는 말하자면, 일종의 볼모였거든. 하지만 크리스틴 때문에 그를 호숫가 거처에 계속 머물게 할 수도 없었다네. 그래서 마젠데란의 향수 냄새를 맡고 의식을 잃은 그를 묶어서 오페라극장 지하 5층보다 더 아래에 있는 인적 드문 코뮌 병사들의 지하 저장고에 모셔 두었다네. 거기라면 누구의 눈에 띄지도 않고, 아무리 소리를 쳐도 사람들의 귀에 안 들리거든. 나는 일을 잘 마무리하고 편안하게 크리스틴에게 돌아왔지. 그녀는 나를 기다리고 있었어……."

여기까지 이야기하고 유령은 경건한 자세로 일어났다. 그 태도가 얼마나 진지하던지 페르시아인은 그렇게 엄숙한 순간에 앉아 있을 수 없다는 듯 안락의자에서 일어났다. 머리를 깨끗하게 면도한 상태였지만 아스트라칸 모자도 벗어 버렸다.

"아…… 그녀가 나를 기다리고 있었지."

에릭은 정말로 깊고 거룩하고 경건한 감정에 복받친 듯 몸을 심하게 떨었다.

"그녀는 살아 있는 여자로, 진정한 배우자처럼 나를 기다리고 있었네……. 그리고 내가 겁먹은 아이마냥 주춤거리며 다가가는데도 안 피하더군. 내가 돌아오길 기다린 걸세. 그러고는 이마를 아주 조금, 아주 조금 나를 향해 내밀었다네……. 바로 그 이마에…… 나는 그녀의 이마에 키스했네. 그녀는 분명 살아 있는 여자였지……. 내가 키스한 후에도 그녀는 자연스레 내 곁에 머물렀다네. 누군가에게 키스한다는 건 정말 달콤하더군. 아마 자네는 내 기분을 모를 걸세. 내 어머니조차 내가 키스하는 걸 원치 않으셨거든……. 엄마는 뒤로 물러서면서 내게 가면을 던졌어……. 난 그 뒤로 어떤 여자와도 키스를 해 본 적이 없어. 단 한 번도, 단 한 번도 없었지……. 그런 행복을 느낀 게 단 한 번도. 나는 눈물을 흘렸다네. 그녀의 발치에 몸을 숙이고 울었어. 그리고 눈물을 흘리면서 그녀의 자그마한 발에 입을 맞췄다네……. 다로가, 자네도 우는군. 나의 천사 그녀도 역시…… 울고 있었어."

에릭은 그렇게 말하면서 처절하게 흐느꼈다. 어깨를 들썩이고 두 손을 가슴에 얹은 채 고통과 감동에 휩싸인 그를 보면서 페르시아인도 역시 쏟아져 내리는 눈물을 참기 어려웠다.

"다로가…… 그런데 그녀의 눈물이 내 이마에 떨어지는 게 느껴졌어. 따뜻하고 부드러운 눈물이었지. 그녀의 눈물이 내 가면 뒤에 있는 얼굴 전체를 적셨고 내 눈물과 섞여서 뒤범벅되었다네. 난 그녀의 눈물을 단 한 방울도 버리고 싶지 않아서 가면을 벗어던졌어. 그런데도 그녀는 날 피하지 않더군. 그리고 그녀는 분명 살아 있었는데……. 살아 있는 그대로 나를 위해서 나와 함께 눈물을 흘렸지. 우리 두 사람은 끌어안고 함께 눈물을 흘린 거야……. 오, 하나님, 이제 최고의 행복을 선사해 주셨군요!"

에릭은 거친 숨을 몰아쉬며 안락의자에 무너지듯 앉았다.

"난 지금 당장은 죽지 않네. 아직……. 내가 울도록 그냥 놔두게."

잠시 후, 가면을 쓴 남자가 어느 정도 정신을 추슬렀는지 다시 이야기를 이어 갔다.

"내 말 좀 들어 보게, 다로가. 내가 그녀 발밑에 웅크렸을 때 그녀가 '가엾은 에릭'이라고 했다네. 그리고 손을 잡아 줬지. 난 그때 이미 그녀를 위해 언제든 죽을 수 있는 한 마리 개에 지나지 않게 된 걸세.

내 손에는 그녀에게 주었던 금반지가 놓여 있었어. 그녀가 잃어버렸지만 내가 다시 찾아낸 그 결혼반지였다네. 나는 그 반지를 가냘픈 그녀의 손가락에 다시 끼워 주면서 말했어. '자, 이걸 가져요. 당신을 위해서 그리고 그를 위해서 이 반지를 갖고 있어요. 이건 내가 주는 결혼 선물이에요. 불쌍하고 가엾은 에릭의 선물……. 당신이 그를, 그 청년을 사랑한다는 걸 알아요. 이제 더 이상 울지 마세요.' 그녀는 무슨 말이냐고 물었지. 나는 그녀에게 말했어. 난 당신을 위해 언제든 죽어도 좋은 한 마리 개에 지나지 않는다고 말일세. 그녀가 날 위해 울어 주었기 때문에, 원하면 언제든 그와 결혼할 수 있다고 했네. 그녀도 말을 이해했지. 그 말을 할 때 심장을 잘라 내는 것처럼 고통스러웠지만, 그녀는 나와 함께 울어 주었고 '가엾은 에릭'이라고 해 주었네……."

감정이 격해진 에릭은 숨이 막히니 가면을 벗어야겠다고 잠시 자신을 외면해 달라고 부탁했다. 페르시아인은 연민 가득한 마음을 안정시키기 위해 창가로 가서 창문을 열었다. 그리고 괴물의 얼굴을 보지 않으려고 튈르리 공원의 높은 나뭇가지를 쳐다보았다……. 에릭은 다시 말을 이었다.

"난 그 청년을 풀어 주러 갔고, 그에게 크리스틴한테 가자고 말했다네. 루이 필리프풍의 방에서 두 사람이 만났을 때 내 앞에서 서로 부둥켜안았지……. 크리스틴은 내가 준 반지를 끼고 있었어. 나는 크리스틴에게 맹세해 달라고 말했지. 내가 죽거든 스크리브가의 호숫가로 와서 그 반지와 함께 묻어 달라고 했다네. 아무도 모르게……. 그리고 내가 죽는 그 순간까지 그 반지를 끼고 있어 달라고……. 내 시체를 어떻게 찾을 수 있을지, 어떻게 매장하면 되는지를 알려 주었다네. 그러자 크리스틴은 처음으로 내게 다가와서 먼저 이마에 입을 맞춰 주었어. 바로 여기, 이 이마에 말일세. (아, 제발 나를 절대로 쳐다보지 말게나, 다로가……) 그리고 두 사람은 그렇게 함께 떠났다네……. 크리스틴은 이제 눈물을 흘리지 않고 나만 혼자 남아서 눈물을 흘린 거야. 다로가……. 크리스틴이 약속을 지킨다면 다시 되돌아올 걸세."

그러고는 에릭은 입을 다물었다. 페르시아인은 그에게 아무런 질문도 하지 않았다. 샤니 자작과 크리스틴의 운명에 대해 걱정할 필요가 없겠다는 확신이 들었다. 오늘 밤 에릭의 말을 들은 사람이라면 그 누구도 그가 한 말을 의심하지 않았을 것이다.

괴물은 다시 가면을 쓰고 마음을 다독인 후에 페르시아인에게 작별 인사를 했다. 죽음이 가까워지는 게 느껴지면, 자신에게 선행을 베풀어 준 옛 친구에게 감사의 뜻으로 가장 소중하게 여기던 것들을 보내 주겠다고 했다. 크리스틴이 라울을 걱정하면서 에릭에게 쓴 편지들, 그녀가 가지고 있던 몇몇 소지품들, 손수건 두 장, 장갑 한 켤레, 구두끈……. 에릭은, 샤니 자작과 크리스틴이 풀려나자마자 그들의 행복을 찾을 어느 조용한 성당을 찾아 결혼식을 올리려고 역으로 떠났다는 소식도 알려 주었다. 에릭은 자신의 유품을 받게 되면 바로 두 사람에게 그의 죽음을 반드시 알려 달라고 페르시아인에게 부탁했다. 〈에포크〉지 부고란에 단 한 줄로 꼭 알려 달라고 했다.

그것이 전부였다.

페르시아인은 현관까지 에릭을 배웅했고, 다리우스가 계단을 내려와 그를 거리까지 부축해 주었다. 에릭은 그곳에서 대기 중이던 합승 마차에 올라탔다. 창가에 서 있던 페르시아인에게 에릭이 남긴 마지막 한마디가 분명하게 들려왔다.

"오페라극장 앞!"

그리고 합승 마차는 어둠 속으로 사라졌다. 페르시아인은 가엾고 불행한 에릭이 사라지는 마지막 모습을 오래도록 지켜보았다.

그 뒤로 3주 후에 〈에포크〉지 부고란에는 다음과 같은 짧은 기사가 실렸다.

'에릭 사망.'

이상은 오페라의 유령에 대한 실화이다. 이 글의 앞부분에서 밝힌 것과 같이 에릭이 실존 인물이라는 것은 이제 어느 누구도 의문을 제기하지 않을 것이다. 오늘날에는 그가 실제로 존재했다는 증거들이 많이 남아 있어서 샤니 형제의 사건으로 알려진 에릭의 행적에 대해 누구든지 추적하고 조사할 수 있게 되었다.

이 사건이 파리 시민들 모두를 얼마나 놀라게 했는지 굳이 되풀이할 필요는 없을 것 같다. 무대에서 갑자기 사라진 여가수, 샤니 백작의 수상한 죽음, 샤니 자작의 실종과 오페라극장 조명 담당자 세 명이 기절한 사건 등……. 수많은 드라마와 범죄, 기이한 사건들이 일어났다. 라울과 아름다운 크리스틴 사이의 사랑을 둘러싼 끔찍한 일들. 이제는 세상 사람들이 그 이름을 부르며 열광하는 것을 잊은 그 아름답고 신비로운 여가수는 어떻게 된 것일까? 사람들은 그녀가 두 형제 사이의 경쟁에 휘말려 희생되었다고 생각했지만 그들 사이에 실제로 어떤 일이 벌어진 건지는 전혀 알지 못했다. 필립 백작이 의문의 죽음을 당한 후로 라울과 크리스틴이 세상 사람들의 눈을 피해 행복한 삶을 살기 위한 도피 행각을 했을 것이라고는 전혀 상상도 못 했다. 그렇지만 두 사람은 가르 뒤 노르 역으로 가서 기차를 탔다. 그리고 나 역시 언젠가는 그 역으로 가서 기차를 탈 예정이다. 그리고 고요한 스칸디나비아, 노르웨이의 맑은 호숫가에서 아직도 소박하게 살고 있을 라울과 크리스틴, 또한 거의 비슷한 시기에 자취를 감춘 발레리우스 부인을 수소문해서 찾아갈 것이다. 언젠가 가르 뒤 노르 역의 기적 소리를 들으면서 음악의 천사를 알았던 어느 여인에게서 깊은 사연이 담긴 노래를 듣는 행운을 누리게 될지도 모른다.

예심판사 포르는 이 사건을 참으로 간단명료하게 끝냈다. 하지만 신문사에서는 여전히 궁금증을 풀지 못해 그 기이한 재앙을 계획했던 게 누구였을지 의문을 제기하곤 했다. 무대 사정에 대해 훤히 알고 있는 어느 신문사에서는 다음과 같은 기사를 내기도 했지만 어조는 상당히 냉소적이었다.

'그 장본인은 바로 오페라의 유령이다.'

오직 페르시아인만이 모든 진실을 알고 있는 셈이었다. 그렇지만 세상 사람들은 그의 말에 귀를 기울이지 않았고, 마지막으로 에릭을 만나고 나서 그가 사법기관을 찾아갔을 때도 아무런 소용이 없었다. 에릭이 그에게 유품을 보내며 중요한 증거들도 함께 보냈던 것이다.

이제 페르시아인이 도움을 받아 그 증거물을 완전하게 보완, 복원하는 일은 내가 할 일이었다. 나는 매일매일 조사한 내용을 알려 주었고 그는 한 부분 한 부분 일일이 나를 지도하고 이끌었다. 그는 오페라극장에 가 본 지 수년이 지났지만 그 누구보다 정확히 기억했으며, 그 아무리 외진 곳도 정확하게 알려 주었다. 그는 어디서 어떻게 정보를 얻으면 좋을지, 누구한테 물어보면 쉽게 정보를 알아낼 수 있을지도 자세하게 알려 주었다. 폴리니 씨의 죽음이 가까워졌을 때 그를 찾아가 보라고 권한 것도 바로 페르시아인이었다. 폴리니에 대해 전혀 알지 못했던 나는 유령에 대해 물었을 때 그가 어떤 반응을 보일지 짐작도 할 수 없었는데, 그는 마치 악마를 만나기라도 한 양 나를 쳐다보더니 앞뒤가 안 맞는 말을 횡설수설 늘어놓았다. 방탕하게 살던 그가 오페라의 유령 때문에 얼마나 더 혼란스럽게 살았는지 쉽게 알 수 있었다.

폴리니를 찾아갔지만 특별한 것을 얻지는 못했다고 말하자 페르시아인이 미소를 지었다.

"폴리니는, 에릭이라는 깡패가 자신을 갖고 놀았다는 걸 전혀 몰랐거든.* 폴리니는 미신을 믿었고 에릭은 그걸 잘 알고 있었어. 그리고 에릭은 공적이든 사적이든 오페라극장의 사정을 모두 꿰뚫고 있었지. 한번은 폴리니가 5번 박스석에 앉아 있다가 어떤 정체 모를 목소리가 귀에 대고 그가 했던 일, 동료의 신뢰감에 대해 얘기하자마자 그곳을 피해 달아나 버렸지. 하늘이 그를 저주하는 거라고, 천벌을 받는 거라 생각했던 거야. 그런데 그 목소리가 돈을 요구하니까 결국 합창단장이 장난을 친 거라고 오해를 해 가지고 오히려 드비엔느가 한동안 고생을 했지. 몇 가지 이유 때문에 극장 경영에 관심이 없어진 두 사람은 그들에게 이상한 계약서를 보낸 오페라의 유령에 대해서는 더 이상 알고 싶지 않았고, 사람들의 웃음거리가 되지 않으려고 그 수수께끼를 후임자들에게 넘기기로 결정하고는 그제야 안도의 한숨을 내쉬게 된 거야."

페르시아인은 그렇게 드비엔느와 폴리니에 대한 설명을 마쳤다. 나는 그들의 후임자 이야기를 꺼내며, 몽샤르맹이 쓴 《어느 극장장의 회고록》에 오페라 유령의 행적이 자세히 기록된 걸 보고 깜짝 놀랐다고 알려 주었다. 페르시아인은 마치 자기가 그 책을 쓰기라도 한 것처럼 내용을 자세히 알고 있다고, 회

* 페르시아인은 때로는 에릭을 전능한 신처럼 떠받들고, 때로는 사악한 깡패라고 한없이 비하하곤 했다. (원주)

고록의 후반부를 꼼꼼하게 읽으면 사건의 전말을 훨씬 더 잘 이해할 수 있을 것이라고 했다. 몽샤르맹은 오페라의 유령에 대해 알기 위해 노력했다. 다음은 몽샤르맹이 쓴 글 가운데 특별히 흥미로운 대목으로 유명한 2만 프랑 사건이 어떻게 간단히 해결될 수 있었는지를 보여 준다.

나는 회고록 앞부분에서 오페라의 유령에 대한 특이한 망상에 대해 말한 적이 있는데, 분명히 해 두고 싶은 것이 있다. 그 유령 때문에 내 동료가 치러야 했던 곤욕을 그가 충분히 보상해 주었다는 것이다. 엄청난 대가를 치르고 경찰서장까지 나서게 했던 그 장난에 분명한 한계를 그어야 했다. 크리스틴 다에가 실종되고 며칠이 지나서 우리는 경찰서장 미프르와를 불러 모든 상황을 설명하기 위해 집무실에 모이기로 했다. 그런데 바로 그날, 리샤르 집무실 책상 위에 붉은 잉크로 '오페라의 유령'이라 서명한 두툼한 편지 한 통이 놓여 있었다. 봉투 안에는 극장장 금고에서 장난으로 빼 갔던 엄청난 양의 현금이 들어 있었다. 리샤르는 조용히 입을 다물고 사건을 확대시키지 않는 것을 원했고 나도 같은 생각이었다. 결과가 좋으면 모든 것이 좋다는 속담도 있으니. 그렇지 않나? 친애하는 오페라의 유령?

아무 탈 없이 일이 해결되었지만 몽샤르맹은 자신이 리샤르의 경망스런 상상력에 당한 것이라는 생각을 떨쳐 버릴 수가 없었다. 반대로, 리샤르는 자신이 장난을 친 것은 인정하지만 몽샤르맹이 오페라의 유령을 만들어 내서 자신을 웃음거리로 만든 것은 지나치다고 생각하는 입장이었다.

나는 이제라도, 유령이 도대체 어떻게 안전핀으로 고정해 놓은 리샤르 호주머니에서 2만 프랑이 든 봉투를 빼냈는지 페르시아인에게 묻지 않을 수 없었다. 그는 자신도 그렇게 자세한 것까지는 모르겠다고 대답했다. 그렇지만 사건 현장을 자세히 조사하고 싶으면, 집무실에서 수수께끼의 해답을 찾을 수 있을 것이라고 힌트를 주었다. 그리고 에릭이 '함정 애호가'라는 특별한 별명을 갖게 된 이유를 잘 생각해 보라고 했다. 나는 시간이 허락하는 대로 바로 조사를 시작하겠다고 약속했다. 매우 만족스러웠던 조사 결과는 곧 독자 여러분에게도 밝힐 예정이다. 사실, 나는 유령에 대해 그렇게 분명한 증거를 찾을 수 있을 것이라고는 상상도 하지 못했다.

페르시아인의 서류들, 크리스틴 다에의 편지들, 전직 오페라 극장장이었던 리샤르와 몽샤르맹이 진술한 이야기, 안타깝게도 지리 부인은 세상을 떠났지만 어린 지리가 들려준 이야기, 지금은 은퇴해서 루베시엔느에 살고 있는 라 소렐리의 증언 등이 유령의 존재를 뒷받침할 수 있게 해 주었다. 내가 곧 오페라극장의 서고에 기증할 예정인 그 모든 자료들은 내가 직접 찾아낸 조사 결과로 인해 더욱 증거로서의 힘을 얻었다.

나는 결국 호숫가 거처를 찾아내는 일은 실패했다. 에릭이 비밀 입구를 모두 없애 버렸기 때문이다. 그렇지만 호수의 물을 모두 빼 내면 쉽게 거처를 찾을 수 있을 것 같아 보자르 행정관에게 몇 번 건의를 하기도 했다.*

하지만 벽체가 여기저기 뜯겨 나가 거의 폐허가 되다시피 한 코뮌 병사의 비밀 통로는 찾아냈다. 그리고 페르시아인과 라울 자작이 오페라극장 지하로 내려가는 통로였던 바닥 문도 찾았다. 지하 감옥 벽에는 감금당했던 사람들이 새겨놓은 수많은 이니셜이 있었는데, 그 가운데 R과 C가 나란히 새겨져 있는 게 보였다. 혹시 생각나는 이름이 없는가? 맞다, 바로 라울 드 샤니 (Rauol de Chany)의 이니셜이었다. 그 머리글자는 오늘날에도 구분할 수 있을 정도로 또렷했다. 나는 거기서 조사를 멈추지 않고 지하 1층과 지하 3층에서 균형추 원리로 작동하는 바닥

---

* 나는 이 책이 발간되기 이틀 전에도 보자르의 사무차장인 뒤자르댕 보메츠 씨와 얘기를 나눴는데, 그는 아주 희망적인 대답을 해 주었다. 나는 에릭에 대한 기이한 이야기를 수면 위로 떠올려 오페라의 유령에 대해 떠도는 이야기에 종지부를 찍는 것도 국가의 의무라고 주장했다. 그러려면 음악 기법에 대한 보물이 묻혀 있을 호숫가 거처를 발굴하는 작업이 필요할 것이다. 에릭이 뛰어난 음악가라는 사실에는 이견이 없었기 때문이다. 게다가 호숫가 거처에는 에릭이 작곡한 〈위풍당당한 돈 후앙〉의 악보가 있을 게 분명했다. (원주)

문 두 개도 찾아냈는데, 그건 무대장치 기술자들도 전혀 모르던 것이었다. 그들은 수평으로 여닫는 바닥 문만 알고 있었다.

나는 독자들에게 오페라극장 방문을 권하고 싶다. 가능하면 귀찮은 안내원 없이 혼자 조용히 둘러보기를 권한다. 5번 박스석 안으로 들어가, 무대와 박스석을 구분 짓는 커다란 기둥을 손으로 두드린 다음 귀를 기울여 보면 기둥 안이 텅 빈 소리가 들릴 것이다. 그리고 그 안에 유령의 목소리가 맴돈다고 해도 놀라지 말기를 바란다. 그 기둥 안에는 두 남자가 충분히 들어갈 만한 공간이 있다. 사람들은 5번 박스석에서 이상한 일이 일어났을 때 기둥에 대해서는 아무도 신경 쓰지 않았다. 거대한 대리석으로 만든 기둥은 그 안에서 맴도는 목소리가 반대편에서 들리는 것처럼 느껴졌기 때문이다. 유령은 복화술을 사용하면서 그의 목소리가 어디서든 울리도록 발성할 수 있었다. 그 기둥은 예술가가 끊임없이 조각하고, 깎고, 무늬를 새겨 넣은 작품인데 어느 날엔가는 그 복잡한 기둥에서 마음대로 여닫을 수 있는 통로의 부분을 발견하리라는 희망을 아직도 갖고 있다. 유령은 그 통로를 통해서 자비로운 지리 부인과 은밀하게 이야기를 주고받았으리라 생각한다.

내가 보고, 만지고, 냄새 맡은 모든 것들은 에릭이 오페라극장처럼 거대한 건물 안에 창조한 세계와 비교하면 아무것도 아닐 수 있다. 하지만 나는 극장장의 집무실에 있는 안락의자에서 몇 센티미터 떨어진 곳, 행정관이 보는 앞에서 발견할 하나의 증거물을 위해 모든 걸 포기할 각오가 돼 있다. 그것은 바로 작은 상자처럼 열리는 바닥 문이었다. 그곳에서 연미복을 입은 어떤 괴상한 손 하나가 나왔다 재빨리 사라지는 모습을 본 것만 같았다. 바로 그 구멍을 통해 4만 프랑이 사라지고 또 누군가의 도움으로 다시 되돌아왔던 것이다.

나는 그런 이야기들을 들려주면서 차분한 마음으로 페르시아인에게 물었다.

"에릭이 4만 프랑을 그대로 돌려준 걸 보면 그저 계약서를 갖고 장난을 쳤던 게 아닐까요?"

"그렇지는 않을 걸세. 에릭은 돈이 필요했거든. 그는 사람들한테 따돌림을 당한다는 생각으로 어떤 짓을 해도 전혀 꺼리지 않는 합리화를 한 거야. 추하게 생긴 보상으로 갖게 된 온갖 능력과 상상력을 인간들을 괴롭히는 데 사용했지. 가끔 매우 예술적인 기교를 사용하기도 했는데 그럴수록 보상이 더 커진다는 걸 알았기 때문이라네. 그가 4만 프랑을 리샤르와 몽샤르맹에게 되돌려 준 건 더 이상 돈이 필요하지 않았기 때문일 걸세. 그가 크리스틴 다에와 결혼을 포기한 것은 세상 모든 것을 단념한 것과 마찬가지였을 테니……."

페르시아인의 말에 의하면 에릭은 루앙 근처 어느 작은 마을에서 태어났다. 아버지는 벽돌 기술자였는데, 엉망인 그의 외모는 집안 골칫거리였고 부모들도 그를 멀리했다. 그는 시장의 구경거리로 나서서 '살아 있는 시체' 같은 모습을 보여 주며 그 돈으로 먹고살았다. 유럽 전역의 시장을 떠돌아다니면서 집시들의 예술과 마술을 배운 에릭의 모든 인생 여정은 베일에 싸여 있다.

니즈니 노브고르드 장터에서 다시 모습을 드러낸 그는 대단한 성공을 거두었다. 다른 사람이 결코 흉내 낼 수 없는 노래 솜씨와, 복화술과 온갖 곡예도 능한 그 재능에 매료된 대상인들은, 아시아로 돌아가는 길에서도 그에 대한 칭찬을 아끼지 않았다. 그의 평판은 마젠데란의 궁전에도 전해져, 왕의 총애를 받던 어린 왕비에게까지 들어갔다. 그녀는 세상만사가 지루했기 때문에 귀가 번쩍 뜨였다. 사마르칸트에 들른 어떤 모피상은 니즈니 노브고르드 장터에서 에릭이 보여 준 놀라운 기예에 대해 이야기하고 다녔다. 사람들은 그를 궁전 안으로 불러들였고, 마젠데란의 다로가가 직접 그를 심문했다. 그런 뒤에 다로가는 에릭을 찾아오라는 지시를 받고 우여곡절 끝에 에릭을 페르시아로 데려왔다. 그는 그곳에서 처음 몇 달 동안은 권력을 휘둘러 가며 좋은 시절을 만끽했다. 그는 여러 가지 끔찍한 일을 저지르고 다녔는데 마치 선과 악을 구분할 줄 모르는 게 아닌가 싶을 정도였다. 에릭은 몇몇 정치인의 암살에도 관여했으며, 잔인한 도구를 만들어 제국에 저항하는 아프카니스탄의 우두머리를 죽이기도 했다. 그는 왕의 총애를 받으며 지냈다.

바로 그즈음, 다로가의 이야기에서 이미 언급되었던 '마젠데란의 장밋빛 시절'이 준공된다. 에릭은 건축에도 독특한 재능을 발휘했다. 그는 마술사가 여러 가지 형태로 변형시키는 요술 상자 같은 궁전을 짓는 걸 꿈꾸던 중에 왕의 명령으로 특이한 궁전을 짓기로 결심했다. 새로운 궁전에서 왕은 누구의 눈에도 띄지 않고 안으로 들어갔다가 몰래 나올 수 있었다. 그렇게 독특한 궁전을 갖게 된 왕은, 옛 러시아 황제가 모스크바 붉은 광장의 성당을 건축한 천재 건축가에게 한 짓처럼, 에릭의 눈동자를 빼 버리라는 명령을 내린다. 그러나 왕은 에릭이 눈이 멀어도 다른 왕을 위해 더 나은 비밀 궁전을 지을 수 있을 거란 생각이 들자, 결국 에릭을 죽이고, 그의 명령을 받고 궁전 건설에 참여한 모든 이들도 죽이기로 결심했다.

그 끔찍한 일을 수행할 책임은 다로가에게 맡겨졌다. 에릭은 그를 돕기도 했고 서로 웃으며 친하게 지내는 사이였다. 그는 에릭을 구하기로 결심하고 도망칠 방법을 찾아 주었지만 다로가는 임무를 소홀히 한 것에 대한 책임을 져야 했다. 그런데 때마침 카스피해 연안에 바닷새가 반쯤 쪼아 먹은 듯한 시체가 떠내려 왔다. 그리고 다로가의 측근들은 그 시체가 에릭처럼 보이도록 조작했다. 덕분에 그의 죽음은 기정사실화되었다. 다로가는 추방당할 위기에서는 벗어났지만 왕족 출신인 그에게 주는 연금이 매달 고작 몇백 프랑인지라 마침내 그는 파리로 떠나 은둔하게 된다.

에릭은 소아시아를 거처 콘스탄티노플로 가서 술탄의 휘하로 들어갔다. 터키 혁명 이후 일디즈 키오스크에서 발견된 수많은 기밀 금고, 비밀의 방, 함정 등은 모두 에릭이 만든 것이었다. 그리고 그는 온갖 위협에 시달리던 술탄을 다양한 방법으로 도와주었다. 에릭은 왕과 똑같은 모습의 자동인형을 만들어 언제 어디서 닥칠지 모르는 위협에 대처하게 만들기도 했다.*

따져 보면 지극히 당연한 결과지만, 에릭은 페르시아에서 도망친 것과 같은 이유로 술탄의 곁을 떠나게 되었다. 그는 너무 많은 것을 알고 있었던 것이다. 마침내, 기괴하고 역경도 많은 삶을 사는 데 지친 에릭은 보통 사람들처럼 되고 싶었다. 보통 사람처럼 평범한 건물을 짓는 벽돌 기술자로 살아가고 싶었다.

프랑스에 온 그는 파리의 오페라극장 기반 공사 일을 맡게 되었지만 거대한 극장의 지하에서 지내다 보니 타고난, 예술적이면서도 마술적인 기질이 꿈틀댔다. 게다가 항상 추한 모습을 창피하게 여기면서 기죽은 채 살아갈 수는 없지 않은가? 그는 사람들의 시선을 피할 수 있도록 지상에서 멀리 떨어진 곳에

---

* 콘스탄티노플에 입성한 다음 날, 〈마탱〉지 특파원이 모하마드 알리와 했던 인터뷰 내용 참조할 것. (원주)

거처를 만들 생각을 했다.

그 이후는 독자 여러분도 쉽게 추측할 수 있을 것이다. 믿을 수 없는 기상천외한 일이 펼쳐진 것이다. 불쌍하고 가엾은 에릭! 그를 동정해야 좋을까, 증오해야 할까? 그는 보통 사람들처럼 평범하게 살아가는 것만을 원했다. 하지만 그는 너무 흉측하게 생겼다. 그는 자신의 특별한 재능을 감추거나 장난을 치는 것밖에 할 수 없었다. 평범한 얼굴로 태어났다면 그는 고귀한 인물이 되었을지도 모른다. 세상 전부를 담을 수 있는 마음을 갖고 있었지만, 그는 어두운 지하로 만족해야 했다. 그렇다. 우리는 오페라의 유령을 동정할 수밖에 없는 것이다.

그는 여러 가지 나쁜 짓을 저질렀지만, 나는 그의 주검 앞에서 기도를 올린다. 신이시여, 그를 불쌍히 여기소서! 어찌하여 그런 흉측한 얼굴로 만드셨나이까!

사람들이 예전 가수들의 육성 녹음을 묻으려던 바로 그곳에서 그의 유골을 꺼냈을 때, 나는 기도를 올렸다. 사람들은 흉한 몰골이라서 그의 유골을 알아본 것이 아니었다. 모든 시체는 죽고 나서 오랜 시간이 지나면 흉측한 법이니 말이다. 유골을 알아볼 수 있었던 건 손가락에 끼워진 금반지 때문이었다. 약속했던 대로 크리스틴 다에가 그가 죽기 전에 와서 손가락에 끼워 주었을 그 반지…….

그의 유골은 작은 샘 근처에서 발견되었는데 그곳은 음악의 천사가 처음으로 떨리는 두 팔로 크리스틴 다에를 안고 극장 지하로 데려갔던 곳이다.

그렇다면 그의 유골은 이후에 어떻게 되었을까? 혹시 쓰레기 더미나 구멍에 던져지지나 않았을까? 나는 분명하고도 강력하게 이 자리를 빌려 말한다. 오페라 유령의 유골을 보관해야 할 장소는 바로 국립음악원의 기록 보관소여야 한다고 말이다. 그것은 그저 평범한 유골이 아니기 때문이다.

추리소설로 읽는 인간의 본성

가스통 르루(Gaston Leroux, 1868~1927)는 명탐정 셜록 홈스로 유명한 영국의 코넌 도일, 괴도 아르센 뤼팽을 창조한 프랑스의 모리스 르블랑과 동시대에 활약한 추리 작가로, 그가 쓴 소설 《오페라의 유령(Le Fantome de l'Opera)》은 1910년에 발표된 이후 지금까지 많은 사랑을 받고 있다.

파리 오페라극장을 무대로 세 남녀의 사랑과 질투 그리고 그들을 둘러싼 비극적인 사건을 다룬 이 소설은 영화와 뮤지컬로 각색되면서 더욱 유명해졌다. 1925년 론 체이니가 주연을 맡은 영화를 시작으로 뮤지컬, TV 드라마, 애니메이션 등 다양한 장르로 재탄생되었다. 특히 브로드웨이 뮤지컬의 거장 앤드루 로이드 웨버를 만나면서 이 작품은 더욱 빛을 발하게 되는데,

1986년 처음 무대에 오른 이후 현재 '세계 4대 뮤지컬'의 하나로 자리 잡았다.

소설《오페라의 유령》은 작가가 직접 오페라극장 지하를 찾아 취재한 내용을 바탕으로 쓴 소설로 뮤지컬에서는 미처 표현하지 못한 풍부한 이야기를 담고 있다. 특히 뮤지컬에는 등장하지 않는 에릭의 과거나 페르시아인에 관한 에피소드는 소설을 더욱 흥미진진하게 해 준다. 뮤지컬 〈오페라의 유령〉은 오페라의 유령 에릭과 아름다운 가수인 크리스틴의 사랑 이야기에 초점이 맞춰져 있는 반면, 소설에서는 그보다 더 복잡한 서사들이 펼쳐진다. 크리스틴을 보호하려는 라울이 소설 처음부터 끝까지 에릭과 맞서서 작품에 팽팽한 긴장을 유지하며, 그 외에도 라울을 돕는 신비로운 페르시아인, 서로 상반된 캐릭터가 잘 표현된 두 극장장, 라울의 형인 샤니 백작, 코믹한 모습으로 소설에 활력소가 되는 지리 부인 등은 소설에 흥미를 더해 준다.

오페라극장을 방문한 가스통 르루는 당시의 기분을 다음과 같이 표현했다. "기분이 좋으면서도 약간은 당황스럽다. 넓은 계단과 거대한 홀, 화려한 프레스코 벽화와 커다란 거울, 황금과 대리석, 새틴과 벨벳이 사방에서 시선을 사로잡는다." 당시에는 파리 오페라극장에 유령이 나타난다는 소문이 돌고 있었다. 1896년에는 실제로 샹들리에가 떨어져 관객이 죽거나 다치는 사고가 일어났으며, 그전에는 오페라극장의 지하가 파리 코뮌의 비밀 기지로 이용되는 등 다양한 사건들이 발생했다. 아마도 이러한 일들이 작가에게 영향을 주었던 것으로 생각된다.

가스통 르루는 기자 출신 작가답게 이 소설을 기사체 문장으로 추리하듯 써 내려갔다. 소설 속 화자는 오페라극장에 소문으로 떠돌던 '오페라의 유령'이 실제로 존재했다는 확신을 갖고 이야기를 시작한다. 자신이 직접 찾은 자료, 여러 사람들의 증언을 토대로 증인 격인 페르시아인을 앞장세워 이 이야기가 사실에 근거한 것임을 밝히고 있다.

작품의 배경이 된 오페라극장은 프랑스 파리에 있는 국립음악무용아카데미다. 이곳은 파리 최대의 관광 명소로, 1861년 극장 부지가 결정된 이후 1875년 건축가 샤를 가르니에가 설계하고, 1870년 파리 코뮌의 소용돌이에 휘말려 공사가 잠시 중단되었다가, 1879년 화려하고 웅장한 모습으로 완공되었다. 파리 오페라극장의 두드러진 특징은 당시로서는 파격적이었던 건물 높이에 있다. 오페라 무대와 소품을 관리하기 위해 극장 지하에도 상당한 공간이 필요했기 때문에 무려 지하 16미터까지 내려가는 극장을 설계했던 것이다. 깊은 곳까지 땅을 파다 보니 지하수를 막을 만한 공간이 필요했는데, 그 공간이 바로 오페라의 유령 에릭의 거처인 그 유명한 호수가 되었다. 또한 노트르담의 탑 높이에 버금가는 지붕 양쪽 끝에는 르케즈네가 조각한 페가수스상과 밀레가 조각한 '칠현금을 든 아폴론상'이 세워져 있다. 아폴론 조각상은 장식적인 기능에 그치지 않았는데, 칠현금 끝에 연결된 철 막대는 피뢰침 역할을 한다. 이 아폴론 조각상은 소설 속 라울 자작과 크리스틴이 밀애를 나누었던 곳으로 에릭이 질투 어린 시선으로 바라본 공간이기도 하다.

오페라극장에는 문이 2,531개, 열쇠가 7,593개, 아궁이가 14개, 벽난로가 450개나 있다. 오페라극장 내부에 설치된 가스 파이프를 모두 연결하면 총 25킬로미터나 된다고 한다. 또한 9개의 저수고와 2개의 탱크에는 8만 리터 이상의 물을 담을 수 있다. 538명의 사람들이 동시에 의상을 바꿔 입을 수 있는 공간이 있으며, 연주자들이 사용하는 대기실에는 100개의 악기를 보관할 수 있는 보관함이 있다.

소설 《오페라의 유령》은 일반적인 추리소설이 가진, 안개에 싸인 범죄를 논리적으로 하나씩 풀어 나가는 묘미와 더불어 인간의 원형적인 갈등 문제도 깊이 있게 다루고 있는 소설이다. 선천적으로 기형을 가진 에릭이 오페라극장 프리마돈나인 크리스틴을 짝사랑하면서 겪게 되는 온갖 사건들은 미와 추, 선과 악, 생과 사라는 문제를 덧쓰고 우리에게 많은 생각할 거리를 던져 주고 있다.

젊고 아름다운 크리스틴과 흉측한 외모를 가진 에릭이 들려주는 영혼을 울리는 아름다운 음악, 사랑하는 여인을 살리기 위해 고군분투하는 라울, 사랑하는 여인을 위해 스스로 죽음을 택한 유령 에릭의 처절한 모습, 특히 에릭이 흉측한 자신을 감추려고 평생 동안 쓰고 있던 가면을 벗는 장면은 이 소설의 백미로 꼽힐 것이다. 에릭은 사랑하는 여인 앞에서 가면을 벗고 천상의 음악을 들려준다. 하지만 아름다움과 추함이 극명하게 부딪치는 그 순간을 견디지 못하는 크리스틴의 모습은 우리에게 많은 생각을 하게 만든다.

1868년 5월 6일 프랑스 파리에서 태어났다.

1880년 노르망디 지방에 있는 예술학교에 입학한다. 당시 그는
      "문학이라는 악마에 사로잡혔다"라고 고백했다.

1886년 파리에서 법학을 공부하며 〈뤼테스(Lutece)〉 등 다양한 문
      학잡지에 글을 발표한다. 법률 사무소에서 서기로 일하면
      서 법정을 다룬 단편소설을 쓰기도 했으며, 변호사, 연극
      비평가, 극작가 등 다양한 활동을 했다.

1891년 〈레제코(Les Echos)〉, 1894년에는 〈르마탱(Le Matin)〉의

기자가 되어 언론인으로서 이름을 알리게 된다. 당시 영국 수상이던 체임벌린과의 인터뷰 시도가 실패하자, 오히려 대담하게도 '체임벌린을 만나지 못하는 이유'라는 제목의 연작 기사를 써서 독자들의 많은 관심을 불러일으켰다.

1904년 코넌 도일과 찰스 디킨스의 영향을 받아 심리소설《테오 프라스트 롱게의 이중생활(La Double Vie de Théo-phraste Longuet)》을 발표한다. 이 소설로 탐정소설가로 세계적으로 이름을 떨쳤다.

1905년 러시아 혁명의 현장, 스칸디나비아반도와 북아프리카 등을 탐험한다. 북아프리카 여행을 할 때에는 안전을 위해 아랍인으로 위장하기도 했다. 전쟁 특파원으로서 세계 곳곳의 다양한 사건들을 체험하고 기사를 썼으며, 극적인 서술로 대중적 감성을 자극하는 한편 자신만의 논평을 덧붙이면서 많은 고정 독자들을 만들었다. 기자로서의 경험이 바탕이 되어, 화자가 직접 사건에 뛰어들어 문제를 해결하고 기록하는, 실화처럼 느껴지는 독특한 문체와 형식이 돋보이는 소설들을 여러 편 발표한다.

1907년 갑자기 저널리스트 생활을 청산하고 집중적으로 소설 집

필을 시작했다.

1908년 그림 신문 〈일뤼스트라시옹(L'Illustration)〉의 권유로 그의 대표작 《노란 방의 비밀(Le Mystère de la chambre jaune)》을 연재한다. 밀실(密室)과 행방불명된 범인의 수수께끼를 풀어 가는 과정이 독특한 이 소설은 추리소설 중에서도 손꼽히는 명작이 되었다.

1909년 장편소설 《검은 옷의 부인의 향기(Le Parfum de la Dame en Noir)》를 발표한다. 이 작품은 전작 《노란 방의 비밀(Le Mystère de la chambre jaune)》에서 미해결로 끝났던 수수께끼를 푼다.

1910년 장편소설 《오페라의 유령》을 발표한다. 이후 서른세 편의 장편소설을 발표하며 코넌 도일, 모리스 르블랑, 애드거 앨런 포 등과 함께 당대 최고의 인기를 누린다. 모험심과 기발한 상상력이 번뜩이는 소설을 써서 늘 화제의 중심에 있었으며, 새로운 작품을 완성할 때면 권총을 허공에 발사하는 것으로 가족과 이웃을 놀라게 만들었다는 일화도 유명하다.

1927년 4월 15일 니스에서 생을 마감한다. 1986년 영국에서 초연된 뮤지컬 〈오페라의 유령〉은 이후 1988년 브로드웨이에서 공연을 시작해 모든 기록을 갈아치우며 '브로드웨이 최장기 공연'이라는 타이틀로 월드 기네스북에 등재되기도 했다. 2019년 부산 공연을 기점으로 2020년 서울 공연까지 역대 최대 규모의 내한 공연을 통해 수많은 관객들의 마음을 사로잡고 있다.

옮긴이 **베스트트랜스**

세계 여러 곳에 숨겨진 작품을 발굴·기획하고 번역하는 사람들의 모임이다. 베스트트랜스는 기존의 번역가가 번역한 작품을 편집자가 편집하는 방식에서 탈피하여 번역가와 편집자가 한 팀을 이뤄 양질의 책을 만드는 데 온 힘을 쏟고 있다. 번역한 책으로는 더클래식 세계문학컬렉션 《노인과 바다》《그리스인 조르바》《도리언 그레이의 초상》《벨 아미》 등이 있다.

오페라의 유령: 1911년 오리지널 초판본 표지디자인

1판 1쇄 펴낸 날 2019년 12월 15일

지 은 이	**가스통 르루**
옮 긴 이	**베스트트랜스**
펴 낸 이	장영재
펴 낸 곳	(주)미르북컴퍼니
자 회 사	더스토리
전 화	02)3141-4421
팩 스	02)3141-4428
등 록	2012년 3월 16일(제313-2012-81호)
주 소	서울시 마포구 성미산로32길 12, 2층 (우 03983)
E-mail	sanhonjinju@naver.com
카 페	cafe.naver.com/mirbookcompany

(주)미르북컴퍼니는 독자 여러분의 의견에
항상 귀 기울이고 있습니다.

파본은 책을 구입하신 서점에서 교환해 드립니다.
책값은 뒤표지에 있습니다.